도시 인식론

도시 인식론

2018년 4월 25일 초판 인쇄
2018년 4월 30일 초판 발행

지은이 | 오장근
교정교열 | 정난진
펴낸이 | 이찬규
펴낸곳 | 북코리아
등록번호 | 제03-01240호
주소 | 13209 경기도 성남시 중원구 사기막골로 45번길 14
　　　우림2차 A동 1007호
전화 | 02-704-7840
팩스 | 02-704-7848
이메일 | sunhaksa@korea.com
홈페이지 | www.북코리아.kr
ISBN | 978-89-6324-601-7 (93300)

값 25,000원

* 이 저서는 2013년 정부(교육부)의 재원으로 한국연구재단의 지원을 받아 수행된 연구임(NRF-2013S1A6A4014173)
  This work was supported by the National Research Foundation of Korea Grant funded by the korean Government
  (NRF-2013S1A6A4014173)

도시인식론

도시 공간의 서사와 의미구조에 대한
기호학 기반의 간학문적 연구

오장근

북코리아

저자 서문

김승옥은 소설 《무진기행》(1964)에서 작품배경이 되는 도시 공간으로 '무진'을 설정하고 다음과 같이 소개하고 있다.

> "무진에 명산물이 없는 게 아니다. 나는 그것이 무엇인지 알고 있다.
> 그것은 안개다. 아침에 잠자리에서 일어나서 밖으로 나오면, 밤사이에
> 진주해 온 적군들처럼 안개가 무진을 뺑 둘러싸고 있는 것이었다. (중
> 략) 안개는 마치 이승에 한(恨)이 있어서 매일 밤 찾아오는 여귀(女鬼)가
> 뿜어내놓은 입김과 같았다. (중략) 안개, 무진의 안개, 무진의 아침에 사
> 람들이 만나는 안개, 사람들로 하여금 해를, 바람을 간절히 부르게 하
> 는 무진의 안개, 그것이 무진의 명산물이 아닐 수 있을까!"

작가가 그의 소설에서 소개하고 있는 무진(霧津)은 작가의 고향인 순천을 모델로 하여 설정된 문학적 상상 공간이다. 이 세상에 없는 '무진'이라는 공간은 지난 수십 년 동안 한국 문학사에서 자주 언급되는 장소 중 하나였으며, 그러기에 어떤 이들은 종종 광주에서 기차를 내려 버스를 갈아타고 들어간 어디쯤엔가 무진이 위치할 것이라 생각하여 광주터

미널을 서성거리기도 했다고 한다. 이 작품은 안개로 덮여 있는 '무진'이라는 공간을 배경으로 설정하여 진실과 거짓의 경계가 무너진 혼돈의 현대 세계를 함축적으로 보여주고 있다. 여기서 무진은 안개로 기억되는 공간으로서 주인공을 비롯한 현대인이 외면하고 있는 어둡고 우울한, 그러나 때론 순수한 내면의 공간으로 표상된다. 이와는 달리 주인공이 떠나온 서울은 그가 살아가는 터전이자 엄연한 현실로서 원초적 인간성이 사라진 공간으로 묘사된다. 문학이 사회적 현실이나 세태 등 외향적 묘사나 사건 서술이 아니라 심리적인 의식의 내면 공간에 의존하고 있음을 상기할 때, 소설 속에 등장하는 공간은 단순한 자연 공간이나 배경뿐만 아니라 이처럼 작가의 의식 세계를 반영하는 하나의 의미 공간이 될 수도 있다. 그러기에 작가 이상이 그의 소설 《날개》에서 종속적이고 무기력한 자기의식을 서촌의 공간적 배경에 투영하는 것처럼, 김승옥은 1960년대 지식인의 갈등적 내면의식을 무진과 서울이라는 추억과 현실, 그리고 순수와 세속의 대립적 공간으로 표출했으리라.

문학이 공간을 표상하는 것처럼, 이 책의 구상은 도시 공간을 인식론적 차원에서, 다시 말해 물리적 실체로서의 거주 공간이 아닌 인식의 대상으로서 의미화된 공간으로 다루고자 했다. 따라서 이 책에서 말하고자 하는 도시 공간에 대한 고민과 분석은 도시설계자나 기획자의 관점에서 수행된 것이 아닌 인문학자의 시각에서 수행된 결과물이기에 여기서 제시된 도시 공간은 도시민에게 지각된 이미지이고, 기억이며, 의미가 된다. 이처럼 이 책이 견지하고 있는 도시 인식론적 시각은 일련의 학자들, 즉 도시 공간의 심상(정신적 이미지)에서 독창적인 도시 형태분석 격자를 구축한 케빈 린치, 도시의 미학적 차원을 강조한 카밀로 지테, 그리고 도시를 텍스트로 이해하고 그 판독 가능성을 제기한 발터 벤야민의 관점에서 출발한다. 따라서 이 책은 도시의 물리적 공간을 기하학적으로 면밀하게 검토하기보다는 도시의 인식 속에 담겨 있는 도시민의 기억에 근거한 새로운 도시 이야기의 창출과 의미생성구조의 형식화에 목적을 둔다. 다시 말해, 이 책의 목표는 기호학 기반의 간학문적 접근을 통해 한편으로는 도시 공간의 역사적 의미구축과정(장소의 서사성)을, 다른 한편으로는 소통적 의미생산의 구성과정(공간의 텍스트화)을 면밀하게 천착하려는 것이다. 이때 이 책에서 수행될 심층적 도시 분석은 도시 공간에 대한 상식적이며 일반적인 내용 제시가 아닌 기호학, 텍스트학, 서사학 등의 인문학적 방법론에 따라 분석된 차별화된 도시 이미지가 발생하는 주요 채널에 대한 간학문적 분석에 기초하고 있으며, 이는 도시 공간의 서사와 의미생성구조를 이해하기 위한 전략적 모색으로서 반드시 요구된다. 이 같은 작업은 궁극적으로 우리가 살고 있는 현재의 도시적 삶의 질을 향상시키려는 문화 의식에 바탕을 두는 것으로서, 새로운 도시문화의 상상계를 구성하려는 의지를 담고 있다.

　이 책은 기존의 사회과학적 방법이나 통계자료에 기초한 계량적 방법이 아닌 도시 공간의 의미와 가치를 도출하는 질적 연구방법론을 활용할 것이며, 또한 분석 도시들에 대한 직접적인 현장방문으로 획득한 기초자료의 복합 인문학적 분석을 통해 도시 이미지가 창출하는 메시지의 의미를 밝혀내고 도시언어의 표상체계에 대한 심도 깊은 이해를 시도할 것이다. 이처럼 도시 공간에 대한 인식의 복합 인문학적 분석은 기존의 공간지리적 단순 비교를 넘어 도시의 기억과 문화적 표상을 함께 아우르는 통합적 이해가 될 것이다. 그러므로 이 책의 연구대상으로 선택된 도시 공간은 연구의 단서를 제공하는 표본도시의 특성을 제시함은 물론이고 그 밖의 도시들을 세분된 방식으로 그리고 초지역적으로 고찰하는 원근법을 제공하는 출발도시가 될 것으로 기대한다.

산업혁명 이후 도시의 집중화가 이뤄지면서 19세기 말부터 서구 인문학계에서는 도시에 대한 관심을 보여왔다.[1] 특히, 유럽의 많은 도시는 자체적으로 도시갱생 프로그램을 통해 도시문화를 새롭게 만들어내기 위해 노력하고 있으며, 그러한 노력의 대부분은 물리적 공간에 대한 지리학적 상상력을 담보로 하여 이뤄졌다. 그 까닭에 공간 연구의 혁혁한 학문적 업적은 지리학과 건축학 연구에서 찾아볼 수 있었으며, 도시는 오랫동안 도시공학자나 건축가 등 일부 전문가들의 전유물로서 공간 속에서 일어나는 인간 행위를 설명하는 데 관심을 두게 되었다. 그러나 일부 전문가들의 전유물로서 지성계에서 무시되어온 도시가 최근 인문학의 중요한 주제로 부각되고 있는데, 여기에는 인문지리학의 부상과 기호학의 활발한 연구 활동이 있었다.[2] 따라서 도시 공간에 대한 복합 학문적 시도인 이 책은 인문학의 여러 학문적 시도 중 도시 공간의 내적 의미, 외적 표상 등 도시 공간 전반에 대한 인식을 해명하는 새로운 패러다임을 제시한다. 결국 이 책은 도시 현상과 관련된 계량적 연구나 도시 이미지에 대한 단편적이며 표면적인 설문조사 방식을 지양하고 도시 공간의 심층 의미와 인지적·문화적 형상화를 구축하기 위한 인문적 이론과 성

---

1) 1889년 오스트리아 빈(Wien)에서 출간된 지테(Camillo Sitte)의 《예술적 원리에 근거한 도시 계획》은 박학과 치밀함으로 도시미학을 분석한 최초의 시도라는 평가를 받는다. 지테의 이론은 도시 공간에 대한 인문적·예술적 토론의 자양분과 다양한 외연이 창조되는 원리를 제공함으로써 최근 활발하게 논의되고 있는 맥락주의 도시설계 이론에 논리적 근거가 된다는 점에서 중요한 의미를 갖는다.

2) 김성도(2014, 484)에 따르면, 건축기호학은 1960년대 말부터 일반 기호학의 비약적 발전과 더불어 거의 동일한 시기에 활발하게 전개됐다. 구조기호학에 국한해보더라도 레비, 르니에, 피에르 펠레그리노, 라고풀로스, 하마드 등의 쟁쟁한 건축학자들이 기호학을 활용해 지난 수십 년간 연구를 진척시켜왔으며, 여러 영역에서 건축학자와 기호학자들에 의해 적용되면서 생산적이고 다양한 결과를 산출했다는 점에서 건축기호학의 이론적·실제적 기여는 인정받아 마땅하다.

찰을 지향한다는 점에서 기존의 연구와는 차별화된 독자적 특징을 지닌다. 이러한 인식을 바탕으로 도시연구 분야에서 이 책이 갖는 선도적 역할을 정리하면 다음과 같다.

첫째, 도시 공간의 기능적·경제적 해석이 아닌 도시 공간의 의미, 기억, 이미지 등 도시의 텍스트적 구조와 문화적 표상에 대한 비교문화론적 시각을 제시하며 도시인문학의 전범을 제시하는 이 책의 내용은 도시 공간을 기호적 의미구성체로 이해한다는 점에서 기존의 연구와 다른 차별화된 시각이라고 할 수 있다.

둘째, 일부 역사학자, 건축학자, 지리학자에 의한 산발적인 연구는 있었으나, 도시 공간의 의미와 표상에 대한 인문적 연구는 전무한 상태다. 특히, 국내 인문학계에서 도시 공간의 인식에 대한 문제를 본격적인 학술 주제로 삼은 적이 없기에 이 책의 저술 작업은 더욱 선도적 역할을 수행한다고 할 수 있다.

셋째, 이 책을 통해 구축하려는 도시 인식론의 사상적 단초는 도시 공간의 의미구조와 도시 공간을 인식하는 감각적 표상, 그리고 도시가 창출하는 서사 커뮤니케이션을 읽어내는 데 있으며, 이러한 작업은 지금까지 어떠한 학문 분야에서도 수행되지 않은 것이다.

이 책의 분석대상인 도시 공간은 엄밀히 말해, 물리적·실체적 공간이라기보다는 도시민에게 인식된 의미구성체, 즉 텍스트다. 이때 표상은 의미를 생산하고 교환한다는 측면에서 가장 특권적인 매체이기에 의미는 언어나 이미지 같은 표상에 대한 공통의 접근을 통해서만 공유될 수 있다. 그래서 도시 공간의 표상은 의미작용에서 가장 중심적이며, 도시의 문화는 가치와 의미의 중요한 보관소로 여겨져왔다. 그러나 이 책의 관심은 어떻게 도시의 표상이 의미를 구축하는지, 또는 어떻게 도시의 표상이 공통의 문화적 이해를 기반으로 차별화된 서사구조를 형성하는지에 있다. 표상은 하나의 체계로서 대상 인식의 과정에서 작동하므로 이 모든 것이 가능하다. 우리는 도시 표상의 범주에서 음성적이건, 문자적이건 혹은 이미지나 심지어 물질적 대상도 개념이나 아이디어, 감정을 나타내는 기호와 상징으로 이해한다. 여기서 개별 도시의 표상은 해당 문화 속에 지닌 개념이나 아이디어 혹은 감정 등을 통해 나타내는 매체 중의 하나가 되므로 다양한 도시의 표상은 차별화된 도시의 의미가 생산되는 과정에서 핵심적이라 하겠다.

도시 인식론이 도시 공간을 바라보는 차별적인 시각은 서사이론의 도시 공간적 적용에서 시작한다. 문학 텍스트의 서사구조를 분석하는 데 주로 사용된 서사학 또는 서사이론은 최근 들어 다양한 매체를 통해 전달되는 메시지의 의미를 연구하는 데도 적용되고 있다. 도시는 인간이 태어나고, 성장하고, 늙어가고, 죽는 공간이다. 그렇기 때문에 그 안에는 사람들의 이야기가 담겨 있다. 다시 말해, 인간의 존재 의미가 생성·발전·소멸되는 장소라는 것이다. 또한, 도시는 인간의 문명이 다양하게 꽃피는 공간이다. 철학, 문학, 예술 등을 비롯한 문예부흥, 산업혁명, 자본주의 등의 경제발전, 첨단기술공학의 개발, 교육 등 인간사회의 성장에 전적으로 기여하는 사유와 움직임의 이야기가 축적된 장소다. 이처럼 사람들이 생활하는 거주공간인 도시에는 삶의 경험을 통해 만들어진 이야기들이 담겨 있으므로 도시는 수많은 이야기에 둘러싸여 그 존재가 각

인되며, 그러기에 도시 이야기들의 심층에는 나름의 서사구조가 있기 마련이다. 그리고 개인과 집단 경험의 공간인 도시는 새로운 사회적 · 문화적 형상화를 그려나가면서 서로 첨가되고 교차하는 기억들과 장소들을 토대로 만들어진다. 이러한 맥락에서 이 책의 저술 작업은 과거와 현재의 관계를 다양한 교차로에 위치시켜 선대로부터 유산으로 물려받은 기억의 흔적과 표상이 어떻게 가동되고, 활성화되고, 재분배되어 오늘의 도시를 이루게 되었는지 이해하고, 수 세기에 걸쳐 이어져온 다양한 공간의 문화기호들에 의해 구성된 밀도 높은 직물로서의 도시텍스트 구조를 진단하게 될 것이다.

이 책은 한국연구재단의 지원을 받아 저자가 4년간 자료를 수집하고 정리한 결과물이다. 따라서 이 책에 담긴 다양한 논의는 저자가 바라본 도시 공간에 대한 생각의 집적체이며, 동시에 한 인문학자의 도시 공간에 대한 외눈박이 관찰일 수도 있다. 그러기에 이 책은 도시 인식론의 한 관점일 수는 있어도 도시 인식론이 말하고자 하는 담론 전체를 온전히 전달하고 있다고는 할 수 없을 것 같다. 어쩌면 일부 내용은 해당 전문가의 눈높이에서 보면 턱없이 부족해 반론의 여지가 있는 부분도 더러 있을 것이다. 하지만 인식론적 차원에서 도시 공간의 이론을 정리하고, 구체적 사례를 통해 이를 면밀히 검토한 것만으로도 이 책의 가치는 작지 않으리라 생각한다. 물론 이 책을 세상에 내며 여전히 아쉬움과 부끄러운 마음을 감출 수 없지만, 그럼에도 이 책을 읽을 익명의 독자에게 미약하나마 우리의 도시 공간을 분석하고 탐구하는 데 적용할 수 있는 새로운 시각을 제시할 수 있다면, 그래서 그가 경험하고 스스로 구성할 도시 공간의 인식을 이해하는 데 도움을 줄 수 있다면 그것만으로도 이 책이 가진 소기의 목적은 충분히 이뤄졌다고 할 수 있겠다.

끝으로 책이 나오기까지 도움을 준 이들에게 감사의 마음을 전한다. 누구보다도 먼저 가족에게 고마운 마음을 전해야 할 것 같다. 매주 월요일 새벽잠을 깨며 남편의 출근을 도와준 아내와 지치고 힘든 아빠의 곁을 지켜주며 힘이 되어준 사랑스런 두 딸의 이해가 없었다면 이 책의 출간은 더욱 늦어졌을 것이다. 책의 구상부터 세세한 내용에 이르기까지 커다란 영향을 준 고려대학교의 김성도 교수님에 대한 감사의 마음은 글로 표현하기 어렵다. 교수님의 명저《도시인간학》은 이 책의 알파이자 오메가로 그와의 만남이 없었으면 이 책은 집필되지 못했을 것이다. 그와 더불어 인문학적 도시 공간의 접근 가능성을 제시해주신 건국대학교의 김동윤 학장님, 부족한 후배에게 늘 용기를 주고 연구자의 자세를 보여주신 제주대학교 박여성 교수님, 그리고 목포대 기호학 독서 모임을 함께하며 많은 배움을 주신 임춘성 교수님, 안미현 교수님, 홍석준 교수님, 피경훈 교수님께도 감사의 마음을 전한다. 그 외에도 하나하나 언급하지 못했지만 함께 세미나에 참여해 좋은 의견을 개진해준 대학원생들에게도 깊은 감사의 말을 전한다. 마지막으로 어려운 출판 여건에도 책의 출간을 기꺼이 허락해준 북코리아의 이찬규 사장님께 깊은 감사의 말을 전하고 싶다.

2018년 봄, 승달산 끝자락 목포대 연구실에서
오장근

CONTENTS

CONTENTS

I

이론:
도시 공간을 이해하기 위한
다양한 시각

1.
생태학적 관점의 도시 공간: 도시생태학

1) 생태학이란

생태학이라는 용어는 1869년 에른스트 헤켈(E. Haeckel)이 처음 사용했으며, 그 의미는 '생물과 환경, 또는 인간과 생물과의 관계를 논하는 과학'이다. 그러므로 생태학(ecology, 독일어로 Ökologie)은 살아있는 존재와 환경 사이의 관계들에 대한 지식을 다루는 분야로 이해되며, 어원적으로 oikos(사는 곳, 집안 살림)와 logos(학문)의 합성어로서 '집안 살림 관리' 또는 '사는 곳에 대한 학문'으로 정의된다. 생태계(生態系, ecosystem)는 구성 성분인 생물과 생물이 이루는 군집, 그리고 주변 환경의 무생물적인 부분들이 역동적으로

〈그림 1-1〉 에른스트 하인리히 헤켈
(Ernst Heinrich Haeckel, 1834~1919)

변하며 상호작용하는 시스템을 말한다. 따라서 생태학에서는 식물과 동물의 분포와 관계, 그리고 생물과 무생물적 환경과의 상호작용을 연구한다(한광래 외 2011). 생태학의 역사는 고대 그리스 철학자인 히포크라테스(Hippocrates, BC 460?~BC 377?)와 아리스토텔레스(Aristoteles, BC 384~BC 322)까지 거슬러 올라가는데, 이들은 자연의 역사에 대한 연구를 통해 생태학의 기초를 다진 것으로 이해된다. 1869년 헤켈은 예나(Jena) 지역 잡지에 기고한 논문에서 이 낱말을 다음과 같이 설명했다.

"우리는 생태학이라는 낱말을 자연계의 질서와 조직에 관한 전체 지식으로 이해한다. 즉 동물과 생물적 그리고 비생물적 외부세계와의 전반적인 관계에 대한 연구이며, 한걸음 더 나아가서는 외부세계와 동물 그리고 식물이 직접 또는 간접적으로 갖는 친화적 혹은 불화적 관계에 대한 연구라고 볼 수 있다."

2) 생태학의 용법

생태학은 하나의 용어로서뿐만 아니라 하나의 학문으로서 확립되어 널리 인지되고 있지만, 그 용법과 의미에 관해서는 아직도 일반적인 견해 일치에 도달하지 못하고 있다. 예컨대 인류학에서 사용하는 생태학의 용법은 생물학자들의 일반 용법과도 다르며 사회학, 특히 도시사회학자들이 사용하는 용법과도 다르다. 생물생태학에서는 주로 생물유기체와 자연환경의 관계를 연구하고, 도시생태학(urban ecology)에서는 도시의 입지

조건과 인위적 지형, 집중, 분산, 침입, 대치, 인구이동, 도시성장 같은 사회현상의 공간적 관계와 분포와 구성, 과정 등을 주로 연구한다(이문웅 외 2011). 도시생태학은 도시를 유기체로 보고 인간생태학(人間生態學)을 도시연구에 적용하여 도시생태를 규명하는 학문이다. 실제로 인간생태학은 도시연구를 위해 고안되었고 도시연구에 많이 적용되어왔다. 인간생태학이 다루는 인간제도의 분포과정 및 구조 등은 도시에서, 또는 도시와 도시 사이의 관련에서 전형적·집약적으로 명시된다고 해도 좋기 때문이다. 따라서 도시생태학은 기본적으로 인간생태학과 같은 뜻이다. 이런 관점에서 도시생태학은 도시라는 환경이 개인과 집단에 미치는 영향에 대한 물음을 던지고자 한다. 과연 한번 결정된 로쿠스 우르비스(locus urbis)가 개인과 집단성에 어떤 영향을 미치는가? 그래서 도시생태학의 핵심적 사안은 '도시 환경이 개인과 집단성에 영향을 미치는가?'라는 물음에 집중된다. 만약 이처럼 도시를 하나의 스키마로 환원시킨다면 역사에 의해 규정되는 인간, 그리고 이 인간이 맺게 되는 도시 사이의 관계나 영향은 연구 시야에서 사라지게 된다. 여기서 염두에 두는 것은 미국 생태주의자들의 스키마다. 이 같은 연구 결과는 도시학의 테크닉일 수는 있어도 사실들에 기초한 도시과학이라 할 수는 없다.

3) 도시생태학의 관점

생태계를 비롯해 도시를 하나의 시스템으로 보는 시각은 이미 1950년대부터 도시계획 분야에 사용된 주요 모델 가운데 하나다. 실제로 도시는 다양한 유형의 시스템으로 간주할 수 있다. 예컨대 여러 도시는 경제 시스템으로 간주되어 화폐, 재화, 서비스, 자원의 흐름 차원에서 해석할 수 있다. 한편 생태계로서의 도시는 에너지, 물, 화학 요소의 흐름 차원에서 파악되거나 인간을 포함한 유기체의 서식지로 간주할 수 있다. 도시를 생태계로 간주하는 시각은 크게 두 가지로 양분될 수 있다. 하나는 다양한 도시를 도시 공간 생태계로 파악하는 시각이며, 다른 하나는 통합된 생물사회적 시스템으로 도시를 바라보는 시각이다. 도시를 하나의 생태계로서 인식하는 첫 번째 시각에 함의된 다면적 개념은 다양한 맥락으로 적용할 수 있다. 이 시각의 핵심적 사유는 개별 유기체와 특수한 물리적 환경 사이에 존재하는 기능적 연계라 할 수 있다. 이를테면 도시 발달에 대한 자연환경의 반응 차원에서 다양한 동식물의 종과 군집의 특성이 변화하는 양상과 방식을 이해하기 위해서는 도시 경관의 생태계 구조와 기능, 아울러 그 배후에 작동하는 요인들과 그 효과를 숙지하고 있어야 한다. 두 번째 시각은 생물사회적 통합 시스템으로 명명된다. 이것은 도시의 본질을 간주하는 것과 관련해 1970년대부터 도시생태계에 대한 생물사회적 접근법의 새로운 흐름의 전개를 지시한다. 이 작업은 인간생태계를 생물·물리학적 요인과 사회학적 요인으로 이뤄진 수미일관적인 시스템으로 파악하려 한다. 인간생태계 같은 복합적 시스템은 시간의 흐름 속에서 적응과 지속 가능성을 획득할 수 있다. 이러한 시각을 개진하는 연구자들은 인간생태계가 도시생태계와 다른 생태계를 관리할 출발점이 될 수 있다고 주장한다.

4) 도시생태학의 3가지 핵심 개념

하나의 도시생태계는 건물 집합을 포함하며, 전체를 작동하게 하는 다른 가시적이며 비가시적인 것들을 담고 있는데 이는 역동적, 경쟁적 그리고 공생적인 관계에서 개별 유기체의 공존 원리와 흡사하다. 이같은 사실은 하나의 건물이 고립된 물체가 아니라, 그 존재와 기능이 해당 건물이 각인된 도시 맥락에 달렸다는 점을 시사한다.[1] 기존의 도시 이론은 오랫동안 마치 도시가 진공 속에 존재하는 것처럼 다뤄왔다. 이를테면 도시 연구는 도시의 물리적 본질을 무시해왔다. 또한 생태학적 차원보다는 주로 사회적 · 정치적 · 경제적 차원에 강조점을 두었다. 하지만 도시는 생태학적 시스템이며, 사회적 · 경제적 힘의 복잡한 프리즘으로 매개되는 물리적 세계에 근거한다. 이 같은 맥락에서 최근 들어 도시를 생태학적 시스템으로 보려는 관심이 확산되고 있으며 환경 쟁점과 도시 관심사 사이의 복잡한 관계, 사회적 네트워크와 에코 시스템 흐름 사이의 관계 등 다양한 문제가 다뤄지고 있다. 결국 생태학적 시각에서 도시는 사회적 · 경제적 · 정치적 힘을 체현하고 반영하는 연계성 속에서 자연 세계에 연루돼 있으며, 그럴 경우 도시는 자연의 통합적 부분이 되고, 자연은 도시의 사회적 삶과 밀접하게 연관된다는 점에서 도시생태학의 3가지 핵심 개념을 지적할 수 있다.

첫째, 도시는 생태 시스템이다. 도시를 하나의 유기적인 생태학적 통

---

1) 도시는 생태계 같은 것이 아니라, 생태계 그 자체다. 도시는 착취적 방식과 공생적 방식에 기초해 인간의 삶과 다른 종들의 방식을 떠받친다. 도시를 생태계로 보는 시각의 장점은 동일한 것 속에서 생물학적인 것과 비생물학적인 것을 모두 아우를 수 있다는 가능성에 있다.

일성으로서 사유하고 그것을 이론화하는 작업은 도시 성장에
필요한 자원의 투입과 성장에 수반되는 생태학적 환경에 미치
는 영향을 파악할 수 있는 새로운 가능성을 열어줄 것이다.

둘째, 자연과 도시의 근본적인 관계 성찰이다. 자연은 도시에 그 모
습을 잘 드러내지 않고 기획되지 않은 방식으로 현존한다. 다
채로운 형태 속에서 야생 생물은 도시에서 생태학적 적소를
찾는다. 도시의 생태학적 긴장은 도시와 야생 생물 사이에 놓
인 심층적 관계의 성찰을 통해 기록될 수 있다.

셋째, 도시의 지속 가능성이다. 도시는 환경 차원에서 장기간 지속
가능할 잠재력을 지닌다. 그러나 많은 도시가 도시의 장기적
미래가 산산조각 날 정도로 지나치게 환경 비용을 부과한다.
이를테면 화석연료에 대한 지나친 의존, 자동차의 지나친 사
용은 온실가스 배출로 지구 환경을 열악하게 만들었다. 도시
의 지속 가능성 문제와 환경의 질은 사회정의와 밀접하게 연결
되어 있다. 사회정의를 위반하면서 진행된 최악의 환경 조건은
최하위 경제 수준의 도시 거주자에게 고스란히 부과된다.

5) 도시생태학의 주요 이론

일반적으로 도시생태학 연구의 선구자로서는 미국의 사회학자 에른
스트 버제스(E. W. Burgess, 1925)를 꼽을 수 있다. 버제스(1925)는 미국 시카고
시의 발전 형태를 모형으로 하여 현대도시의 토지이용에 관한 생태학적

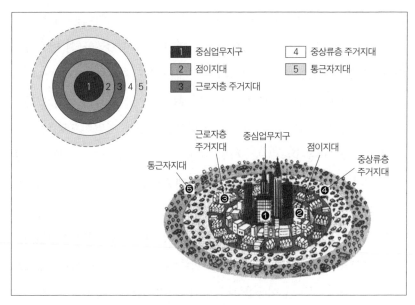

〈그림 1-2〉 버제스의 동심원 이론

가설로서 '동심원 이론(concentric zone theory)'을 주장했다.

버제스의 동심원 이론은 도시의 중심부로부터 동심원을 그리듯이 다음과 같은 지역이 차례로 배치된다는 주장이다. 즉 도시의 가장 중심부에는 고층건물, 백화점, 은행, 호텔, 극장 등이 집중하여 상거래, 경공업, 오락 등의 기능이 이뤄지는 '중앙업무지구'가 있고, 그다음 동심원에는 주로 저소득층, 이민자, 이농자, 부랑자, 범법자, 매춘부가 모여 사는 빈민가나 황폐해가는 낡은 건물들이 중앙업무지구를 둘러싸는 '점이지대'가 놓여 있는데, 이 지대는 상업이나 공업의 확대에 따라 침식되기 쉬운 곳이므로 항상 불안정한 상태로 이해된다. 또다시 점이지대의 주변 동심원에는 상점이나 공장 등 직장이 가까운 것을 바라는 '근로자층 주거지대'가 배치되고, 그다음으로는 전문직 종사자, 소기업주, 경영자들이 주로 사는 '중상류층 주거지대'가 형성된다. 이 지역에는 고급 아파트나 호텔이 있고 호화로운 독립주택도 끼어 있으며, 소규모의 번화가가 있다. 그리고 중상류층 주거지대의 둘레에는 '통근자 지대'가 있는데, 이 지구는 중앙 번화가와는 대조적으로 낮에는 많은 인구가 도심지로 흡수되어 조용하고 밤에만 모든 주민이 완전히 모여드는 지역이므로 '침실지대' 또는 '베드타운'이라고도 한다. 이상과 같은 버제스의 동심원 이론은 도시 공간을 명쾌하고 단순화하여 설명해줌으로써 도시 공간의 이해를 설득적으로 설명했지만, 복잡한 도시의 생태학적인 구조를 너무 단순화했다는 비판을 받으며 그 후 여러 가지 수정안이 나오는 원인이 되었다.

호이트(H. Hoyt, 1939)는 '선형지대 이론(sector theory)'을 제기하여 버제스보다는 더욱 동태적인 이론을 내놓았다. 그가 제시한 이론의 요점은 다음과 같이 정리된다. 첫째, 산업지구는 중심가인 핵심지구를 둘러싸지 않고 철도 노선이나 강변을 따라 교통지구(교외지대)로 뻗어간다. 즉, 원형(圓型)이 아니라 좁은 부채살 모양으로 밖으로 뻗어간다는 것이다. 둘째, 고급주택지대인 상류층 주거지구는 동심원의 가장 바깥쪽 원에 모여 있기보다는 부채살 모양의 한 지역 또는 여러 개의 지역에 있으며 비교적 중심부로부터 교통로를 따라 밖으로 진전하며, 특히 고지대나 호수, 하천의 연변을 선호하여 형성된다는 것이다. 반면 중간층 주거지구는 상류층 주거지구 양측에 위치하고, 저소득층 주거지구는 산업지구 가까이에 위치하는데, 이들 역시 원심형이 아닌 부채살 모양으로 뻗어나가는 유형으로 형성된다고 설명한다. 요컨대 대도시는 도심지에서 주요 도로나 지하철 등의 교통노선을 따라 각 방면에 방사선으로 발전한다는 것이 선형지대 이론의 요점이다.

해리스(C. H. Harris, 1945)는 '다핵 이론(multiple nuclei theory)'을 주장했는데,

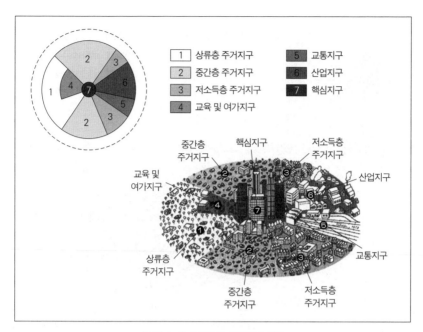

<그림 1-3> 호이트의 선형지대 이론

이 이론은 다음과 같은 원칙에서 출발한다. 즉 (1) 일정한 활동(상업, 공업 등)은 일정한 편의(시장과의 거리, 교통, 운수, 통신 등)를 필요로 하고, (2) 같은 종류의 활동은 서로 한 곳에 모이는 것이 편리하고, (3) 서로 다른 이질적인 활동은 같은 곳에 있으면 서로 피해를 주는 경향이 있으며(예를 들어 주택지와 공장지대, 주택지와 유흥오락지대, 학교와 극장 등), (4) 지구(district)가 특정 활동의 유치에 크게 작용한다는 등의 원칙이 도시의 토지이용 형태에 작용한다고 보고, 그러한 원칙에 따라 도시는 ① 중심업무지구, ② 도매 및 경공업지구, ③ 중공업지구, ④ 주거지구, ⑤ 외곽업무지구, ⑥ 교외지구와 위성도시(suburb and satellite) 등 다수의 핵지대(核地帶)로 밀집되고 그들이 모여이뤄진다고 주장한다. 이 이론은 오늘날과 같이 자동차가 일상화된 도시

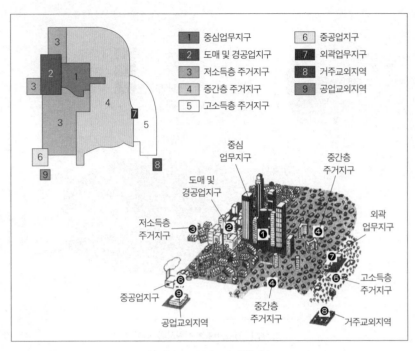

중심업무지구　1　중심업무지구　　6　중공업지구
2　도매 및 경공업지구　　7　외곽업무지구
3　저소득층 주거지구　　8　거주교외지역
4　중간층 주거지구　　9　공업교외지역
5　고소득층 주거지구

중심
업무지구

중간층
주거지구

도매 및
경공업지구

외곽
업무지구

저소득층
주거지구

고소득층
주거지구

중공업지구

공업교외지역

중간층
주거지구

거주교외지역

〈그림 1-4〉 해리스의 다핵 이론

내부의 공간구조를 잘 설명해줌으로써 현대 도시 공간을 이해하는 데 가장 적절한 이론으로 간주된다.

6) 생태도시

전 세계적으로 생태도시와 관련된 개념은 매우 다양하게 사용되고 있는데, 예를 들어 'ecopolis', 'ecological city'(Platt et al. 1994), 'eco-city' (Register 1987: Roseland 1997), 'green city'(Beatley 2000), 'environment – conscious city', 'sustainable city'(Walter 1992) 등의 용어가 그것이다. 도시 공간에서 인간과 자연의 조화를 위해 생태계와 인간 활동을 동시에 검토할 것을 요구하는 생태도시는 지속 가능한 도시발전을 목적으로 교통, 도시 공간 구조, 환경정책 부분을 중점적으로 다루고 있다. 이러한 생태도시에 대한 연구는 이미 1980년대부터 나오고 있는데, 대표적으로 모리스(Morris 1982)는 에너지 효율적이며 자급적인 도시가 생태도시임을 보이고 있고, 스펀(Spirn 1984), 휴(Hough 1984), 니콜슨-로드(Nicholson-Lord 1987) 등도 유사한 의미의 생태도시에 대한 논의를 진행하고 있다. 1990년대 들어 지속 가능한 발전 개념과 관련한 생태도시 연구가 활발히 이뤄지고 있는데 고든 (Gordon 1990), 브리헤니(Breheny 1992), 지라르데(Girarder 1992)의 연구가 대표적이다.[2] 생태도시를 조성한다는 것은 생태적 요소를 도시 내에 도입하고 생태기술을 이용하는 수준의 도시를 만드는 것으로 그치는 게 아니라 도시의 구조와 시스템이 근본적으로 바뀌어 도시가 하나의 생태계로서 생태적인 원리에 의해 조성·운영되고 도시의 형태와 구조, 기능과 시스템을 생태적으로 건전하게 개편하는 방향이 되어야 할 것이다. 생태도시를 조성하는 것은 경제 및 정치기구가 생태적으로 지속 가능하고 사회적으로 공평한 활동을 촉진할 수 있도록 보장하는 의사결정과정에 접근하는

---

2) 그 밖에 생태도시와 관련된 1990년대 이후의 연구로는 국제비교연구를 담은 스트렌/화이트/ 휘트니(Stren, White and Whitney 1992)와 생태계, 에너지, 환경오염 및 폐기물, 건축, 교통, 경제 등을 다루고 있는 블라워스(Blowers 1993) 등의 연구도 주목할 만하다. 이외에도 화이트(White 1994)는 생태도시를 물과 에너지 순환의 관점에서 다루고 있고, 플랫/라운트리/뮤익(Platt, Rowntree and Muick 1994)은 생물다양성을 중시하는 생태도시 연구들을 담고 있다. 또한 톰슨/슈타이너(Thompson and Steiner 1997)는 조경적 측면에서 생태적 설계와 계획을 다루고 있으며, 이노구치 외(Inoguchi et al. 1999)는 에코 파트너십이라는 관점에서 도시환경 관리부문에 새롭게 접근하고 있다. 바튼(Barton 2000)은 지속 가능한 생태마을의 다양한 측면을 설명하고 있고, 비틀리(Beatley 2000)는 녹색도시론의 관점에서 유럽의 모범적인 생태도시 조성 사례를 소개하고 있다.

것이 필요하다.

생태도시에 관한 개념은 한국에서도 다양하게 혼용되고 있는데, 이를 분류하면 크게 4가지 개념으로 유형화해볼 수 있다. 먼저 협의로는 생태도시를 단순히 자연과 조화를 이루는 쾌적한 도시라는 의미로 녹색도시 또는 어메니티(amenity) 도시라는 개념으로 이해하고 있다는 것이며, 이보다 한걸음 더 나아가 중간 정도의 범위에서 볼 경우, 생태도시는 시민이 건강하게 살아갈 수 있으며 친환경적인 요소가 많이 도입된 도시라는 의미로서 친환경도시, 환경보전도시, 건강도시라는 개념으로 사용되기도 한다. 또한 광의의 개념에서 볼 때, 생태도시는 자연생태계의 보전과 복원, 물질순환의 도시시스템을 구축할 뿐 아니라 도시사회 및 경제적 구조도 환경적으로 건전하고 지속 가능하게 변화시키는 도시라는 개념으로 지속 가능한 도시라는 의미로 받아들여지고 있는데(김일태 2001), 최근 생태도시와 관련된 다수의 도시 공간 연구는 이러한 시각에서 출발하고 있다. 그러나 지속 가능한 도시보다 더 적극적인 개념으로 접근할 때, 생태도시는 자연생태계가 가지는 다양성, 자립성, 순환성, 안정성을 갖도록 계획하여 지속 가능한 발전이 이뤄지도록 하는 도시로서 시민의 삶이 생태적 삶으로 전환하는 것까지 수반하는 개념의 도시로 사용되는 경우도 있다. 이처럼 생태도시에 대한 이해는 현재 한 가지 개념으로 받아들여지지 않고 있으며, 각 지역의 특성에 따라 지역사회가 참여해 지속 가능성을 정의 내려야 한다는 인식이 주류를 이루고 있다.

기존 도시가 인간의 생활만 고려되는 '자연과 인위적으로 멀어지게 계획된 공간'이라고 한다면, 생태도시는 '자연과 인위적으로 가까워지게 계획된 공간'으로 인간과 자연이 조화되는 도시다. 기존 도시가 유럽도시를 모델로 하는 정형화된 도시라면, 생태도시는 각국의 문화와 전통에

맞게 조성되는 다양성을 강조하는 도시다. 따라서 지속 가능한 도시발전을 위한 생태도시의 조성은 5가지 원칙, 즉 미래세대의 원칙, 자연보호의 원칙, 시민참여의 원칙, 사회형평의 원칙, 자급경제의 원칙이 추구되어야 한다(김일태 2001, 39).

첫째, 미래세대의 원칙을 구현하기 위해서는 도시 내에서 어떠한 활동도 미래세대의 이익을 손상시켜서는 안 된다.

둘째, 자연보호의 원칙을 추구하기 위해서는 도시생태계가 보호되어야 하며 환경오염을 방지해야 한다.

셋째, 시민참여의 원칙을 달성하기 위해서는 지역사회가 도시개발의 중심이 되어야 한다.

넷째, 사회형평의 원칙을 유지하기 위해서는 공공재에 대한 공평한 접근 기회가 부여되어야 한다.

다섯째, 자급경제의 원칙을 실현하기 위해서는 도시 내의 생산적 자원이 지역의 필요에 최우선적으로 사용되어야 한다.

생태도시의 다양한 논의에도 불구하고 생태도시의 유형은 개념정의와 학문영역, 그리고 주요 과제 및 활동을 기준으로 크게 3가지 유형으로 구분될 수 있는데, 이를 정리하면 〈표 1-1〉과 같다(이창우 2004; 전춘명 2009 참조).

생태도시 (A)는 생물 다양성을 증진하는 도시로서, 도시 내부의 생물적 요소들을 보호함으로써 생물 다양성을 확보하는 데 중점을 둔다. 생태도시 (B)는 자연 순환체계를 중시하는 도시를 의미한다. 이 도시에서는 생물 다양성을 포함하여 인간 활동이 도시의 수계 및 대기영역, 자

<표 1-1> 생태도시 유형 분류

구분	생태도시 유형		
	생물 다양성 생태도시(A): A	자연 순환성 생태도시(B): A+B	지속 가능성 생태도시(C): A+B+C
정의	생물 다양성을 증진하는 생태도시	자연 순환체계를 확립하는 생태도시	지속 가능한 발전을 추구하는 생태도시
학문 영역	식물학, 동물학, 생태학	조경학, 도시계획학, 건축학, 환경공학	경제학, 사회학, 정치학, 철학
과제 영역	서식지 보호, 인간과 자연 공존	물질대사, 교통체계 에너지 순환, 물 순환 개편, 환경오염 저감	생산소비 패턴 변화, 지속 가능성 지표, 환경의식 제고, 환경정책 선진화
활동 영역	에코 브리지, 비오톱, 옥상 녹화, 동물보호	자연형 하천, 투수성 포장, 중수도, 재생 가능 에너지, 솔라 시티, 도시농업, 그린 빌딩, 자전거도로	녹색소비운동, 환경교육, 생태마을, 환경 거버넌스, 환경분쟁 저감

원 및 에너지 순환체계에 미치는 영향을 최소화하는 일에 중점을 둔다. 마지막으로 생태도시 (C)는 지속 가능성을 추구하는 도시를 말한다. 여기에서 제시하고자 하는 도시의 지속 가능성은 물리적인 환경문제에 대한 개선만으로는 생태계를 순조로이 조화할 수 없으므로 인간 활동과 관련한 교통, 도시계획 및 환경정책 부문을 도시생태계 문제와 밀접한 관계에서 논의 · 해석하는 도시의 특성을 의미한다.

7) 시카고학파의 도시생태학[3]

도시생태학을 이해하는 데 가장 중요한 단서는 시카고학파가 진행한 일련의 도시 연구를 살펴보는 데서 출발해야 할 것이다. 시카고학파는 20세기 도시 연구사의 전통에서 새로운 전기를 마련한 학파라고 할 수 있다. 시카고 대학의 인류학과와 사회학과에서 탄생하여 이른바 '도시생태학'이라는 새로운 개념을 제시한 이 학파의 연구 활동이 절정을 이룬 시기는 대략 1920년대와 1930년대다. 1930년대 말부터 시카고 대학의 도시생태학 학파는 소강상태로 접어들면서 시들해져갔고, 시카고 대학은 물론 미국에서도 그들이 사용했던 직접 관찰(참여관찰 포함) 방법은 더욱 정량적인 새로운 경험주의에 자리를 내주었다. 하지만 도시생태학파의 지적 유산은 방대하며 현대 도시사상사의 계보에서 중요한 획을 그은 도시 이론으로 간주될 수 있으며, 도시 인식론의 이론적 체계 수립에서도 참조할 가치가 높다는 점에서 그 이론의 발생과 토대를 살펴보는 것은 유의미하다.

제1차 세계대전 시기부터 인류학자 토머스(William Thomas)가 시도한 일련의 작업에 이어서 그 뒤로 배출된 미국의 신진 사회학자들, 즉 파크(Robert Park), 워스(Lewis Wirth), 매킨지(Roderic McKenzie) 등과 버제스(Ernest Burgess)로 대표되는 지리학자들은 미국의 대도시, 특히 시카고의 비약적인 도시 공간 성장에 동반된 엄청난 사회문화적 변화를 기술하고 이해하는 시대적 과제에 열정을 쏟아부었다.

---

3) 여기서 다루는 시카고학파의 도시생태학 내용은 도시 공간에 대한 다양한 사유를 총망라하여 도시사상사의 계보를 정리한 김성도 교수의《도시인간학》(2014, 306 이하)에서 발췌하여 일부 수정한 것이다.

시카고학파의 주역이라 할 수 있는 파크를 중심으로 그의 협력자들이 내놓은 엄청난 분량의 단행본들은 이민자의 사회적·공간적 이동, 일상 공간에서의 이동성, 군중의 움직임, 이웃 관계, 시민단체의 생활방식, 주거 지역에서 사회적 관리 형태, 소수자들의 공간적 차별화 등 다양한 문제를 다뤘다. 파크의 학문적 야심은 도시 거주자들과 그들이 삶을 영위하는 환경 사이에 존재하는 관계의 전체 윤곽을 파악할 진정한 도시생태학의 정초를 다지는 데 있었다. 당시 다윈 이론의 연장선에서 비약적으로 발달한 동물 생태학과 식물 생태학은 파크에게 도시 거주자와 환경 사이에 존재하는 이 같은 관계들을 경쟁, 지배, 침입/계승, 갈등, 공생 등의 차원에서 사유하기 위한 이론적 준거 틀을 제공했다. 시카고학파 학자들이 채택한 생태학적 접근법은 19세기까지 도시 문제를 다뤄온 당시 미국 학계의 연구 전통과 근본적으로 단절했다는 점에서 특징적이다. 파크는 당시 미국 도시 연구의 지배적 경향이던 역사적 관점에서 벗어나 현재의 도시 현상과 그것을 기록한 자료의 외부에 존재하는 역사적 인과율을 추구하려 하지 않았다. 그는 자신의 연구가 인공물로서의 도시에 관심을 둔 것이 아님을 반복해서 강조했다.

시카고의 도시생태학 학파에 가해진 비판의 핵심 요지 가운데 하나는 이 학파가 지나치게 자연주의를 신봉했다는 점이다. 하지만 일반적으로 이들이 견지한 자연주의는 도시의 정치적 비전과 도시를 살아간 영웅들의 숭배와는 차별화하려는 이론적 토대를 말하며, 도시 공간에서 발생한 제반 과정과 경향들의 자연주의화를 말한다. 이 학파 구성원들이 제안한 도시의 생태학적 조직에 대한 정의는 분명히 물질문화의 요소들을 지시하며, 파크가 《The City》(1916)의 서문에서 언급한 인간 본성의 일반적 경향은 개인적 속성의 체계에 기초한다. 이와 반대로, 도시를 문화적 복합체로 정의하는 시각은 전통을 비롯하여 물질적 구조를 통합한다. 이 같은 자연주의의 핵심적 생각은 다름 아닌 도시의 본질이 단지 정치적 사안에 국한되지 않는다는 점을 강조하는 데 있다. 특히 파크는 도시생태학 이론의 일반적 개념 틀을 제공했는데, 하나의 자연적 구조로서 도시가 그 자체의 법칙들을 따른다는 점을 시사했다. 아울러 도시가 만들어낼 수 있는 자의적 변형들에는 '그것의 물리적 구조와 도덕적 질서'에 하나의 한계가 있다는 점을 강조했다.

한편, 시카고학파는 현대 도시 이론의 계보에서 인간 활동에 고유한 영토성의 중요성을 강조했다는 점을 인정받는다. 이들은 행동 양식, 사회적 조직의 형식, 사회적 변화를 이해하려면 그것들이 각인된 공간과 맺는 관계들을 참작해야 한다는 전제를 설정했다. 하지만 이 같은 학문적 성과를 인정하는 데는 곧장 비판이 따른다. 이를테면 도시생태학에서 공간에 할당된 지나친 역할에 대한 비판이다. 요컨대 시카고학파의 계승자들은 사회적인 것을 공간적으로 설명하려는 생태학적 시각에 전면적 비판을 수행했다. 이들은 공간의 결정적 역할을 도시 분석의 원칙에 갖다놓는 경향을 비판했으며, 공간을 교환과 사회적 상호작용의 방해물과 극복해야 할 거리의 총합으로 보는 시각을 문제 삼았다.

시카고학파는 도시의 자연사를 제시하려 시도했으나, 이는 시카고학파가 도시 사회의 생산을 반드시 그것의 물질적 기층으로부터 사유하려 했다는 것을 의미하지 않는다. 파크와 버제스가 파악할 수 있다고 생각한 도시 공간 형성의 메커니즘과 과정은 사회적 본질에 속하는 것이며, 도시 공간은 일정한 방식의 사회 생산물이자 더 나아가 그것의 간단한 반영이다. 공간은 사회의 거울이라는 이 같은 반영의 특이성은 바로 그 같은 공간적 반영이 사회적 차원을 인식하기 위해 정체 파악과 측정이 가능한, 즉 소중한 흔적으로 제시된다는 것이다. 그 반영은 사회의 지표 요소로 작동할 수 있으며, 심지어 유일한 지표 요소가 될 수 있다.

결국 이 공식의 행간을 읽어보면, 사회 무리 사이에서 나타나는 차별화의 지표는 바로 이민자의 통합과 동화의 수준을 일러주는 척도가 도시 공간에서 나타나는 그들의 확산 정도로부터 표시된다는 것이다. 하지만 공간적 구조가 일정한 방식으로 사회를 다양하게 반영한다 해도 공간은 그 같은 사회적 등록의 간단한 표면으로 파악될 수는 없다. 인간 활동이 하나의 영토에서 전개된다는 사실은 사회생활의 양태성에 나름대로 영향을 미치기 때문이다. 도시 공간의 형태는 고유한 역동성을 갖고 도시의 미래 진화에 어느 정도 엄격한 제약을 유도한다. 파크가 도시 형상화의 추상적 도식과 지도를 옆에 두고 시카고학파의 한복판에서 추구했던 도시생태학의 또 다른 차원이 나타난다. 그것은 명시적으로 뒤르켐(Durkheim)의 형태론적 분석을 천명하며, 사회의 물질적 형태에 주의를 기울인다. 그것이 바로 '사회의 물질적 형태'이며, 파크가 '자연적 지대'와 '도덕적 지대'를 이론적으로 전개한 내용이다. "도시의 인구를 분배하고 분리시키는 경향을 보여주는 다양한 영향 아래 모든 이웃 동네는 '하나의 도덕적 지대'의 성격을 맡게" 된다.[4] 하나의 도덕적 지대는 반드시 거주 장소가 되는 것은 아니며 단순한 만남의 장소나 리조트 장소가 될 수 있다. 그에 따르면 모든 대도시에서 이 같은 분리된 환경을 개발하려는 경향을 보여주는 다양한 힘의 정체를 이해하려면 그 같은 환경에서 억압된 충동들, 정념들, 이상형들이 지배적·도덕적 질서로부터 스스로 해방시키려는 다양한 노력 과정을 파악하고 인간의 잠재적 충동을 참조해야 한다.

---

4) Park, R. E., "The Urban Community as a Spatial Pattern and a Moral Order", in Burgess, E. W. and Park, R. E., The Urban Community II, University of Chicago Press, 1926. 김성도 2014, 322 재인용.

요컨대 문명은 공통의 복지 이익을 위해 야생적인 자연적 성향을 억압하거나 제어한다. 그것의 훈육을 개인에게 부과하는 과정에서 개인을 수용된 공동체의 모델과 일치시키면서 사회적으로 가치가 있거나 최소한 순수한 형식 속에서 대리적 표현을 찾는다. 바로 이 같은 의미에서 스포츠, 놀이, 예술이 기능한다. 따라서 도덕적 지대는 음악 같은 예술이될 수 있으며, 경마 같은 스포츠가 될 수 있다. 한마디로 도덕적 지대는 그것의 관심사가 더 직접적이고 근본적이라는 사실에서 다른 사회적 무리와 차별화되며, 이 같은 이유에서 그 같은 지대의 차이는 지적인 것보다는 도덕적 고립에 기인한다.

　　도시생태학 이론에는 근본적으로 두 가지 문제점이 노출된다. 첫째, 도시의 사회생활 대신 도시의 지리적·물리적 양상들로 연구 방향을 정하면서 잘못된 경로에서 도시 분석을 시작했다. 사회생활은 인간 상호작용의 구조일 뿐 강철, 돌, 시멘트, 아스팔트의 구조는 아니다. 도시의 생태학적 연구는 지나치게 다양한 지대, 자연 지대, 서식지 등의 물리적 속성을 수립하는 데 집중했으며 그 같은 속성을 생산한 생활방식에는 주의를 기울이지 않았다. 도시생태학 이론의 두 번째 난점은 결정적 개념들의 불필요한 원초성이다. 이는 경쟁, 중앙집중화, 차별화, 천이 등의 용어를 사용한 매킨지가 밀도 높게 요약했다. 난점은 이 같은 용어로는 시민의 삶이 충분하게 차별화되지 않는다는 것이다. 시카고학파가 사용한 용어로는 쉽게 시골 생활과 도시 생활이 설명될 수 있었으며, 과거나 현재의 맥락에서 사회생활에 적용할 수 있었다. 또한 그 용어는 인간을 비롯해 식물과 동물 등의 다른 생명체에도 적용할 수 있을 것이다. 따라서 도시생태학 이론의 기본적 개념화는 사회학 이론의 다른 분과들과 도시 이론을 충분히 차별화시키지 못하는 한계를 보여주었다.

2.
이미지로서의 도시 공간: 도시인지론

일반적으로 이미지(image)란 형상, 모습, 심상, 영상 등으로 번역되는 데, 이미지는 '사람이 주어진 자극을 지각하는 단계에서 과거의 경험이 나 개인의 주관적 가치 또는 의식체계와 상호작용하여 실상과 허상이 복합적으로 연결되어 형성된 특정한 의미를 불러일으키는 형체, 형상 또는 감각적 대상체'를 뜻한다(Fombrun 1996). 따라서 이미지는 대상을 모방한 어떤 것일 뿐만 아니라 인간이 어떤 대상에 대해 갖는 총체적인 인상이 며, 한 개인이 특정 대상에 대해 가지는 신념, 아이디어, 인상의 총체가 된다.[5]

슈퇴클(Stöckl 2004)에 따르면, 이미지에 대한 학문적 접근은 근본적으로 이미지를 어떻게 바라보느냐에 따라 두 가지 경향을 보인다. 비록 이

---

5)   오장근(2014)은 텍스트학의 관점에서 이미지의 텍스트성에 대해 논했는데, 그에 따르면 이 미지는 언어적 텍스트 구성요소에 대비되는 시각적 텍스트 구성요소로 제한되며, 그럴 경우 이미지는 시각적 기호구성체로서 선형적이고 연쇄적인 언어와 달리 공간의 문법(Räumliche Grammatik)에 의존하는 총체적이고 동시적인 속성을 보여준다. 또한 언어는 담론적 상징체 계로 서사, 설명, 묘사 등의 기능을 수행하는 데 적합한 반면, 이미지는 모사적 상징체계로 대 상의 물리적 현상을 표현하기에 적합하다고 볼 수 있다.

두 가지 연구 경향이 이미지를 이해하는 데 서로 배타적이기보다는 상호 보완적 성격을 띤다 해도 이미지를 바라보는 관점에서는 근본적으로 이질적이라 할 수 있을 것이다. 첫 번째 연구경향은 이미지의 일반적인 본질과 이미지처럼 보이는 것(Bildhaftigkeit)에 대한 물음에서 시작한다. 이는 주로 분석철학과 정신철학 같은 철학적 전통의 현대적 수용에서 드러나는데, 이들의 질문은 언제나 '이미지는 무엇인가?' 같은 이미지의 본성과 존재성에 대한 물음으로 귀결된다. 두 번째는 삶의 실재 공간에서 어떠한 현상이 이미지로 간주되는지에 대한 직관적이고 경험적이며 실재적인 생각에서 출발한다. 따라서 이미지의 범주적 특성들보다는 어떠한 형식으로 이미지성이 나타나는지, 이미지가 어떠한 사회적 기능을 수행하는지, 그리고 이미지 사용자가 인위적 생산물인 이미지를 가지고 실재적으로 어떻게 소통하는지에 대해 몰두한다. 다시 말해 이러한 이미지 연구의 주요 관심은 이미지가 어떠한 종류와 유형으로 출현하며, 개별적 이미지가 주어진 상황에서 어떻게 의미에 참여하는지에 있다. 결국 이미지의 실현 양식과 사회적 기능, 그리고 이미지 사용자의 실재적 활용에 대해 관심을 더 많이 보이는 이와 같은 연구경향은 심리학, 사회학, 커뮤니케이션학, 기호학 등의 연구 성과와 맞물려 있다.[6]

이미지에 대한 다양한 논의에서 중요한 것은 이미지의 이해 여부에 대해 말하기보다는 이미지 이해의 인지적 처리 층위와 양식을 형식화하는 것이다. 이미지 이해 과정의 기술은 언제나 해당 이미지의 속성에 맞

---

6) 기호학적 관점에서 이미지는 종종 '도상(icon)'과 동일시되기도 한다. 이때 도상성은 실재와 기호 간의 유사성에 근거한다. 만약 이미지를 도상적 기호의 구성체로 해석한다면, 이미지는 동일하고 어느 정도 불변의 개념 구조와 심리 유형을 활성화시키고 있다는 관점에서 출발해야 한다. 이때 이미지를 보는 것은 세계경험으로 나아가는 통로가 된다. 우리는 도상적 구성요소와 인간의 보기행위에서 획득된 심리적 표상을 연계시킴으로써 하나의 의미단위로서 이미지 기호를 확정할 수 있으며, 이들 이미지 기호의 통합체적 관계로 소통적 의미를 생성해낸다.

취져야 하는데, 왜냐하면 커뮤니케이션 상황에서 이미지의 인지적 처리는 우선적으로 분류 기능을 수행하기 때문이다. 다시 말해 이미지를 떠올리게 되면, 우리는 자동적으로 해당 이미지에 일정한 장르 또는 유형을 부여하고, 그 의미를 그것의 일반적 사용 상황과 이미지 외적인 것에 의존하여 구성하기 때문이다. 이를 통해 비로소 '이미지 리터러시(visual literacy)', '이미지 지능(visual intelligence)', 또는 '이미지 능력(Bildkompetenz)'이라는 것을 이해할 수 있을 것이다. 이러한 인지 능력은 언어습득과정과 함께 사회화 과정에서 획득되며, 광범위한 의미에서 '읽기'이고, 비판적 판단과 생산적 산출행위, 형성행위 또는 시각적 상징체계의 재생산적 사용이다.

1) 도시 이미지에 대해

이미지를 일정한 대상에 대한 경험 또는 기억, 직접적 감각의 산물인 심리적 형상으로 정의하면, 종종 정보를 해석하고 행동 방향을 제시하는 것으로 활용되어왔다. 이는 이미지가 대상과 개념의 의미관계에 비교적 안정적인 질서를 부여하기 때문이다. 그러기에 이미지는 객관적인 실체를 선택적으로 추상화한 것일 뿐 아니라 그것이 어떤 것인가 또는 무엇으로 표상되는가에 대한 의도적인 해석이기도 하다. 그럴 경우, 도시 이미지는 도시 공간이라는 물리적 실체의 단순한 표상이 아니라 도시 공간에 대한 거주민 또는 방문자의 이해이며 해석이 된다.

도시 이미지는 도시민의 반복적인 행동이나 실리적인 요인이 작용하여 복합적인 특성을 갖는 모습으로 만들어진다. 더구나 현대는 이미지가 형성되는 경로가 매우 다원화(多元化)되고 있어 도시 이미지가 직접적인 장소의 체험이나 시각적인 특징뿐 아니라 TV, 인터넷, 신문 등의 매체를 통해 간접적으로 학습되어 영향을 받기도 하고, 도시의 개별적 부분들이 갖는 이미지가 총체적으로 결합하여 형성되기도 한다. 이미지를 구성하는 공간의 장소성을 물리적 외관(外觀)과 활동, 의미가 결합될 때 형성되는 것으로서 도시 이미지란 각 개인이 도시의 각 부분을 자신과의 물리적인 상호관계 속에서 인식하는 과거를 통해 그 도시 전체를 하나의 이미지로 정형화(定型化)한 것이라고 정의할 수 있다(안진근·김주연 2010, 52 재인용). 즉 각 개인의 시점에 따라 각각의 개인적인 도시 이미지가 존재하며, 이러한 사람들의 개별적인 이미지가 모여서 그 도시의 전체적인 하나의 이미지가 형성된다. 도시 이미지의 대표 학자인 케빈 린치(Kevin Lynch 1960)는 도시 이미지를 특정 도시에 대한 많은 개인의 이미지가 겹쳐진 결과로서 존재하는 하나의 공적 이미지로 정의하고 있으며, 패디슨(Paddison 1993)은 도시 이미지를 도시가 지닌 모든 것을 상품화하여 판매할 수 있는 판매촉진 수단으로 보아 마케팅적인 측면을 강조하고 있다. 그뿐만 아니라 한 도시의 성공은 지역주민과 방문객이 어떤 도시 이미지를 어떻게 생각하는지 혹은 어떤 이미지를 원하는지에 달려 있으므로 그 중요성에 대해 언급했다. 또한 홀라한(Holahan 1982)은 도시를 이해하고 해석하기 위해서는 도시 형태에 대한 이해와 더불어 상징체계에 대한 종합적인 인식이 필요하며, 주변 여건과의 종합적인 맥락에서 살펴보아야 한다고 주장했다. 즉, 도시에 존재하는 여러 요소는 각각의 합이 단순한 총합 이상의 의미를 가지고 있으며 그 의미는 그 안에 속해 있는 각자의 위치와 주변의 물리적·인지적 환경을 포함한 모든 것과 관련되어 형성되는데, 이것

<표 1-2> 기존 연구에 나타난 도시 이미지의 역할

학자	도시 이미지의 역할
다운스와 스테아(Downs and Stea 1970)	길 찾기, 평가기준, 행동유인, 기억회상체계, 안정감
케빈 린치(Kevin Lynch 1960)	방향감, 판별성, 장소성, 안정감
도니스(Donis A. Dondis 1994)	방향감, 공간측정, 의사전달, 정보전달, 정체성
임승빈(2004)	방향감, 환경의 질, 장소성, 만족도
정무용(1988)	방향감, 공간 인지
김현선(1983)	방향감, 식별성, 자기확인

이 곧 그 도시에 대한 이미지를 정의한다고 했다. 그 밖에도 다양한 학자에 의해 도시 이미지의 역할 또한 언급되었는데, 이를 정리하면 〈표 1-2〉와 같다(조예지 2007 참조).

결국 도시 이미지는 단일한 시각재현으로서 사전적 의미에서와 같이 한 장면에 지나지 않는 단순한 것이 아니라 경관 자체가 도시구성원들이 이미 오래전부터 인과, 대조, 유추, 일반화라는 복잡하지만 종합감각적 유형화의 합의를 거쳐 형성된 외형이기에 그 의미가 더 크다고 할 수 있다(강태완 역 2004, 30). 이제 이러한 시각을 바탕으로 도시 인식론적 관점에서의 도시 이미지를 정의하면, 도시 이미지란 그 도시에 대한 거주자 또는 외부인의 총체적 인상으로, 도시 공간에 대한 도시민의 머릿속에 고정관념으로 존재하는, 실제의 체험과 직관적인 감각에서 오는 사회적이고 실존적 인상이라 할 수 있다.

2) 케빈 린치의 도시 이미지 연구

도시 이미지에 대한 선구적인 연구는 미국 MIT의 도시계획가 케빈 린치에서 출발한다. 1918년 시카고에서 태어난 린치는 1960년대와 1970년대 건축학의 맥락 구성에 이바지한 도시 인지론자로, 도시와 도시 공간에 대한 인간의 인지와 관련된 연구를 수행했다. 길 찾기(wayfinding)와 도시 공간 인식의 불가분적 관계를 주장한 그의 도시 이미지 연구는 대표적 저서인 《The

〈그림 1-5〉도시 이미지 연구의 선구자 케빈 린치

Image of the City》(1960)를 통해 널리 알려졌다. 1960년에 출판된 이 책은 사람들이 어떻게 도시 정보를 받아들이는지에 대한 5년간의 연구 결과로, 그의 주장에 따르면 도시 공간은 가독성(legibility)이 용이하도록 계획되어야 하며, 도시와 각각의 부분이 쉽게 이해되고 인지되어야 한다는 점을 강조했다. 린치는 도시설계에 공공 이미지(public image) 개념을 도입했는데, 도시 이미지를 공공 이미지, 즉 '어느 도시 주민의 대다수가 공유하는 심상'으로 정의하고, 도시 이미지와의 관계에 착안하여 도시 공간이 주는 이미지의 구조와 특성은 무엇이며, 이것이 공간구성에 어떤 역할을 하는지에 대해 언급했다.[7] 결국 그의 이해에 따르면, 도시 이미지

---

7) 린치는 사람의 정신 속에 그려진 도시의 이미지, 즉 도시의 물리적 자질의 집합으로 이뤄진
    '공적 이미지'를 밝혀낸 최초의 학자일 뿐만 아니라 도시 거주자에게 도시의 경험이 무엇을 의
    미하며, 도시가 어떻게 거주자의 행복한 삶에 영향을 미치는가에 천착했다.

의 개념은 무엇보다 가독성(legibility)에 있고, 도시 이미지의 성격은 공공의 이미지(public image)로서 도시 공간구조를 파악하는 데 중요한 역할을 하고 있음을 확인할 수 있다. 또한 린치는 도시적인 규모를 갖는 시각적 형태를 해석하고, 도시설계에 유효한 원칙을 발견하기 위해 보스턴, 저지시티, 로스앤젤레스의 세 도시를 선정하여 조사했다. 린치는 이 조사를 통해 도시 공간의 이미지가 3가지 구성요소로 분석이 가능하다는 사실을 발견하고, 이들 각각을 정체성(identity), 구조(structure) 및 의미(meaning)로 정의했다. 이때 정체성은 분리되어 인식되는 형상의 특질을 가진 공간 내의 대상을 지시하는 것이며, 구조는 보는 사람에게서나 또 다른 물체에서 보아 이미지를 구축하기 위한 공간과 패턴(공간의 관계를 갖는 대상)을 의미했다. 그리고 의미는 그 요소들의 감정적 혹은 실제적 효용성과 관계있음을 지적했다. 린치는 이들 세 요소가 함께 작용하여 도시를 형성하고, 도시의 이미지를 창출한다고 이해했다.

3) 도시 이미지의 5가지 구성요소

린치의 연구 목표는 어떻게 해야 도시를 이미지화할 수 있고, 무엇이 도시를 식별할 수 있도록 하는 것인지를 발견하는 데 있다. 이는 이미지능력(imageability)이라는 개념으로 설명되는데, 이미지능력은 어떤 관찰자에게 강한 이미지를 불러일으킬 수 있도록 대상에 높은 개연성을 부여하는 대상의 특질을 말한다. 그것은 선명하게 식별되고, 강력하게 구성되며, 매우 유용한 환경의 심적 이미지를 만드는 것을 수월하게 하는 형상이나 색 혹은 배열 등이라고 할 수 있으며, 또 다른 측면에서 보면 '식별성'이라고 부를 수 있을 것이다. 따라서 이미지능력이 강한 도시는 형태가 잘 구성되고 뚜렷하므로 사람들의 눈에 잘 띄는데, 그는 이러한 도시의 이미지를 도시의 물리적 형태, 도시의 문화적 이미지(사회적 의미, 기능, 역사 등)로 평가했다. 특히 도시 이미지화에 기여하는 5가지 구성요소, 즉 통로(paths), 경계(edges), 지구(districts), 결절(nodes), 랜드마크(landmarks)로 구분했는데, 이를 정리하면 아래와 같다(Lynch 1960, 182 이하).

① 통로(paths): 관찰자가 일상적으로 혹은 가끔 지나가는 길줄기를 뜻한다. 가로, 보도, 수송로, 운하, 철도, 고속도로 등으로 대부분 사람들이 느끼는 도시의 지배적인 이미지 요소다. 사람들은 보통 이동하면서 그 도시를 관찰하는데, 이러한 통로를 따라 나머지 이미지 요소가 배치되거나 관련을 맺고 있다. 관찰자의 마음속에 가장 강하게 남아 있는 통로는 방향성과 연속성을 지니며, 그 이용자를 끌어들이는 활동과 용도가 집중되어 있다.

② 경계(단, edges): 두 개의 다른 지역 간 경계를 나타내는 선형요소다. 경계는 관찰자가 도로로 사용하지도 간주하지도 않는 선형의 도시 이미지 요소다. 해안이나 철로의 모서리, 개발지의 모서리, 벽·옹벽·우거진 숲 등 두 가지 형질의 경계이며 연결 상태가 끝나는 선형의 경계를 말한다. 하나의 영역과 다른 영역을 구분

하는 장벽이기도 하고, 두 영역을 상호 관련시키는 이음새가 되기도 한다. '통로'만큼 지배적인 요소는 아니지만 구성을 위한 중요한 요소이며, 수면이나 벽이 도시의 윤곽을 형성하는 경우처럼 막연한 영역을 하나로 묶는 역할을 한다는 점에서 중요하다.

③ 지구(districts) : 독자적인 특성이 인식되는 도시의 일정 구획이다. 지구는 관찰자가 그 속에 들어가 있기도 하고 어떤 독자적인 특징이 보이거나 인식되는 2차원적인 일정 크기를 가진 도시의 한 부분이다. 보통 안과 밖에서 파악된다. 대부분의 도시는 이러한 지구를 구획하는 방법으로 도시를 구성한다. 내부 특성이 비슷한 경우, 즉 중심업무지역 · 공업지역 · 공원 등은 비교적 쉽게 지구를 확정할 수 있지만 내부 특성에 연속성이 없는 경우, 즉 선형으로 늘어선 상가 등은 확정하기가 어렵다.

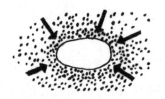

④ 결절(nodes) : 결절은 접합과 집중 성격이 초점으로 주요 접합점으로 교통이 시작되거나 끝나며, 통로가 교차하거나 바뀌는 점을

말한다. 사람들이 모이는 광장처럼 용도나 물리적 특징이 집중되기도 한다. 또한 방향에 대한 결정이 내려지는 곳으로 사람들이 주의를 기울이며, 근처에 시각적 명료성이 강한 요소들이 존재한다. 여행자는 도시에 도착했음을 처음 느끼는 곳이 교통수단이 멈추는 곳이라 말한다.

 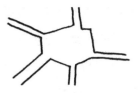

⑤ 랜드마크(landmarks) : 다양한 규모의 물리적 요소로서 관찰자에게 중요한 지점이다. 랜드마크가 통로의 교차점에 위치할 경우보다 강한 이미지가 된다. 관찰자는 종종 도시의 여행안내에 유용한 길잡이로 이용한다. 랜드마크 역시 점인데, 내부로 진입하는 개념이 아니라 외부에서 바라보는 점이다. 건물·간판·상점·산 등 단순한 물리적 실체를 가리킨다. 다른 요소들보다 돌출되어 있어 원거리에서 보거나 어느 방향에서 보아도 바라다보이는데, 홀로 우뚝 서 있는 탑·오벨리스크·건축구조물 등이 이에 해당한다.

도시를 이루는 5가지 요소는 마치 장난감 블록처럼 서로 조합하여

다채롭고 안정된 도시구조를 만든다. 통로는 도시 형성 과정 중 가장 우선하는데, 이는 도시 전체에 질서를 주는 가장 유력한 수단으로서, 조직화된 일련의 통로를 따라 도시가 형성되기 때문이다. 이때 중심 되는 선(중심 통로)은 주변 선(주변 통로)들로부터 뚜렷이 구별되는 특수성을 지녀야 한다. 전략점인 교차점은 명료하게 구분되는 이미지를 가져야 한다. 통로 이후에는 나머지 요소들이 들어서게 되는데, 경계는 지역 성격의 날카로운 변화를 보여줌과 동시에 두 지역을 뚜렷이 연결시켜야 하고, 지구는 주제 단위(theme unit)로 지역의 범위를 정하여 제한해야 한다. 또한 결절은 도시 속에서 주목하고 기억해야 할 정체성이 강한 곳을 만들고, 랜드마크는 배경과 대조를 이루는 특이성을 부여한다. 이처럼 도시 이미지를 이루는 각 요소는 경험적인 범주에서 생각하여 모든 부분 요소가 문맥으로 느껴지게끔 전체로 조직해야(the sense of the whole) 할 것이다.

4) 도시 공간의 인지적 매핑

린치는 지각 이론에서 주요 개념들을 차용해 도시 공간의 이론 작업에 적용했으며, 그 대표적 사례가 보스턴시 연구라 하겠다. 그의 도시 공간 인지이론에서 지향하는 목적지는 도시 공간을 사용하는 개인이 환경 정보와 공간 정보를 획득하고, 저장하고, 환기하고, 해독하는 다양한 인지 방식과 관련된다. 다른 한편, 목적지는 특정 사회의 공간에 속한다는 점에서 특수성을 지니며, 사람들의 주목을 받는 특별한 장소다. 이 점에서 목적지는 (기호학적으로 풀어 말하자면,) 가치와 의미를 담고 있는 거점이며,

도시의 특정 지역에 거주하는 사람들의 희망, 꿈, 초조함을 드러내는 상징적 투영을 지시하기도 한다.

린치의 도시 이론에서 방향성과 연계된 핵심 개념은 인지 매핑이다. 린치는 도시 공간의 심상, 즉 정신적 이미지에서 자신의 독창적인 도시 형태분석 격자를 구축했으며 그것은 익히 알려진 것처럼 경로, 구역, 결절 지점 등을 포함하는 도시 공간의 기본 계통론을 수립함으로써 도시 공간의 표상과 해석에서 획기적인 학문적 성과를 올렸다.

린치의 도시 디자인 접근법은 공간 사용 주체의 지가, 가치, 기대 등의 정확한 정보를 기초로 하여 아래에서 위로 진행되는 접근법이었다는 점에서 그 이전까지 지배적으로 사용된 대규모 도시 디자인의 결정주의적 접근법과는 차별된다. 그러나 일부 도시기호학자와 도시계획가들은 린치의 인지적 접근법을 "상징계가 물리적 형태의 지각을 축조하는 방식은 설명하지 않은 채 거주자의 지각만으로 도시 환경 속에서 발생하는 의미 작용을 고찰했다"며 비판하기도 했다.[8]

5) 노르베르크-슐츠의 실존적 공간

도시 인식론의 지적 계보를 잇는 도시사상사에는 마르틴 하이데거의 거주철학과 그의 열렬한 계승자였던 노르웨이 건축학자 노르베르크-슐츠(C. Norberg-Schulz)의 현상학적 건축학이 포함되어야 한다. 특히 노르베

---

8) Gottdiener, M. and Lagopoulos, A., *The city and the sign: an introduction to urban semiotics*, New York, Columbia University Press, 1986, pp. 6-12. 김성도(2014, 57 재인용)

르크-슐츠는 기호학 이론과 인지심리학 이론을 적극 도입해 하이데거의 현상학과 접맥시켰다는 점에서 세밀한 연구가 필요하다.

도시 형태의 인지적 현상학의 토대로 그가 제시한 '아우라'와 '장소성'의 개념은 도시기호학에서 새롭게 해석될 가치가 높다. 특히 하이데거 사상에서 지대한 영향을 받은 그는 하나의 형태가 생성되는 과정을 두 가지 핵심적 차원인 '리듬'과 '긴장'으로 파악했다. 그의 이론에서 모든 형태는 땅과 하늘의 관계를 표현한다는 점에서 리듬은 형태의 기능과 관련되며, 긴장은 형태의 성격과 관련된다. 또한 건축물은 땅과 하늘의 관계에 일정한 공간 조직을 세움으로써 수평적인 리듬과 수직적인 긴장 사이에 존재하는 연결 가능성을 명백하게 만든다.

또한 그는 '환경은 인간이 세계 안에 존재하는 근본 방식과 현존의 토대'라는 하이데거의 공간 사상을 전폭적으로 수용한다. 하나의 장소는 그곳의 기후, 계절의 순환과 일치해 우러나오는 근원적인 분위기의 현존을 지시한다. 한마디로 장소의 혼은 땅과 하늘의 원초적 관계이며, 특히 대지와 밀접하게 관련된다. 한 장소의 독특한 분위기는 그곳의 고유한 성격을 통해 간직될 수 있으며, 다름 아닌 그 독특한 장소 성격의 형태가 장소형태론의 토대를 이룬다.

노르베르크-슐츠는 도시 공간 사용의 3가지 구성적 요소로 지배 영역, 경로, 목적지를 제시하는데, 이는 도시 인식론의 통사론적 차원에서 재해석할 수 있다. 하이데거의 사상에서 받은 지대한 영향을 건축 공간에 적용해 독창적인 현상학적 건축 이론을 구축한 노르베르크-슐츠는 "공간에 대한 인간의 관심은 실존적 뿌리에 그 근거를 두고 있다"는 유명한 말을 남긴 바 있다. 그에 따르면 인간이 공간에 보이는 관심은 자신의 환경에서 생명을 결정짓는 관계를 파악해야 할 필요와 욕구에서 파생한 것이며, 사건과 행동으로 이뤄진 세계에 질서와 의미를 부여하기 위함이다.

노르베르크-슐츠는 인간이 체험하는 실존적 공간은 여러 공간의 복합체로, 인간이 생물학적 욕구를 충족시키는 '실용적 공간', '지각적 공간', 그리고 순수한 논리적 관계의 '추상적 공간' 등으로 이뤄진다. 아울러 그것은 공동체의 집단 활동이 형성되는 문화 공간이자 예술 공간, 자신의 환경을 변화시키려는 인간의 의도가 발현되는 표현 공간이다.

노르베르크-슐츠에 따르면 인간이 환경과 맺는 관계는 이원적이다. 먼저 개인은 자신이 처한 환경의 구조를 자신의 정신 속에 각인시켜놓은 인지와 지각의 도식으로 통합하려 한다. 다른 한편, 개인은 환경을 그 같이 구성된 자신의 도식을 구체적인 건축 구조물로 실현하려는 시도를 수행한다. 노르베르크-슐츠는 "거주의 진정한 의미는 인간이 하나의 환경 안에서 자신의 방향을 설정하고 그것과 더불어 자신의 정체성을 파악할 때 비로소 완성된다"고 진술했다. 다시 말해 인간은 환경을 유의미한 것으로 경험할 때 비로소 '거주함'을 얻는다. 이 점에서 노르베르크-슐츠가 설파한 거주의 현상학은 도시 인식론의 의미론적 차원과 접맥될 수 있을 것이다.

린치의 맥락이 도시에서 인간의 방향 설정과 관련된다면, 노르베르크-슐츠의 맥락화는 장소의 정체 파악, 인간의 정체성에 영향을 미치는 공간적 경험과 관련된다. 노르베르크-슐츠에게 장소의 정신은 장소의 개념이자 특정 장소의 고유한 성격이다. 그것은 역사와 시간의 진행 속에서 특수한 정신성을 갖게 된 장소임을 뜻한다.

3.
미학적 관점의 도시 공간: 도시미학

1) 도시미학이란

일상어에서 '미학'(미적인 것) 개념은 관습적으로 '아름답고 숭고한 것'이라는 말로 쓰였으며, '미적이지 않은 것'은 '아름답지 못하고 숭고하지 못한 것'을 뜻하는 말로 쓰였다. 바움가르텐(Alexander G. Baumgarten, 1714~1762)이 《미학(Aesthetica)》(1750~58)을 출판한 18세기 이후에야 비로소 미학은 '예술미에 대한 이론'이라는 학문적 의미를 획득하게 되었다. 칸트와 실러, 그리고 셸링과 헤겔이 이러한 의미에서 미학을 설계함으로써 더욱 공고해졌고, 그 후 피셔(Friedlich Fischer)

〈그림 1-6〉 독일 미학의 창시자 바움가르텐

가 강령적으로 이름을 붙이고 난 이후 미학 또는 미의 학문(Ästhetik oder Wissenschafr des Schönen, 1847~58)이 된다. 미학을 '감성적 인식에 관한 학문'이라고 규정한 바움가르텐은 고대 그리스어인 '아이스테시스(aisthesis)'라는 단어를 기초로 해서 미학, 즉 aisthetik이라는 명칭을 만들었다. '아이스테시스'라는 말은 기본적으로 '감응'과 '지각'이라는 뜻을 가지고 있다. 즉, 우리말로 하면 일종의 감성적 지각이자 감응적 지각이다. 바움가르텐이 '미학'이라는 명칭을 통해 시도하고자 한 것은 감성적 지각에 대한 특수성을 인식하고 이것을 설명하고자 했다기보다는 오히려 독일 관념론 철학 체계에서 늘 이차적이고 부차적인 것으로 다뤄지고 있는 감성과 지각을 철학적 체계 내에서 설명하기 위함이었다. 다시 말해 이성과 오성의 측면에서 감성과 지각을 철학적으로 설명하기 위한 의도였다. 즉, '감성의 논리'를 추구하고자 함이었다.

미학이라는 담론 내에서도 도시 공간이라는 새로운 대상에 직면해서 이를 이론적으로 해석하려는 많은 시도가 있었다. 때로는 전통적 미학 이론 안에서 이러한 상황을 설명하려는 시도가 있기도 했으며, 때로는 '새로운 대상은 새로운 미학으로 설명할 수밖에 없다'는 입장에서 전통과의 결별을 주장하는 새로운 미학 이론들이 그 모습을 드러내기도 했다. 후자의 대표적인 입장 중의 하나가 바로 도시미학이다. 도시미학은 도시 공간에 대한 지각 형식과 표현 형식을 이론적으로 규정하려는 시도로 이해된다. 특히 도시 공간의 현상 형태와 지각 방식을 집중적으로 고찰하려는 '현상의 미학(Asthetik des Erscheinens)'이라고 정의할 수 있다. 이러한 관점에서 도시미학은 지금까지 전통적 미학 내에서 주된 논의가 예술 그 자체보다는 예술에 대한 인식에 주목하고 있었음을 지적하면서 도시미학 담론 내에서는 무엇보다 도시 공간의 인식에 대해 분석할 것을 요구한다. 다시 말해 도시 공간이라는 물리적 현상 또는 대상과 그것의 지각 방식에 대한 이론적 고찰을 시도할 것을 요구한다. 그러므로 도시미학에서 무엇보다 중요한 것은 감성적 지각, 즉 아이스테시스이며, 결국 도시미학이란 도시 공간의 '아이스테시스'에 대한 현대적 해석이다.

도시 공간에 대한 지각 이론으로서의 도시미학에서 중심 문제로 설정한 것은 도시 공간의 물리적 공간 그 자체에 대한 분석, 또는 아름다움에 대한 분석이 아니라, 도시 공간과 수용자 간의 관계에서 '어떻게 수용자들이 도시 공간을 체험하고 지각하는가?' 하는 것이다. 즉, 대상을 수용하는 주체의 측면에서 도시 공간에 접근한다. 따라서 여기서 지각은 하나의 중요한 미적 범주로 등장한다.

도시미학은 도시 공간에 대한 공간 사용자의 감성적 인식을 다루는 연구 분과로, 실용성과 기능성을 강조하는 도시 공간의 기하학적 배치를 거부한다. 미학적 관점에서 도시 공간을 분석한 대표적 연구가로는 오스트리아 출신의 카밀로 지테(Camillo Sitte, 1843~1903)를 들 수 있는데, 그는 도시에 대한 기하학적인 공간조성 원리에 대해 예술적 수준의 향상이라는 대응책을 제시하고 최초의 도시설계 논의를 제시한 도시기획가로 평가된다. 도시미학적 관점에 따르면, 도시 공간은 하나의 건축 작품 같은 방대한 규모의 공간 구성으로 이해되며, 긴 세월의 추이 속에서 지각된다. 도시 공간은 그 자체로 경험되지 않고 주위환경, 사건들의 시퀀스들, 그리고 과거 경험의 기억들과 관련되어 경험된다. 이때 도시 공간은 판독 가능성을 통해 인지 가능한 상징들의 패턴으로서 시각적으로 파악될 수 있다. 판독 가능성이 아름다운 도시의 유일하고도 중요한 성질은 아닐지라도 도시의 규모, 시간 그리고 복잡성에서 환경을 고려할 때 특별히 중요하다. 이러한 점을 이해하기 위해 도시미학은 도시 공간을 물리적 공간 자체로 고려하기보다는 거주자에 의해 지각되는 것으로 고려한다. 따라서 미학적 차원에서 도시성은 도시문화라는 개념에 따라 지칭될 수 있는데, 이는 도시 거주민에게 도시의 형태들을 이해하게 하고, 이 같은 형태들을 지각하고 인지하고 정체를 파악하게 만들어주는 코드들과 규약들을 말한다. 도시 공간은 도시미학적 조건들 속에서 서로 분절되는 두 가지 논리에 기초한다. 한편으로는 도시의 기억을 구성하게 만들어주는 역사적 논리로서 도시의 과거 속에 정박한 정체성의 요소들을 부여한다. 다른 한편, 도시적 논리는 도시의 유기적 의미성을 사유하고 구조화하는 논리로서, 지금 여기에 놓여 있는 현재의 요소들을 부여한다.

도시미학에 따르면, 모든 도시 공간은 그 물질적 형태에 토대를 둔 공간 수용자의 독특하고 고유한 지각방식을 지닌다. 그리고 이것은 보여진 것이나 말해진 것들과 일치하지 않는다. 공간 수용자의 방법과 방식에는 나름의 특성이 있어 주어지거나 만들어진 재료들을 가지고 지각하기 위해 자기에게 맞는 가능성, 능력, 기술, 수단을 사용한다. 이러한 지각 방법이 도시미학의 중심 요점이다. 도시미학에서 논의되는 '미학'의 개념은 원래 의미인 그리스어 '아이스타네스타이(aisthanesthai, 지각하다)'라는 의미에서 도시 공간에 대한 지각 형식으로 이해될 수 있다. 또한 아이스테스를 중시하는 도시미학은 무엇보다 대부분 경험이 오늘날 도시 공간에 의해 매개된 경험이라는 사실에 주목한다. 결국 도시미학은 물질적 공간에 의해 매개된 지각 경험을 핵심 주제로 삼는다.

2) 지테의 도시미학과 도시구성 이론

〈그림 1-7〉 도시미학의 선구자
카밀로 지테

근대 도시계획사상사에서 오스트리아의 도시기획가 카밀로 지테는 매우 중요한 위치를 차지한다. 지테는 도시미학주의를 체계적으로 표현한 최초의 이론가라고 할 수 있으며, 현대의 도시설계 이론에도 상당한 영향을 미치고 있다. 물론 그의 도시미학적 이론은 오늘날 다양한 평가를 받을 수 있지만, 그럼에도 도시의 유기적 조직의 재생과 도시 공간의 사회적 공공성을 회복하기 위한 그의 노력은 충분히 설득력이 있다고 하겠다. 더욱이 그의 이론은 최근 활발히 논의되고 있는 소위 맥락주의(contectualism)를 위시한 탈근대적 도시설계 이론에 논리적 근거를 제공하고 있다는 점에서 그 위상이 재평가되고 있다고 하겠다(손세관 1999, 90). 무엇보다 1889년에 출간된 그의 대표적 저서인 《Der Städtebau nach seinen künstlerischen Grundsätzen(예술적 원리에 근거한 도시계획)》은 당시 유럽의 도시계획과 건축학 분야에 큰 반향을 불러일으켰으며, 폭넓은 현장조사와 치밀함으로 도시 공간을 미학적 관점으로 분석한 최초의 시도라는 평가를 받는다. 이 책에서 그는 훌륭한 도시건설은 단순히 기술적인 문제라기보다는 예술적인 문제라고 주장했다.

지테는 한 가지 분명한 문제의식에서 출발하는데, 그것은 당대 도시 공간의 추함이다. 그는 고대의 도시 형성과 배치에 대한 독창적인 연구를 통해 19세기 근대 도시계획이 미학적 사고를 결여하고 있음을 지적하면서 특히 공간체계와 도시미의 상충성에 대해 설명한다. 그는 당시에 유행하던 공간체계, 즉 격자형 체계와 방사형 체계 등에 대해 비판적 관점을 견지하고, 이것은 미학적 관점에서 볼 때 무가치하며 오히려 도시를 황폐화시키는 공간체계라고 비판한다.

> "예술적으로 우리는 아무것도 성취한 것이 없다. 근대의 거대한 기
> 념비적 건물들은 통상적으로 가장 보기 흉한 모습의 공공 광장과 가장
> 저질스럽게 분할된 주택지로 나타났다."(김성도 2014, 238 재인용)

이처럼 지테는 옛 소도시를 근대적 도시로 탈바꿈하는 데 사용된 조악한 기법에서 노출된 부조리하고 상투적인 속성들을 지적하고 전통적 도시 공간을 새롭게 분할한 레이아웃 방식을 비판적으로 고찰했다. 더 나아가 지테는 근대 도시계획의 공간체계에 대한 대안을 찾기 위해 유럽 주요 소도시들의 예술적 성격을 분석했다. 그는 각 도시의 주요 광장, 거리, 건물과 기념비들이 외관상 지닌 우연적이면서 대략적인 레이아웃에서 당대 도시계획가들이 이룬 성과를 판단하면서 도시구성의 일반적인 원칙을 추출하고, 이를 근거로 새로운 도시구성의 원리를 발견하고자 했다. 그는 도시계획이 하나의 예술적 기초에 따라 어떻게 복원될 수 있는가에 대한 실제적 시사점을 제공하면서 자신의 궁극적 목적이 도시 공간을 유기적이고 총체적인(결속적인) 체계로 파악하고, 이러한 관점에서 도시의 주요 물리적 요소인 광장, 거리, 공원 및 공적인 부조물과 기념비 등이 도시 공간의 미학적 인식을 위해 상관관계를 유지하고 있어야 함을 제시했다.

지테가 활동하던 시기는 넓은 의미에서 건축 및 도시계획의 '여명

기'라고 부른다(손세관 1995. 90). 이 시기의 도시구성에 관한 개념을 흔히 '회화적 미학주의' 또는 '구성적 자연주의'라고 부를 수 있는데, 이는 자연 경관에서 보는 것과 마찬가지로 도시의 물리적 구성에는 시각적 불규칙성과 경관적 의외성이 반영되어야 한다는 생각의 표현이다. 지테에 따르면, 이렇게 회화성과 불규칙성으로 특징되는 도시의 물리적 성격은 중세도시의 물리적 특징들이라 할 수 있다. 따라서 지테는 결속력 있고 사회적으로 안정된 중세도시의 물리적 구조를 회복함으로써 산업화로 파괴되어가는 도시의 사회구조를 재건할 수 있다고 생각했다.

지테의 도시구성 이론은 두 가지 원리에서 출발한다(손세관 1995. 91). 첫째는 도시 공간이 연속적인 실체로 파악되어야 한다는 생각이며, 또 하나는 건축물이 서로 상관관계를 가질 때만 그 존재 의미가 있다는 것이다. 지테는 이 두 가지 도시구성의 원리가 당대 도시의 단절된 구조를 유기적 구조로 회복시킬 수 있는 유일한 방법이라고 생각했다. 그의 주된 논리적 근거는 역시 중세도시의 공간구조에 있었다. 중세도시가 지니는 시각적 의외성, 공간구성의 불규칙성, 공간의 폐쇄성(텍스트성), 그리고 지테에게는 보행자 위주의 공간구성 등이 새롭게 구현되어야 할 계획상의 목표가 되었다.

3) 지테의 현대적 유산

19세기 말의 도시계획과 관련한 지테의 비판 가운데 하나는 '기술자와 전문가'를 향한다. 그가 비판한 것은 어떤 구체적인 직업이라기보다는 건축가, 공학자, 도시의 조상 사이에 존재하는 공통적인 '정신 상태'였다. 지테의 가장 기본적인 불만은 현장의 수량적 관찰에 기초한 도면을 우선시하고 오직 표면 조사만 실행한다는 것이었다. 그 대안으로 지테는 삼차원으로 구상된 도시 도면, 즉 해당 거점에 건설될 건물이 올라가는 것을 보여주는 도면 사용을 촉구했다. 특히 지테는 무의미한 기하학적 정밀성으로 도시 공간의 레이아웃을 그려대는 측량기사들을 혐오했다. 지테의 핵심 관건은 하나로 건설된 삼차원의 경관에 시각적이고 공감각적인 성질을 부여하는 구체적인 구조를 정의하는 것이었으며, 이 점에서 통시태(通時態)는 분석의 필수적 차원이었다. 즉 각기 다른 시대의 도시 공간을 체계적으로 대입할 비율로 상수와 변수를 사용하거나, 더 나아가 지테 자신이 분석하는 수십 개의 도시 공간 속에서 작동되는 상이한 조직 원리에 대해 오직 역사만이 하나의 의미, 특히 객관적 토대를 제공하도록 허락했다. 그는 고대, 중세, 르네상스, 바로크 등의 공간에 대한 각각의 특수성을 규명하는 데 몰입했으며, 아울러 각각의 공간적 구조가 독창성을 만들어내는 것을 지칭하기 위해 기초가 되는 예술적 관념을 사용했다. 그는 도시계획이 하나의 예술임을 천명하고, 더 나아가 도시미학사를 분할시키는 상이한 유형의 도시 경관이 지속되는 과정 속에서 불변하는 구조를 발견하려 애썼다.

지테의 공헌은 '도시는 예술적 산물'이라는 그의 표현처럼 도시 공간의 미적 측면에 중요성을 부여하면서도 도시 공간에 사회적 공공성을 부여한 데 있다. 이러한 지테의 도시 공간에 대한 시각은 1960년대 이후 도시의 공공 공간을 재건하고 과거의 공간구조를 부활하려는 시도와 맞물려 재조명되고 있다. 비록 이러한 시도들이 괄목할 만한 형태로 주목받고 있지는 못하지만 비교적 일관된 논리와 질서를 가지고 있다고 볼 수 있는데, 그것은 도시를 미학적 구성의 대상으로 보고 도시 공간의 연계성과 시각적 다양성, 그리고 도시 공간의 공공성 회복이라는 대전제를 가진다는 것이다. 20세기 기능주의의 결과로 나타난 역사적 도시맥락의 파괴가 활력 있고 통일된 도시성의 결여를 초래했고, 결과적으로 건축과 주변 환경의 단절, 외부공간의 장소성 결여, 그리고 획일적이고 개성 없는 도시건축의 산재 등 비인간적이고 반역사적인 도시구성을 초래함에 따라 도시의 물리적 조직에 대한 문제해결의 방안으로 지테의 미학적 도시구상 이론이 재평가되기 시작했으며, 현재 그와 유사한 접근방식이 다양하게 시도되고 있다.[9]

지테에게 과거 도시의 전범은 건축 또는 도시 건설의 특정 양식을 위해 훈육하는 것이 아니라, '삶의 예술'이라는 기본적 생각을 일러주는 것이었다. 지테의 기여는 도시 공간을 일체의 시대 양식의 기저에 흐르는 본질적 요소로 환원시켰다는 데 있다. 지테의 도시 공간에 대한 지각 방식은 특정 역사의 양식보다는 추상적인 예술적 개념 차원에서 접근했다는 점에서 세계 도처의 도시에 적용할 수 있으며, 바로 그 점에서 그는 시종일관 모던하다고 볼 수 있다. 지테는 작금의 도시 공간 배치가 동떨어진 미학적 기억을 상기하므로 개선해야 한다는 점을 강조한다.

"여행의 가장 황홀한 회상은 우리의 가장 즐거운 몽상의 대부분을 형성한다. 위대한 타운 전경, 기념비와 광장, 아름다운 전망 등은 모두

---

9) 물론 지테의 도시미학적 이론 역시 다수 건축가에게 비판받고 있음은 부인하기 어렵다. 예를 들어 르코르뷔지에(Le Corbusier)는 지테의 도시구성 이론을 감상주의에 사로잡힌 곡선 선호의 시대착오적 생각이라고 비난했다. 이외에도 지테는 미학적 문제와 과거의 형태에 지나치게 연연한 나머지 노동 조건의 진화와 순환의 문제를 완전히 무시하는 한계를 보였다는 점에서 비판을 받기도 했다.

사색에 잠긴 눈앞에서 펼쳐진다. 아울러 우리는 이처럼 황홀한 은총을 입은 사물의 환희를 맛본다. 우리가 한때 행복을 느끼던 존재들 속에서 말이다."(김성도 2014, 241 재인용)

지테의 과제는 과거 도시계획의 전범을 상기함으로써 도시계획이 단지 기술적 문제에 불과한 이 같은 상황을 전복시키는 지난한 작업이었다. 그것은 도시 공간에 긍정적인 예술적 효과를 창조하는 과거의 도시계획을 불러오는 것을 말한다. 바로잡아야 할 근대 도시계획의 특질들은 직선과 직사각형성이 불러온 문제들이다. 근대의 도시계획가가 과거의 풍요로움과 경쟁하기 위해 제공하는 것은 단지 직선의 주택 라인과 입방체의 건물 블록으로, 그 결과 과거의 예술적 자질들로부터 남겨진 것은 아무것도 없으며 심지어 기억조차 사라지고 말았다는 것이다. 지테는 다양한 자료 분석을 거쳐 공간 차원의 모델이라는 정의를 도출했다. 또한 추상적인 공간, 즉 진보주의적(기하학적) 모델에서 건물의 형태/단위가 재단되는 추상적 모델 대신 '구체적 공간과 건물의 의미적(상관적) 연속성에서 재단된 공간'을 권장한다. 그는 기념비들 차원에서조차 '고립이라는 근대적 질병'에 맞서 반응하는 것이 필요하다고 판단했다. 지테는 바로 그런 맥락에서 유형론적 분석 대신 관계론적 분석을 제안한 것으로 이해된다. 그에게 길은 근본적으로 기관이며, 방향적인 형태는 건물의 형태가 아니라 통과 장소의 형태이며 만남의 형태다. 이 같은 공간은 닫혀 있고 내밀한 공간인데, 지테에 따르면 고대 도시의 근본적인 성격이 바로 공간과 인상(공간지각)의 한계 설정에 있기 때문이다.

4.
기호학적 관점의 도시 공간: 도시기호학

1) 텍스트로서의 도시

　도시 공간에 대한 기호학적 관점의 접근은 도시 공간이 일종의 상징적 의미복합체, 즉 텍스트라는 이해에서 출발한다. 이는 일찍이 도시 공간에 대해 "공간 속에서 시간을 읽는다"라고 언급한 발터 벤야민(Walter Benjamin)의 '공간주의적 전환(spatial turn)'과 인식적 맥락을 같이한다. 그뿐만 아니라 도시를 '시(poem)'로 이해한 롤랑 바르트(Roland Barthes) 역시 도시가 의미를 생산하고 저장하는 모종의 담론 장소이고, 그 담론의 바탕은 언어여야 한다고 주장했다. 이처럼 도시는 물질적 집적체 이상의 것이며, 인간의 마음이 투영된 의미의 생산물이다. 실제로 도시는 인간에 의해 생산되고, 인간 삶의 총체성이 녹아든 문화적 양식의 덩어리이며, 인간에게 유의미한 수많은 표현체(즉, 기호들)로 구성되어 있다. 그러므로 도시는 수신자에 의해 읽힐 수 있는 담화이며, 발신자에 의해 발화되는 것이기도 하다(Greimas 1972). 이러한 의미에서 "독자들에게 특정한 의미를 전달하기 위해 어떤 맥락에서 작가가 의도하고 정렬하여 선택한 기호들의 집합적 실체"(Garcia 1995)인 텍스트가 그 범위를 도시로 확장시킨 것은 당연하다. 즉 도시에는 다양한 의미가 담겨 있고, 이 다양한 의미구조의 복합체로서 도시 공간이 읽힐 수 있는 텍스트이기 때문이다(김왕배 2000, 134 참조).

도시는 도시민에게 말을 걸고, 우리는 도시에 대해 말한다(Barthes 1985, 265: 김동윤 2007, 162 재인용). 도시기호학은 문화연구의 학문적 갈래인 문화기호학의 범주에 속하는데, 문화기호학에서는 '공간'을 "도시와 농촌의 정주, 경관 및 구성요소들의 복합체"(Brunet 1974, 123: 이마자토 2007, 2: 박여성 2007, 185 재인용)로 간주해왔다. 도시 구성요소의 복합체란 기호학의 연구 대상인 '텍스트'의 범주에 속하는 것으로, 이를 바탕으로 도시기호학은 도시의 형태적 구조와 의미작용을 도시의 문화와 사회화를 정의하는 상징적 실천들의 장(場) 속에서 사유하고자 한다. 그레마스(1972)의 '도시 공간의 의미 생산에 대한 이론'이나 바르트(1970)에 의한 '도시의 구조와 리듬'에 대한 논의가 도시기호학의 가능성을 열었음은 사실이다. 하지만 이들의 기호학적 접근이 공간 그리고 사회화의 조직 속에서 형태 개념의 창발로 이어져나가는 점을 설명할 수 없다는 것은 여전히 하나의 한계로 남아 있다. 이들의 '순수' 기호학적 접근이 사회역사적 맥락을 포착하지 못했다는 점은 이후 사회기호학 진영에 의한 비판의 계기로 작동하기도 했다(Gottdiener and Lagopoulos 1986).

2) 도시기호학이란

도시기호학이라는 용어가 언제 최초로 사용되었는가에 대해서는 논의의 여지가 있으나, 김성도(2014, 38)에 따르면 대체로 1986년 미국의 도시사회학자 고트디너와 그리스의 건축기호학자 라고풀로스가 공동으로 편집한 논문집《The City and the Sign》에서 최초로 등장한 것으로 보인다.[10] 이 논문집에서는 에코(Eco), 바르트(Barthes), 그레마스(Greimas) 등의 도시기호학 이론이 선구적 역할을 한 것으로 소개되었는데, 이는 다소 편

협한 시각이라고 할 수 있다. 왜냐하면 도시를 하나의 텍스트로 간주하는 개념은 도시기호학이 탄생하기 훨씬 전인 19세기 작가들에서 이미 개진되었기 때문이다.[11]

도시를 하나의 텍스트로 개념화하는 시도에는 몇 가지 인식론적 전제조건이 깔려 있다. 먼저, 도시는 텍스트 구조의 속성을 갖춰야 한다는 점이다. 근본적으로 이러한 관점에서는 도시 공간

〈그림 1-8〉 발터 벤야민
(Walter Benjamin, 1892~1940)

10) Gottdiener, M. and Lagopoulos, A. ed., The City and the Sign : An Introduction to Urban Semiotics, pp. 55-86, New York: Columbia University Press, 1986.
11) 김성도(2014, 38 이하)는 도시기호학의 지적 계보가 근대 도시인문사상사에 속해야 한다는 점에서, 그 외연으로 도시를 판독 가능한 텍스트로 파악한 사상가들을 전반적으로 아울러야 한다고 언급하면서, 이를테면 벤야민의 도시 읽기는 보들레르(Baudelaire)의 도시 체험 방식에서 영감을 받아 이뤄졌으며, 그는 탁월한 도시기호학의 전범이라 해도 과언이 아닐 정도로 도시 공간에 녹아 있는 고차원적 상징성과 상상적 이미지의 심오함을 짚어내는 놀라운 솜씨를 보여주었다고 지적하고 있다.

이 해독 가능한 잠재적인 기호와 상징으로 이뤄진 기호학적 구성체로 이해된다. 즉 도시 공간의 가장 기초적 수준에서 하나의 언어가 전제되며, 늘 '읽기'라는 인지 체계가 자리한다. 따라서 도시가 한 편의 텍스트로서 존재하기 위해서는 그것을 읽어줄 개별 독자 또는 다수의 독자를 요구한다. 이때 반드시 지적해야 할 점은 '도시 읽기는 텍스트의 판독 가능성을 전제로 한다'는 것이다. 그러나 여기에서 첨언해야 할 또 다른 사실은 벤야민이 정확히 지적한 것처럼[12] 원칙상 판독 가능성은 의도적이건 그렇지 않건 오독을 배제하지 않으며, 이때 텍스트인 도시는 오독으로 그 의미가 풍성해질 수 있다는 점이다(김성도 앞의 책, 39).

도시를 텍스트로 간주하는 근대적 전통은 도시기호학으로 계승됐다. 에코, 바르트, 그레마스 등의 기호학자가 한 목소리로 제안한 도시 읽기는 "도시 공간 속 랜드마크(landmark)의 의미는 비결정적이며, 그것은 독자가 상상력으로 채워 넣어야 할 공간의 텅 빈 기표이자, 도시의 본질로부터 스스로 우러나오는 의미"라는 점을 강조했다. 이처럼 기호학자들이 도시 공간을 읽기의 대상으로 바라보고, 수용자 중심의 인식 대상체로 바라볼 수 있었던 것은 벤야민의 도시 공간에 대한 통찰과 일정 부분 공유하는 바 있다고 볼 수 있으며, 그것을 근대 도시 경험의 보편적인 모델로 인정할 수 있느냐 하는 문제와는 별개로 도시 공간의 의미를 읽어낼 가능성을 제시했다는 점에서 벤야민과 이들 기호학자의 성찰이 지닌 진가를 확인할 수 있다. 그 진가는 양자 모두 도시 읽기의 토대를 '도시를 읽는 개별 독자가 구축한 유일무이한 도시 세계'에 두었다는 데 있다. 결국 도시 공간은 수용자들이 회상하고 창발하는 이야기를 읽어냄으

---

12) 김영옥 · 황현산 역, 《보들레르의 작품에 나타난 제2 제정기의 파리(보들레르의 몇 가지 모티브에 관하여 외)》, 길, 2010.

로써 창조적인 읽기가 가능하다는 것이다. 이런 이유에서 도시의 다양한 재현을 연구하는 도시 공간의 서사는 도시기호학의 중요한 연구주제가 된다고 볼 수 있다(김성도 앞의 책, 41).

또한 도시 연구의 종합판이며 도시지리학의 전범으로 평가받는 《도시학 백과사전》에 따르면,[13] 도시 공간은 기호학적 분석에 적합한데, 그 이유는 우리가 도시의 분위기를 다룰 때 도시가 지닌 '의미의 힘'에 기대기 때문이라고 한다(Hutchison 2010, 918; 김성도 2014, 29 재인용). 달리 말해 도시 공간 자체와 공간의 다양한 요소는 물질적 실체가 아닌 다른 무엇인가를 의미한다는 것이다. 《도시학 백과사전》에 따르면, 도시를 기호, 텍스트 그리고 콘텍스트로 간주하는 이 같은 도시연구의 새로운 흐름과 구도가 도시 공간과 도시 실천의 본질을 이해하는 데 다양한 시각을 제공했다고 진술하면서, 특히 도시기호학에 힘입어 도시 공간에 존재하는 기호들에 대한 다양한 접근법을 정립할 수 있었음을 지적하고 있다. 결국 도시기호학은 도시 공간의 의미를 읽어내는 유용한 접근법으로 간주되고 있는데, 김성도는 이러한 도시기호학의 의미 또는 역할을 두 가지 방식으로 설명하고 있다(김성도 2014, 30).

첫째, 도시기호학은 하나의 기호 시스템으로서 도시가 발현하는 수많은 양상을 더욱 적절하게 '프레임'지을 수 있는 특정 개념이며, 도시 공간의 건축 환경을 비롯해 사회생활의 다면적 성격

---

13) Hutchison, R., *Encyclopedia of Urban Studies*, volume 1-2, London, sage, 2010. 《도시학 백과사전》은 320여 개의 표제어와 총 1,039쪽으로 이뤄진 도시연구의 주요 주제와 쟁점을 다룬 백과사전으로, 여기에서는 도시연구의 주요 학술 분야로 도시인류학, 도시경제학, 도시지리학, 도시역사학, 도시계획, 도시정치학, 도시심리학, 도시사회학을 설정하면서 도시기호학을 도시연구의 학제적 위치에서 비중 있게 다루고 있다(김성도 2014, 29).

을 검토하는 데 유용하다고 진술한다.

둘째, 도시 공간에 존재하는 기호에 대한 기호학적 연구는 하나의
비판적 도구라는 점에서 도시 공간의 '자연화'되고 상투화된
읽기의 관습적 틀에서 벗어나 도시의 다양한 장소와 실천 속
에 배태된 이데올로기적 차원들을 계시함은 물론 도시 공간
내부에서 이뤄지는 의미의 사회적 생산 과정을 부각시킬 수
있다. 구체적으로 진술하자면 도시 공간의 기호학적 분석은
도시에서 길을 안내해주는 다양한 도로 표지판과 주소 표지판
의 기호가 지닌 인지적 메커니즘부터 한 도시의 역사와 결착
된 강력한 상징에 이르기까지 도시 공간이 의미의 소통 방식
을 연구할 때, 미시적·거시적 분석을 포함해 도시의 다양성
만큼이나 매우 다양하게 적용할 수 있다는 뜻으로 풀이될 수
있다.

3) 도시기호학의 이론가들: 바르트, 쇼에, 그레마스

기호학적 도시 읽기는 기호로써 도시 공간의 의미작용을 읽어내는
작업이다. 구조주의에 기반을 둔 기호 이론이 도시 공간의 의미를 읽고
자 시도한 것은 바르트(1967)의 '기호론과 건축(Semiology and Architecture)'이라
는 나폴리 국제학술대회 강연에서 출발한다. 바르트는 이 강연에서 "도
시는 제반 요소와 일련의 대립으로 이뤄진 언어이며, 인간에 의해 땅 위
에 각인된 하나의 '텍스트'가 될 수 있다"는 견해를 피력했다. 그에 따르

〈그림 1-9〉 롤랑 바르트
(Roland Barthes, 1915~1980)

면 하나의 텍스트로서 도시가 갖는 의미는 그 텍스트에 대한 독자의 지각에 달려 있으며, 인간적 만남과 교환 장소로서의 도시 중심부는 자연언어의 의미소에 비교될 수 있는 특별한 의미를 수반한다(김성도 2014, 535 재인용). 또한 바르트(1967)는 도시 기표들의 모호성과 통제 불가능을 언급하면서 과학적인 도시의 언어를 구성하려는 시도를 원하지만, 도시는 무한한 은유의 담론으로 남아 있다고 말한다. 바르트는 자신이 구상하는 도시기호학의 3가지 인식론적 전제를 제시했는데, 그 내용은 아래와 같다(김성도 2014, 536).

첫째, 상징성은 오늘날 일반적 규칙으로 작용하지 않으며, 기표와 기의 사이의 규칙적인 대응으로서 파악되지 않는다. 바르트는 여기에서 '상징'이라는 단어를 의미론적 차원에서가 아니라 통합체적 · 계열체적 의미의 조직화로서 지시한다. 따라서 상징의 의미론적 차원과 통합체적 · 계열체적 본질을 구별해야 할 것이다.

둘째, 상징성은 본질적으로 기표들의 세계, 특히 최종적이며 충만한 의미 작용의 시스템이라는 울타리 속에 결코 가둬둘 수 없는 상관관계의 세계로 정의되어야 한다.

셋째, 오늘날 기호학은 결코 결정된 기의의 존재를 전제로 하지 않는다. 달리 말해 하나의 기의는 늘 다른 기의를 대신하는 또 다른 기표가 된다는 것을 의미한다. 바로 여기에서 바르트는 도시의 은유적 차원을 제기한다.

사실 바르트는 쇼에(Choay 1969/1986)와 린치(Lynch 1960)의 연구에 영감을 받아 도시에 대한 담론을 시도한 것으로 보이는데, 특히 프랑스의 건축 비평가 쇼에는 도시 담론에 관한 흥미로운 기호학적 분석을 펼친 것으로 유명하다. 바르트의 도시기호학이 '도시 공간의 사용 관례에 대한 보편적 의미화'라는 일반적 테제에 기초하는 것과는 대조적으로 쇼에는 점증적으로 제고되는 탈의미화 이론을 개진했다. 도시기호학에 대해 그녀가 취하

〈그림 1-10〉 프랑수아 쇼에
(Françoise Choay, 1925~)

는 개념은 역사 속에서 연속적으로 발전해온 3개의 기호학적 체계, 즉 '중세', '르네상스', '산업화'를 포함한다. 쇼에에 따르면, 중세 도시는 하나의 '글로벌 기호 시스템'으로 그 안에서 공간의 의미는 인간의 접촉을 풍요롭게 촉진하며, 르네상스 도시는 '도상적 기호 시스템'으로서 그 공간의 의미는 지각적 성질에 기초하고 일차적으로는 심미적 기능을 수행한다는 것이다. 끝으로 산업혁명과 더불어 형성된 도시 공간은 자신의 의미를 상실하고 교통, 재화, 정보 등의 순환에 기능적 도구로 전락해버리고 만다고 비판한다(쇼에 2007: 김성도 2014, 538 재인용). 근대 도시 형태에 대한 비판에서 시작된 쇼에의 도시기호학적 논의는 근대 이전의 도시를 인간의 삶과 밀착된 순수 시스템(pure system)으로 간주하는데, 이때 도시의 형태는

인간의 삶과 행위를 그대로 상징하는 형태를 띠고 있으며, 인간은 그러한 상징을 충분히 이해하고 공간과 소통한다고 본다. 반면 근대 도시는 혼합된 체계(mixed system)와 경제의 우월성(the Primacy of Economy) 개념으로 설명하면서 인간과의 의미작용이 빈곤한 혼돈의 체계는 과거의 순수성을 잃어버렸으며, 의미작용을 한다 해도 그것은 기능성과 효율성에 기반을 둔다고 비판한다.[14] 결국 근대 도시는 소통 가능한 명료성을 잃어버렸다는 것인데, 이러한 논의는 이후 기호학자들의 연구에서도 지속된다.

반면, 파리 구조주의 기호학의 토대를 마련한 그레마스(1970)는 도시가 커뮤니티의 사회적 계층과 역사적 상대성에 상응하는 수많은 변수를 불가항력적으로 포함하므로 항시 이러한 새로운 변수들을 소개해야 하며, 도시 읽기를 다양화할 수 있어야 한다고 주장한다. 이러한 혼돈 상황에서 기호학은 한 가지 대안을 찾는다. 그것은 바로 탈의미화와 재의미화다. 이것은 사회경제적 이데올로기에 의해 합리화된 공간의 의미를 해체시키고, 인간은 다시 그들의 방식대로 이를 재의미화함으로써 도시 공간의 의미작용을 풍부하게 할 가능성이다. 그레마스는 위상기호학과 도시기호학의 인식론적 정초를 다진 자신의 독창적인 논문에서 탈의미화가 단지 도시적 문제일 뿐만 아니라 유의미한 인간 행동 양식이 자동화된 프로그램에 의해 대체되는 과정에 기초하는 일반적인 기호현상 가운데 하나라는 점을 암시했다.[15] 그레마스가 여기에서 말하려는 바는 의미

---

14) Choay, F., "Urbanism and Semiology," M. Gottdiener and A. Lagopoulos ed., The City and the Sign: An Introduction to Urban Semiotics, pp. 160-175, New York: Columbia University Press, 1986 참조.

15) Greimas, A. J., Du sens, Paris, Seuil, 1970. 이를테면 전통적인 온돌 방식이 아파트의 중앙난방으로 바뀜으로써 가족 간의 따스한 인간적 정서의 유대관계는 사라진다. 하지만 이 같은 탈의미화 과정은 재의미화 과정에 의해 보충된다. 예를 들면 아파트에 온돌 방식을 다시 도입하는 경우를 생각할 수 있다. 김성도 2014, 539 참조.

화와 탈의미화가 인간 역사에서 변증법적으로 상호종속적인 과정이며, 결코 돌이킬 수 없는 흐름은 아니라는 점이다. 따라서 도시 기호는 도시 거주자에 의해 체화됨과 동시에 차별화된다는 점에서 도시 기호는 텅 빈 기표들의 시뮬라크르가 아니라 의미를 갖고 공간에 뿌리를 내리고 있다는 것이다. 특히 여기서 강조할 것은 도시의 기호가 지시하는 것은 정태적인 사물이라기보다는 도시 거주자의 신체적 현존이라는 사실로부터 우

〈그림 1-11〉
알기르다스 줄리앙 그레마스
(Algirdas Julien Greimas, 1917~1992)

리가 직접 참여하는 과정을 표상한다는 점이다. 이런 시각에서 보면, 도시는 공간적 현상이라기보다 시간적 현상이며 시간적 변형 과정이 공간적 표현보다 더 근본적이라고 할 수 있다.[16]

　　앞에서 정리한 도시기호학의 주요 이론과 가설은 건축기호학의 이론적 얼개와 크게 다르지 않다. 도시 공간 환경을 하나의 텍스트로서 개념화한 것은 건축적 오브제를 언어의 요소로서 파악한 것과 평행적임을 보여준다. 도시가 하나의 텍스트라면 도시민은 한 명의 독자가 된다. 그같은 실천은 도시 공간에 존재하는 상징적 양상의 인식 또는 변별적 대립의 지각으로 환원된다고 하겠다.

---

16) Larsen, S. E., *La rue-espace ouvert*, Odense, Odense University Press/Grenoble, 1997. 김성도 2014, 540 재인용.

5.
도시 공간을 이해하기 위한 새로운 시도: 언어학 기반의 복합 인문학적 접근

1) 언어학 기반의 도시 공간 연구

일반적으로 언어학은 언어라는 복잡한 조직체를 여러 각도에서 접근·고찰하여 언어의 특성을 밝히는 학문으로, 인간의 언어구조와 의미 그리고 사용에 대한 과학적 분석과 이해라는 언어 제한적인 고답적 관점을 견지하고 있다고 여겨진다. 그러나 언어학에는 다양한 개별 분과의 방법론들을 상호 보완하여 활용할 때 단순한 총합 이상의 치밀하고 체계적인 연구 결과를 도출할 수 있는 잠재력이 있다. 특히, 기호학과 텍스트 이론 분야에서 축적된 개별 방법론들을 기존의 연구대상인 언어나 언어 연속체가 아닌 다양한 실용적 연구대상에 복합적으로 사용할 때, 언어학은 더 이상 현실과 괴리된 이론에 머물지 않고 현실 문제에 직접 개입하여 구체적이고 창의적인 해결책을 제공할 수 있을 것이다. 왜냐하면 이와 같은 방법론적 접근은 특정 방법의 이론적 토대에 매몰되지 않고 새로운 주제와 문제를 구성하여 사물에 대한 입체적이고 유연한 태도를 견지할 수 있게 하기 때문이다. 바로 이러한 이유에서 이 글은 기호학이나 텍스트 이론 같은 개별 언어학의 분과에서 사용된 방법론들을 상호 보완하여 적용하는 새로운 통합적 방법론을 제안한다.

이 글은 언어학의 한 분과인 기호학과 텍스트 이론의 일부 방법론을 도시 공간의 이미지 파악과 의미 가치 이해에 적용하여 언어학의 현실 개입 가능성과 독창적인 공간 해석의 방법론을 제시하고, 더 나아가 이를 도시 공간의 문화적 재코드화 전략에 적용하는 데 그 목적이 있다. 이 같은 작업은 궁극적으로 우리가 살고 있는 도시 공간이 도대체 어떠한 의미자질들의 상호작용으로 도시의 이미지 및 문화적 코드를 창출하고 있는지를 확인하는 것이며, 이를 통해 어떻게 도시 공간의 언어학적 매핑과 포지셔닝의 틀이 정립될 수 있는지를 제시한다. 결국 이 같은 도시 문화의 언어학적 접근에 바탕을 둔 도시 공간의 의미 성찰은 무엇보다 우리에게 새로운 도시 이해의 가능성 조건들을 살펴보도록 요구한다. 이 글은 도시 공간의 문화적 재코드화를 위한 방법론으로 언어학적 방법론이 유의미할 수 있음을 논증한다.

2) 도시 공간에 대한 인문학의 관심

산업혁명 이후 급속하게 진행된 도시화 현상과 더불어 도시 공간을 다룬 이론, 모델, 개념, 실천들이 다양한 분야에서 축적됐으며, 천재적인 도시계획가, 건축가, 학자, 비평가들이 독창적 사유와 통찰을 제시했다는 점에서 이들 무리를 도시 사상의 관점에서 살펴볼 수 있을 것이다. 도시 공간에 대한 인문학의 관심은 이 같은 관점 중 도시 공간에서 일어나는 인간의 행위를 설명하는 데 관심을 두고 있다는 점에서 도시계획 이론이나 사회과학적 담론과 구분된다.[17] 도시에 대한 인문학의 관심은 도시 공간의 내적 의미, 외적 표상 등 도시 공간 전반에 대한 인식을 해명하는 새로운 패러다임을 제시함으로써 도시 공간이 지닌 문제 해결을 위한 다양한 방법론 연구로 이어졌고, 여러 학문적 시도로 진행되었다.

도시 공간에 대한 연구에서 빼놓을 수 없는 것은 역시 지리학적 접근이다. 지리학의 다양한 연구는 방법론에 따라 크게 3가지로 구분할 수 있다. 실증주의, 인본주의, 구조주의 지리학이 바로 그것이다. 지리학적 연구 중에서도 특히 실증주의 지리학은 행위를 외연적으로 표현된 관찰 가능한 것에 한정하며, 그 행위의 원인을 행위자의 동기와 동일시했다. 이에 반하여 구조주의 지리학은 총체적 토대로서의 생산양식과 계급구조의 반영으로 인간 행위를 파악하고자 했다. 이들은 서로 대립적인 논쟁을 벌여왔지만, 둘 다 공간과 인간(행위)의 관계에 대해 '인간을 가정하려 한다'는 공통적인 한계를 가지고 있다. 이와는 달리 인문지리학의 일련 연구들, 예를 들어 이상일(1990), 김현미(1997), 권정화(1997) 등에서는 공간에 대한 인간의 행위 문제에서 인식론적이면서도 정치적인 치밀한 해석학적 작업이 필요하다고 밝히고 있다. 나아가 인문지리학은 좀 더 섬세한 공간과 인간 행위에 대한 이론을 절실히 필요로 하고 있음을 다음과 같이 제안하고 있다.

---

17) 김성도(2014, 110)에 따르면, 근현대 도시사상사의 계보와 지형은 크게 3개의 축으로 나눠지는데, 첫 번째 축에는 도시계획의 이론과 실천을 담당한 근현대 '어버니즘(urbanism)'의 설립자들이 포함되며, 두 번째 축과 세 번째 축에는 각각 사회과학과 인문학 영역에서 도시와 관련하여 쌓아놓은 이론, 사유, 비평들의 오랜 전통의 궤적이 포함된다.

첫째, 사회구조와 행위주체의 관계에 더욱 적극적인 관심을 가져야
한다.

둘째, 이러한 사회구조와 행위주체의 관계에 공간이 어떠한 역할을
담당하는가? 즉 사회구조와 인간주체, 그리고 공간의 관계를
설명해줄 수 있는 인식론적 틀이 요구된다.

우리는 또한 도시에 대한 인문학적 접근으로 도시에 대한 기호학적
접근, 즉 도시기호학에 대해 이야기할 수 있을 것이다. 도시기호학은 도
시의 형태적 구조의 의미작용을 도시의 문화와 사회화를 정의하는 상징
적 실천들의 장 속에서 사유하고자 한다. 그레마스의 '도시 공간의 의미
생산'에 대한 이론이나, 바르트의 '도시의 구조와 리듬'에 대한 논의가 도
시기호학의 가능성을 열었음은 사실이다. 하지만 이들의 기호학적 접근
이 공간 속에서, 그리고 사회화의 조직 속에서 형태 개념의 창발로 이어
져나가는 점을 설명할 수 없다는 것은 여전히 하나의 한계로 남아 있다.

따라서 이 글은 기존의 사회과학적 중심의 도시 연구나 도시 텍스트
속의 숨겨진 의미를 찾는 기호학 단독의 도시기호학 방법과는 달리 도시
의 텍스트적 의미, 이미지 표상 등 도시문화 현상의 전반적인 논리를 해
명하기 위한 복합 학문적 새로운 패러다임을 제시한다. 결국 이 글은 도
시 현상과 관련된 계량적 연구나 도시 이미지에 대한 단편적이며 표면적
인 설문조사 방식을 지양하고 도시 공간의 심층 의미와 인지적 · 문화적
형상화를 구축하기 위한 인문적 이론과 성찰을 지향한다.

3) 도시 공간 리터러시를 위한 언어학 기반의 복합 인문학적 방법론

이 글이 지향하는 언어학적 도시 공간 분석방법론은 텍스트화용론과 문화기호학의 이상적 조합이다. 문화기호학은 기호학의 분석 도구를 활용한 응용기호학으로, 문화기호의 생성과 유통 그리고 소비 과정을 논리적으로 추적하고 구조적으로 분석하는 데 매우 유용하다. 텍스트화용론은 텍스트학의 한 분과로서, 도시 공간을 통합적 의미구성체로 인식하여 도시 공간의 텍스트 의미를 창출하는 다양한 의미구성체의 통일된 의미작용을 탐구하는 데 용이하다. 이 논의와 관련하여 간략히 개별 언어이론을 정리하면 아래와 같다.

(1) 텍스트화용론: 도시 공간의 통합적 인식

텍스트학은 1960년대 중반 이후 '텍스트언어학'의 이론을 기반으로 '텍스트이론', '텍스트과학', '텍스트 담화 과학'이라는 이름 아래 주로 독일의 언어학계에서 발전되어온 비교적 새로운 인문사회학적 분석 방법론이다. 텍스트학은 텍스트언어학이 그 연구대상을 단지 언어정보의 유기적 관련성에 제한하고 있음을 비판하고, 언어학에서의 화용론적 전환 후 커뮤니케이션의 관점에서 텍스트 개념을 확대 해석하여 텍스트의 궁극적 의미인 텍스트 의미(Textsinn)를 형성하는 다양한 의미구성체의 통일된 의미작용을 탐구하는 통합적 연구 방법론으로 이해된다(오장근 2006).

텍스트화용론 층위에서 중요한 것은 텍스트의 행위특성, 즉 텍스트 기능에 대한 파악이다. 브링커의 관점에서(1994) 볼 때, 텍스트 기능은 텍스트로 표현된 발화자의 (지배적인) 행위 의도로 이해되며, 이는 일정한 언어형식과 구조를 통해 직접적으로 텍스트에 실현되거나 간접적으로 표현될 수 있고, 그 밖의 텍스트 내적 — 언어적이든, 비언어적이든 — 자질과 텍스트 외적(또는 콘텍스트적) 자질에 의해 추론될 수도 있다. 따라서 화용론적 층위의 텍스트 구성에서는 어떠한 언어적·비언어적 수단들이 텍스트 의미 또는 텍스트 기능을 파악하는 데 도움이 되는지를 확인하는 것이 우선적으로 요구된다.

도시 공간을 통합적 의미구성체로 인식하는 이 글에서 텍스트화용론적 관점을 적용할 경우, 도시텍스트의 궁극적 의미작용을 탐구하기 위해 적용되는 단계는 어휘론적 접근 단계, 이미지 분석 단계, 문화소 추출 단계, 텍스트 층위의 분석 단계라는 총 4단계로 구분될 수 있다.

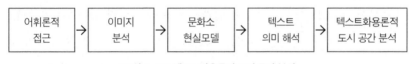

<그림 1-12> 텍스트화용론적 도시 공간 분석

각각의 단계를 박여성(2005 참조)의 분류에 의지해 기술하면 다음과 같다.

첫째, 어휘론적 접근 단계. 해당 도시 공간의 주요 사안을 다룬 텍스트, 광고 등 가능한 한 모든 미디어 자료에서 추출한 핵심어휘들의 낱말밭을 구성한다.

둘째, 이미지 분석 단계. 연구대상인 도시 공간에 대한 시각자료들

사이에 존재하는 동위관계들을 추출하는 과정이 필요하다. 나아가 추출된 동위관계들이 상징적 층위에서 발산하는 2차 의미작용 또는 연상/환기로 이어지는 동위구조를 연역해야 한다.

셋째, '문화소(Culturem)' 및 현실모델의 구성. 기호는 지식의 유형, 즉 개별언어마다 상이하게 구조화된 기억양상 특유의 표지 또는 프로그램 및 개념에 따라 이해과정에서 상이하게 활성화되며, 이질적이고 (비)언어적인 조건으로 인해 상호이해 과정에서 문제를 야기한다. 예를 들면 문화소 구별 짓기는 언어체계의 의미론적 질서를 바탕으로, 특정한 문화의 평가, 즉 해당하는 공동체의 의미론을 구성한다. 이러한 문화소들은 부분적으로만 중첩될 뿐 기호학적 코드들을 상당수 포함한다. 이때 이미지를 구축하는 기저로서 현실모델의 이분법적 의미 대립이 중요하다.

넷째, 텍스트 분석 단계. 이 단계는 도시를 다양한 상징체계의 복합체로서 일정한 의미를 생산하는 텍스트로 이해한다. 따라서 브링커(Brinker 1983)의 절차적 텍스트 유형 분류 모델을 도시 공간의 유형 분석에 적용함으로써 도시텍스트가 전달하는 의미를 통합적으로 파악하는 데 활용된다. 도시 공간의 유형 분류를 위한 기본 기준으로 도시가 상징하는 텍스트 기능이 고려된다.

이러한 단계적 텍스트 분석의 절차는 도시 공간 텍스트가 지니고 있는 다양하고 복합적인 의미 성분들을 모두 고려함으로써 실제로 도시 공간이 전달하고자 한 메시지를 정확하게 읽을 수 있게 하는 적절한 방법론으로 인정될 수 있을 듯하다. 이 방법론은 특히 도시 공간의 콘텐츠만을 분석하는 것에 머무르지 않고, 도시 공간의 외적 형식과 기능을 또 하나의 유의미한 성분으로 고려했다는 데 특징이 있다고 하겠다.

(2) 문화기호학: 도시 공간의 상징체계 분석도구

'문화기호학'이란 기호학의 분석 도구를 활용한 응용기호학으로, 문화기호의 생성과 유통 그리고 소비 과정을 논리적으로 추적하고 구조적으로 분석함으로써 문화 커뮤니케이션 효과를 극대화하는 데 목적이 있다. '문화기호'는 인간의 과학, 기술적 지식을 재현해주고 인간의 꿈과 욕망을 담고 있는 도구이며, '문화기호학'은 시각적 이미지와 영상 언어로 구성되는 표층적 문화기호와 서사구조를 파악함으로써 심층구조인 핵심문화 코드를 도출하는 연구방법론이다. 문화의 특성 중 하나는 사람들의 상징체계와 연관된다는 것으로, 바로 이 점이 문화기호학과 가장 많이 관련되어 있으며 문화기호학을 태동시킨 동기가 된다. 문화는 '이야기(서사)', '의미', '관계', '표현', '지식' 등의 개념들이 설명의 틀을 이루는데, 이는 문화가 단순한 물리적 생산물이나 사회구조 자체만을 포함하는 것이 아니라, 이것이 어떻게 한 사회의 구성원들에게 '의미 있는 것'으로 받아들여지는가 하는 과정까지 포함하기 때문이다. 다시 말해 의미화 과정까지 아우르는 문화를 그 연구대상으로 삼는 '문화기호학'은 기호체계의 분석과 의미작용을 다루는 기호학의 한 분과로서 일정한 유형의 기호체계를 '상징형식'으로서 기술한다(Posner 2003. 39).

문화기호 영역은 인간에 의해 고안된 언어나 그 발신자의 의도가 확인되건 아니건 간에 그 밖의 모든 산물을 포함한다. 세상의 모든 기호체계를 '기호계'로 본다면(Lotman 1990; Posner 2003 재인용), 문화기호학은 문화를 기호계의 한 분야로서 연구한다. 그 결과 문화기호학은 문화를 다양한 콘텐츠를 생성시키는 코드화된 기호체계로 간주하고 문화기호의 의미작용 체계에 대한 분석을 시도한다(백승국 2004, 17 이하 참조).

따라서 오장근(2006a)은 이러한 문화기호학이 '일정한 문화유형의 정체성과 경계성을 규정짓는 것은 무엇인지', '기호계의 틀에서 다양한 문화가 어떻게 서로 관련을 맺고 있는 것인지', 그리고 '특정한 문화유형에 적합한 커뮤니케이션 전략은 어떻게 도출될 수 있는지' 등 다양한 문화현상에 대한 물음에 이론적 토대를 구축하는 데 도움을 줄 수 있다고 본다. 결국 문화를 다양한 기호의 연쇄적 조합으로 이해하는 문화기호학은 세상의 모든 문화현상을 경험적으로 이해하고 비교·분석할 수 있는 언어학적 방법론으로, 사회적으로 구성된 텍스트 속에 '숨겨진' 의미를 찾아내는 매우 효과적인 분석도구라고 할 수 있다. 문화기호학은 기호학의 기본 구상인 이분법적 대립과 그것의 통합을 추구하는 것과 마찬가지로 문화를 분석하게 된다. 문화 현상을 완결된 텍스트로 간주하여 분석하는데, 이 분석을 통해 기호들이 이루는 체계, 즉 코드를 탐구한다. 코드란 기호들의 체계화를 가능하게 하는 규칙이며, 기호가 만들어지고 해석되는 규칙이다. 그러한 결합 규칙이 있어야 기호에 의한 의미 발생과 소통이 가능하게 된다. 의미의 발생과 소통은 사회적 조건이나 문화적 환경에 따라 달라질 수 있다. 따라서 문화는 사회적으로 구성된 텍스트이며, 이를 분석하는 기제가 언어학적 텍스트와 같이 자연언어 같은 구조를 지니고 있다는 데서 문화기호학의 출발점이 구성된다.

(3) 텍스트-기호학 기반의 복합 인문학적 방법론의 특징

도시 공간의 이미지 정체성과 의미가치 도출이라는 측면에서 텍스트-기호학적 방법론이 효과적으로 기여할 수 있는 점은 크게 3가지다.

첫째, 도시 공간의 포지셔닝 작업: 기호학의 기저이분법에 기초한 도시 공간의 문화적 의미가치 분석을 통해 개별 도시 공간이 창출하는 문화적 속성을 확인함으로써 이들 도시 공간의 포지셔닝을 가능하게 한다. 〈그림 1-13〉은 어떻게 도시 공간의 문화적 정체성과 브랜드 이미지를 파악할 수 있는지를 보여주는 것으로서, 도시 공간의 새로운 문화적 정체성 구축을 위한 미

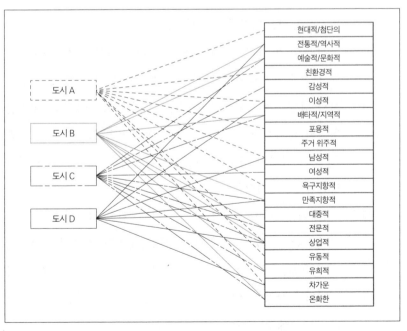

〈그림 1-13〉 도시 공간의 문화적 의미가치 도출

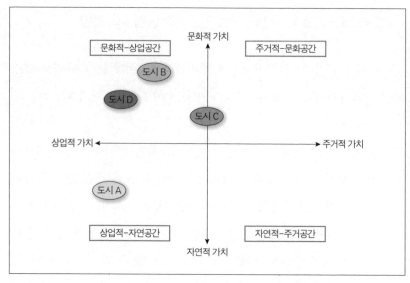

〈그림 1-14〉 텍스트-기호학 기반의 도시 공간 포지셔닝

래지향적 재코드화를 가능케 한다.

둘째, 도시 공간의 창의적 문화 커뮤니케이션 전략 구축: 문화사적
인 관점에서 오랫동안 도시 공간에 스며 있는 문화 코드의 변
화와 방향을 예측함으로써 기존의 상투적 코드로부터 벗어난
최상의 문화적 코드를 파악하고, 이를 바탕으로 새롭게 구축
할 도시 공간의 브랜드 커뮤니케이션 전략 수립에 구체적인
도움을 줄 수 있다.

셋째, 차별화된 도시 내러티브 창출: 도시 공간을 하나의 미적 체험
공간으로 인식하기 위해 관련 자료들에 대한 심층적 파악으로
도시 공간의 문화적 속성을 도출하고, 이들 속성과 결부된 아
이디어와 상징, 이미지를 확대시킴으로써 차별화된 도시 내러
티브 창출에 기여한다.

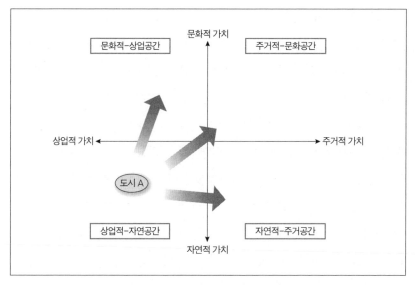

<그림 1-15> 도시 공간의 재코드화 전략

4) 실례 분석: 인천시 남구의 도시 공간 리터러시와 재코드화[18]

한 도시의 문화적 정체성은 여러 수단을 통해 해당 도시가 시민으로부터 궁극적으로 얻기를 기대하는 문화연상 또는 문화이미지로, 성공적인 도시 브랜딩은 타 도시에 대해 경쟁력 있는 파워 이미지를 형성해야하며, 이를 위해서는 도시의 긍정적인 이미지를 창출할 수 있는 모든 의미요소를 통합해야 한다.

---

18) 여기에서 다뤄질 인천시 남구의 분석자료는 저자가 지난 2006년 4월 인천시 남구청의 의뢰로 수행한 BTL 사업의 내용 일부를 인용한 것이다.

오늘날 도시의 파워 브랜드 이미지는 도시의 기능이나 생산성으로 인해 형성되는 것이 아니라, 문화적 속성을 통해 생산된다는 가설 아래 이 글은 실례 분석의 대상으로 인천시 남구를 선택하여 도시 공간의 이미지 및 문화적 코드를 확인하고 이를 재코드화하기 위한 구상을 제시해 보고자 한다. 이 글이 굳이 인천시 남구를 연구대상으로 선택한 것은 인천시 남구가 비록 조그만 도시 공간임에도 최근 '주안미디어문화축제' 등 다양한 문화행사와 도시정비사업을 통해 도시이미지 개선 작업에 많은 노력을 기울이고 있기 때문이다. 이제 문화브랜드로서 인천시 남구의 의미가치를 파악하기 위해 이 글은 인천시 남구의 문화기호적 의미를 도출하여 인천시 남구의 문화적 아이덴티티를 확인하고, 이를 바탕으로 도시 공간으로서 인천시 남구가 지니는 의미 영역과 지형을 셈프리니(Semprini 1992)의 기호학적 매핑 구조를 변용하여 도식화하고자 한다.

(1) 도시 공간으로서 인천시 남구의 문화이미지와 정체성

인천시 남구의 문화이미지 파악을 위해 '통계로 보는 민선 지방자치 10년'과 홈페이지 이미지, 그리고 남구청의 2005년도 통계연보를 기반으로 SWOT 분석을 수행하여 정리하면 〈그림 1-16〉과 같다. 여기서 SWOT란 기업의 강점(Strenths), 약점(Weakness), 환경요인의 기회(Opportunity), 환경요인의 위협(Threats)의 약어로서 기업의 브랜드 현황을 분석하는 방법인데, 그것을 인천 남구의 문화브랜드 이미지 분석에 적용했다.

인천시 남구의 다양한 자료로 도시 공간으로서 인천시 남구의 문화적 속성을 유추하면 아래와 같다.

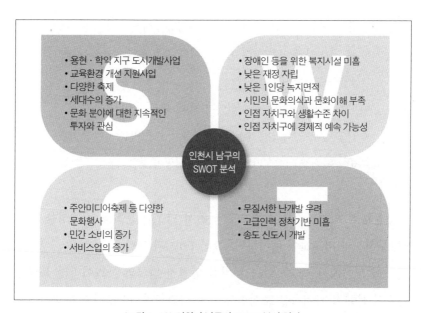

〈그림 1-16〉 인천시 남구의 SWOT 분석 결과

① 주변적: 인천 구도심으로 인천문화를 이끌 대표성을 지니지 못함

② 주거 위주적: 토박이가 많은 거주지 중심의 주거환경

③ 욕구 중심의: 남구의 문화시설에 대한 시민의 이용도와 만족도가 낮은 편

④ 전문적/마니아적: 남구의 문화 프로그램은 주안미디어축제 등에서 보듯 대중적이기보다 가치 중심의 전문적 성향

⑤ 무계획적: 대부분 문화시설이 의미적 연계성을 지니지 못한 채 산재함

⑥ 오래된: 도시 개발이 연수구나 부평구 등에 비해 늦어 낙후된 도시 풍광. 60대 인구의 비율이 인천에서 가장 높은 것도 낡은/오래된/늙은 등의 의미가치 창출

⑦ 집단 중심적: 학연, 지연 등 연고적 성향이 강한 지역 특성을 보임

⑧ 배타적: 인구 이동이 적고, 토박이가 많은 지역적 특성은 배타적 성향으로 보일 수 있음

⑨ 반환경적: 1인당 녹지 공간이 인천 내에서도 거의 최하위

⑩ 전통적/보수적: 인천에서 60대 이상의 인구 비율이 가장 높은 수준으로 변화의 속도가 느린 보수적 성향이 강함

문화적 의미자질을 기반으로 인천시 남구의 문화적 정체성을 부평구, 부천시와 비교하여 예시하면 〈그림 1-17〉과 같다.

이 도식에서 볼 수 있는 것처럼 인천시 남구의 문화이미지 특성은 복수의 문화적 가치들을 조합한 것으로 나타나며, 타 도시의 문화이미지들과 일련의 보편적 가치를 공유하는 중층적 구조를 보여준다.

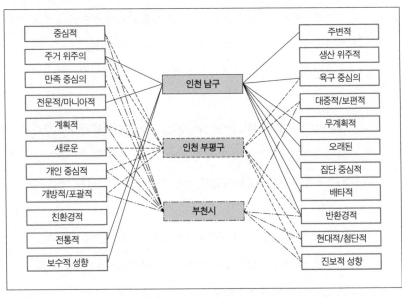

〈그림 1-17〉 인천시 남구의 문화적 정체성

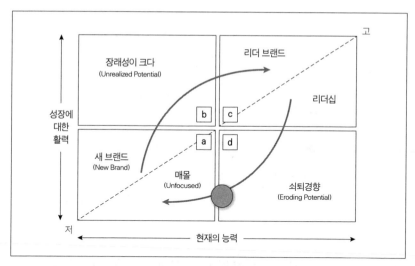

〈그림 1-18〉 인천시 남구의 문화브랜드 포지셔닝

　도시브랜드로서 인천시 남구는 어디에 위치하는가? 잠재력도 높고 현재 능력도 높은 리더 브랜드인가? 현재 능력은 낮지만 잠재력이 높은 장래유망 브랜드인가? 또는 잠재력도 낮고 현재 능력도 낮은 신규/매몰 브랜드인가? 아니면 현재 능력은 높으나 잠재력이 낮은 쇠퇴경향의 브랜드인가? 위의 자질 분석을 기반으로 문화브랜드로서 인천시 남구의 위치를 포지셔닝하면 '쇠퇴경향'(d) → '매몰'(a)로 이동하는 과정에 있는 것으로 판단된다(〈그림 1-18〉 참고).

　〈그림 1-19〉는 셈프리니의 소비가치 모형을 도시 공간에 적용하기 위해 변용한 것으로, 도시의 의미자질을 기준으로 하여 인천 남구의 현재 위치를 포지셔닝한 것이다. 이 그림은 문화소비자가 도시 공간을 선택할 때 고려하는 주요 4가지 속성에 근거한 것으로 1사분면은 리조트와 제주도로 상징되는 휴식형의 이국적 공간, 2사분면은 고궁, 박물관, 테마파크로 상징되는 공원형 휴식공간, 3사분면은 대부분 주거공간으로 일

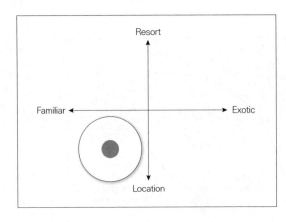

〈그림 1-19〉
인천시 남구의 공간이미지

반화되는 가족형 도시 공간, 4사분면은 코엑스와 아쿠아리움(aquarium)으로 상징되는 도시형 이벤트 공간이 해당한다. 인천시 남구는 '꿈이 실현되는 도시, 비전 남구'라는 슬로건으로 문화도시의 이미지를 획득하고자 하지만, 아직 인천 남구의 전체적인 문화이미지를 이끌 랜드마크(landmark)의 문화공간이 없다. 또한 문화시설 간 의미관계가 형성되어 있지 않아 문화이미지 상승 효과를 보기도 어렵다. 결국 도시텍스트로서 인천시 남구는 일반적 문화시설이 대부분을 차지하는 3사분면에 위치함으로써 가족형 도시 공간이라는 텍스트 기능을 지니며, 보수적이고 배타적이며 낙후된 이미지를 보이는 주변적 도시 공간의 문화적 속성을 띤다고 정의될 수 있다.

(2) 도시 공간으로서 인천시 남구의 문화이미지 제고 방안

기초자료에 대한 심층분석을 거쳐 인천시 남구의 문화적 정체성이 정의될 수 있다면, 이후 전략적 기획에서 핵심적인 관건은 수미일관성과 지속성의 원칙에 따라 문화이미지와 가치의 전략적 선택들의 적용과 유지를 감독하고 이에 적절한 사업을 수행하는 일이다. 인천시 남구의 문화이미지 강화 전략은 인지도 측면과 차별성 측면을 파악하여 인천시 남구의 문화이미지를 증가시킬 방법을 모색하는 데 있다.

기존 인천 남구의 문화이미지에 관한 여러 자료로 추측해보건대 인천 남구의 문화브랜드 이미지는 불분명한(Indistinct) 모습이거나 미로(Labyrinth) 속에 빠진 혼돈된 모습일 것으로 예상된다. 따라서 필자는 인천시 남구의 문화이미지 함수 중 문화시설 건립을 통한 문화이미지 제고 방안을 제안하고자 한다. 왜냐하면 문화시설은 문화이미지를 구축하는 다양한 변수 중 가장 실현 가능한 인프라임과 동시에 문화(콘텐츠) 체험공간으로서 인천 남구의 문화이미지를 제고하기 위한 실질적인 기여를 할 수 있기 때문이다.

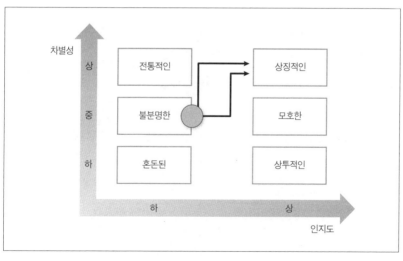

〈그림 1-20〉 인천시 남구의 문화이미지 제고 전략

다음은 문화시설 건립을 통한 인천시 남구의 문화이미지 제고 방안을 정리한 것이다. 여기서 이 글이 제안하는 이미지 제고 방향은 주거적 가치가 지배적인 현재의 위치 〈그림 1-21〉에서 문화적 가치를 좀 더 확장한 〈그림 1-22〉 방향으로 진행된다.

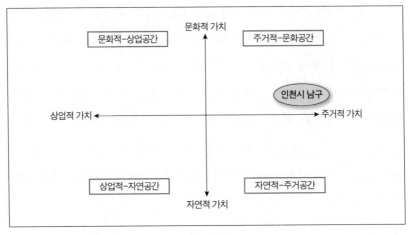

〈그림 1-21〉 인천시 남구의 현재 문화이미지 포지셔닝

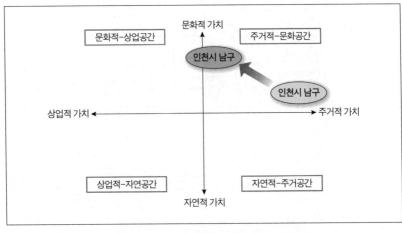

〈그림 1-22〉 인천시 남구의 문화이미지 제고 방향

첫째, 인천시 남구에 산재되어 있는 문화시설의 의미적 연계는 인천시 남구에 일정한 테마의 내러티브를 생산할 수 있는 상징적인 문화시설 건립을 통해 접근해야 한다.

둘째, 인천시 남구의 문화적 정체성에 기반을 두어 목표소비자에게 적극적으로 커뮤니케이션하기 위한 문화시설의 의미가치 제안에는 문화소비자에게 제공할 수 있는 기능적(functional), 정서적(emotional), 자아표현적(self-expressive) 편익(benefit)이 명시되어야 한다.

셋째, 문화시설의 의미가치 제안을 효율적으로 만들어 도시텍스트로서 인천시 남구의 문화이미지와 문화소비자 간의 관계를 긍정적으로 이끌고, 문화소비자의 만족도를 상향시켜야 한다.

넷째, 문화시설을 통해 창출되는 상징적 문화이미지는 도시 공간에 대한 품격을 보장함과 동시에, 인천시 남구의 문화이미지에 대한 신뢰성(credibility)을 높여주는 역할을 하며, 하위 문화이미지를 지원할 수 있어야 한다.

5) 맺음말

텍스트로서 도시 공간은 도시를 구성하는 다양한 표상의 의미구성체다. 표상은 의미를 생산하고 교환한다는 측면에서 가장 특권적인 매체이기에 의미는 언어나 이미지 같은 표상에 대한 공통의 접근을 통해서만 공유될 수 있다. 그래서 도시 공간의 표상은 의미작용에서 가장 중심적이며, 도시의 문화는 가치와 의미의 중요한 보관소로서 여겨져왔다. 따라서 이 글은 기존의 사회과학적 중심의 도시 연구방법과 달리, 도시 공간의 이미지와 텍스트 의미를 해명하기 위한 언어학적 방법론을 선택함으로써 도시 공간의 심층 언어와 인지적·문화적 형상화를 구축하기 위한 인문적 이론과 성찰을 지향한다.

이를 위해 텍스트학과 기호학으로 대표되는 언어학 방법론을 통해 도시 공간의 의미가치를 분석하고, 구체적인 도시텍스트로서 인천시 남구의 문화적 정체성과 브랜드이미지 포지셔닝을 읽어내고자 했다. 그뿐만 아니라 도시 공간의 문화브랜드 이미지 제고를 위한 언어학적 방법론을 제시함으로써 그동안 실천적 기능의 부족으로 비판받아온 언어학에 (여전히 많이 부족하지만) 새로운 연구 영역의 가능성을 예시하고자 했다.

II

도시 공간의 서사적 인식

1.
도시의 지문(地文, 땅의 글) 읽기
도시의 흔적과 장소 그리고 정체성: 군산을 중심으로

"도시는 자신의 과거를 말하지 않습니다. 도시의 과거는 마치 손에 그어진 손금들처럼 거리 모퉁이에, 창살에, 계단 난간에, 피뢰침 안테나에, 깃대에 쓰여 있으며 그 자체로 긁히고, 잘리고, 조각나고 소용돌이치는 모든 단편들에 담겨 있습니다."

– 이탈로 칼비노의 《보이지 않는 도시들》 중

1) 무엇이 도시의 생명을 좌우하는가

창조도시학자 찰스 랜드리(Charles Landry)는 도시의 생명을 좌우하는 중요한 요소로 '도시의 개성'을 언급했다. 도시만의 개성을 살려 새롭게 창조될 때, 그 도시는 세계의 중심이 될 수 있다는 것이다. 창조적이고

〈그림 2-1〉 창조도시학자 찰스 랜드리

독특한 개성으로 무장한 경쟁력을 확보한 도시가 바로 창조도시라는 것이다. 찰스 랜드리는 '독자적 예술문화를 육성하고 지속적으로 산업을 창조할 수 있는 능력과 매력을 갖춘 도시', 그리고 '인간의 자유로운 창조활동으로 문화와 산업의 창조성이 풍부한 문화적 생산시스템을 갖춘 도시'를 창조도시로 인식한다.

이처럼 오늘날 도시를 문화적 관점에서 접근하려는 움직임이 많은데, 그 이유는 무엇보다 도시의 이미지 및 정체성을 알리는 데 문화적 자원이 필수이기 때문이다. 도시의 문화는 도시 공간의 기억과 정체성에 배태된 가치들을 도시민과 도시 방문객에게 전달할 수 있는 중요한 매개체이며, 도시의 이미지를 풍요롭게 하는 데 중요한 역할을 수행한다.

도시 연구에서 문화가 지니는 또 다른 가치는 타도시의 이미지와 차별화하는 훌륭한 자산이라는 점이다. 문화는 유일무이한 방식으로 도시 자체와 연계되어 있기에 도시문화는 한 도시의 과거와 현재를 연결해주는 끈이며, 도시민의 정신적·지성적 자질을 입증하는 증언이 된다. 물론 문화는 단순한 제품브랜드보다는 형성하는 데 더 장기적인 시간을 요구하지만, 한번 형성되면 도시 이미지를 더욱 지속적으로 설득력 있게 전달할 수 있다.

2) 도시는 집단적 기억의 장소

역사적으로 문화의 무대이자 보고는 늘 도시였다. 그래서 도시비평가 루이스 멈포드(Lewis Mumford 1938)는 도시를 '문화의 컨테이너 혹은 용기(容器)'라고 정의했다.[1] 동서고금에 걸쳐 박물관, 도서관, 미술관, 공연장, 학교 등이 도시에 밀집해 있는 현상은 결코 우연이 아니다. 미국의 시인이자 문화평론가인 랠프 에머슨(Ralph Waldo Emerson)이 "도시는 기억으로 살아간다"라고 한 것도 같은 맥락에서다.

최근 '기억'의 문제는 특히 영미권을 중심으로 마치 급속히 번창하는 사업처럼 철학, 심리학, 역사학, 사회학 등 수많은 분야를 끌어들이면서 논의의 파이를 더욱 키워가고 있다(Gérôme 2011, 147; 전종한 2013, 439 재인용). 이러한 '기억' 담론의 핵심 주제 중에 '장소 기억(place memories)'이 있다. 장소 기억과 관련된 논의들은 대부분 모리스 알박스(Maurice Halbwachs, 1877~1945)의 집단 기억(collective memory) 개념에서 파생된 것들이다. 알박스는 어떤 기억이 단순히 판타지(fantasy)가 아니기 위해서는 '어디선가 실제로 벌어졌던(take place)' 현상이어야 한다고 강조한다. 이러한 맥락에서 한 사회집단의 집단성을 유지하는 계기는 그 구성원들이 공유하는 '장소 관련 기억(memory of places and places of memory)'에서 찾을 수 있다고 주장했다. 결과적으로 그가 말하는 집단성의 계기로서 장소 관련 기억이란 장소에 대한 '집단 기억'을 지칭했고, 반면에 사적 기억은 그에게 크게 무의미한 것으로 다가왔다.

도시는 도시 거주자의 집단 기억을 고스란히 담아놓은 결집체라 할

---

1) Mumford, L., *The Culture of Cities*, London, Secker and Warburg, 1938.

수 있다.[2] 기억이 구체적 인공물과 장소에 관련된 것과 마찬가지로, 동일한 원리에서 도시는 집단적 기억의 '장소(Locus)'가 된다. 이 같은 집단적 기억의 장소와 도시 거주자의 관계는 도시의 뚜렷한 이미지가 된다. 다양한 도시 인공물이 도시 거주자의 기억 속에 포함되는 것처럼 새로운 물질적 형성물들이 도시 속에서 함께 성장한다. 이처럼 장구한 세월을 거쳐 획득된 도시의 이념은 도시의 역사를 가로지르고 그렇게 해서 그 역사를 형성한다. 따라서 도시 자체를 거주민의 집단적 기억 그 자체라고 말할 수 있을 것이다. 한마디로 말해, 도시는 역사적 전통과 도시 거주자의 의식을 담고 있는 그릇이라는 점에서 집단적 기억의 장소이자 정체성이라 할 수 있다. 우리는 이러한 도시민의 집단적 기억을 도시재생의 중요한 소재로 활용한 성공적 사례로서 군산을 언급하고자 한다. 군산의 사례는 집단의 기억이 어떻게 도시의 정체성과 이미지를 생성하는 데 기여할 수 있는지를 보여주는 성공적인 사례라 할 수 있기 때문이다.

3) 군산의 기억과 장소성

군산에서 어린 시절을 보낸 사람이라면 월명동, 장미동, 영화동, 명산동 일대에서 놀던 추억이 있다. 마땅히 갈 곳 없는 청춘들에게도 이곳은 시간 보내기에 안성맞춤인 곳이었다. 그러나 도시는 산업화를 거치면서 쇠락을 거듭하다가 공동화 현상으로 풀죽은 거리가 되었다. 오래된

---

2)　Halbwachs, M., *La mémoire collective*, Paris, PUF, 1950.

집들은 매물로 쌓였고 빈집이 늘어갔다. 대낮에도 거리를 지나는 이들이 많지 않아 슬럼가를 방불케 하기도 했다. 너도나도 살던 집을 팔고, 상가를 내놓았으며, 그로 인해 원도심이 쇠락하는 동안 나운동, 서흥남동, 수송동, 지곡동 일대 외곽에는 새로운 도시가 형성되었다.

낡고 지저분한 구도심 지역이 신천지로 개벽하는 작금의 과정이 아무래도 섭섭한 것은 결국 그로 인해 도시가 자신의 오랜 역사와 다양한 문화에 대한 기억을 상실하지 않을까 하는 염려 때문이다. 그리하여 그것이 도시의 정체성을 스스로 약화시키고 창조적 경쟁력도 둔화시키는 선의(善意)의 부작용을 자초하지나 않을까 하는 걱정 때문이다. 이런저런 상념은 우리나라의 도시계획이나 도시재생사업이 다분히 도시공학적 혹은 건설산업적 접근이라는 현실에서 기인한다. 물론 지난날 급속한 산업화 및 도시화 과정에서 그것이 수행해온 긍정적인 역할은 나름대로 인정되어야 한다. 그러나 공학적 또는 산업적 발상에서는 사람과 역사와 문화가 아무래도 도로나 건물 혹은 자동차에 밀리기 십상이다. 또한 무언가 불규칙하고 불분명하며, 어딘가 불투명하고 불편한 모습은 눈엣가시가 되기 마련이다. 언필칭 '문화도시'를 강조하면서도 몇 군데 문화시설이나 갖추고 몇 차례 문화행사만 하면 충분할 줄 아는 단순한 생각도 그 뿌리는 같다.

그러나 군산의 도시재생사업은 색다른 접근방식을 보였다. 원도심 활성화를 위해 고민하던 군산시는 모두가 버리고 싶었던 기억, 즉 일제 잔재, 손가락질하던 적산가옥을 관광자원으로 활용하자는 역발상으로 접근했다. 도시정책에 대한 패러다임을 바꾼 것이다. 군산이라는 도시 공간의 기억을 장소성으로, 다시 말해 도시의 개성으로 재창조했다. 군산이 지닌 도시의 기억은 어떤 지문(地文)으로 남아 있을까? 군산은 한국의 대표적인 근대문화도시다. 1876년 강화도조약 이후 부산, 원산, 인천, 목포, 진남포, 마산에 이어 1899년 5월 1일에 개항된 항구도시다. 다른 개항 항구와 달리 오직 쌀 수출을 근간으로 하는 일본 상공인들의 경제적 중심지였다. 그러기에 군산은 일본인의 도시였다. 호남, 충청의 쌀은 일본으로 강제 수출되었고, 일본의 쌀 부족을 보충한 역사적 아픔이 군산에 고스란히 서려 있다. 이런 수탈 흔적이 남아 있는 군산을 오늘날 근대문화도시로 정의하는 데는 이러한 아픈 기억을 지워버리지 않고, 자기만의 기억으로 내재화하여 비어 있는 도시의 공간(Space)을 하나의 장소(Place)로 변화시켰기 때문이다.

여기서 잠깐 장소의 개념을 이해할 필요가 있다. 장소성에 대한 집중적인 논의는 인문주의 지리학자인 이푸 투안(Yi-Fu Tuan)에게서 찾아볼 수 있다. 투안은 공간과 장소를 엄밀히 구분했는데, 그에게 공간이란 '움직임, 자유, 개방' 등으로 인식되는 반면, 장소는 '정지, 안전, 개인의 가치' 등으로 인식되었다. 낯선 추상적 공간이 개인의 경험을 통해 친밀한 장소가 되며, 이렇게 될 때 비로소 장소감이 형성된다고 생각했다. 그가 정지로서 장소를 파악한 것은 경험의 축적과 익숙해짐 등이 형성될 수 있는 조건으로 장소 개념의 물리적 틀이 지속적이고 일정한 것으로 전제되어야 했기 때문이다. 이것은 공간에 비해 상대적으로 고정적이라는 의미다. 투안은 이러한 전제를 바탕으로 공간에서 장소의 의미를 분화하는 과정을 인간의 신체와 개인적 경험을 통해 조명하고자 했다. 정리하면, 추상적인 공간으로부터 장소가 형성되기 위해서는 공간에 대한 인간의 체험과 개인적인 의미부여가 있어야 한다는 것이다.

도시가 시간의 흐름 속에서 경제적 기능을 상실하고 공동화되어 가고 있을 때, 군산시는 도시의 장소성에 기초하여 2000년부터 도심재생사업을 본격적으로 착수해 불에 타 오랫동안 방치된 구(舊)조선은행을 박물관으로 바꾸고, 근대역사박물관을 건립하고, 주변 시가지를 정비하는 등 인프라 구축에 예산을 투입했다. 그리고 이제 입소문을 타고 군산의 근대문화도시는 새로운 관광 트렌드를 선도하는 관광지로 부상했다. 2014년 한 해 동안 근대역사박물관 유료 입장객만 40만 명을 넘어섰으며, 2015년에는 누적 입장객이 100만 명을 넘어섰다. 그동안 소외되고 주목받지 못한 군산이 대한민국 대표 관광지로 떠오른 것은 누가 뭐래도 근대문화도시라는 도시의 기억에 기반을 둔 도심재생사업에 있다고 하겠다. 일제강점기의 아픈 기억 속에 묻혀 있던 군산 원도심들이 이제 '1930년대로 떠나는 군산의 시간여행'이라는 주제로 근현대사를 올바르게 이해할 수 있는, 미래 세대들을 위한 교육문화공간으로 깨어나고 있다.

4) 군산의 시간, 그리고 장소적 기억

한 지방신문의 기자는 도시 공간 '군산'에 대해 다음과 같이 쓰고 있다.

분명 묘하다. 어딘가 모르게 스산하다. 같은 하늘, 같은 땅, 같은 바람이지만 풍경의 질감은 빛이 바래 있다. 빛살의 굴절은 아련하고 애처롭기까지 하다. 바닷가 앞 골목엔 따닥따닥 문을 굳게 걸어 잠근 술집들이 과거의 영화를 대변하는 듯하다. 해지고 깨진 채 어깨를 맞댄 집들은 시간의 무게를 힘겹게 버텨내고 있다. 오래전 일본인이 짓고 남겨놓고 간 도드라진 모습에 수많은 이야기가 담겨 있는 것만 같다. 무척 아프고 쓰라린 과거다. 두리번거리는 여행자의 그림자가 길게 골목 안을 채운다. 가만히 그들을 따라나서 본다.

군산(群山). 일본인은 한국에서 수탈한 물자를 군산을 통해 일본으로 운송했다. 현재 군산만큼 이런 역사의 흔적이 잘 보존되어 있는 곳도 없다. 도시 구석구석에 뼈아픈 일제 침탈의 역사와 관련된 유적이 살아 숨쉬고 있다. 소설《아리랑》의 배경지가 밀집해 있는 군산 도심은 민족의 아픔과 항쟁의 몸부림을 그대로 담고 있다. 특히 소설가 채만식은 군산을 배경으로 한 소설《탁류》로 일제강점기 시절의 사회적 단면을 예리한 눈으로 표현해냈다. 채만식의《탁류》는 군산의 장소성을 다음과 같이 그리고 있다.

(……) 이렇게 에두르고 휘돌아 멀리 흘러온 물이 마침내 황해 바다에다가 깨어진 꿈이고 무엇이고 탁류 채 얼려 좌르르 쏟아져 버리면서 강은 다하고 강이 다하는 남쪽 언덕으로 대처 하나가 올라앉았다. 이것이 군산(群山)이라는 항구요. (……) 급하게 경사진 강 언덕 비탈에 게딱지같은 초가집이며 다닥다닥 주어 박혀 언덕이거니 짐작이나 할 뿐이다. 이러한 몇 곳이 군산의 인구 7만 명 가운데 6만 명쯤 되는 조선 사람의 거의 대부분이 어깨를 비비면서 옴닥옴닥 모여 사는 곳이다.

근대 군산의 모습을 한마디로 설명한다면 '탁류'라는 말에 앞설 단어가 없을 듯하다. '탁한 흐름'은 일제강점기의 사회 부조리와 수탈을 은유한 것이라 하겠다. 채만식의 소설《탁류》는 표면적으로는 한 여성의 기구한 삶의 이야기를 다루는 서사이지만, 일제강점기 군산이라는 항구를 배경으로 은행·투기·고리대금업 같은 식민지 경제의 현실과 그로부터 파생되는 생존의 문제, 경제적 몰락과 정신의 황폐화 같은 문제를 조명했다는 점에서 식민지 시대를 묘사한 뛰어난 작품 중의 하나로 평가된다. 이처럼 소설 《탁류》의 무대가 되어 일제강점기 피폐해진 우리 민족의 삶의 공간으로 묘사된 군산은 이제 과거문화의 자료들을 근거로 근대문화를 사실적으로 보여줄 수 있는 기억의 장소로 탈바꿈하고 있다.

아픈 역사가 지금의 군산을 만들었다고 할 수 있다. 1930년대에 지어진 일본식 가옥과 정원이 지금은 게스트하우스로 쓰이고 있다. 군산부윤(시장)의 관사였던 건물은 음식점이 되었다. 일본의 은행이었던 곳은 '군산근대건축관'이 되었고, (구)일본18은행 군산지점은 '군산근대미술관'으로 쓰이고 있다. '장미'라는 예쁜 이름을 가진 공연장엔 장미꽃이 아니라 눈물 흘리는 아버지와 그 손을 잡은 아이, 바닥에 털썩 주저앉아 있는 어머니의 모습을 한 조각품이 있다. 한 가족의 비참한 생활이 느껴지는 이 작품은 조각가 나상옥의 작품으로 일제강점기 부잔교에서 일하던 빈민층을 묘사했다. 부잔교는 수탈의 상징이었고, 그곳에서 하루하루 수고의 대가를 빼앗겨오던 사람들의 모습이다. 장미 공연장의 간판을 보면 이곳이 1930년대 조선미곡창고주식회사에서 쌀을 보관했던 창고였음을 알 수 있다. 장미는 감출 장(藏)에 쌀 미(米)를 쓰고 있다. 향기로운 rose(장미)가 아니라 쌀을 감추던 곳이다. 지금은 갤러리와 공연장으로 바뀌었지만, 과거를 생각하면 가슴이 턱 막히는 곳이다.[3]

군산의 모든 근대건축물이 그렇다. (구)군산세관은 독일인이 설계

---

3) 송세진의 여행칼럼 〈아파도 아름다운 군산 여행〉 중 일부 내용을 인용함. http://www.moneys. news/news/mwView.php?type=1&no=2014071014598062608&outlink=1

하고 벨기에에서 붉은 벽돌을 수입해와 1908년에 완공했다고 한다. 이곳은 사방 어디에서 봐도 균형적인 아름다움을 간직해 건축사적으로도 의미가 있다. 그렇지만 이곳에서 세금을 거둬들이고 조선인을 수탈했을 일제를 생각하면 단전에서부터 분기가 올라온다. 그런 의미에서 군산 여행은 마음이 편치 않다. 여행을 뜻하는 travel의 어원은 travail인데, '고통, 고난'을 뜻한다. 그러니까 군산 여행은 여행의 원뜻에 가장 부합하는 여행일지도 모르겠다.

5) 근대문화도시 군산: 군산의 지문(地文, 땅의 글)들

일제강점기 군산은 조계지(租界地)를 원형으로 해서 확장했다. 본정통(혼마치)을 중심으로 관공서와 은행, 회사 등이 들어선 상업·업무지구가 형성되었고, 동남부의 군산역 부근에는 정미업을 중심으로 하는 공업지역이 형성되었다. 그러나 도로와 건물 건설현장에서 막노동을 하고 군산항에 운반된 쌀의 하역작업을 했던 조선인의 거주지는 조계지 밖의 둔율동, 개복동의 산기슭이었다. 이런 도시 공간의 이중 구조는 일본인을 위한 사회간접자본 정비와 더불어 민족·계층적으로 심화되었다. 군산 시가지는 지배와 피지배, 개발과 소외라는 이중성을 가지며 성장했다. 장꾼들의 흥정하는 소리와 생선 비린내가 전부였던 포구는 개항과 한일병합을 거치면서 인구 10만 명이 넘는 무역항으로 거듭났다. 일본은 조선 강점 이후 쌀과 자원을 수탈해가는 창구로 군산을 선택했다. 군산 앞바다는 미곡과 광물을 실어가는 일본 선박으로 항상 북적거렸다. 도시가

<그림 2-2> 군산시 근대문화도시 관광지도

형성되면서 새로운 길이 나고, 일본식 건물이 즐비하게 들어섰다. 일제
는 지금의 내항에서 월명동에 이르는 거리에 일본인 마을까지 조성했다.
갈대밭 천지였던 곳을 매립하고 일본식 마치(町) 체계로 신도시를 만들었
다. 본정통(해망로) · 전주통(영화동) · 명치정(중앙로1가) · 강호정(중앙로2가)이 이
때 생겼다. '군산 속의 일본'이 만들어져 개항 당시 거주 일본인은 77명
에서 1936년에는 1만 명을 훌쩍 넘었다. 아직도 장미동과 월명동 등 군
산 내항 주변에는 독특한 건축양식의 관공서 건물이 남아 있다. 대부분
건물은 '쌀 수탈 전진기지'의 상징적 의미를 지니고 있다.

　내항을 중심으로 한 시가지는 대부분 일본인이 주거하는 지역이었
다. 그래서 현재 원도심(구도심 지역) 건물 가운데 약 20%는 일제강점기에

지어진 가옥이다. 이러한 장소적 기억을 바탕으로 내항 일대에 조성된 근대문화도시는 근대역사박물관, (구)군산세관, 부잔교, 근대문화장터, 장미갤러리, (구)조선은행, 나가사키18은행, 해망굴 등으로 구성되어 있다. 또 걸어서 10분 거리에 위치한 일본식 숙박 체험 공간 고우당을 비롯, 히로쓰 가옥, 동국사, (구)군산부윤 관사까지 대략 170점의 일식 건축물이 남아 있다. 이외에도 군산에는 도시 공간의 기억을 담은 다수의 장소가 있는데, 일제 수탈의 아픔이 새겨진 '장미공연장', 일제강점기 때 무역회사로 사용된 '미즈 카페', 한국에서 가장 오래된 빵집으로 단팥빵이 맛있는 '이성당', 전국 5대 짬뽕집 중 하나라는 '복성루', 60년 전통을 지키고 있는 중국풍의 중국집 '빈해원', 그리고 영화 〈8월의 크리스마스〉 촬영지인 '초원사진관' 등 다수의 맛집과 기억의 공간이 있다.

6) 맺음말

인문학적 도시연구의 관심은 물리적 도시 공간에 새겨진 역사적 사실들의 특성을 인식하는 데 있다. 그러기에 도시 공간의 역사적 사실에 대한 인문학적 기술은 시간의 흐름 속에서 축적된 도시의 구조적 얼개이자 이미지이며, 도시의 영혼에 대한 기록이라고 할 수 있다. 도시의 영혼은 곧 도시의 역사이며, 오랜 시간의 흔적을 담고 있는 건축물, 광장, 성곽, 고궁, 골목들 속에 각인된 구체적 기호들을 통해 발현된다(김성도 2014, 770 참조). 도시 자체는 도시 거주자의 집단 기억을 고스란히 담아놓은 결집체다.

기억을 연구 대상으로 삼는 인문학적 도시연구에서 보면, 도시 공간 군산에 새겨진 20세기의 기억은 '개항 = 일제강점 = 쌀 수탈 = 농민 피폐 = 한(恨)의 역사'로 도식화할 수 있다. 군산시는 2000년대 들어 침묵의 역사로 존재해온 근대 역사의 아픔을 드러내기 위해 장미동과 월명동 등을 역사의 현장으로 복원하며 재조명했다. 과거의 아픔과 흔적을 고스란히 간직한 근대문화유산도시 군산. 그 시린 역사의 기억은 지문(地文. 땅의 글)이 되어 공간의 서사가 되고, 공간의 정체성을 형성하고 있다.

2.
미디어 텍스트로서의 도시 이미지 읽기
홍보영상을 통한 독일 베를린시의 수용자 인식을 토대로

1) 재현된 이미지로서의 도시 공간

　　도시마다 각각의 이미지를 가지고 있기에 모든 도시는 특별하다. 도시의 이미지는 자연적·사회적·문화적·경제적·정치적 양상을 띠거나 이러한 것들이 종합되어 나타나기도 한다. 이미지는 소문과 명성을 만들며, 도시의 인상을 결정하는 중요한 구성요소다. 형성된 이미지에 따라 도시의 실질적 조건들 또한 변화한다. 도시문명 비평가 멈포드(L. Mumford)의 말처럼 — "정신이 도시 속에서 그 모습을 나타내면 거꾸로 도시의 모습은 정신에 영향을 미친다(Mumford 1996, 92)" — 실제로 인식의 세계에 속하는 이미지는 현실에서 더 중요한 역할을 수행한다. 세계의 도시들이 이미지 판촉 경쟁에 열을 올리는 이유도 여기에 있다. 이러한 이유에서 이 글은 미디어를 통해 표출된 도시의 표상이미지를 텍스트언어학적 방법론을 활용하여 분석하고, 이를 통해 도시 텍스트가 지향하는 커뮤니케이션 전략을 확인하고자 한다. 따라서 이 글은 도시 공간을 물질적 실체가 아니라 재현된 이미지를 통해 인식하고자 하며, 더 나아가 텍스트(text)로 간주함으로써 도시의 인식을 이미지의 의미체계이자 재현의 과정으로 이해하려는 시도를 내포하고 있다고 하겠다.

2) 독일 베를린에 대한 주요 어휘와 각인(imprint)

도시의 미디어 이미지를 분석하기 위한 이 글의 분석대상은 베를린이다. 이 글이 독일의 도시 베를린을 분석대상으로 한 것은 베를린에 대한 우리의 인식이 글로벌 영역에서 조사된 베를린의 도시 브랜드 인식보다 저평가되고 있다는 판단에서 출발한다. 영국의 브랜드 전문기관 새프런 컨설턴트(Saffron Consultants)는 인구 4만 5,000명 이상의 72개 유럽 도시를 대상으로 도시의 자산과 매력도를 기준 삼아 도시의 브랜드 경쟁력을 조사했는데, 그 결과(http://www.citymayors.com/marketing 〈그림 2-3〉 참조. 2008년 8월의 보고)에 따르면, 베를린은 파리와 런던에 이어 유럽의 도시 브랜드 순위 3위에 랭크하게 되었다. 그러나 유감스럽게도 한국인의 선호 관광 국가 순위에 독일은 10위권 안에 포함되지 못할 정도(2009년 한국관광공사_국민해외여행실

Brand strength Top and bottom 10	
1	Paris, France
2	London, UK
3	Barcelona, Spain
3	Berlin, Germany
3	Amsterdam, Neth.
6	Munich, Germany
7	Stockholm, Sweden
8	Prague, Czech Republic
9	Rome, Italy
10	Athens, Greece
62	Wroclaw, Poland
64	Leeds, UK
65	Sofia, Bulgaria
66	Sheffield, UK
66	Poznan, Poland
66	Lodz, Poland
69	Vilnius, Lithuania
70	Duisburg, Germany
70	Chisinau, Moldova
72	Bradford, UK

〈그림 2-3〉 유럽 도시 브랜드 순위

태조사 참조)이기에 베를린은 우리에게 여전히 낯선 도시로 남아 있다. 그렇다면 독일의 베를린이 우리에게 멀게만 느껴지는 것은 왜일까? 이에 대한 원인은 다양할 수 있겠지만, 도시 브랜드를 수용자의 인식 속에 자리잡은 공간에 대한 생각과 느낌의 총체로 정의한다면 우리의 인식 속에 자리한 도시 공간 베를린에 대한 의미코드를 확인하는 일은 베를린에 대한 우리의 태도를 이해할 수 있는 중요한 단서 한 가지를 제공해주리라 기대할 수 있다. 이를 위해 고려대 재학생 50명에게 베를린에 대한 가장 두드러진 기억 또는 이미지를 3가지 이상 기록할 것을 요구했는데, 이는 《컬처 코드》(2007)의 저자 라파이유가 자신의 저서에서 문화코드를 발견하기 위해 활용한 3가지 각인(imprint) 탐구방법 중 하나로 도시의 가장 뚜렷한 이미지를 파악하는 데 적절한 질적 방법이라고 여겼기 때문이다.

베를린에 대해 각인된 이미지를 물어본 이 질문에서 학생들이 준 답변은 '세계전쟁, 히틀러, 베를린 장벽, 독일 통일, 홀로코스트, 자동차 등'의 어휘들로 실현되고 있는데, 대부분의 답이 크게 다르지 않았다. 그렇다고 해서 이들의 답을 베를린에 대한 우리의 보편적 인식으로 판단하는 일반화의 오류를 범하고 싶지는 않다. 단지 이 조사를 통해 우리가 확인할 수 있었던 것은 도시 공간 '베를린'에 대한 이들의 어휘를 통해 수용자의 관점에서 베를린이 지니는 이미지의 단서를 추출할 수 있었다는 것이며, 이들의 이미지가 대부분 베를린에 대한 배타적 이미지라기보다

1. World War I/II, Hitler, German Soldier

2. Berlin Wall, German Unification

3. Holocaust, mass slaughter of Jews

4. Cars/Autos

5. Soccer, Bundesliga

6. Rule, Rationality

7. Economic Mind, A flea market

8. Environmental

9. Berlin film festival etc.

〈그림 2-4〉 베를린의 각인 이미지

는 '독일'이라는 국가 이미지에 강하게 영향을 받아 차별화된 정체성을 구축하지 못하고 있다는 사실이었다. 이러한 결과를 바탕으로 다음에서는 텍스트생산자로서 독일 베를린이 영상매체를 통해 전달하고자 한 도시의 이미지가 텍스트수용자의 인식과 어떠한 점에서 다른지 텍스트언어학의 분석 도구로 확인해보고자 한다.

3) 도시이미지 분석을 위한 방법론으로서 텍스트언어학

이 글의 분석대상인 독일 베를린의 영상이미지가 창출하는 텍스트의미를 파악하기 위해 적용될 텍스트언어학적 분석틀은 〈그림 2-5〉와 같다.

미디어 텍스트 분석의 1단계는 텍스트 기능의 확정에서 시작한다. 왜냐하면 텍스트 기능이 미디어 이해의 전체적인 의미 방향을 설정하기 때문이다. 다시 말해 미디어가 지니는 텍스트 기능은 수용자의 텍스트 기대를 야기하고, 이를 기반으로 수용자는 여타의 텍스트 구성 정보가 의미작용할 수 있는 관계를 설정하기 때문이다. 또한 이 글에서 텍스트 분석 2단계는 비언어적 텍스트 성분의 콘셉트를 도출하는 데 있다. 이를 위해 이 단계에서는 미디어에서 표출되는 다양한 도상과 조형적 특징 그리고 색채 등이 어떠한 의미를 생성하는지 분석하고자 한다. 텍스트 분석의 3단계는 미디어 텍스트를 구성하는 언어적 성분과 비언어적 성분이 전달하는 내용적 층위를 분석하는 데 집중한다. 이 단계에서는 전달하고자 하는 텍스트 내용의 거시구조를 도출하고, 더 나아가 미디어가 전달

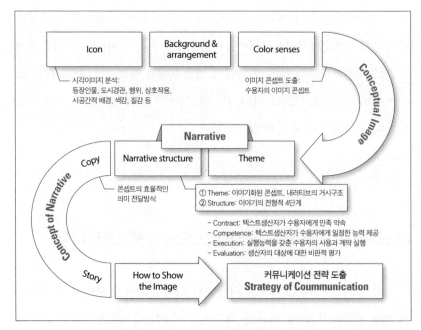

〈그림 2-5〉 미디어 분석을 위한 텍스트언어학적 분석틀

하는 서사구조의 정보 단계를 확인한다. 끝으로 텍스트 분석의 4단계는 텍스트 기능을 기반으로 형성된 비언어적 성분과 언어적 성분의 의미 상호작용을 통해 전달하고자 하는 텍스트의 궁극적 의미인 커뮤니케이션 전략을 확정하는 데 그 목적이 있다.

4) 분석대상: 독일 베를린시 홍보영상

베를린은 독일의 16개 연방주 중 하나이자 수도로, 인구 360만(2015년 기준)의 독일 최대 도시다. 도시의 1/3이 숲, 공원, 호수 등으로 이뤄져 있을 만큼 친환경적 도시 경관을 자랑한다. 베를린은 13세기에 처음 기록에 등장한 후 제3제국에 이르기까지 수도의 기능을 담당하지만, 제2차 세계대전 이후 동·서독으로 분단되어 재통일되기까지 이데올로기 갈등을 상징하는 도시가 되었다. 1990년 재통일 이후, 베를린은 다시금 147개 해외 공관이 머무르는 독일의 수도로서 위상을 획득했고 다양한 축제와 건축물, 그리고 현대 예술의 매력적 공간으로 인식되면서 시대정신(Zeitgeist)의 상징적 도시로 변모해가고 있다.

이 글은 이러한 베를린의 현재를 텍스트생산자의 입장에서 가장 잘 전달해줄 수 있는 대상으로 베를린 관광 홍보영상(Tourist Board Video 2009/visitberlin.de)을 선택했으며, 이것을 분석하여 텍스트생산자에 의해 구성된 도시 공간의 표상체계와 의미생성 전략에 대한 텍스트언어학적 연구 가능성을 타진해보고자 한다. 분석대상에 대한 단순 기술식 정보는 〈표 2-1〉과 같다.

〈표 2-1〉 베를린 홍보영상의 단순 기술식 정보

분류	내용
제작자	베를린 관광 마케팅 주식회사(Berlin Tourismus Marketing GmbH)
제작시기	2009년 베를린의 도시이미지 제고를 통한 관광홍보를 위해 제작. 동영상 길이는 총 7분 12초
홍보영상의 내용적 개요	본 동영상은 'Berlin, Berlin, Wir fahren nach Berlin(베를린, 베를린, 우리는 베를린으로 간다)'라는 헤드라인을 내걸고 베를린의 지리적 위치, 볼거리, 역사, 문화 등 다양한 정보를 수치와 이미지를 통해 전달한다.

5) 독일 베를린시 미디어 이미지의 텍스트언어학적 분석

(1) 분석대상의 텍스트 기능

텍스트 기능에 대한 언급은 언제나 그로세(Große)의 저서 《텍스트와 커뮤니케이션》(1976)의 정의에서 출발한다. 단순하지만 명쾌한 그의 정의는 후에 브링커(Brinker 1988)에 의해 재인용되면서 '텍스트생산자가 텍스트 형태로 수용자에게 전달하고자 하는 커뮤니케이션적 의도'로 확정된다. 따라서 텍스트 기능은 텍스트생산자의 지배적 행위의도로 이해되며, 텍스트수용자는 이를 일차적으로 텍스트 유형(여기에서는 '텍스트 종류'라는 의미로 사용됨)을 파악하여 확인한다. 왜냐하면 텍스트 유형은 '복합적 커뮤니케이션 행위의 통상적 모형으로서, 일정한 언어공동체의 세계지식에 속하는 상황적·의사소통적·구조적 특성들의 전형적 결합'으로 이해되는데, 수용자는 텍스트 유형에 대한 판단으로 텍스트가 전달하고자 하는 소통적 의미인 텍스트 기능에 대한 기대를 수행할 수 있기 때문이다.

브링커(1988, 97 이하 참조)에 따르면, 텍스트의 기본 기능은 의사소통적-기능적 관점에서 '정보기능', '호소기능', '의무기능(또는 보장기능)', '접촉기능', '선언기능'의 5가지로 구분할 수 있다. 이러한 텍스트 기능의 분류는 비록 논의의 여지가 있다 하더라도 설(Searle)의 언표내적 화행을 바탕으로 하여 진행된다는 통일된 기준이 있기에 이 글에서는 논의의 기초로 이를 받아들이고자 한다. 브링커의 분류를 바탕으로 분석대상의 텍스트 기능을 규정한다면, 분석대상인 베를린 홍보영상이 지니는 텍스트 기능은 호소기능이다. 비록 비언어적 정보와 언어적 정보가 현재의 베를린을 소개하는 정보로 가득 차 있어 표층적으로는 정보기능이 지배적 기능으로 보인다 하더라도 텍스트생산자의 의도는 언어적(문자적) 정보로 주어진 다수의 수치와 비언어적인 이미지를 통해 도시 공간 베를린에 대한 텍스트수용자의 긍정적인 인식을 유도하는 데 그 목적이 있다고 보아야 할 것이다. 결국 텍스트의 기능을 규정하는 데 중요한 정보는 표층적으로 실현된 다수의 구성요소가 지니는 의미적 결속력에 의지한다기보다는 일차적으로 텍스트 유형이 지니는 세계지식(일상지식)에 기초하여 접근한다고볼 수 있다.

(2) 비언어 텍스트 구성소의 콘셉트 도출

분석대상의 비언어적 텍스트 구성소는 크게 주제어 관련 표상이미지와 배경음악인 테크노음악으로 구분하여 분석할 수 있다. 먼저 주제어 관련 표상이미지는 모두 9가지로 하위분류될 수 있는데, 이는 문자 형식으로 주어진 언어정보가 제작자 상세정보에 이르기까지 29개에 이르지만 주제와 관련하여 범주화하면 '제작자 정보-로고', '베를린의 위치정보', '주제 도입 이미지', '베를린, 글로벌 교통의 중심지', '베를린의 공간정보', '베를린, 관광목적지', '베를린의 기억', '베를린, 문화체험의 공간', '마무리 이미지-엔딩 크레딧'으로 구분할 수 있기 때문이다. 또한 배경음악으로 주어진 청각이미지는 테크노음악으로 구성되는데, 테크노음악은 전자음악의 한 부류로 전자음을 바탕으로 반복적이고 일률적인 사운드와 비트를 활용한 음악 장르를 말한다. 기계적이면서 딱딱하지만, 역동적이고 자극적 이미지의 테크노음악이 베를린 홍보영상의 배경음악으로 적용된 것은 이 음악이 베를린의 대표적 도시 축제인 '러브 퍼레이드'의 주요 소재가 되기 때문이다. 다시 말해 테크노음악은 베를린의 상징적 의미를 지니고 있다고 볼 수 있으며, 본 홍보영상은 이를 통해 베를린의 도시이미지에 '역동적', '유희적', '첨단적', '비구속적', '자극적' 등의 의미가치를 부여하고자 하는 의도가 보인다.

분석대상의 주제어 관련 표상이미지 분석은 하위 범주별 분절을 수행한 후 이들 이미지가 지니는 3가지 속성, 즉 도상성, 조형성, 색상성을 기준으로 그 의미를 도출하고자 한다. 7분 이상의 동영상에서 이미지 하나하나를 추출하여 분석하는 것은 지면적 제한이 있기도 하지만, 본 동영상의 텍스트 의미(Textintention, Textsinn)를 도출하는 데 반드시 요구되는 조건이 아니라고 판단되었기 때문이다. 다음은 베를린 홍보영상의 비언어적 정보인 표상이미지의 분석내용을 도식화한 것이다.

① 제작자 정보 이미지

분류	내용	
진행시간	3초	
도상적 특성	브란덴부르크 문 이미지의 회사 로고	
조형적 특성	포커스 구도, 연쇄적 출현	
색상	검은색 바탕의 주홍색 이미지와 하얀색 글씨	

3초간 진행된 제작자 정보 이미지는 회사 로고 형식으로 실현되는
데, 검은 바탕에 주홍색과 하얀색 글씨를 쓰고 이를 화면의 중심에 순차
적으로 출현시키고 있다. 제작자 정보에 대한 주의집중과 정보전달의 극
대화를 목적으로 한 이미지 정보다.

② 베를린의 위치정보

분류	내용	
진행시간	6초	
도상적 특성	우주에서 바라본 지구의 모습, 언어정보가 디지털 문자화되어 빠르게 진행, 밝은 빛의 베를린 저녁 상공	Latitude: 52° 31' 12" N Longitude: 13° 24' 36" E
조형적 특성	지구가 도는 역동적 모습을 풀숏(Full shot)에서 줌인(Zoom-in)을 통한 포커스 구도로 이동	
색상	검은색, 파란색, 노란색이 지배적	

우주에서 바라본 지구의 모습을 풀숏으로 보여준 후, 밝은 빛으로
빛나는 베를린시의 저녁 상공으로 빠르게 줌인하면서 베를린의 지리적
위치를 강조한다. 역동성과 속도감의 이미지가 강조된 정보다.

③ 주제 도입 정보 이미지

분류	내용	
진행시간	12초	
도상적 특성	도시의 주요 경관(TV타워, 브란덴부르크 문, 국회의사당 등), 달리는 자동차, 비행기, 기차	
조형적 특성	열린 프레임에서 닫힌 프레임으로 이동, 조명은 어두운 키(로키)에서 밝은 키(하이키)로 변화, 역동적 움직임 묘사	
색상	검은색 배경에 파란색과 하얀색이 지배적	

베를린 TV타워를 중심으로 한 베를린 전경이 새벽녘에서 낮 시간으로 빠르게 변하며, 열린 프레임에서 닫힌 프레임으로 이동한다. 닫힌 프레임 속에는 브란덴부르크 문과 그 위의 군마들, 국회의사당, 이륙하는 비행기 바퀴, 달리는 자동차와 기차 등이 등장한다. 대부분 밝은 키의 이미지들로 구성되며 도시의 활발한 움직임과 변화를 보여줌으로써 생명감을 강조하고 있다.

④ 베를린, 글로벌 교통의 중심지

분류	내용	
진행시간	5초	
도상적 특성	베를린역, 인포메이션 센터, 오토바이 타는 즐거운 연인들, 만나고 헤어지는 사람들	
조형적 특성	포커스 구도, 닫힌 프레임, 밝은 키	
색상	파란색, 붉은색, 검은색	

　　헤어짐을 아쉬워하는 연인들의 이미지에서 출발하는 네 번째 장면 역시 짧은 편집으로 빠른 진행을 보인다. 베를린역을 중심으로 만나고 헤어지는 다양한 사람의 기쁘고 슬픈 이미지를 보여주면서 이미지 하단에 매년 방문자 수를 제시한다. 차갑고 단순한 언어정보에 감성적 도시 이미지를 덧입히는 상호보완적 기능을 수행한다.

⑤ 베를린의 공간정보

분류	내용
진행시간	8초
도상적 특성	베를린 TV타워 주변 경관, 강 유역 경관, 도시 내 삼림 경관
조형적 특성	파노라마 구조, 열린 프레임, 버드아이즈 뷰, 밝은 키
색상	초록색, 파란색

　　이미지 정보는 베를린 TV타워 위에서부터 전개되는 버드아이즈 뷰의 시각으로 해당 도시 공간을 파노라마 형식으로 조망함으로써 언어정보가 제공하는 지역공간의 범주, 수변공간의 크기, 녹지공간의 크기를 시각적으로 재현하는 언어정보의 보조적 역할을 수행한다. 또한 전체적으로 밝은 키와 밝은색을 선택함으로써 도시 공간의 환경친화적 모습을 더욱 강조한다.

⑥ 베를린, 관광 목적지

분류	내용
진행시간	2분 48초
도상적 특성	① 주요 관광지 — 전승기념탑, 카이저 빌헬름 교회, 국회의사당, 샤를로텐부르크성, 베를린 장벽 등 건축물, 시민의 모습, 경기장, 광장, 호텔 ② 친절한 손님 접대 — 레스토랑, 바, 국제 콘퍼런스, 백화점 등에서의 친절함 ③ 베를린 시민의 일상 모습
조형적 특성	나열적·복합적 구도, 구도와 화면의 변화가 빠르게 진행됨, 시민의 얼굴 클로즈업, 밝은 키(하이키), 닫힌 프레임
색상	하얀색, 노란색, 파란색이 지배적

베를린의 도시적 매력을 구체적으로 표현한 장면이다. 구체적으로는 관광명소, 호텔정보, 친절한 손님접대, 미팅과 회의장소, 비즈니스 장소, 쇼핑, 볼거리 등의 주제로 구분되고 있지만, 전체적으로 방문 목적지로서 도시의 매력을 나열적으로 제시하고 있다. 수치로만 주어진 단순한 언어정보를 더욱 구체적으로 상술하는 설명적 성격의 이미지 정보다. 무엇보다 명소의 수치에 베를린 시민의 일상 모습까지 포함시키면서 이미지 정보는 도시 경관이 거주자의 삶의 양식으로부터 창출되고 있음을 추

가적으로 설명하고 있다. 다른 장면과 마찬가지로 밝은 키와 밝은 톤의 색상이 주를 이루고 있으며, 닫힌 프레임을 사용함으로써 관찰자의 시각을 강조한다.

⑦ 베를린의 기억

분류	내용
진행시간	22초(배경음악은 한 음만 띄엄띄엄 느리게 주어진다)
도상적 특성	과거를 보여주는 흑백 이미지 — 과거 도시의 모습, 군대, 전쟁, 재건, 집회, 베를린 장벽 등
조형적 특성	과거 흑백 자료, 연대기적 편집, 닫힌 프레임, 어두운 키(로키) 지배적, 수평적 구도 지배적
색상	검은색, 하얀색

이 장면에서 나타나는 가장 특징적인 비언어적 구성요소는 흑백 이미지다. 텍스트생산자는 이러한 흑백 영상을 통해 이미지 내러티브를 과거의 시간으로 환원하며, 역사적 사건으로 내용을 대체한다. 개별 이미지들은 시간적 흐름에 따라 과거에서 현재로 배치되어 역사적 주요 사건의 중심에 도시 공간 베를린이 있었음을 강조한다. 음은 기존의 빠른 템포에서 느린 템포로 변화되고, 음의 변화가 거의 없는 테크노음악과 함께 수평구도의 이미지가 어두운 키의 흑백으로 주어짐에 따라 수용자는 차분한 마음으로 도시의 기억을 접하게 된다.

⑧ 베를린, 문화체험의 공간

분류	내용
진행시간	2분 38초
도상적 특성	① 예술문화의 공간 베를린 — 미술관, 공연장, 패션쇼, 건축물, 축제, 스포츠 등 ② 도심 속 개인의 여가 및 일상생활 묘사
조형적 특성	다양한 문화 공간의 연쇄적 출현, 인물의 클로즈업, 이벤트 등에 대해서는 하이 레벨 또는 버드아이즈 뷰의 관찰자적 시각, 프레임의 교체 빈번, 밝은 키
색상	노란색, 초록색, 파란색이 지배적

경험과 체험을 강조하는 노년기 신사의 클로즈업 이미지에서 출발하는 본 장면은 '경험의 시간', '박물관과 갤러리', '아티스트', '일상의 이벤트', '즐거운 삶', '오페라하우스', '뮤지션', '트렌드 장소', '유행선도자', '호스트' 등의 하위테마로 구성되며, 전체적으로는 관광명소, 볼거리와는 차별화된 문화예술 분야의 매력 공간으로서 베를린을 표현한다. 그러나 문화예술 분야의 매력적인 면을 강조하는 이 장면에서도 시민의 일상이 함께함으로써 공존적·인간중심적 문화공간의 이미지가 함의된다.

여기에서 대부분 건물과 이벤트에 대해서는 하이 레벨 또는 버드아이즈 뷰를 선택함으로써 대상에 대한 관찰자의 시각을 고수하지만, 베를린 시민에 대한 이미지에서는 주로 클로즈업 또는 약간의 언더 레벨 시각을 취함으로써 대상에 대한 경외와 강조의 의미를 부여하고자 한다. 또한 화면의 빠른 편집과 더불어 프레임의 변화 역시 빠르게 전개되어 장면적 역동성이 더욱 부각되는 편이다. 마지막 부분에 도입부의 이미지와 헤드라인 정보가 반복됨으로써 영상 내용의 마무리를 암시한다.

⑨ 엔딩 크레딧

분류	내용	
진행시간	22초	
도상적 특성	엔딩 크레딧 — 텍스트와 로고, 후원자, 제작자 상세정보	
조형적 특성	포커스 구도, 순차적 배열	
색상	검은색 바탕에 하얀색, 주홍색과 하얀색 글씨	

본 베를린 홍보영상의 마지막 부분은 영화의 엔딩 크레딧과 동일한 형식을 취하고 있는데, 이는 분석대상의 텍스트유형적 특성인 상업적 목적을 희석시키고, 더 나아가 분석대상이 지니지 못하는 속성인 작품성 또는 예술성의 가치를 부여하는 도움을 주고 있다. 이러한 주제어 관련 표상이미지의 개별적 분석을 기반으로 비언어적 텍스트 구성소가 제공하는 텍스트 콘셉트와 의미를 정리하면 〈그림 2-6〉과 같다.

〈그림 2-6〉은 주어진 9가지 단속적 장면 분석 중 제작자 정보와 관련된 첫 번째와 아홉 번째 장면을 제외한 나머지 장면에서 추출한 베를린의 의미가치이며, 이 글에서는 이를 그레마스(Greimas 1971)의 이조토피(Isotopie, 동위소, 의미등가소)적 관점에서 다시금 텍스트화하고자 한다. 다시 말해 전체 이미지 정보의 공통 테마에 따른 상이한 비언어적 구성소들의 의미구성 가능성을 제안하고자 한다. 이 글은 분석대상의 비언어적 텍스

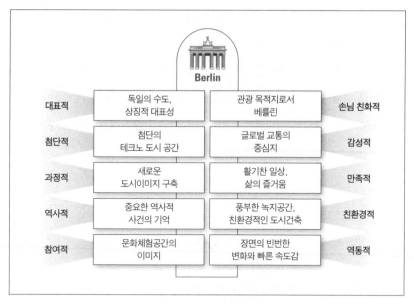

〈그림 2-6〉 베를린의 문화적 속성

트 구성소가 제공하는 텍스트 의미를 구하기 위해 텍스트 종류적 특징에 기초하여 텍스트 주제의 도출이 선행되며, 이를 기반으로 개별 정보들의 의미적 상관관계를 형성하는 과정으로 추후 진행된다. 결국 도시의 홍보영상이라는 분석대상의 텍스트 종류적 특징은 이미지 정보의 텍스트 주제로서 '베를린의 관광 매력'을 도출할 수 있도록 도와준다. 이제 이를 기반으로 홍보영상의 분절된 이미지를 결합하여 비언어 텍스트 구성요소가 제공하는 정보를 수용자 스토리텔링의 관점에서 텍스트화하면 다음과 같다.

베를린은 매력적인 관광도시 공간으로서 독일의 대표성을 띠는 수도이며, 만남과 헤어짐이 함께하는 글로벌 교통의 중심지이고, 볼거리와 체험할 거리가 많은 참여적이고 손님 친화적인 공간이다. 이 공간은 또한 수많은 역사적 기억의 중심지이자 빠르게 변화하는 현대의 흐름에 따라 역동적으로 적응하는 첨단의 공간이기도 하다. 풍부한 녹지공간과 수변공간을 자랑하는 친환경적 공간 베를린은 이제 기존의 이데올로기적 · 남성적 이미지에서 벗어나 활기차고 생동감 넘치는 감성적 공간으로 새로이 자리매김하고자 한다.

(3) 언어적 텍스트 구성소의 내용 분석

대부분 영어로 주어진 언어정보(홍보영상의 헤드라인 성격을 지니는 Berlin, Berlin, Wir fahren nach Berlin 제외)는 디지털적 이미지의 빠른 진행과 함께 비록 단편적이지만 주요 데이터 정보를 제시하여 텍스트 내용의 전개를 전체적으로 주도한다. 다시 말해, 이미지 정보는 수치와 함께 주어지는 언어정보에 따라 서로 다르게 구성된다. 아래는 본 미디어 텍스트에 출현한 언어정보를 정리한 것이다.

① 제작자 정보:
  P1 - (회사 시그넷과 더불어) Berlin Tourism
② 위치정보:
  P2 - Latitude 52°31′12″N
  P3 - Longitude 13°24′36″E
③ 도입정보:
  P4 - Berlin, Capital of Germany

④ 헤드라인:

    P5 – Berlin, Berlin, Wir fahren nach Berlin

⑤ 교통의 중심지:

    P6 – 147,231,237 visitors per year

⑥ 공간정보:

    P7 – 892km^2 total area

    P8 – 59km^2 water area

    P9 – 4,160,000 trees

⑦ 관광정보:

    P10 – 74,220 sights

    P11 – 91,895 hotel beds

    P12 – 3,410,147 × warm wellcomes

    P13 – 101,200 meeting and congress each year

    P14 – 40,000,000 business conversations

    P15 – 4,560,000 m^2 shop floor space

    P16 – 12,547 views of the city

⑧ 역사정보:

    P17 – Over 764 years of history

⑨ 문화체험 공간:

    P18 – 146,636,321 years of experience

    P19 – 569 museums and galleries

    P20 – 3,278,645 artists

    P21 – 1,500 events every day

    P22 – 28,706,684 × joie de vivre

P23 - 3 opera house

P24 - 3,039,123 musicians

P25 - 2,580 trend locations

P26 - 447,200 trendsetters

P27 - 3,560,000 hosts

⑩ 헤드라인:

P28 - Berlin, Berlin, Wir fahren nach Berlin

⑪ 제작자 정보:

P29 - A production of Berlin Tourismus Marketing GmbH 등 제작자 및 제작에 참여한 인력정보

언어적 텍스트 구성소의 내용 분석에서 가장 우선적으로 수행되어야 할 것은 언어정보가 전달하는 텍스트 테마의 도출이다. 이를 위해 이글은 반 다이크(van Dijk 1980)의 거시구조 모델을 선택할 것인데, 이는 텍스트의 입체화된 의미구조를 파악하여 텍스트가 전달하고자 하는 주요 정보를 도출하는 데 매우 유용한 도구이기 때문이다. 텍스트의 의미구조를 계층화하는 데는 생략, 삭제, 일반화, 통합화의 과정으로 진행되는 거시규칙이 적용되는데, 이에 따라 언어정보는 불필요한 정보의 생략, 대표되는 정보의 선택, 상위개념으로의 일반화, 통합개념 도출이라는 작업이 순차적으로 진행된다. 이제 분석대상인 베를린 홍보영상의 언어적 텍스트 구성소인 29개 개별 명제 단위에 거시규칙을 적용하여 텍스트 테마인 거시명제를 도출하면 〈그림 2-7〉과 같다.

즉 〈그림 2-7〉의 거시구조 분석 도식에서도 볼 수 있듯이 베를린 홍보영상의 언어적 텍스트 구성소가 전달하는 텍스트 테마는 '베를린 도시

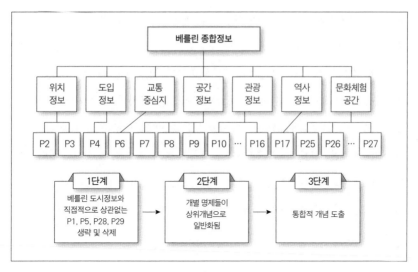

〈그림 2-7〉 베를린 홍보영상의 거시구조

공간에 대한 종합적인 정보 제공'으로 규정될 수 있으며, 이에 따라 지배적 텍스트 기능으로는 정보기능이 선택될 수 있다. 또한 언어적 텍스트 구성소의 텍스트 정보는 객관적인 개별 데이터의 나열식 제공으로 '기술적(descriptive)' 특징이 있음을 보여준다. 본 분석대상의 언어정보는 텍스트 수용자에게 베를린 관광에서 획득할 수 있는 내용을 단순 기술해줌으로써 '계약' 단계의 이야기를 주로 하는 서사구조적 특징을 지닌다고 볼 수 있다.

결국 베를린 홍보영상이 궁극적으로 전달하고자 하는 텍스트 의미는 텍스트생산자의 커뮤니케이션 목적을 담당하는 텍스트 기능을 기반으로 비언어적 텍스트 구성소와 언어적 텍스트 구성소를 통합적으로 살펴볼 때 확정될 수 있을 것이다. 이제 앞에서 진행된 개별 분석을 종합적으로 살펴보면, 호소적 기능이 텍스트의 지배 기능인 본 베를린 홍보영상은 언어적으로는 '데이터 나열식 베를린 도시 공간의 종합적인 정보 제공'이라는 정보적 기능의 서사구조로 표출되고 있으며, 이와 더불어 더욱 풍요롭게 주어지는 이미지 정보와의 상호보완적 작용을 통해 텍스트수용자로 하여금 베를린을 방문하고 싶은 신화를 만들어낸다. 즉 본 홍보영상의 커뮤니케이션 전략은 호소적 기능의 텍스트 유형임에도 텍스트의 표출은 정보적 기능으로 구성함으로써 베를린의 관광 매력도를 수용자 중심의 스토리텔링으로 심화시키고 있으며, 이는 밝은색과 밝은 톤, 그리고 역동적인 편집과 배경음악으로 더욱 극대화되고 있음을 확인할 수 있다.

6) 맺음말

이 글은 베를린 홍보영상의 텍스트언어학적 분석을 통해 한국의 수용자를 대상으로 할 경우 텍스트생산자의 도시이미지 홍보전략에 따른 이미지 기대 수준과 텍스트수용자의 도시 공간에 대한 이미지 인식 수준이 현격히 차이가 있음을 선명하게 보여주고 있다. 다시 말해 한국인 수용자에게 베를린의 인식은 차별성과 인지도의 측면에서 독일의 이미지와 상당 부분 중첩되는 등 불분명한 위치(Labyrinth 초지 단위)에 있지만, 전세계인을 대상으로 한 베를린의 도시 홍보영상은 구체적인 데이터와 함께 베를린의 도시이미지를 다양한 기호로 상징화함으로써 인지도와 차별성의 측면에서 브랜드 인지가 고착된 상징적 단계에 위치시키고자 했

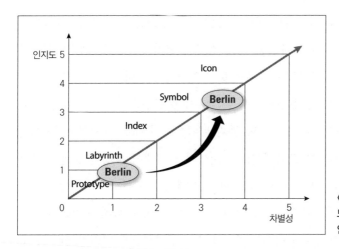

〈그림 2-8〉
도시 공간 베를린의
인식 정도 비교

다는 점이다. 이를 도식화하면 〈그림 2-8〉과 같다.[4]

홍보영상을 통해 분석된 도시 공간 베를린의 커뮤니케이션 전략은 한국인의 도시 공간 인식 수준과는 큰 차이를 보인다. 이러한 인식 정도의 차이를 통해 미루어 짐작할 수 있는 것은 최소한 한국인에게 지금의

---

4) 이 그래프는 백승국/오장근/전형연(2008)이 참여한 호남학연구단이 2008년 1월 수행한 '국부창출을 위한 호남 역사문화자원개발 뉴비전 프로젝트'에서 개발된 것으로, 이 글에서는 도시 공간 베를린의 브랜드 인식 현황을 포지셔닝하는 데 적용된다. 도시 공간 베를린의 브랜드 인지도는 모두 5단계 영역으로 구분될 수 있는데, 브랜드 원형 단계(Prototype), 브랜드 혼돈 단계(Labyrinth), 브랜드 지표 단계(Index), 브랜드 상징 단계(Symbol), 브랜드 아이콘 단계(Icon)가 그것이다. 브랜드 원형 단계는 브랜드 인지도의 1단계 영역으로, 도시 공간의 원형적 자료는 존재하지만 브랜드 커뮤니케이션이 거의 이뤄지지 않은 단계이며, 브랜드 혼돈 단계는 브랜드 인지성은 존재하지만 브랜드 커뮤니케이션 방향이 설정되지 않아 모호한 인식과 차별성을 지닌 단계를 말하며, 브랜드 지표 단계는 브랜드 인지도가 뚜렷하게 존재하며 브랜드 커뮤니케이션의 방향 역시 설정되어 일정한 방향으로 진행되고 있는 단계로서, 브랜드 인지의 방향 설정 단계로 규정할 수 있다. 브랜드 상징 단계는 브랜드 인지도의 4단계 영역으로, 브랜드 인지도가 심화되어 있는 상태로 이미 오랜 시간 동안 문화체험적으로 브랜드 커뮤니케이션이 수행된 단계로서 브랜드 인지의 고착화 단계로 규정할 수 있다. 끝으로 브랜드 아이콘 단계는 브랜드 인지도의 최종 단계 영역으로, 브랜드 인지도가 해당 분야의 대표성을 띠는 단계를 말한다.

홍보영상은 단계적이기보다는 급격한 인식 변화를 요구하고 있다는 것이며, 결국 수용자의 다양한 인식 정도를 고려하지 못한 텍스트생산자 위주의 커뮤니케이션 전략을 수행하고 있다는 것이다.

최근 인문학 분야에서 도시 공간에 대한 관심은 계속 증가하는 추세다. 이미 인문지리학과 기호학 분과에서는 이에 대한 다수의 논문이 발표되었으며, 역사학 분과에서도 도시사적 관점에서 풍성한 결과를 낳고 있는 실정이다. 이 글은 이러한 최근 학계의 흐름에서 텍스트언어학도 이에 대한 관심을 환기할 필요에서 시작되었다. 아직까지는 기존의 연구 성과에서 단지 대상이 바뀌는 수준밖에는 안 되지만, 이러한 연구가 축적된다면 좀 더 창의적이고 설득력 있는 도시 공간의 분석도구가 텍스트언어학 분과에서도 제안될 수 있으리라 기대해본다.

3.
서사 이론의 도시 공간적 적용
도시 공간 '청계천'의 서사구조와 표상체계 분석을 중심으로

1) 들어가는 말

　문학 텍스트의 서사구조를 분석하는 데 주로 사용된 서사학 또는 서사 이론은 최근 들어 다양한 매체를 통해 전달되는 메시지의 의미를 연구하는 데도 적용되고 있다. 도시는 인간이 태어나고, 성장하고, 늙어가고, 죽는 공간이다. 그렇기 때문에 그 안에는 사람들의 이야기가 담겨 있다. 다시 말해, 인간의 존재 의미가 생성 · 발전 · 소멸되는 장소라는 것이다. 또한, 도시는 인간의 문명이 다양하게 꽃피우는 공간이다. 철학, 문학, 예술 등을 비롯한 문예부흥, 산업혁명, 자본주의 등의 경제발전, 첨단기술공학의 개발, 교육 등 인간사회의 성장에 전적으로 기여하는 사유와 움직임의 이야기가 축적되어 있는 장소다. 이처럼 사람들이 생활하는 거주공간인 도시에는 삶의 경험을 통해 만들어진 이야기들이 담겨 있으므로 도시는 수많은 이야기에 둘러싸여 그 존재가 각인되며, 그러기에

도시 이야기들의 심층에는 나름의 서사구조가 있기 마련이다. 그리고 개인과 집단 경험의 공간인 도시는 새로운 사회적·문화적 형상화를 그려나가면서 서로 첨가되고 교차하는 기억들과 장소들을 토대로 만들어진다. 이러한 맥락에서 이 글은 과거와 현재의 관계를 다양한 교차로에 위치시켜 선대로부터 유산으로 물려받은 기억의 흔적과 표상이 어떻게 가동되고, 활성화되고, 재분배되어 오늘의 도시를 이루게 되었는지 이해하고, 수 세기를 거쳐 이어져온 다양한 공간의 문화기호들에 의해 구성된 밀도 높은 직물로서의 도시텍스트 구조를 진단하게 될 것이다.

2) 청계천, 텍스트 의미 구성체로서의 도시 공간

이 글은 도시 공간 '청계천'이 창출하는 의미구조에 대한 심층적 이해를 기초로 도시 공간 '청계천'의 서사구조와 표상체계에 대한 기호학적 연구를 수행하는 데 그 목적이 있다. 그 같은 작업은 21세기에 진입한 한국 주요 도시들의 문화정체성을 이해하는 데 도움을 줄 뿐만 아니라, 더 나아가 한국 도시들의 이미지 제고를 위한 체계적이고 독창적인 내러티브 전략을 설계하는 데 기여할 것으로 기대된다. 이를 위해 이 글은 기존의 사회과학적 방법이나 통계자료에 기초한 계량적 방법이 아닌 질적 연구방법론으로서 기호학과 더불어 텍스트학, 미학 등의 인문학적 문화 연구방법론을 활용할 것이며, 이를 통해 도시 공간이 창출하는 메시지의 텍스트 의미를 밝혀내고 도시언어의 표상체계에 대한 심도 깊은 이해를 시도할 것이다. 도시 공간의 기능적·경제적 해석이 아닌 도시의 의미,

서사, 이미지 등 도시 공간의 텍스트 구조와 문화적 표상에 대한 기호학적 시각을 제시하여 도시인문학의 전범을 제시하고자 하는 이 글은 도시 공간을 텍스트적 의미구성체로 이해한다는 점에서 학문적으로 유의미한 작업이라고 할 수 있을 것이다.

3) 도시 공간 '청계천'의 미학적 접근[5] : 장소성과 서사성

(1) 도시 공간 '청계천'의 장소성

① 장소의 정의

인문주의 사회적 관점에서 장소란 인간의 사고체계와 함께 다각적으

---

5) 도시미학은 철학적 사유의 대상으로서 개념적 도시에 대한 이해를 뛰어넘어 미적 체험의 대상으로서 도시라는 구체적 사실에 대한 관찰에 의존한다. 미학의 임무가 미적 경험이나 판단 능력을 올바르게 이해하는 데 있다면, 도시에 대해 갖는 관심의 본질과 가치를 이해하는 것이 도시미학의 목표가 될 것이다. 결국 미적 대상으로서 도시란 도시의 본질과 의미에 대한 되물음이며, 이러한 관점에서 도시 이해에 대한 이론들이 감상의 형식보다 그 대상에 더욱 집중하는 경향도 그리 놀라운 일이 아니다. 도시는 이제까지 형식주의적 이해와 기능주의적 이해 속에 관찰되어왔다. 전자가 도시의 구조, 건축물의 표현형식으로서 균제와 조화, 장식미 등을 이해의 척도로 갖는다면, 후자는 공간 또는 공간의 배열, 그리고 그 활용 등이 고려의 대상이 된다. 그러나 도시미학에서 가장 중요시되어야 할 특성은 바로 그 모든 것이 함유하는 지향성이다. 물론 도시의 기능적 요소는 중요한 것이고, 이에 대한 필요 역시 일정한 형식을 갖추며 발전한 것도 사실이다. 그러나 완성된 기능, 곧 표현된 대상은 대표성 · 상징성을 지니며, 이로 인해 도시 공간은 기능적 공간에서 인식의 공간으로 변용된다. 이 글은 이러한 도시 공간 '청계천'의 대표성과 상징성을 인식하기 위한 도시미학적 차원에서의 접근을 다루고자 한다. 청계천을 더욱 차별적인 미적 체험 공간으로서 인식하기 위한 이러한 관점은 도시 공간의 장소성을 이해하는 데 중요한 단서를 제공해주리라 기대한다.

로 해석할 수 있다. 《현대인문지리학사전》(1992)에 따르면 장소란 지리적 공간의 일부이며, 공간은 여러 개의 장소로 조직된다. 여기서 장소는 사회적 관계들과 정체성이 형성되는 어떤 제한된 환경이라고 생각된다. 장소는 일정한 공간 내에 위치(지리적 실체로서 장소)하는 인구가 사회경제적 관계를 형성(입지적 장소)하고, 공유된 가치, 신념, 상징을 보유(문화적 실체로서 장소)하면서 일상생활을 영위해가는 공간적 토대(김인 1991, 18 인용)다. 이를 장소 마케팅 관점에서 재정의하면, 장소는 일정한 공간 내에서 사회경제적 관계를 형성하면서 공유된 가치, 신념, 상징을 보유한 인구(즉 지방정부, 기업, 주민)가 주체가 되어 자신들의 활동공간을 설계하고 가치를 부여하여 자신의 만족을 이끌어낼 뿐만 아니라 잠재적인 목표구매자들의 기대에 부응하여 성장·발전할 수 있는 곳이다(김태선 1998, 12-13; 이무용 2006, 57 재인용).

한자 문화권의 場所와 영어 place의 어의를 보면, 장소는 내부와 외부의 관계에서 주변과의 차이와 한정을 통해 내부를 강조하는 특징이 있다(권영락 2005, 15). 또한 장소는 공간의 특정한 부분으로서 위치적 성격을 지니며 비교적 평탄한 바닥을 의미하는 물리적 국면과 어떤 사건의 발생과 특정한 목적의 활동을 수용하는 활동적 국면, 그리고 신성, 중심, 편안함, 고향, 한정적 사용, 생산과 수확, 인공성 등 상징적 국면으로서의 의미를 지니는 복합개념으로 이해되기도 한다(이석환·황기원 1997, 171). 즉, 장소는 물리적인 환경을 기반으로 특정한 활동을 수용하는 기반이며 때로는 인간에게 안전과 편안함을 제공하는 역할을 한다.

설계나 계획 분야에서는 장소와 공간개념을 특별히 구분하지 않고 사용해왔다. 하지만 최근에는 체험적·인간중심적 지향을 추구하게 되면서 '장소'라는 용어 쪽으로 관심을 이동시키고 더욱 실용화하려는 추세가 보인다. 이와 관련하여 공간 개념이 기본적으로 실재론적 차원에서 객관적으로 존재하는 물리적 실체를 의미한다면, 장소는 공간이 지니는 물리적 속성 외에 특정한 활동과 상징성을 포함하는 사회문화적인 성격이 강한 개념으로서 관념적인 차원에서 인간의 인식체계를 통해 특정한 이미지와 가치를 지니고 인지된 공간을 의미한다는 주장도 있다(최막중·김미옥 2001, 153). 또한 조경 분야에서는 장소를 분명하게 규모가 작고 심리적으로 편안한 공간개념으로 다루어 아늑하고 싸여진 공간으로 정의하기도 한다(이규목 1990, 87).

이상에서 살펴본 바와 같이 장소는 특정한 공간적 규모로 존재하는 물리적 실체와 인간 행위의 결과물이 인지되어 의미를 가지는 공간적 실체다. 또한 인간의 활동이 일어나는 맥락인 동시에 인간이 경험을 통해 의미를 부여하는 상징적 대상이기도 하다. 이런 의미에서 장소는 종종 공간과 대비된다. 즉 공간은 추상적·물리적·기능적 성격을 지니는 반면, 장소는 구체적·해석적·미학적 성격을 지니며, 공간을 이용하는 사람들이 그들의 경험과 기억, 기대, 꿈을 바탕으로 그 공간에 나름의 의미를 부여하게 되면 그곳은 장소로 인식된다. 인간의 경험을 통해 미지의 공간이 장소로 바뀌고, 낯선 추상공간이 의미로 가득한 구체적 장소가 되면, 무미건조하고 무의미했던 물리적 공간이 친밀한 장소로 다가올 때

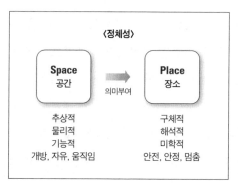

〈그림 2-9〉 공간과 장소의 의미
(이무용 2006, 58 참조)

장소성이 형성된다.

따라서 장소는 물리적 공간 환경과 그 속에서 살아가는 사람들 및 그들의 활동, 사람과 환경 간의 오랜 상호작용 속에서 형성된 문화적 가치, 정서, 상징, 의미가 복합적으로 구성된 고유성, 역사성, 정체성, 다중성을 띤 총체적 실체라고 정의할 수 있다.

② 청계천의 장소적 의미와 이미지

청계천의 장소성은 물리적 공간 '청계천'의 의미 형성과 관련한다. 이는 청계천 공간을 역사적으로 살펴봄으로써 거대도시 서울 속에서 청계천이 어떻게 장소적 의미와 이미지를 획득하는지를 확인할 수 있다. 〈표 2-2〉는 시대적 흐름에 따른 청계천의 장소성을 정리한 것이다.

청계천은 원래 조선이 수도를 한양으로 정하기 이전에는 자연하천으로 인왕산과 북악의 남쪽 기슭, 남산의 북쪽 기슭에서 발원하여 도성안에서 만나 서에서 동으로 흐르는 개천(開川)이라는 이름의 도시 하천이었다.

청계천 홈페이지(http://cheonggye.seoul.go.kr)의 설명에 따르면, 청계천 유역은 총면적 $50.96km^2$로 서울의 중심에 위치하고 있으며 1394년 서울이 조선왕조의 도읍지로 정해진 이후 도성 안을 지리적으로 구분했을 뿐 아니라 정치·사회·문화적으로도 구분하는 상징적인 경계선으로 작용했다. 한양은 청계천을 기준으로 청계천 이북의 궁궐, 관아, 상가의 상층 민간지대, 그리고 청계천 이남에는 중하층 민간지대로 크게 구분되는 이원적인 공간적 위계가 정해졌다. 주요 상류계층은 청계천 북쪽의 궁궐과 궁궐 주위에 집중해 있었고 종로 주변을 따라 상인과 공인, 그리고 청

<표 2-2> 시대에 따른 청계천의 장소성

시대	청계천의 장소적 의미와 이미지
조선시대 한양의 '개천'	• 신분에 따른 공간 계층화의 경계선 • 청계천 주변은 하층민의 거주 지역 • 음습한 지역, 버려진 공간

청계천 복개안 수립 후	• 복개된 청계천 & 복개되지 않은 청계천
	  – 복개된 청계천: 근대화 표시
	  – 복개되지 않은 청계천: 낙후된 공간

해방 직후	• 토사, 오물, 판잣집 • 저발전 도시의 표상물

1960년대 이후
박정희의 '경제개발계획'으로
복개공사 후(청계천 복개공사 &
청계고가도로 건설 & 불량 주택
거주자 분산 정책)
	• 광교 주변의 청계천 & 평화시장 주변의 청계천
	  – 광교 주변의 청계천: 근대화가 완성된 미래의 청사진
	  – 평화시장 주변의 청계천: 버려진 공간의 의미, 제조업의
	    작업 공간
	• 산업화 과정에서 서울의 성장을 일구는 대표 공간

1990년대	• IT산업이 경제 산업을 선도하게 되면서 더 이상 제조업이
	  경제 산업의 선두주자가 아님: 청계천은 저개발지역
	• 고가도로 안전문제, 불법적 상거래 공간: 서울 도심의
	  애물단지

2003년 복원 후	• 환경친화적인 공간 • 인간중심적 도시 공간 • 시민의 역사 · 문화 체험 공간

계천 남쪽에는 전통적으로 하류계층이 거주했다. 이처럼 신분에 따른 한양의 주거 계층화 현상 때문에 청계천은 넘어서는 안 되는 일종의 상징적 경계선이었다. 따라서 청계천 주변은 조선 중기까지 잡인의 소굴이자 하위 거주지였다. 새로 한양에 유입되는 하층인구는 성내에 거주지를 마련할 때 청계천변에 모여들었다. 청계천 주변은 일종의 버려진 공간이었고, 한양에서 가장 음습한 지역 중의 하나로 꼽혔다.

청계천의 오염과 범람문제가 계속되어 1937~1942년까지 복개공사가 추진되었다. 청계천 복개공사에 따라 광교를 기점으로 근대화를 표시하는 '복개된 청계천'과 근대화의 속도를 따라잡지 못하는 공간으로서 '복개되지 않은 청계천'으로 구분되었다. 해방 직후 청계천은 더 이상 손을 쓸 수 없을 정도로 토사와 오염이 쌓인 지역이었고, 해방으로 인한 급격한 인구 유입으로 복개되지 않은 청계천 주변은 판잣집에 점령당했다. 청계천 판자촌은 전쟁 직후 인구가 100만 명까지 늘었지만, 인구규모에 걸맞은 산업기반을 갖지 못한 저발전적 도시의 표상물이 되었다.

1960년대 이후 박정희의 개발독재가 실시되면서 개발독재에 의한 근대화는 청계천의 도시풍경을 크게 변화시켰다. 청계천의 변화는 청계천 복개공사, 청계고가도로 건설, 불량 주택 거주자에 대한 분산정책이 수행되며 이뤄졌다. 청계천의 도시풍경은 조국 근대화와 서울의 현대적인 변모를 나타내는 상징물인 삼일빌딩이 있는 광교 주변의 청계천과 평화시장 주변의 청계천으로 양분되었다. 광교 주변의 복개 청계천 주변은 삼일빌딩과 삼일고가도로가 만들어내는 풍경으로 근대화가 완수된 미래의 청사진이 공간화되어 펼쳐졌지만, 복개된 청계천의 동대문 주변에는 버려진 공간의 의미와 제조업의 작업 공간이 병존했다.

1970~1980년대의 청계천은 서울의 성장을 일궈내는 대표적인 공간이었다. 초기 산업화에 필요한 각종 원자재, 기계, 원료, 제품을 값싸게 공급하는 역할을 했다. 덕택에 청계천 일대는 서울 인구 200만 명을 먹여 살리는 소중한 일터 구실을 했다. 하지만 1990년대에 들어서면서 IT산업이 경제 산업을 선도하면서 더 이상 제조업이 경제 산업의 선두주자가 아니었다. 따라서 아직 제조업에 머무르고 있는 청계천은 저개발지역으로 전락했다. 또한 고가도로의 안전문제가 제기되기 시작했고, 복개하천 내

부에 꽉 찬 유해가스의 폭발 위험이 우려되기 시작했다. 특히 도로를 무단 점거한 채 온갖 불법·탈법적 상거래가 횡행하는 청계천 일대는 도심 발전의 악으로 간주되기 시작했다. 도시의 선진화를 위해 복개된 청계천이 이때부터 서울의 도심을 황폐화시키는 애물단지로 전락한 것이다.

그러나 도시의 퇴락된 이미지를 지니고 있던 청계천의 변화는 2003년 시작된 청계천 복원사업을 통해 중요한 전환점을 맞이한다. 서울을 개발 위주의 도시, 차량 중심의 기능적 도시이미지에서 사람 중심의 도시, 자연과 사람이 함께하는 공생적 도시이미지로 전환하려는 청계천 복원사업은 생명의 근원인 물 순환체계를 회복시켜 자연의 자생능력에 대한 생태계를 복원하고 '자연이 있는 도시하천'을 조성하고자 한 한국의 대표적 도시재생 프로젝트다. '역사(전통)', '문화(현대)', '자연(미래)'이라는 3개의 큰 시간축으로 복원된 청계천은 서울의 상징적 공간으로 친환경적·공익적(대중적)·역사적·문화적·미래지향적 의미를 지니게 된다. 이러한 도시 공간의 역사성에 따른 청계천의 장소적 이미지 변화를 환경성

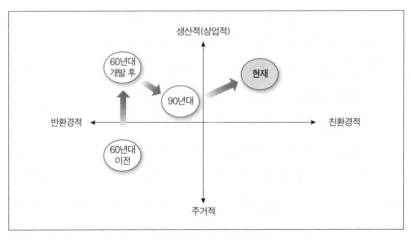

〈그림 2-10〉 역사성에 따른 청계천의 장소적 이미지 변화

의 축(친환경적/반환경적)과 주거성의 축(주거적/생산적)으로 도식화하면 〈그림 2-10〉과 같다.

(2) 도시 공간 '청계천'의 서사성

① 서사란

서사는 '현실 혹은 허구의 사건들과 상황들을 하나의 시간적 연속으로 표현한 것'(Prince 1982), 혹은 '시간과 공간에서 인과관계로 엮어진 사건의 연쇄'(Lacey 2000)로 정의된다. 즉, 서사는 '시간의 연쇄/연속'으로서 일정한 시간의 연속에서 일어나는 사건의 표현이라 할 수 있다. 서사를 설명하는 중요한 개념은 '이야기'와 '플롯'이다. 이야기가 사건의 시간적인 순서를 강조한 서사라면, 플롯은 사건의 인과관계를 강조한 서사다. 예를 들어 "한국은 6.25를 겪었다"는 서사가 아니다. 그런데 "한국은 6.25를 겪은 후, 지속적인 경제 발전을 이뤘다"는 이야기적인 서사이고, "한국의 6.25는 해방 후 좌우익의 이데올로기 대립에 의해 일어났으며, 이로 인해 한국에서의 친일청산은 완전하게 이뤄지지 못했다"는 플롯적인 서사다. 따라서 플롯은 이야기에 비해 더욱 발전된 형태의 서사라 하겠다.

이러한 언어학적 서사의 정의를 기반으로 도시 공간 '청계천'의 서사를 다시 정의해보면, 청계천의 서사는 "청계천의 장소성 인식과 관련된 사건의 연쇄를 인과관계 혹은 시간의 연속으로 구성한 것"이라 할 수 있다. 이때 '서사구조 분석법', 즉 내러티브 분석법은 청계천의 장소성 인식구조를 파악하는 데 유용한 도구임은 물론, 새로운 공간이미지 개발을 위한 차별화된 내러티브 구조의 구성에서도 필수적인 방법론으로 사용될 것이다.

② 청계천의 서사구조

이 글이 청계천의 서사구조를 밝
히기 위해 선택한 방법론은 반 다이크
(van Dijk 1981, 140 이하; Heinemann/Viehweger
2001, 316 이하)의 서사구조 모델이다. 반
다이크 모델은 서사의 구성요소를 단
순히 확인하는 데 그치지 않고, 이들
사이의 관계와 위계구조를 밝히는 것
이 특징다. 이 글에서는 도시 공간 '청
계천'이 고유한 서사성을 획득하는 데
관련되는 역사적 사건들의 의미적 상
관관계를 설명하는 데 유용하게 활용

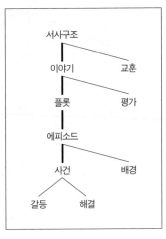

〈그림 2-11〉
반 다이크의 서사구조 모델

된다. 반 다이크의 서사구조 모델을 도식화하면 〈그림 2-11〉과 같다. 반
다이크 모델은 사건을 에피소드의 가장 핵심적인 자질로 규정했는데, 청
계천의 경우 이는 각 에피소드 시기에 따라 주어지는 특징적인 장소적
속성으로 규정된다. 이때 이러한 시기별 장소성은 일정한 갈등과 정책적
해결 방안으로 구성되어 새로운 이야기로의 의미적 변천을 겪는다. 청계
천의 서사구조를 도식화하면 〈그림 2-12〉와 같다.
　〈그림 2-12〉를 통해 확인할 수 있는 청계천의 서사성은 서울의 발전
과 함께하는 공익적 전시공간이라는 것이다. 다시 말해 청계천의 서사구

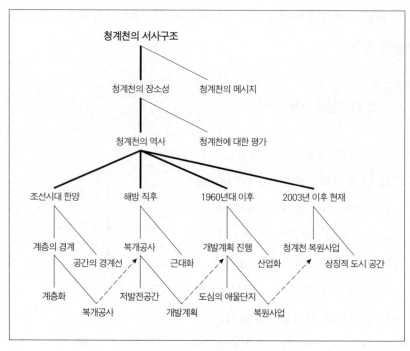

<그림 2-12> 청계천의 서사구조

조를 구성하는 중요한 사건요소들이 '계층의 경계', '복개공사', '(경제)개발계획', '청계천복원사업' 등으로 연쇄됨으로써 청계천의 서사성은 거주민의 기억에 의해 구축되기보다는 서울의 근대화·산업화·국제화에 이르는 역사적 변천 속에서 각각의 단계를 상징하는 기억의 공간으로서 장소적 의미를 획득하고 있음을 확인할 수 있다.

4) 도시 공간 '청계천'의 텍스트학적 접근[6] : 텍스트적 의미

(1) 청계천의 기호작용

이 글에서 도시 공간은 도시를 구성하는 다양한 표상의 의미구성체, 즉 텍스트다. 표상은 의미를 생산하고 교환한다는 측면에서 가장 특권적인 매체이기에 의미는 언어나 이미지 같은 표상에 대한 공통의 접근을 통해서만 공유될 수 있다. 그래서 도시 공간의 표상은 의미작용에서 가장 중심적이며, 도시의 문화는 가치와 의미의 중요한 보관소로 여겨져왔다.

이처럼 도시 공간을 텍스트로 이해하는 텍스트학적 시각은 청계천을 단순히 물리적 실체가 아닌 의미를 전달하는 사회적 미디어이자 장소적 의미 형성체로 간주한다. 다시 말해 청계천은 다양한 언어와 이미지의 표상들에 의해 공유되고 인식될 수 있는 텍스트적 의미 공간이다. 〈그

---

6) 텍스트학은 텍스트를 형성하는 다양한 의미구성체의 통일된 의미작용을 탐구하는 통합적 연구방법론이다. 도시 공간을 통합적 의미구성체로 인식하는 텍스트학적 방법론을 한국 도시 공간의 커뮤니케이션 기능 및 의미 생성 분석에 적용하는 단계는 브링커(Brinker 1983)의 절차적 텍스트 유형 분류 모델을 기초로 한다. 이 글은 5단계로 구분되어 절차적으로 진행되는 브링커의 텍스트 유형 모델을 도시 공간의 유형 분석에 적용함으로써 도시 텍스트가 전달하는 의미를 통합적으로 파악하는 데 활용하고자 한다. 무엇보다 이 모델은 도시 공간의 유형 분류를 위한 기본 기준으로 도시가 상징하는 텍스트 기능을 고려한다. 다시 말해 1단계 분석에서는 도시사용자에 의해 인식된 도시 공간의 텍스트 기능이 규정되며, 나머지 분석 단계(2~5단계)에서는 화용적인 기준과 구조적인 기준이 함께 도입되어 도시 공간의 의미작용을 설명한다. 전자는 커뮤니케이션 형식과 행위영역 개념과 관련하여, 후자는 도시가 창출하는 내러티브의 주제 유형과 주제전개 형식에 기대어 설명된다. 이러한 단계적 텍스트 분석의 절차는 도시 공간 텍스트가 지닌 다양하고 복합적인 의미 성분들을 모두 고려함으로써 실제로 도시 공간이 전달하고자 한 메시지를 정확하게 읽을 수 있게 하는 적절한 방법론으로 인정될 수 있을 듯하다. 이 방법론은 특히 도시 공간의 콘텐츠만 분석하는 데 머무르지 않고, 도시 공간의 외적 형식과 기능을 또 하나의 유의미한 성분으로 고려했다는 데 특징이 있다고 하겠다.

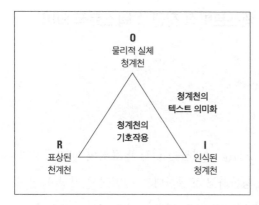

O
물리적 실체
청계천

청계천의
텍스트 의미화

청계천의
기호작용

R
표상된
천계천

I
인식된
청계천

〈그림 2-13〉 청계천의 기호작용

림 2-13〉은 도시 공간 '청계천'이 어떻게 텍스트적 의미를 획득하는지 퍼스(Peirce)의 기호작용(Semiosis) 모델을 통해 설명한 것이다.

즉 다양한 언어나 이미지[표상체(Representamen)]의 결합으로 물리적 공간인 청계천[대상체(Object)]을 재현할 때 기호 사용자에게 떠오르는 개념이 결합됨으로써 청계천의 텍스트 의미화가 수행되며, 이러한 인식은 다음 상황에서 새로이 표상체를 획득하게 됨으로써 무한한 텍스트적 의미 확장이 진행된다. 다음에서는 이러한 텍스학적 관점을 기준으로 텍스트 '청계천'이 창출하는 의미와 기능을 살펴보고자 한다.

(2) 청계천의 텍스트 기능

텍스트로서 청계천은 다양한 홍보자료 속 청계천의 콘셉트와 구성요소들, 그리고 청계천이 안고 있는, 적어도 청계천과 관련이 있는 청계천 주변 환경과 공간 속의 구성원 및 이들의 시각, 행동, 정신적 이미지 등을 총체적으로 아우르는 개념이다. 이러한 텍스트 '청계천'이 사회적 미디어로서 커뮤니케이션의 역할을 수행하기 위해서는 텍스트생산자 (S=S1)와 텍스트수용자(R=S2)의 참여가 요구된다. 텍스트 '청계천'이 생산자와 수용자의 상호작용을 통해 수행하는 텍스트 기능은 크게 4가지다(오장근 외 2006b, 161 이하 참조).

첫 번째 기능은 텍스트생산자가 전략적 차원(D1)에서 텍스트와 관계하는 영역에서 이뤄지는데, 이때 텍스트 '청계천'이 수행하는 역할은 '제보적 기능'이다. 이는 낙후된 강북권의 개발을 통해 강남권과의 도시개발 불균형 문제를 해결하고자 하는 텍스트생산자의 의도(소위 도시의 균형발전)를 전달하기 위한 텍스트 기능으로 이해된다.

두 번째 기능은 텍스트수용자와 텍스트 간의 관계가 설정되는 수용적 차원(D2)에서 형성되는데, 이 영역에서 수행되는 텍스트 '청계천'의 기능은 '접촉적 기능'이다. 생태환경의 복원을 통해 도시민의 삶의 질을 높이고 자연과 가까이할 수 있는 휴식 공간을 마련해주는 등 텍스트수용자들과의 관계를 형성하는 역할을 수행한다.

세 번째 기능은 텍스트생산자와 텍스트수용자 간의 관계 속에서 이해되는 해석적 차원(D3)에서 수행되는데, 이 영역에서 텍스트 기능은 '호소적 기능'으로 이해된다. 청계천의 역사적 의미와 변화과정을 통해, 즉 비환경적이고 낙후되고 더러웠던 청계천이 복개공사와 친환경적 복원을 통해 밋밋했던 서울의 이미지를 '예술적(문화적), 환경적, 현대적, 대중적(공익적), 대표적, 온화한' 등의 변화된 이미지로 인식되도록 설득 조정하는 역할을 한다.

끝으로 텍스트 '청계천'이 수행하는 네 번째 기능은 텍스트 자체가 지니고 있다기보다는 커뮤니케이션 과정에서 파생되는 기능으로 이해된다. 즉, 텍스트수용자에 의해 인식된 텍스트를 매개로 하여 이뤄지는 재

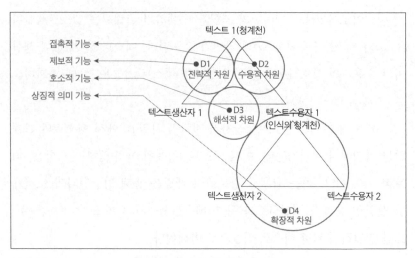

〈그림 2-14〉 청계천의 텍스트 기능

생산 영역으로, 확장된 소통 차원(D4)에서 수행된다. 이 영역에서 텍스트 '청계천'이 수행하는 기능은 상징적(선언적) 기능으로, 텍스트가 새로운 현실을 창조하고 있음을 이해시키고자 한다.

〈그림 2-14〉는 청계천이 커뮤니케이션 과정 중에서 수행할 수 있는 기능을 도식화한 것이다. 오늘날처럼 미디어가 발달한 상황에서 도시 공간의 인식이 직접적 커뮤니케이션에 의하기보다는 간접적 커뮤니케이션에 의해 획득될 수 있는 경우가 더 많음을 전제로 할 때, 텍스트 '청계천'의 지배적 기능은 확장된 소통의 영역에서 수행되는 상징적(선언적) 기능으로 간주할 수 있을 것이다.

(3) 청계천의 텍스트적 의미

이 장에서는 텍스트로서 청계천이 어떠한 유형적 특징과 의미를 지니고 있는지 확인하기 위해 브링커(1983)에 의해 제안된 텍스트 유형 분석 모델을 적용해보고자 한다. 이는 브링커의 절차 모델이 청계천의 텍스트적 의미를 밝히기 위한 텍스트다움의 맥락적 조건과 구조적 조건을 함께 고려한 통합적 분석도구로서 설득력 있는 유효한 방법론으로 판단되었기 때문이다. 브링커에 따르면 텍스트 유형 분석은 모두 5가지 분류 기준에 따라 진행된다.

　1단계 – 텍스트 기능 서술: 텍스트의 기능을 확정하고 이를 기술하는 1단계는 텍스트 유형 분류를 위한 기본 기준으로, 이를 통해 수용자는 주어진 텍스트에 대한 최초의 기대가 가능해진다. 이미 4장 2절에서 언급했듯이 텍스트 '청계천'의 지배적 기능은 상징적(선언적) 기능이다. 이는 텍스트생산자가 청계천을 서울의 대표적 장소로 인식되도록 요구하고 있음을 추론할 수 있다.
　2단계 – 의사소통 형태와 행위 영역 기술: 텍스트 '청계천'을 통한 의사소통 형태는 일방향적으로, 텍스트생산자의 의도만이 실현되고 있다. 청계천의 수용자, 즉 방문한 도시민에 의한 생산적 청계천 읽기는 불가능하다. 또한 텍스트 '청계천'은 불특정 다수를 위한 열린 공간으로서, 청계천의 소통 영역은 공공의 영역에 속한다.
　3단계 – 텍스트 테마의 시제와 테마 전개 방향 설정: 청계천이라는 텍스트의 주제는 서사분석을 통해 '정책적 전시 공간'으로 고정된다. 이 경우, 청계천의 주제는 텍스트생산자의 의도가 올바르게 전달되어야 하는 텍스트생산자 중심의 주제 전개 유형으로 설정되며, 주제 전개의 시제는 고정되지 않은 채 폭넓게 사용된다.

4단계 – 기본적인 테마 전개 형식과 실현 방식: 텍스트 '청계천'의 토대를 이루는 것은 설명형 테마 전개다. 청계천을 구성하는 중요한 의미요소들(환경적, 역사적, 예술적 등)이 광교에서부터 청계문학관에 이르는 약 6km의 넓은 공간에 비조직적으로 실현되어 있다. 전체적으로 정보 전달 위주의 배치이며, 정보 간 상관관계나 역사성에 대해 고려하지 않은 일방적 정보 나열형 테마 전개로 진행된다.

5단계 – 텍스트 '청계천'을 구성하는 구체적(언어적/비언어적) 콘텐츠 서술: 텍스트 '청계천'을 구성하는 구체적 콘텐츠는 먼저 3개 부문, 즉 역사(전통), 문화(현대), 자연(미래)이라는 3개의 시간 축으로 구분되며, 3구간은 8개의 중점경관(청계광장, 광통교, 정조 반차도, 패션광장, 청계천 빨래터, 소망의 벽, 하늘물터, 버들습지)을 포함하도록 구성하고, 여기에 다시 생태·거리 모듈을 적용한다. 구체적 콘텐츠를 파악하여 텍스트 '청계천'이 수용자(도시민 또는 청계천 방문자)에게 전달하고자 하는 텍스트 내용을 확인하게 된다.

위에서 설명한 브링커의 절차적 텍스트 유형 모델을 요약하여 도식화하면 〈표 2-3〉과 같다.

<표 2-3> 청계천의 텍스트 유형

절차 1	텍스트 기능	텍스트 상징적(선언적) 기능			
절차 2	커뮤니케이션 형식	커뮤니케이션 방향	일방향적 · 전시적 성향		
		커뮤니케이션 접촉	오감적 접촉, 그러나 시각적 접촉이 지배적		
		언어적/비언어적	비언어적 체험이 주요		
	행위영역	공적 영역	공공적 영역		사적 영역
		불특정 도시민 대상			
절차 3	텍스트 시제	과거형 테마	현재형 태마	미래형 테마	무시제 테마
					시제는 자유로움
	텍스트 테마	생산자 중심의	수용자 중심의		파트너 외적
		생산자 중심적 주제 전개			
절차 4	테마 전개	기술적	서사적	설명적	논증적
				역사를 비롯한 다양한 정보 제시	
	실현 형식	정보의 비조직적 나열			
절차 5	텍스트 콘텐츠	3개의 시간축, 즉 역사(전통), 문화(현대), 자연(미래)으로 구분되며, 3구간은 다시 8개의 중점경관을 포함하도록 구성하고, 여기에 다시 생태 · 거리의 모듈 적용			

결국, 브링커의 텍스트 유형 분석 모델을 통해 추출된 자료를 기반으로 텍스트 '청계천'의 의미를 기술하면 다음과 같다.

"텍스트로서 청계천은 3개의 시간축과 8개의 중점경관으로 구성된 상징적 의미 공간으로, 청계천의 텍스트적 의미를 구성하는 다양한 요소는 비조직적으로 나열되어 생산자 중심의 일방향적 커뮤니케이션 형식을 통해 실현된다. 결국 선언적 텍스트 기능을 지니고 있는 청계천은 정책적 판단에 의해 창출된 일방적 커뮤니케이션의 공익적 전시 텍스트로 정의될 수 있다."

5) 도시 공간 '청계천'의 기호학적 접근[7]: 문화적 정체성

기호학의 기저이분법에 기초한 도시 공간의 문화적 의미가치 분석은
텍스트로서 청계천이 창출하는 문화적 속성의 확인과 포지셔닝을 가능하
게 한다. 〈그림 2-15〉의 기저이분법에 기초한 청계천의 의미 속성은 건국
대생 17명과 인하대생 9명 등 총 26명과의 심층인터뷰를 통해 추출한 것
이다. 이 인터뷰는 2008년 12월 8일 청계천을 방문한 후, 참가자들이 청
계천에 대해 보고한 자료를 토대로 각인된 의미소들을 추출한 것이다.

2시간 정도의 청계천 투어에 참여한 학생들이 보고한 내용은 매우
다양했지만, 그들의 보고 속에 담겨 있는 심층적 의미는 일관되었다. 예
를 들어, "청계천은 정말 잘 설계된 아름다운 공간이다. 이런 공간이 복

---

7)   도시 공간의 기호학적 접근에 대한 방법론적 접근은 이미 이 책의 1부 5장에서 자세하게 설명
     한 바 있다. 단지 내용 이해의 편의를 위해 다시금 정리하면 다음과 같다. '기호학'이란 기호
     의 생성과 유통 그리고 소비 과정을 논리적으로 추적하고 구조적으로 분석함으로써 커뮤니케
     이션의 효과를 극대화하는 데 그 목적이 있다. '기호'는 인간의 과학, 기술적 지식을 재현해주
     고 인간의 꿈과 욕망을 담고 있는 도구이며, '기호학'은 시각적 이미지와 영상 언어로 구성되
     는 표층적 기호와 서사구조를 파악함으로써 심층구조인 핵심문화 코드를 도출하는 연구방법
     론이다. 기호학은 '일정한 문화유형의 정체성과 경계성을 규정짓는 것은 무엇인지', '기호계
     의 틀에서 다양한 문화가 서로 어떻게 관련을 맺고 있는 것인지', 그리고 '특정한 문화유형에
     적합한 커뮤니케이션 전략은 어떻게 도출될 수 있는지' 등 다양한 문화현상에 대한 물음에 이
     론적 토대를 구축하는 데 도움을 줄 수 있다. 결국 문화를 다양한 기호들의 연쇄적 조합으로
     이해하는 기호학은 세계의 모든 문화현상을 경험적으로 이해하고 비교분석할 수 있는 언어학
     적 방법론으로, 사회적으로 구성된 텍스트 속에 '숨겨진' 의미를 찾아내는 매우 효과적인 분
     석도구라 할 수 있다.

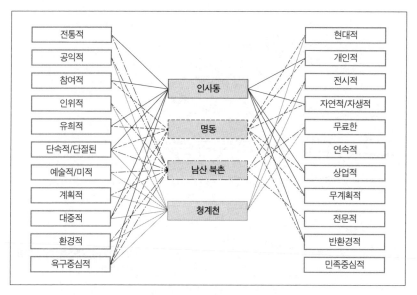

〈그림 2-15〉 텍스트 '청계천'의 비교 의미가치

잡한 서울의 한가운데에 있다는 것은 서울 시민에게 큰 혜택이다. 사람
들이 더 많이 찾는 공간이 되었으면 좋겠다", "친구와 사진 찍을 수 있는
곳이 많았다", "처음에는 좋았지만 나중에는 계속 걸어가야 하는 것이
좀 지루했다", "청계천은 잘 꾸며진 공간이지만 주변과 고립된 기분이었
다" 등이 보고되었는데, 이에 따르면 청계천의 의미가치는 '현대적', '공
익적', '전시적', '인위적', '무료한', '단속적', '계획적', '대중적', '환경
적', '욕구중심적' 등으로 추출될 수 있다. 결국 이들에게 각인된 의미는
'공익적 전시 공간'이라는 서사성의 확인이었다.

다음 〈그림 2-16〉은 이를 기반으로 청계천의 문화적 정체성과 이미
지를 어떻게 파악할 수 있는지를 보여주는 것으로서, 이는 더 나아가 청
계천의 새로운 문화적 정체성 구축을 위한 미래지향적 재코드화를 가능
케 한다. 여기에서는 위에서 추출된 의미소들이 균등하지 않고 중요도가

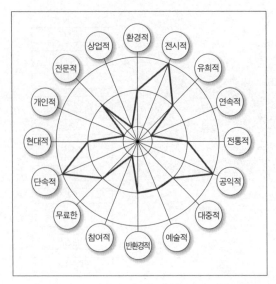

〈그림 2-16〉 텍스트 '청계천'의
인식 영역

다르기에 이에 가중치를 부여해 청계천이 인식되는 의미 영역을 표시해
보았다. 〈그림 2-16〉에서 표출된 의미소들의 가중치는 학생들의 보고 내
용을 통해 획득된 심층 의미소들의 반복에 근거한 것으로 5회 이상 도출
된 것은 강한 각인을 주는 의미소로 표시되며, 5회 미만 3회 이상 추출된
의미소는 중간 정도의 각인을 주는 의미소로, 그리고 3회 미만 도출된 의
미소는 약한 각인을 주는 의미소로 규정했다.

　　이러한 연구 결과에 따라 텍스트 '청계천'의 장소적 의미에 따른 포
지셔닝을 수행하면 〈그림 2-17〉과 같다.[8] 청계천의 문화적 의미 속성에
따라 정체성을 규명해보면 텍스트 '청계천'은 코엑스나 아쿠아리움 같은

---

8)　〈그림 2-17〉의 포지셔닝은 문화수용자가 도시 공간을 선택할 때 고려하는 주요 4가지 속성에
　　근거한 것으로 1사분면은 리조트와 제주도로 상징되는 휴식형의 이국적 공간, 2사분면은 테
　　마파크로 상징되는 가족형 휴식 공간, 3사분면은 생활공간으로 일반화되는 주거형 도시 공
　　간, 4사분면은 코엑스와 아쿠아리움(Aquarium)으로 상징되는 도시형 이벤트 공간이 해당한
　　다. 이에 대한 내용은 1부 5장에서 수행된 인천시 남구의 분석에서도 동일하게 적용되었다.

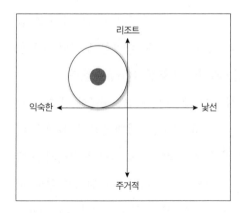

〈그림 2-17〉 텍스트 '청계천'의 포지셔닝

'도시의 이벤트형 장소'로 정의될 수 있는데, 이때 문제시되는 것은 청계천이 이벤트 장소로서의 특성을 보여주고 있음에도 공익성과 전시성이 지나치게 강조되어 수용자에게 감성적으로 호소할 수 있는 유희적이고 참여적인 콘텐츠가 절대적으로 부족하여 도시민의 휴식 공간으로서 그 역할을 충분히 수행하지 못하고 있다는 점이다.

6) 맺음말

이 글에서의 관심은 어떻게 도시 공간이 의미를 구축하는지, 또는 어떻게 도시 공간이 공통의 문화적 이해를 기반으로 차별화된 내러티브 구조를 형성하는지에 있다. 도시의 표상은 하나의 체계/시스템으로서 대상 인식의 과정에서 작동하므로 이 모든 것이 가능하다. 우리는 도시 표상의 범주에서 음성적이건, 문자적이건 혹은 이미지나 심지어 물질적 대상도 개념과 아이디어나 감정을 나타내는 기호와 상징으로 이해한다. 여기서 개별 도시의 표상은 해당 문화 속에 지닌 개념과 아이디어 혹은 감정 등을 통해 나타내는 매체 중의 하나가 되므로 다양한 도시의 표상은 차별화된 도시의 의미가 생산되는 과정에서 핵심적이라 하겠다.

따라서 이 글은 한국 도시 공간이 창출하는 의미 구조에 대한 심층적 이해를 위해 예시적으로 서울의 주요 공간인 '청계천'의 문화적 정체성과 서사구조에 대한 기호학 기반의 복합 인문학적 연구를 수행하는 데 목적을 두었다. 그 같은 작업을 수행한 이유는 21세기에 진입한 한국 주요 도시들의 문화정체성을 이해시켜줄 수 있을 뿐만 아니라, 더 나아가 한국 도시들의 이미지 제고를 위한 체계적이고 독창적인 내러티브 전략을 설계하는 데 기여할 수 있으리라 기대되었기 때문이다.

4.
도시 공간의 서사적 의미생성모형
광주 충장로의 서사 전략을 중심으로

1) 들어가는 말

2부 4장은 특정한 공간에 장소성을 부여하고, 도시 공간과 인간 사이의 소통을 가능하게 하는 서사적 의미생성과정 모형을 공간 수용자의 관점에서 제안하고자 한다. 이를 위해 여기에서는 도시 공간을 하나의 텍스트로 파악하여 이를 판독 가능성의 대상으로 간주한 벤야민(W. Benjamin)의 도시관(김성도 2014. 490 이하)에서 출발한다. 여기에서 벤야민이 사용한 판독 가능성이라는 개념은 다면적 독법으로서 현상학적 읽기에만 머무르고 있지 않음은 의심의 여지가 없다. 그는 '읽다'라는 단어가 포용하는 다중적인 인지적 활동에 대해 가장 철저한 성찰을 시도한 20세기 사상가들의 반열에 속하기 때문이다. 벤야민에게 '읽는다는 것'은 의도된 경험이며, 의미의 구성이라는 과감한 모험이다. 그는 "글로 적혀 있지 않은 것을 읽는다"라는 호프만의 표현을 인용하면서 적힌 것에서 적히지 않은 것, 즉 행간을 읽으려 했다. 다시 말해 텍스트로서의 도시 공간 읽기는 도시 속에 숨겨진 것을 파헤치거나 해독할 수 있는 방식으로 읽어야 한다는 것을 의미한다.

벤야민은 텍스트의 판독 가능성 문제를 도시 공간을 어슬렁거리는 산책자 또는 만보객이라는 형상에 대한 자신의 성찰 맥락과 결부시켰다. 산책자는 도시라는 매체 속에서 도시 공간의 새로운 사냥꾼으로서 기호의 흔적을 읽어낸다. 텍스트는 하나의 숲이며 그 숲은 도시의 이미지이고 도시는 판독 가능한 텍스트가 된다. 이때 벤야민의 독법은 형식적 분석보다는 직관과 명상으로 가득 차 있으며, 텍스트를 파편들의 장소로 삼고 있다. 그 파편들은 텍스트의 유도선 위에 자리 잡고 의미의 만화경이 되며, 도시 텍스트는 명상적 관찰자가 다루는 만화경으로서 그 관찰자가 읽은 것 속에서 아직 읽지 않은 것에 다가서려 애쓴다. 여기에서 강조할 것은 벤야민의 사유와 시선은 도시 그 자체로 향하지 않고 도시 텍스트로 향한다는 점이다(김성도 2014. 500 이하 참고).[9]

다음에서 진행될 도시 공간의 이야기 창출과 매력 코드 도출을 위한 심층적 공간 분석은 공간에 대한 상식적이며 일반적인 내용 제시가 아닌, 도시 공간 이미지가 발생하는 주요 채널에 대한 서사 기반의 통합 모형 구축에 기초하고 있다. 이는 기호학적 방법론으로 분석한 차별화된 도시 공간의 문화적 정체성과 서사구조를 이해하기 위해 반드시 요구되

---

9)   도시 공간의 가독성 또는 도시 읽기의 관점에서 벤야민 연구는 기호학적 연구와 밀접한 관계가 있다. 대도시의 대형 쇼핑몰과 대형 쇼핑몰에서의 배치, 공적 공간의 소멸은 만보객을 통한 변증법적 이미지를 탄생하게 했다. 19세기 파리의 흔적은 근대성의 서사를 재구성할 수 있게 해줄 결정적인 기호학적 단서들로서, 벤야민은 그 같은 방대한 작업을 자신이 궁극적으로 추구한 지적 매트릭스를 형성하는 '아케이드 프로젝트'에서 실현하려고 했다. 벤야민은 미학, 역사학, 도시계획, 건축학, 기호학의 한복판에 자신의 위치를 각인했다. 또한 벤야민의 성찰은 도시 거주자가 도시 세계를 자기 것으로 전유하는 방법과 능력을 관찰했다는 점에서 도시현상학의 전범이라 할 수 있다.

는 전략적 모색이라 할 수 있다. 무엇보다도 여기에서는 공간 수용자에 의해 체험되는 도시 공간의 서사적 의미생성모형을 도출하는 과정을 설명하기 위해 충장로를 선택하고자 하는데, 이는 충장로가 아시아문화중심도시 광주 프로젝트의 거점 도시 공간으로서 거주민의 기억이 여전히 남아 있어 주변의 역사성과 장소성, 그리고 도시 공간 수용자의 역동적 삶이 고려된 문화가치 기반의 기본구상을 시도하기에 매우 적합한 도시 공간으로 판단되었기 때문이다.

2) 도시 공간과 자기창의적 서사 모형

김영순 · 정미강(2008)에 따르면, 도시 공간의 서사적 의미생성은 크게 두 가지 개념으로 정의될 수 있다. 첫 번째는 현대적이며 발신자적인 관점으로 공간 생산자가 도시 공간을 매체로 하여 공간 소비자에게 이야기하는 행위이며, 두 번째는 원초적이며 수신자적인 관점으로 인간 삶의 터전인 도시 공간 그 자체에 인간이 이야기를 부여하는 행위를 의미한다. 전자는 현대 도시 공간의 기획에 적용되는 서사적 의미생성이며, 후자는 도시 공간을 누리는 인간의 입장에서 도시 공간에 어떤 의미를 부여하는 원초적인 본능에 의한 서사적 의미생성을 의미한다.

우리 삶에서 만나는 여러 도시 공간은 다양한 이야기를 담고 있다. 하지만 도시 공간들은 스스로 자신을 드러내어 이야기를 전하지는 않는다. 그 대신 도시 공간에 머물렀다가 떠난 사람들에 의해 도시 공간이 가지고 있는 이야기가 전해지는 것이며, 이렇게 머물고 지나간 사람들에 의해 장소에 대한 이야기가 탄생하고 다양한 방법으로 꾸며진다. 이처럼 도시 공간 수용자에게 인식된 이야기(story)를 통해 특정 도시 공간에 대해 의미를 창조하는 과정, 결국 이야기를 통해 도시 공간의 의미를 만드는 과정이 바로 '도시 공간의 자기창의적 서사 모형'이다. 특정 도시 공간의 품격을 최적화하기 위한 이야기 생성 작업은 반드시 도시 공간의 장소성 과 역사성에 기반을 둔 문화적 가치와 상상계가 고려되어 진행되어야 하 며, 이를 위해 요구되는 것은 도시 공간의 인식 속에 담겨 있는 거주민의 기억에 근거한 새로운 이야기의 창출과 매력 코드 발굴이 선행되어야 한 다는 것이다.

이제 이 장에서 설명하고자 하는 도시 공간의 지역특성적 이야기 생 성 모형인 '자기창의적 서사 모형(Self Creating Narrative Model, SCN-Model)'은 기 존의 생산자 중심의 서사 전략, 즉 생산자의 의도에 따라 도시 공간의 의 미가 창출되는 플롯(plot)을 지양하고 공간 소비자의 주도적 도시 공간 인 식을 목적으로 한 도시 공간콘텐츠의 수용자 중심적 플로팅(plotting) 전략 을 의미한다. 이때 자기창의적 서사 모형은 〈그림 2-18〉과 같이 3단계로 구성된 절차적 접근방식으로 설명될 수 있다.

자기창의적 서사 모형의 제1단계는 현재 도시 공간이 지니고 있는 정체성을 확인하는 단계로, 도시 공간의 객관적 이해를 위한 미디어 분 석, 도시 공간의 기억과 서사를 이해하기 위한 문화원형 분석, 공간 수용 자(사용자)에 내재된 도시 공간 인식을 파악하기 위한 문화가치 분석 등이 종합적으로 수행된다. 각각의 분석은 이를 뒷받침할 문화이론과 방법론 을 선택하여 적용된다. 제2단계는 현재의 도시 공간 정체성에 새로운 문 화 가치를 부여하기 위한 도시 공간의 매력 코드 발굴 단계로, 트렌드 분 석과 거주자 행동 양식 분석, 그리고 지역특성 분석을 통합적으로 진행

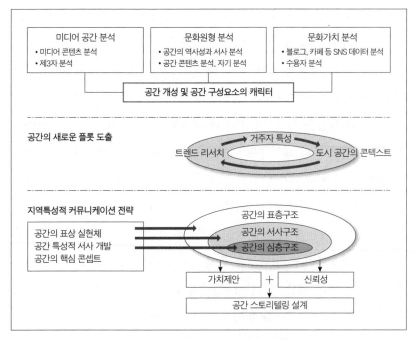

미디어 공간 분석	문화원형 분석	문화가치 분석
• 미디어 콘텐츠 분석 • 제3자 분석	• 공간의 역사성과 서사 분석 • 공간 콘텐츠 분석, 자기 분석	• 블로그, 카페 등 SNS 데이터 분석 • 수용자 분석

공간 개성 및 공간 구성요소의 캐릭터

공간의 새로운 플롯 도출

거주자 특성

트렌드 리서치　　　　　　　　　　도시 공간의 콘텍스트

지역특성적 커뮤니케이션 전략

공간의 표상 실현체
공간 특성적 서사 개발
공간의 핵심 콘셉트

공간의 표층구조
공간의 서사구조
공간의 심층구조

가치제안　+　신뢰성

공간 스토리텔링 설계

〈그림 2-18〉 자기창의적 서사 모델(SCN 모델)

하게 된다. 끝으로 제3단계는 지역특성적 서사를 구축하는 단계로, 실제로 공간 수용자의 자기주도적 도시 공간 인식과 서사적 의미 생성이 수행되는 단계다. 이 단계는 기호학자 그레마스(A. J. Greimas)의 의미생성 모델을 도시 공간에 적용한 수용자 중심의 서사적 의미 생성에 변용하여 새롭게 창출된 방법론으로, 이 단계에서 가장 중요한 것은 도시 공간의 개성(personality)에 맞는 경쟁력 있는 핵심 콘셉트를 도출할 수 있도록 도시 공간의 표상체들을 적절하게 플로팅하는 작업이다. 이러한 플롯 작업을 기반으로 수용자에게 도시 공간만이 지닐 수 있는 독창적 서사가 인식되며, 더 나아가 거주민에 의해 체험될 수 있는 구체적 프로그램이 기획되고 운영된다. 이러한 3단계의 연구 절차를 거쳐 도시 공간에는 최적화된 도시 공간 콘텐츠 설계와 커뮤니케이션 전략이 부여된다. 〈그림 2-18〉은 '자기창의적 서사 모델(SCN 모델)'을 도식화한 것이다.

결국, 자기창의적 서사 모형이라는 '수용자 중심적 도시 공간 의미의 (재)구조화'는 도시 서사를 생성하기 위한 마지막 작업으로서 도시 공간의 문화자원들을 조사하고 분석한 결과물들, 즉 흩어져 있는 정보들을 일정한 논리에 따라 배치하여 이야기를 구조화하는 작업이다. 좋은 서사는 도시 공간의 문화가 충실히 드러나고 지역민-관광객이 상호 주관적으로 인정하는 지역문화의 고유한 가치가 자연스럽게 녹아 있는 이야기를 의미한다. 이는 도시 공간 문화자원들의 의미가치를 분석하고 유형화하는 문화기호학적 매핑 과정을 통해 도시 공간이 가지는 독특한 의미체계들을 발견하는 과정을 거친다. 여기에서 제안된 자기창의적 서사 모형은 '확산적 활성화 이론'을 바탕으로 도시 공간의 수용자적 입장에서 도시 공간 의미를 (재)구조화하는 작업을 의미한다. '확산적 활성화 이론'에 따르면, 어떤 한 사람이 하나의 개념에 대해 생각할 때면 연상작용으로 네트워크에 있는 그 개념에 대한 노드(node)가 활성화되어 이것이 또 다른 노드들을 자극하게 되는데, 이것이 반복되면 경로가 활성화되어 하나의 노드(예를 들면, 제주도의 바람)가 네트워크의 다른 개념들(제주도의 돌담, 여자 등)을 복합적으로 연상시켜 특정한 이야기의 구조를 형성하게 된다는 것이다. 따라서 도시 공간의 효과적인 자기창의적 서사를 생성하기 위해서는 도시의 기억과 장소성에 기반을 둔 특성을 파악 · 진단한 후 이를 도시 공간의 콘텐츠로 활용하여 개념의 노드처럼 도시 공간의 적합한 곳에 배치하고 수용자 스스로 도시 공간의 의미를 재창조하는 서사 전략이 실행되어야 한다. 도시 공간과 인간 사이의 소통의 문제를 다루고자 하는 이 글에서의 자기창의적 서사 모델은 도시 공간이 지닌 콘텐츠의 소통적 기능에 따라 그 유형을 구분하고자 하며, 크게 '정보제시형 도시 서사', '행위 지시형 도시 서사', '흥미위주형 도시 서사', '과제해결형 도시 서사'로 구분할 수 있다.[10]

(1) 정보제시형 도시 서사

정보제시형 도시 서사는 현재 한국의 도시 공간구조에서 가장 빈번하게 발견할 수 있는 서사 유형으로, 공간 생산자의 의도에 따라 도시 공간의 의미가 제시되고 이를 수용자가 받아들이는 유형이다. 이 유형은 수용자 중심의 자기창의적 서사 유형 중 가장 소극적인 전략으로 간주된다. 정보제시형 도시 서사의 가장 전형적인 사례는 관광가이드처럼 도시 공간 콘텐츠의 설명이 주어지고 이를 수용자가 일부 또는 전부를 확인하여 도시 공간의 서사를 이해하는 박물관형 도시 공간에서 흔히 발견되는 이야기 창출 전략이다. 정보제시형 도시 서사는 〈그림 2-19〉의 통영 관광가이드에서 볼 수 있는 것처럼 공간 생산자는 텍스트, 이미지, 전시물을 효과적으로 구성함으로써 수용자가 도시 공간의 이야기를 스스로 찾고 이해할 수 있도록 제공한다. 정보제시형 도시 서사의 특징은 공간 생산자가 도시 공간이 지니고 있는 문화자원에 대한 정보는 주되, 도시 공간 체험의 주제나 코스를 제시하지 않고 공간 수용자가 임의로 도시 공

---

10) 일반적으로 도시 공간의 서사는 도입 배경에 따라 기존의 이미지가 긍정적이어서 그것을 더욱 강화시키려는 '이미지 강화형', 기존의 이미지가 부정적이어서 그것을 긍정적 이미지로 전환하려는 '이미지 대체형', 기존의 이미지가 부재하여 새롭게 창출하려는 '이미지 창출형'으로 나눌 수 있으며, 이러한 전략은 도시 공간이 지니고 있는 잠재적 자원(도시 공간의 기억, 문화, 환경, 기술력 등)과 핵심 가치에 따라 서사 구축에 적극 반영될 수 있다.

〈그림 2-19〉 통영 관광가이드

간을 체험하여 도시 공간이 창출하는 메시지를 자유롭게 구성하도록 도
와준다는 데 있다.

(2) 행위지시형 도시 서사

행위지시형 도시 서사는 공간 수용자에게 해야 할 행위 또는 하지
말아야 할 행위를 지시하고, 이를 도시 공간 체험의 중요한 규칙으로 제
안하여 의미 창출을 유도하는 도시 공간 서사 전략을 뜻한다. 대부분의
도시 공간 서사 전략은 해야 할 행위 유형으로 규칙이 주어지며, 대표적

〈그림 2-20〉 군산의 탁류길

인 유형은 도시 공간의 기억과 장소성을 축약적 또는 상징적으로 표현할
수 있는 랜드마크, 주요 건축물, 역사 유적, 문학적 기억 등을 제시하여
이를 통해 수용자에게 도시 공간의 이야기를 스스로 구성할 것을 요구한
다. 이 경우 주어진 장소들은 고유한 성격으로 도시 공간을 규정하기도
하며, 서로 융합되어 의미를 창출하기도 한다. 또한 이야기의 특성에 따
라 세밀하게 복원된 구조물이 효과적인가, 새로운 이야기 구축이 효과적
인가 하는 것은 표층구조 층위에서 적합성의 문제가 있으므로 도시 공간
과 이야기의 주제, 유형, 목적 등 다양한 기획 조건을 고려하여 구성 전
략을 짜야 한다. 예를 들어 〈그림 2-20〉의 '군산 탁류길'은 문학적 기억을
도시 공간의 서사 전략으로 활용한 예인데, 채만식의 소설 《탁류》의 무대

가 되어 일제강점기 피폐해진 우리 민족의 삶의 공간으로 묘사된 군산을 근대문화유산의 장소로 인식되도록 도시 공간에 소설의 스토리를 덧입혀 공간 수용자에게 소설의 도시 공간을 체험할 수 있도록 기획한 것이다. 이 경우 공간 수용자는 공간 생산자가 지시한 체험의 경로를 따라 도시 공간의 이야기를 구성하게 되는데, 이러한 '행위지시형 도시 서사'는 최근 도시 공간의 기획에 가장 빈번하게 적용되는 유형이다.

(3) 흥미위주형 도시 서사

〈그림 2-21〉 정동진역

흥미위주형 도시 서사의 가장 두드러지는 특성은 수용자의 도시 공간 참여에서 가장 중요한 요소가 유희성에 있다는 것이다. 이 유형의 대표적 도시 공간은 테마파크 또는 미디어, 축제 등 엔터테인먼트 콘텐츠를 통해 의미 창출이 유도되는 도시 공간이 된다. 다시 말해 도시 공간의 정체성과 의미 창출에 가장 적절한 콘텐츠를 발굴하여 이를 유희적 성격과 연계하여 수용자에게 도시 공간의 의미를 자발적으로 구성하도록 유도하는 서사 전략을 뜻한다. 엔터테인먼트 콘텐츠가 특정 도시 공간을 의미 있는 장소로 변모시킨 좋은 사례들은 쉽게 찾아볼 수 있는데, 예를 들면 곽경택 감독의 영화 〈친구〉(2001)의 영향으로 부산의 '자갈치시장'이 이슈화되었고, 드라마 〈모래시계〉(1995) 방영

후 정동진 해안이 관광명소가 된 것은 엔터테인먼트 콘텐츠의 흥행을 통한 도시 공간의 서사 구축 전략이라고 볼 수 있다. 그러나 흥미위주형 도시 서사는 도시 공간 콘텐츠가 유희성 또는 오락성을 상실하게 되면 공간 수용자들의 뇌리에서 잊힘과 동시에 장소의 매력도 사라지는 경우가 대부분이다. 따라서 도시 공간이 의미 있는 장소로 영속되려면 만들어진 이야기 위에 크고 작은 부가적인 이야기가 만들어지고 구전과 미디어를 통해 재창조되는 열린 구조여야 할 것이다.

(4) 과제해결형 도시 서사

과제해결형 도시 서사는 열린 구조의 도시 이야기를 기반으로 공간 수용자의 도시 공간 참여 목적 또는 과제에 따라 도시 공간의 의미가 자율적으로 구성되는 서사 전략 유형으로, 다른 서사 전략의 유형에 비해 도시 공간에 대한 수용자의 자기창의적 서사 생성의 의존도가 높은 편에 속한다. 이러한 유형은 종종 극단적 도시 공간 체험 스토리가 창출될 수도 있는데, 이는 공간 참여자가 자신

〈그림 2-22〉 산티아고 순례길

의 목적이나 과제에 따라 특정한 도시 공간에 계열체적으로 부여된 콘텐츠를 통해 통합체적 의미를 획득할 수 있는가의 여부에 따라 다르게 인식될 수 있기 때문이다. 이러한 유형에 가장 대표적 도시 공간은 스페인

'산티아고 순례길'이나 '제주 올레길' 등을 들 수 있는데, 이들 도시 공간은 공통적으로 자기성찰적 도시 공간 구성을 특징으로 한다.

2부 5장에서 제시하는 도시 공간의 자기창의적 서사 모형은 근본적으로 도시 공간의 속성상 우리에게 인식되는 도시 공간의 이야기가 공간 생산자인 스토리텔러의 시각에서 창출되기보다는 공간 수용자에 의해 완성되고 인식된다는 시각에서 출발한다. 사실 도시 공간이란 체험의 산물이므로 도시 공간을 읽고 인식하는 행위의 맥락은 항상 다양성과 열림을 내포하는데, 특히 무한히 다양한 요소로서 구성 가능한 도시 공간은 특정한 의미구조 안에 함몰될 가능성이 매우 적은 텍스트다. 여기에는 개인의 신체를 관통하면서 생기는 무한한 변수, 즉 무한한 해석의 여지가 존재한다. 무한한 해석은 무한한 의미작용의 가능성을 열고 있지만, 도시 공간 속 구성원 간의 합의되는 일치점은 도시 공간과 인간이라는 두 주체의 공통 지점을 찾아내는 작업이며, 이 합의점에서 우리는 '자기창의적 서사 생성'이라는 인간 중심의 도시 공간 인식 모형을 제안하고자 한다. 따라서 이 장에서 제안하는 자기창의적 서사 생성의 도시 공간 유형 구분은 배타적 구분이기보다는 그 특성에 기반을 둔 설명적 구분에 지나지 않는다고 하겠다.

3) 광주 충장로의 서사 전략

(1) 도시 공간 '충장로'의 현황

분석대상인 '충장로'는 현 전남도의회 앞 충장로 1가를 기점으로 광주일고를 지나 경열로와 연결되는 길이 1,660m, 폭 8m의 집단 상가들

〈표 2-4〉 충장로 상가구성 현황

분류	충장로	충장2가	충장3가	황금길	금남4가	중앙로	서석로	천변우로	전체	구성비
패션잡화	46	58	26	77	1	6	26	0	240	32.0
음식점	8	21	18	15	1	3	5	0	71	9.5
통신판매	27	6	10	2	2	5			52	6.9
미용관리	10	5	6	20	0	3	5	0	49	6.5
유흥	3	8	13	17	1	1	2	0	45	6.0
음료판매	8	9	9	9		2	2		39	5.2
게임오락	8	7	8	5	0	1	0	0	29	3.9
화장품	13	4	2	3		1			23	3.1
학원	2	1	3	2	6	7	1		22	2.9
금융	1	1			14	1	1		18	2.4
웨딩숍		3		1			11	2	17	2.3
병원	2		1		3	8	2		16	2.1
편의점		2	5	3		1		2	13	1.7
귀금속	5	2	3				3		13	1.7
숙박		3	4	2		1		1	11	1.5
세무사						10			10	1.3
기타	86	93	60	97	12	22	42	14	81	10.8
합계	219	223	168	253	40	72	100	19	749	100.0

이 모여 있는 도심상업도로를 지칭한다. 광주읍성 시대 북문과 남문을 연결하는 광주의 대표적 남부대로이자 일제강점기부터 광주의 대표적인 상가거리로, 현재 의류, 대형 쇼핑몰, 전자통신업 등 각종 서비스업을 중심으로 밀집 상가가 조성되어 있다. 충장로 1~5가로 구성되어 있으며, 2011년 2월을 기준으로 충장로 내 상가 현황을 조사한 〈표 2-4〉에 따르면, 충장로 1~3가는 의류, 잡화, 전자통신업 등 유행에 민감한 젊은이를 위한 공간으로 조성된 반면, 충장로 4~5가는 한복, 귀금속, 가구 등 혼수품 위주의 상점으로 구성되어 있다. 또한 〈표 2-5〉는 같은 시기의 충장로 일대 유동인구 현황을 조사한 것으로, 충장로 전반의 상가 활성화 정도를 짐작할 수 있는 참고자료다.

〈표 2-5〉 충장로 일대 유동인구 현황(2011년 2월 9일 기준)

구분	현황	유동인구(명/시간당)	
충장로1가	패션잡화, 통신판매		
충장로2가	패션잡화, 음식점	2,500~3,000	
충장로3가	패션잡화, 음식, 유흥		
황금길	패션잡화, 미용	600~900	
금남로4가	금융, 학원	200~300	
중앙로	세무사, 병원	600~900	
천변우로	웨딩, 기타	50~100	
서석로	웨딩, 패션잡화	300~500	

결국 유동인구가 빈번한 충장로 1~3가 지역은 활성화된 장소로 인식되고 있는 반면, 그 밖의 지역은 시간당 유동인구가 1,000명이 되지 못하는 한적한 공간으로, 특히 천변우로 지역은 시간당 유동인구가 100명 이하로 조사됨에 따라 상업공간으로서 심각한 문제를 드러내고 있다.

(2) 도시 공간 '충장로', 문화소비 공간의 제3 장소

마르크 오제(Augé 1996)는 동일한 기능을 가진 특징 없는 공간들을 '비 (非)장소'라고 부르고, 도시 고유의 정체성을 담보하는 특별한 의미를 지닌 공간을 '장소'로 구분하여 명명했다. 이때 장소는 정체성과 관계 및 역사의 상호작용과 회상의 역사적 안정을 통해 규정된 공간인 반면, 비장소는 상징화되지 않은 공간, 즉 시공간 및 지시대상의 과잉과 개체화로 정의된 이질적 위상(Heterotopie)이자 주체들 사이의 소통이 박탈된 초근대적 공간으로 이해된다. 마르크 오제가 이처럼 도시 공간을 '장소'와 '비장소'로 구별한 이유는 단지 분류를 위한 분류가 아니라 대다수 도시민이 매일매일 삶을 영위하는 공간이 된 도시 안에 '장소'의 비율을 높이고 '비장소'의 창궐을 막기 위한 경각심을 불러일으키는 데 있다.

그러나 마르크 오제의 이분법적 공간 분류는 오늘날과 같은 역동적 소비 공간의 변화를 충분히 반영하지 못한다. 따라서 비장소가 새로운 환상과 의미를 추구하는 장소로 재탄생하거나, 장소나 비장소 어느 곳도 아닌 제3의 임계영역에 속하는 새로운 창출 공간에 대해 설명할 수 없었다. 이에 대해 올덴버그(Ray Oldenburg 1999)는 제3의 장소를 제안했다. 그에 따르면, 제3의 장소란 사회적 믹서이자 분리장치, 무대, 정치적 포럼인 동시에 문화소비 공간으로서 가족이나 직장, 국가나 경제, 사유나 공공성 어디에도 할당될 수 없는 공간들을 의미한다. 제3의 장소란 개체성과 사회성, 사유성과 공공성, 포함과 배제(나이, 성별, 계층, 집단의 범주들) 사이의 균형을 도모하면서 ① 행위자 차원에서는 상인과 고객, 생산자와 소비자, 익명의 산업체와 개체의 욕구 사이의 접점으로서, ② 시간적 차원에서는 낮과 밤, 노동시간(직장)과 취침시간(집) 사이에, ③ 심리적 차원에서는 사유성과 공공성, 고독과 친교, 내밀성과 익명성, 말짱한 정신과 엑스터시 사이의 양극이 교차하면서 고급문화-대중문화-하층문화에서 배출되는 기호 산출물의 생산-소비-분배-가공이 순환하는 자기생산적 생태계(autopoietisches Ökosystem)가 이뤄지는 공간을 뜻한다. 분석 사례인 '충장로'는 광주읍성 시대 이후 충장로 거리가 조성된 일제강점기부터 주거지 기능보다는 상업적 공간 역할을 수행했다. 따라서 이 장에서는 도시 공간 '충장로'를 장소와 비장소 사이의 상호침투로 새롭게 태어난 문화소비 공간으로서 새로운 집단[창조계층(Creative Class)]의 감성과 생활양식이 실천되는 제3의 공간적 성격을 띤다고 본다.

(3) 도시 공간 '충장로'의 문화원형 분석

여기에서는 먼저 도시 공간 '충장로'의 역사를 시대 순으로 살펴봄으로써 어떤 역사적 과정을 거쳐 현재의 장소적 의미와 정체성을 갖게 되었는지 심층적으로 이해하고자 한다. 〈표 2-6〉은 도시 공간 '충장로'의 역사적 환경을 정리한 것으로, 시대적 배경에 따른 공간의 역할 변천과 의미를 보고한다.

〈표 2-6〉도시 공간 '충장로'의 역사적 역할 변천과 의미

시대적 배경	'충장로'의 역사적 역할 변천과 의미
광주읍성 시대	• 고려 말에 축성하여 조선 초기에 석성으로 바뀌었으며, 1908년경 일제에 의해 철거되기 전까지 광주의 중심지 역할 • 광주읍성 자리는 대의동 구 광주문화방송 자리에서 제봉로 – 중앙로 네거리 충장로 파출소 – 황금동 네거리 – 구 광주미문화원 – 구 광주시청 – 전남대 의대 삼거리 – 전남도청 뒷담 – 구 광주세무서 앞 – 구 광주문화원으로 이어지는 길이 2km의 공간 • 군사적 목적이 아닌 행정용으로 축조된 치소(治所) 역할에 중점을 둔 성곽 도시
근대, 일제강점기	• 오늘날의 충장로 모습을 갖추게 됨 – 충장로 1, 3가 사이에 일본인 중심의 상가 형성 – 광주의 대표적 풍류와 멋의 중심거리 – 주요 금융시설 건립으로 광주 경제의 근간이 됨
해방 이후~ 1960년대	• 일본식 거리 이름에서 현 충장로 이름으로 변경 • 광주의 경제 중심지라는 명맥 유지. 금남로와 상권 분열. 금남로 지역은 금융 위주의 발전인 반면, 충장로는 상업 공간의 중심지로 차별화됨 • 지역경제 활성화의 주축
1970~1990년대	• 청년문화의 중심지 – 우다방(광주우체국)의 만남. 공간적 의미 형성 – 중심 상업가로 활성화됨
2000년대	• 광주의 중심상업지역이었으나 도심공동화로 상권이 급속히 위축 – 광주의 대표적 보행자 전용도로 – 대부분 10대와 20대가 공간의 주소비자. 공간 사용의 세대 편향적 특성을 보임

　　도시 공간 '충장로'가 역사적 기억으로 획득하게 되는 장소적 의미는 일제강점기 이후 전형적인 '문화소비 공간'으로의 흐름을 보여주고 있으며, 올덴버그에 따르면 제3 공간의 속성을 지니고 있다고 판단된다. 결국 이와 같은 도시 공간의 역사성에 기반을 둔 '충장로'의 서사구조 도출은 〈그림 2-23〉의 도식을 통해 확인할 수 있다.

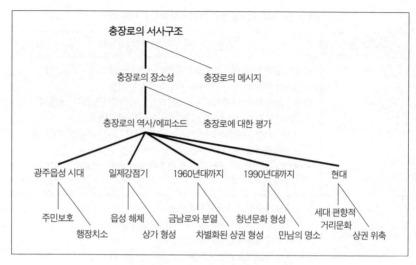

충장로의 서사구조

충장로의 장소성 　　충장로의 메시지

충장로의 역사/에피소드 　　충장로에 대한 평가

| 광주읍성 시대 | 일제강점기 | 1960년대까지 | 1990년대까지 | 현대 |

주민보호　　　읍성 해체　　　금남로와 분열　　　청년문화 형성　　　세대 편향적
　　　행정치소　　　　상가 형성　　　차별화된 상권 형성　　　만남의 명소　　거리문화
　　　　　　　　　　　　　　　　　　　　　　　　　　　　　　　　　　　　상권 위축

〈그림 2-23〉 도시 공간 '충장로'의 서사구조

　　결국 도시 공간 '충장로'의 서사성은 '물리적 공간이 장소의 속성'을 획득하는 제1역(거주의 장소, 광주읍성 시대)에서 '장소가 비장소'로 변화가 일어나는 제2역(생산의 장소, 일제강점기 이후 1990년대까지)의 공간 변화를 경험한 후, 이제는 '공적 공간과 사적 공간의 사이 공간'으로 자리매김하는 제3역에 이르는 전 과정을 통해 정의될 수 있다. 비록 오늘날 도심공동화와 상권 쇠퇴로 생동적인 모습은 위축되었지만, 역사적 과정에서 도시 공간 '충장로'가 지니는 서사성은 '자기생산적 창조 공간(autopoietic creative space)'으로 정의될 수 있는데, 이는 도시 공간의 기능과 의미가 공간 소비자 스스로에 의해 규정되고 창출되었기 때문이다.

(4) 도시 공간 '충장로'의 문화가치 분석

도시 공간 '충장로'의 문화적 정체성은 2011년 인터넷 포털 사이트 '구글', '네이버', '다음'에서 추출된 충장로 관련 기사와 블로그, 그리고 카페 글을 통해 확인하는 작업을 수행했다. 이는 실질적으로 외지인 인터뷰에서는 분석 공간에 대한 이해가 전무하다시피 한 반면, 광주 거주인에게서는 대부분 유사한 어휘를 보고함으로써 변별의 차이를 획득하기 위해 선택된 미디어 어휘 조사다. 〈그림 2-24〉는 충장로와 관련하여 빈번하게 출현한 어휘 목록으로, 여기에서는 매장, 쇼핑, 상호 등을 '쇼핑'이라는 어휘로 단일화시키는 등 대부분 목록들은 대표적 어휘로 단순화했다.

이 조사에서는 출현 빈도수를 크게 고려하지 않았는데, 이유는 동일한 정보의 웹 문서이거나 카페 등 개인적 글쓰기의 성격에 따라 먹거리, 옷집 등의 정보가 유의미하지 않은 차원에서 늘어나는 것을 무시하기 위

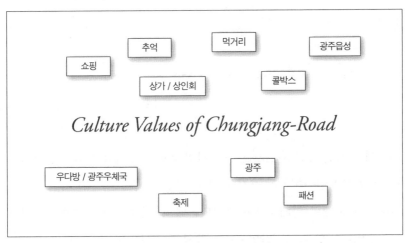

〈그림 2-24〉 도시 공간 '충장로'의 어휘 목록

해서였다. 결국 '쇼핑', '우다방', '축제', '추억', '콜박스', '상가', '패션', '광주읍성' 등으로 대표되는 주요 어휘는 충장로의 문화적 정체성을 실용적 · 문화적 · 청년기적 성격 등으로 정의할 수 있을 것이다.

(5) 도시 공간 '충장로'의 문화코드 도출

① 도시 공간 '충장로'의 공간형태론과 공간의미론

도시 공간 '충장로'의 문화코드 도출은 도시의 문화원형(DNA) 추출로 시작된다. 이때 고려될 것은 통로, 경계, 구역, 절점, 랜드마크에 따른 주요 구성성분들의 물리적 구조(Lynch, K. 1960)뿐만 아니라 도시와 지역의 삶을 각인하는 코드, 그리고 이를 매개하는 도시 환경적 맥락도 주목해야 할 것이다. 이를 위해 우선적으로는 공간과 장소의 형태소들에 의한 '공간형태론(Space Morphology)'을 구축해야 하는데, 이를 형식화하면 아래와 같다.

$$S\text{-}Mor. = Sm1 + Sm2 + Sm3 + Sm4 + \cdots + Smn$$

(여기서 Sm = Space Morphem)

이때 개별 공간형태소(Sm)는 공간의 의미를 구성하는 최소 공간단위로, 연구 대상인 '충장로' 공간은 형태론적으로 주요 성분인 거리(Paths)를 기준으로 10개의 형태공간이 분할되는데, 이때 분할의 기준이 된 거리는 '충장로', '황금로', '천변우로', '중앙로', '서석로', '금남로', '충장로

2가', '충장로3가'와 비장소인 주차장 공간 등이다. 이를 〈그림 2-25〉에 나타난 구역을 중심으로 도식으로 표현하면 다음과 같다.

$$S\text{-}Mor.Chungjang = A1 + A2 + A3 \cdots + A10$$

① 금남로공원 ② 우체국 ③ 광주학생회관 ④ 전라남도보훈회관 ⑤ 광주세무서

1: 아시아문화전당 근접지역.

2, 3: 큰 도로변을 중심으로 금융 관련 업체들과 학원들이 위치하고 대부분 높은 빌딩들이 위치함.

5: 가장 활성화된 공간으로 우다방, 학생회관이 위치하고 있음.

7, 4: 도로변을 따라 웨딩업체들과 의류업체들이 위치.

3: 낮은 주택들과 노후한 상가들이 곳곳에 위치하고 있었으나, 서울의 삼청동 분위기의 작은 카페촌과 의류업체들이 위치하기 시작함.

10: 대부분 주차장, 숙박업소 등이 위치하고 있음. 천변로와 연계하여 활성화 방안이 필요.

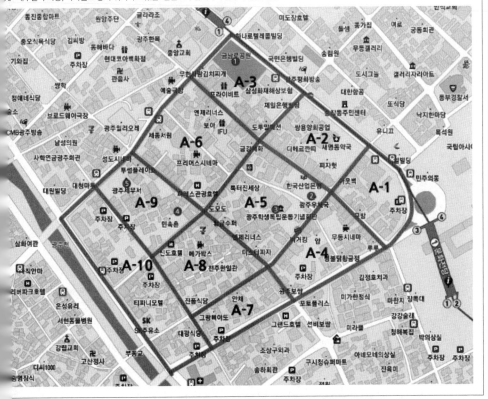

〈그림 2-25〉 충장로의 공간형태소(의미단위 구역)

A1: 아시아문화전당권역(금남로4가-충장로-서석로-충장로2가 교차권역)
A2: 금융업무권역(금남로4가-충장로-충장로2가-충장로3가 교차권역)
A3: 금남로공원권역(금남로4가-충장로-충장로3가-중앙로 교차권역)
A4: 서석로상(上)권역(서석로-충장로-충장로2가-황금로 교차권역)
A5: 우다방권역(충장로-충장로2가-충장로3가-황금로 교차권역)
A6: 충파권역(충장로-충장로3가-황금로-중앙로 교차권역)
A7: 서석로하(下)권역(서석로-충장로2가-천변내길-황금로 교차권역)
A8: 콜박스권역(황금로-충장로2가-천변내길-충장로3가 교차권역)
A9: 광주세무서권역(황금로-충장로3가-천변내길-중앙로 교차권역)
A10: 천변업무권역(천변우로-서석로-천변내길-중앙로 교차권역)

위 그림에서 설정된 A1부터 A10까지의 공간형태소 권역을 명확하게 이해하기 위해 구체적으로 기술하면 〈표 2-7〉과 같다.

또한 각 공간형태소 단위에는 해당 문화와 공동체가 할당한 의미가치가 투영되는데, 이때 부여되는 도시 공간 '충장로'의 의미 속성은 방문자 목적, 공간구성 목적, 공간사용자 목적에 근거하여 도출된다. 이를 기반으로 공간을 이해하는 현실 모델의 토대인 '공간의미론(Space Semantics)'을 구축하면 아래와 같다.

$$S\text{-Sem.} = Ss1 + Ss2 + Ss3 + \cdots + Ssn$$

(여기서 Ss = Space Seme)

도시 공간 '충장로'의 의미가치를 파악하기 위해 이 사례 분석은 〈표 2-4〉와 〈표 2-5〉에서 밝혔듯이 2011년 2월 9일 현재 공간 사용 현황과 방문자 현황, 그리고 미디어 정보를 기준으로 공간이 창출하는 의미를

〈표 2-8〉 도시 공간 '충장로'의 권역별 의미 속성

1) A1 권역의 의미 속성(Ss1) – '상징적', '대중적', '역사적/과거적' 등
2) A2 권역의 의미 속성(Ss2) – '상업적', '개방적', '주변적' 등
3) A3 권역의 의미 속성(Ss3) – '상업적', '역사적/과거적', '대중적' 등
4) A4 권역의 의미 속성(Ss4) – '상업적', '여성적', '개방적' 등
5) A5 권역의 의미 속성(Ss5) – '상징적', '역사적/과거적', '유희적' 등
6) A6 권역의 의미 속성(Ss6) – '상업적', '유희적', '대중적' 등
7) A7 권역의 의미 속성(Ss7) – '상업적', '개방적', '여성적' 등
8) A8 권역의 의미 속성(Ss8) – '상업적', '유동적', '대중적' 등
9) A9 권역의 의미 속성(Ss9) – '상업적', '역사적/과거적', '유동적' 등
10) A10 권역의 의미 속성(Ss10) – '자연발생적', '유동적', '과거적' 등

〈표 2-9〉 도시 공간 '충장로'의 의미 속성

'충장로'의 공간 의미
= '상업적' + '대중적' + '상징적' + '역사적/과거적' + '유동적' +
'개방적' + '유희적' + '자연발생적' + '여성적' 등

추출했다. 공간 사용 목적과 방문자 의도, 그리고 미디어에 표출된 공간 관련 어휘들을 통해 확인된 구역의 속성은 〈표 2-8〉과 같다.

권역별 의미 속성을 통해 도시 공간 '충장로'가 표출하는 공간 의미는 '상업적'과 '역사적/과거적'이라는 의미가 지배적이지만, 공간 방문과 사용 빈도가 다른 권역에 비해 절대적으로 높은 A1과 A5, 그리고 A8의 의미 속성을 고려한다면, '상징적'과 '대중적'이라는 의미 속성도 공간의 의미를 규정하는 데 중요한 역할을 하리라 본다. 도시 공간 '충장로'에서 인식될 수 있는 의미 속성을 정리하면 〈표 2-9〉와 같다.

위와 같은 의미자질들로 특성화되는 '충장로'의 공간 의미는 서울의

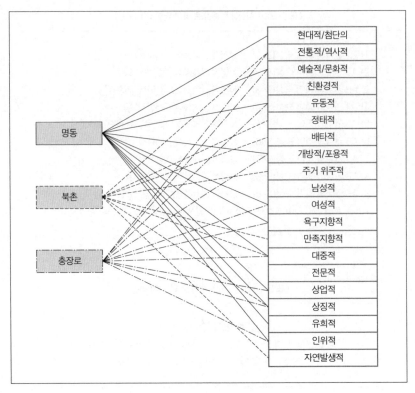

<그림 2-26> 도시 공간 '충장로'의 의미가치 쌍

대표적 전통가옥 공간인 '북촌'의 의미 속성과는 대치되지만, 상업 공간인 '명동'의 속성과는 다수의 의미자질을 공유하는 유사한 특징을 지니고 있음을 〈그림 2-26〉을 통해 확인할 수 있다.

〈그림 2-26〉에서 확인된 도시 공간 '충장로'의 공간 의미는 '명동'과 유사하게 '상징적', '상업적', '대중적', '욕구지향적', '여성적' 등의 의미 자질로 구성되지만, 이를 장소성 규정의 주요 영역인 '인지도', '감성교감도', '문화적 가치', '흥미도', '참여도'의 의미 영역으로 재배치할 경우, 영역 폭에서 차이가 있음을 확인할 수 있다. 〈그림 2-27〉에 표시된 '충장

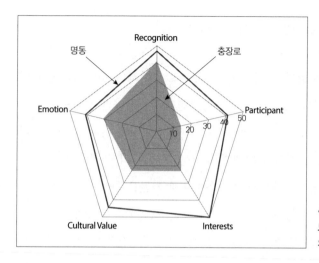

<그림 2-27>
도시 공간 '충장로'의
의미 영역

로'의 의미 영역은 광주 지역 문화전문가 10인의 델파이조사를 통해 획득된 것이다.

도시 공간 '충장로'의 '인지도(Recognition)'는 금남로와 더불어 광주의 대표적 공간으로 인식될 만큼 높은 편이지만, '감성교감도(Emotion)'는 공간 내 다양한 이벤트로 인해 그 가능성이 높음에도 공간 사용자 대부분이 10대와 20대로 상호 간의 교감은 그리 높지 않은 것으로 판단된다. 또 '문화적 가치(Cultural Value)'는 대부분 공간이 상업적 특성을 띰으로써 약화되어 있으며, '흥미도(Interests)'는 속칭 우다방(광주우체국) 공간을 중심으로 한 A5 지역이 여전히 광주의 대표적 만남의 공간으로 높은 관심도를 지닐 수 있으나 공간 전체적으로는 방문자가 감소하는 등 흥미도가 약화된 편이다. 끝으로 '충장로'의 공간 특성에서 가장 큰 문제가 되는 부분은 '참여도(Participant)' 영역으로 시민주도적 콘텐츠와 이벤트가 결핍된 편이다.

② 도시 공간 '충장로'의 문화코드 도출

문화코드는 문화를 통해 일정한 대상에 부여하는 무의식적인 의미 생성 체계인데, 이를 도시 공간에 적용하면, 도시 공간의 문화코드는 공간의 형태론과 의미론에 의해 확정되는 물리적 의미에 다시 공간이 지니는 역사성과 문화적 배경에 의해 창출되는 독특한 의미 창출 체계를 뜻하게 된다. 먼저 공간형태론과 공간의미론에 기반을 두어 도시 공간 '충장로'의 현재적 의미를 정의하면, 도시 공간 '충장로'는 '10개의 소권역으로 구분된 추억의 대중적 상업 공간'이 되고, '충장로'의 지배 속성은 'Nostalgic + Popular + Commercial'로 도출된다. 결국, 도시 공간 '충장로'의 문제점은 '자기주도적 역동성'을 지니는 공간의 역사적 서사성과 '실용적, 청년기적' 성격을 지니는 공간의 문화 정체성이 오늘날 전혀 반영되지 못하고 추억의 공간으로 매몰되어가고 있음에서 발견된다.

따라서 쇼핑과 만남을 위한 전시형 공간으로서의 현재 이미지를 극복하기 위해 도시 공간 '충장로'에 요구되는 것은 〈그림 2-27〉에서 확인할 수 있는 것처럼 공간 방문자의 참여형 콘텐츠가 보완되어야 하며, 그럴 경우 이들 콘텐츠는 공간의 역사성과 정체성을 부각시킬 수 있는 문화가치(미적 가치)를 확보함으로써 실현되어야 할 것이다. 결국 도시 공간 '충장로'의 문화코드는 기존의 공간 속성에 'Autopoietic(자기생산적)'과 'Aesthetic(미학적)'이라는 속성이 첨가된 복합적 문화코드를 제안하게 된

〈표 2-10〉 도시 공간 '충장로'의 문화코드

'충장로'의 문화코드
= Nostalgic + Popular + Commercial + Aesthetic + Autopoietic

다. 이때 공간 속성 'Autopoietic(자기생산적)'은 축적된 공간의 역사성에 근거한 것이므로 가장 기본이 되는 속성이라 할 수 있을 것이다.

(6) 도시 공간 '충장로'의 행위지시형 자기창의적 서사 구축

도시 공간 '충장로'를 활성화시키기 위해 이 분석이 제안하는 지역 특성이 반영된 자기창의적 공간 서사 전략은 한국 고유의 문화이미지 상징체계인 4가지 상징축을 기초로 한 행위지시형 도시 서사다. 이는 공간의 기억과 장소성을 바탕으로 한 공간의 이야기를 문화적 기억이나 역사적 유적을 통해 공간 수용자가 스스로 구성하게 하는 전략을 제안하고자 하기 때문이다. 그러기에 여기서 제시되는 행위지시형 도시 서사는 얼[神/心], 꼴[形], 결[象/理], 멋[美/聖] 등으로 정의되는 4가지 한국적 문화 속성(박종천 2008 참조)을 도시 공간 '충장로'의 문화적 상징체계를 확립하는 데 활용하여 더욱 역동적이고 고유한 공간 서사 전략을 구축하는 데 적용하고자 한다. 이제 도시 공간 '충장로'는 4가지 상징축에 따라 새로운 핵심 콘셉트를 부여받는데, 이는 공간의 동위소(Isotopie of Spaces, 공간 의미의 동질성)를 기반으로 수행된 것이다. 공간의 동위소적 연쇄는 공간의 방문 밀도가 가장 높은 A5 영역을 중심으로 나선형적 순환으로 결집되는 양상으로 새로운 서사를 도출한다. 이를 정리하면 〈표 2-11〉과 같다.

결국, 도시 공간 '충장로'를 활성화하기 위한 행위지시형 자기창의적 서사 전략은 A5 영역을 중심으로 한 'diseno interno(내적 공간디자인 역량)'과 4개의 상징축을 중심으로 한 'diseno externo(외적 공간디자인 역량)'의 상호작용에서 완성됨을 볼 수 있다. 위의 4가지 핵심 콘셉트에 따른 행위지

〈표 2-11〉 도시 공간 '충장로'의 새로운 핵심 콘셉트와 서사

- 제1상징축:
  꼴[形]의 축. A1-A2-A3 연계축으로, 공간 속성은 Autopoietic-Commercial Space
  (자기주도적 상업 공간)의 특성을 지닌다.

- 제2상징축:
  멋[美/聖]의 축. A3-A6-A9 연계축으로, 공간 속성은 Autopoietic-Aesthetic
  Space(자기주도적 미적 공간)의 특성을 지닌다.

- 제3상징축:
  결[象/理]의 축. A10-A8-A7 연계축으로, 공간 속성은 Autopoietic-Nostalgic
  Space(자기주도적 기억 공간)의 특성을 지닌다.

- 제4상징축:
  얼[神/心]의 축. A7-A4-A5 연계축으로, 공간 속성은 Autopoietic-Popular Space
  (자기주도적 대중 공간)의 특성을 지닌다.

시형 서사 전략을 기반으로 실현 가능한 공간 프로그램을 제안하면 다음
과 같다. 즉 꼴[形]의 축인 제1 상징축은 공간 수용자에게 대표적 상업 공
간으로 인식되도록 공간 프로그램이 구성되는데, 이를 위해 제1 상징축
의 공간에는 현대적이고 역동적인 이미지를 창출하기 위한 대형 전광판
과 전자 미디어 등을 활용한 화려하고 럭셔리한 소비 공간 창출이 요구
될 것이다. 제2 상징축은 멋[美/聖]을 축으로 한 서사가 구성된 미학적 공
간으로, 이곳에는 어번 폴리(Urban Poly) 프로젝트와 연계된 조형물 설치
와 거리의 상징이미지를 창조할 수 있는 스트리트 퍼니처(Street Furniture)를
배치한다. 여기에는 현대적 갤러리와 고미술상점의 거리 전시, 그리고
오픈 전시 프로그램이 가능하며, 이를 통해 거리의 활성화를 유도한다.
제3 상징축은 추억 및 정서적 공간으로 특성화된 결[象/理]의 축으로 서
사가 구성된다. 천변우로를 따라 낙후된 옛 건물을 리모델링하여 충장로

전성기였던 7080 시대의 도시 생태계를 복원하고, A8 영역에 쉼의 공간으로서 카페촌을 형성하는 공간 프로그램이 제안될 수 있다. 제4 상징축은 얼[神/心]의 축으로서 문화소비 공간 '충장로'의 핵심 공간이 되는 서사가 구성된다. 특히 A5 영역은 충장로가 지니는 모든 속성이 집결된 통합 공간으로서, 충장로의 랜드마크인 우다방과 학생회관을 중심축으로 연중 계속되는 참여형 문화이벤트를 기획하여 대중적 공간으로서의 상징성을 표출하는 자기창의적 서사 공간이 된다.

결국, 도시 공간 '충장로'에는 공간 방문자의 참여형 콘텐츠가 보완된 행위지시형 도시 서사가 구축되어야 하며, 이들 콘텐츠는 공간의 역사성과 정체성을 부각시킬 수 있는 문화적 가치(미적 가치)를 확보한 것이어야 할 것이다. 이때 도시 공간 '충장로'의 핵심 콘셉트는 기존의 공간 속성인 '추억의 대중적 상업 공간, 즉 기억(Nostalgic)과 대중성(Popular) 그리고 상업성(Commercial)이 결합된 공간 속성'에 'Autopoietic(자기생산적)'과 'Aesthetic(미학적)' 속성이 첨가된 복합적 문화코드가 부여되고, 공간 속성 'Autopoietic(자기생산적)'은 축적된 공간의 역사성에 근거한 것이므로 가장 기본이 되는 속성으로 간주할 수 있다.

4) 자기창의적 공간 서사 전략의 의미

자기창의적 공간 서사 전략은 도시 공간의 문화가치와 문화적 기억을 기반으로 공간의 서사를 공간 수용자가 스스로 인식하도록 공간의 콘셉트를 도출하고 이에 따라 공간의 구성 프로그램을 구축하기 위한 인문학적 시각을 제시한 것으로, 여기에서는 도시 공간 '충장로'를 분석대상으로 도시민의 기억에 근거한 새로운 도시 이야기의 창출과 핵심코드를 발굴하는 방법을 설명했다.

　도시 공간의 인식을 최적화하기 위한 자기창의적 공간 서사 전략 작업에는 반드시 공간의 장소성과 역사성에 기반을 둔 문화적 가치와 상상계가 고려되어야 하는데, 이를 위해서는 도시 공간에 잠재된 다양한 문화적 가치와 기억을 현실화해야 한다. 자기창의적 공간 서사 전략은 점차 고유의 아우라를 상실하고 있는 도시 공간들이 과거와 현재의 조화를 통해 역사적·사회적 단절을 극복하고 인간중심의 도시 생태계를 복원함으로써 차별화된 도심 공간의 매력과 개성을 창조할 수 있는 새로운 계기 마련에 일조할 수 있는 인문학적 방안으로 간주할 수 있을 것이다.

5.
경험적 도시 이미지와 공간적 경험의 구성[11]

1) 들어가는 말

도시 인식론의 주요 의제는 도시에서 살아가는 주체의 도시적 경험
이다. 도시는 정신적인 것과 건물의 혼합체이며, 상상계와 물리계의 혼
합물이다. 도시는 물질, 건축물, 개인 사이의 관계들을 지시하며, 이 같
은 개인은 어느 정도 집단적 주체를 만들어간다. 그러기에 도시의 형태
와 정신적 이미지는 도시 입안자와 엔지니어가 기획한 최초 목적에 상응
하지 않는다. 어느 누구도 도시 공간이라는 텍스트에 작위적으로 문화적
향수를 투입하거나 삶의 기록을 바꿀 수 없다. 바로 이런 의미에서 도시
경험은 민주주의와 관계를 맺는다. 도시는 개인이 주어진 공간 속에서
잠정적인 관계들을 만들고 스스로 시민으로 간주할 때 비로소 존재한다.
만약 도시가 정체성을 가능케 하는 하나의 고유성을 갖는다면, 그와 동

---

11) 이 장에는 2009년 저자가 고려대학교 영상문화학과 대학원 수업에서 수집한 신사동 가로수
길 심층면담조사의 자료가 활용되었음을 밝힌다.

시에 차별화된 다양한 리듬이 관류하는 복수적인 것이다.

　도시적 경험으로 이해되는 도시는 판타스마고리아(fantasmagoria)다. 무엇보다 신체적 경험으로서 중심과 주변 사이에서 순환적 관계가 우세하게 나타나는 공간 속에서 신체의 산책이다. 도시를 특정한 지역으로 구분하게 하는 이유, 그리고 도시의 지점과 지점을 잇는 동선 등은 다양한 공간 경험의 얽힘이라 할 수 있으며 도시 공간은 이러한 각기 다른 공간 경험의 선들에 의해 구획된다. 도시 공간에 대한 경험적 인식은 도시가 하나의 과거, 미래 또는 이상화된 현재로서 환원될 수 없음을 의미하며, 마찬가지로 중심과 주변 같은 이분법적 구분이 더 이상 불가능함을 의미한다. 즉 도시는 시간적·공간적 리듬에 상응하는 것으로서, 시간적·공간적 탈중심화를 지향한다. 도시는 뚜렷한 시초를 가지지 않듯 예견되는 종말도 없다. 연속되는 토대화의 시도만이 현재로 존재한다. 도시의 기원에 대한 매료와 종말에 대한 두려움을 벗어나서 도시의 공간적 경험은 일체의 이미지가 응축되는 하나의 현재 속에서 각인된다. 즉, 도시는 경험적 현실만을 가지며 아울러 현재 속에서만 존재하기를 원한다. 도시는 물질적 이미지뿐만 아니라 정신적 이미지로 끊임없이 스스로 갱신하고 연출한다.

2) 도시 이미지의 변화와 공간의 경험

　현대의 도시는 빠르게 변화한다. 건물과 거리, 사람과 기능으로 구성된 도시는 물리적 변화와 복잡하게 형성되는 관계들로 끊임없이 분절되며 재구성된다. 산업과 문화, 상업이 밀집한 도시로서 서울 또한 삶의 터전이자 늘 새로운 산업 활동과 소비 양식이 등장하는 변화하는 도시이며, 물리적 변화와 함께 이미지를 쇄신하는 공간이기도 하다. 이 때문에 도시는 고정된 '장소'가 아니라 현재도 생성되고 있는 변화의 '공간'이 된다. 그 안에 거주하는 개인에게 도시 공간은 주거지와 일터이기도 하지만 소비와 문화의 향유, 인간관계를 중심으로 한 사회자본을 형성하는 장으로서의 역할도 담당한다. 도시민은 대다수의 시간을 주거지와 일터(혹은 학교)에서 보내며, 이 기점을 중심으로 다양한 지역으로 이동한다. 교통수단의 발달로 거리감이 축소되면서 시공간의 재편성도 이뤄진다. 사람들은 도시 안에서 이동하며 정보를 얻고 소비하며 문화생활을 즐긴다. 이로써 도시 공간은 문화 공간이자 소비 공간이며 생활공간이라는 기능적으로 분절된 양상을 띤다. 물론 공간이 기능적으로 정확히 분절되지 않고 중첩되는 경향을 보이는 경우도 볼 수 있다.

한편, 무질서해 보이는 도시 공간은 정체성의 변화도 겪게 된다. 특정 공간의 정체성은 흔히 이미지로써 규정지어지고 유포된다. 이를테면, 서울이라는 물리적 공간에서 홍익대학교 부근은 '젊음의 거리'로, 성북동은 '전통이 담긴 공간'으로, 인사동은 '전통과 예술이 살아있는 품격의 공간'으로 이미지화된다. 이로써 공간은 특정 이미지를 통해 공간적 특성을 갖게 되기도 하지만, 공간의 이미지 또한 고정된 것은 아니다. 1990년대 초 소비문화의 대표적 아이콘으로 수많은 담론을 만들어냈던 압구정동은 과소비적 욕망의 공간에서 1995년 전후를 기점으로 '소비' 자체가 아닌 취향적 소비 '문화'를 누리는 좀 더 대중적인 열린 공간으로 이미지의 변화를 겪었다.[12] 그러나 압구정동이 지녔던 첨단 유행의 거리, 고급화된 생활양식을 공유하는 사람들의 취향의 공간이라는 위치는 오래가지 못하고 2000년 들어 청담동으로, 2004년에는 도산공원 앞길로, 2007년부터는 가로수길로 그 위치를 내주게 되었다. 공간을 중심으로 이뤄진 유행의 흐름이 급속도로 옮겨가는 것처럼 보인다.[13] 그러나 흥미로운 현상은 2007년 급부상한 소위 '뜨는 공간'으로서 가로수길이 지금은 '대중화된 공간'으로 변화되었고, 과거 가로수길을 찾았던 사람들은 현재의 가로수길 내부의 변화를 체감하고 있다는 사실이다. 1995년을 기점으로 압구정에서 청담동으로 유행이 넘어가기까지 5년이 걸린 셈이며, 다시 도산공원으로의 변동은 4년, 그리고 가로수길로 옮겨오기까지 3년여의 시간이 걸렸다. 점점 더 빠른 속도로 변해가는 공간의 유행 속에서 가로수길 자체도 '뜨는 공간'으로 자리매김한 지 2년여 만에 이미지의 변화를 경험하면서 공간의 담론은 상업적 도시 공간의 대표적 이미지로 자리매김하게 되었다. 유행 공간의 변화는 강남 중심의 변화로 보이고, 가로수길 내부의 변화는 상업화와 대중화가 가속되면서 체감되는 변화다. 사실 강남을 중심으로 한 공간 유행의 흐름은 흔히 말하듯 대표적인(혹은 선도적인) '소비문화 공간'으로 논의되어왔으며, 강남이라는 지역 특수성과 소비를 중심으로 한 생활양식의 변화에 기인했을 것임은 쉽게 짐작할 수 있다.

소비문화 공간은 도시의 여타 기능적 공간에 비해 좀 더 유동적이며 변화가 빠르다. 이제 압구정은 더 이상 '첨단유행'이라는 공간적 이미

---

12) 압구정동을 둘러싼 담론 변화는 심승희 · 한지은(2006)의 〈압구정동, 청담동 지역의 소비문화경관 연구〉를 참고했다.

13) 이러한 시간적 흐름은 심승희 · 한지은(2006)의 연구와 하임숙의 "커버스토리: 그들은 왜 가로수길에 열광하는가", 〈동아일보〉 2008년 3월 21일자를 참고했다.

지를 갖고 있지 않은 것처럼 보이며, 가로수길은 '너무 떠버린, 대중적 유행'의 공간이 되어가는 듯이 보인다. 공간은 끊임없이 물리적인 변화를 겪기도 하지만, 사실 공간 유행의 흐름은 이미지의 흐름이기도 하다. 공간의 이미지화는 개인의 공간 경험을 유발하는 동기가 되는 동시에 개인이 공간적 실천을 통해 특정한 경험을 체화하고 재생산한다는 점에서 주목할 만하다. 이른바 '뜨는 공간' 가로수길이 곧바로 다른 공간에 그 명분을 재빠르게 넘겨주기 전, 가로수길이라는 공간이 서울의 대표적 공간으로 자리매김하면서 어떠한 공간적 경험이 이뤄지고 있는지, 그리고 이것이 도시의 이미지와 담론 구성에 어떻게 작용하는지 파악하기 위해 문화적 관점의 질적 분석이 필요하다는 문제의식에서 이 글은 시작되었다.

3) 분석대상의 범위와 방법

공간은 사람이 각자의 경험을 만들어가고, 관계를 형성해나가는 곳이다. 공간의 이미지 또한 미디어 등이 일방적으로 유포되었다고 보기는 어렵고 물리적 공간을 구성하는 물리적 요소들과 함께 사람들의 경험이 함께 만들어간 이미지라고 봐야 옳을 것이다. 이러한 관점에서 우리는 다양한 공간 속에서 개인이 실제로 무엇을 경험하고, 공간의 이미지를 어떤 방식으로 해석하는지, 외재적인 공간 이미지의 흐름 속에서 어떤 가치를 느끼고 있는지 살펴볼 필요가 있다. 즉, 이 조사는 공간 경험에 대한 수사(修辭)를 통해 개인이 자신만의 경험으로 공간의 이미지를 어떻게 재구성하고, 특정 공간을 경험하는 데 어떤 영향을 미치고, 그 경험적 가치를 구성하는 요소들이 무엇인지 보고자 했다.

조사 내용은 두 가지로 압축되었다. 첫째는 개인이 만들어가는 다양한 공간 경험을 알아보는 것이고, 또 하나는 좀 더 좁혀들어가 특정 소비문화 공간인 가로수길에 대한 공간 경험을 알아보는 것이다. 대상 공간으로는 서울 전체와 가로수길로 나누어 질문했는데, 서울이라는 공간을 통해서는 더욱 폭넓게 어떠한 요소들이 일반적인 공간 경험을 구성하는지 보고자 함이었고, 가로수길을 통해서는 특정 생활양식과 취향을 공유할 것이라고 여겨지는 사람들이 가로수길이라는 특정 공간에 대해 좀 더 구체적인 경험을 들려줄 것이라고 기대했기 때문이다. 특히 가로수길을 공간적 대상으로 잡은 것은 현재 강남에서 유행하는 공간의 흐름에 대한 논의의 중심에 있고, 공간 자체도 현재 변화를 겪는 과도기적 단계에 있으므로 특정 공간에 대한 경험을 알아보는 동시에 변화에 대한 반응을 살펴볼 수 있으리라 생각했기 때문이다. 즉 개인의 경험 속에서 공간은 어떤 형태로 분절화되고 이미지화되며, 개인 외부에서 주어지는 공간에 대한 이미지와 개인의 경험이 접합되는 지점에서 어떻게 공간의 이미지가 재구성되는지 알아보기 위함이다. 또한 소비문화 공간에 대해 부여하는 가치가 무엇인지, 빠른 공간 이미지의 흐름 속에서 개인은 무엇을 경험하는지 살펴보고, 이를 바탕으로 공간이 갖는 내재적 속성을 찾아내고자 했다.

이와 같은 연구를 위해 심층면접조사와 현장관찰조사를 시행했다. 가로수길의 경험과 서울이라는 공간 내에서 경험적 공간 이미지를 알아내기 위한 질문 문항을 준비해 면접조사를 실시했으며, 인터뷰 대상자의 시간적 한계와 편의에 따라 전화 면접과 면대면 면접을 실시했다. 대상자는 가로수길을 자주 이용하는 20대 후반, 30대 초반의 직장 여성 5명이다. 20대, 30대 여성을 주 인터뷰 대상으로 선정한 것은 가로수길의 주이용자층을 경제력 있는 전문직 여성으로 규정한 자료를 참고했다.[14] 또한 20대 후반, 30대 초반 전문직 여성이라는 공통된 이력과 가로수길 애용자(주 2회 이상)라는 공간 경험을 제외하고 인터뷰 대상자의 주거지와 일터의 위치 등을 다양화하려고 했다. 이는 과거의 공간 경험이 현재의 공간 경험에 영향을 미칠 것이라 생각했기 때문이고, 이 분석이 공간 경험에 대한 다양한 의미를 발견하고 파악하는 데 중점을 두고 있기 때문이다.

한편 5명의 주 조사 대상자 외에도 대조군으로 두 명을 추가로 조사했다. 이유는 특정 공간 경험자만이 가진 특수성에 치우칠 우려가 있었기 때문이다. 대조군은 가로수길 경험이 현재까지 총 2~3회로 한정되어 있고, 강북을 주생활권으로 하는 20대 여성 1명, 30대 초반 여성 1명이었는데, 이들을 대조군으로 선정한 것은 가로수길이라는 흐름이 강남을 중심으로 일어나고 있어 강북 생활자가 바라보는 가로수길의 이미지와 경험이 다를 것으로 보았기 때문이다. 인터뷰 시간은 대략 2시간 정도로, 필요에 따라 추가로 전화인터뷰를 하거나 2차 면면 인터뷰를 진행하기도 했다. 추가 인터뷰를 진행한 것은 조사가 진행될수록 공통적인 특성이나 차별점이 발견되었고, 자료를 정리하면서 의미를 찾아가는 과정에서 추가 질문이 등장했기 때문이다. 적은 조사 대상자 수로 개인적 특성이 더 부각되고 큰 의미를 부여하기 어려울 수도 있다는 점은 인정하며, 후속 연구가 필요할 것이다.

---

14) 《가로수길이 뭔데 난리야?》(TBWA KOREA, 2007) 중 '경제력으로 무장한 새로운 권력, 여성'(소민지, 최지은, 박지환)이라는 장에서 그 분석 내용을 살펴보면, 가로수길을 중심으로 엘지전자, 폭스바겐 등이 여성 고객을 위한 꽃미남 마케팅을 펼쳤으며, 경제력 있는 미혼 여성을 지칭하는 골드미스의 등장, 사회 속에서 여성의 가치관과 행동, 고용의 변화, 관계 지향적이고 감성을 요구하는 여성의 성향 등이 가로수길의 유행현상을 만들고 특징짓는 하나의 요인으로 보고하고 있다.

그러나 이 연구는 도시 공간의 인식에서 공간 경험이 지니는 의미를 찾는 데 가장 기초적인 자료로 활용될 수 있을 것이다. 이 때문에 이 글은 조사 대상자가 인지하고 있고, 수사적인 표현으로 밝힌 경험의 구성 요소를 분석하고 다양한 의미를 찾는 데 집중했다. 또한 가로수길을 중심으로 한 강남의 주요 상권 변화 흐름과 공간 이미지 수사를 확인하기 위해 가로수길을 특집으로 다룬 신문 기사와 책자, 지리학 관련 논문들을 참고했다.

4) 공간, 장소, 구역

'도시 공간', '소비 공간', '문화 공간', '생활공간' 등으로 표현되는 '공간(space)'은 물리적인 측면보다 이미지적인 측면을 부각하는 용어다. 이 때문에 '장소(place)'와는 다소 상이한 개념으로 접근해야 한다. 사전적인 의미로 '장소'는 어떤 일이 이뤄지거나 일어나는 곳을 지칭하면서 물리적이고 구체적인 측면을 담고 있는 반면, '공간'은 물리적 혹은 심리적으로 널리 퍼져 있는 범위로서 정의된다. 즉 뚜렷한 경계보다는 심리적으로 '범위'로서 자리 잡고 있는 이미지화된 개념으로 의미를 확장해서 봐야 하며, 장소와 공간의 구분은 우리가 흔히 도시의 기능을 언급하고 도시를 분할하여 경험하는 데 비경계성과 이미지성을 드러낸다고 정리할 수 있다.

장일구(2007)는 현대 소설에 투영된 도시의 서사적 공간 형상을 언급하면서 도시에서 장소와 공간을 구분하고 있는데, 전통적 공동체 사회에서는 지각 범위가 국지적 '장소' 영역에서 이뤄졌다고 말한다. 반면 도시민은 도시에 대한 추상적인 형상만을 인식할 수밖에 없고, 이러한 형상은 장소가 아니라 공간이라고 언급하며 도시 사회의 무장소성은 곧 공간성으로 연결된다고 밝히고 있다. 전통적 공동체 사회보다 가변적인 도시의 관계는 특정 장소를 초월한 공간에 대한 의식이 강하고, 이런 면에서 도시는 추상화적인 관념과 이미지로 수용되는 공간 차원의 장이라고 본 것이다. 즉 장소는 체감되고, 공간은 지각된다. 이러한 측면에서 가로수길을 자주 가는 사람들에게 가로수길은 '장소'로서 구체성을 띠며, 그렇지 않은 사람들에게는 '공간'으로서 이미지화되어 지각된다. 그러나 가로수길이라는 공간에 대한 경험이 쌓이면서 경험적 이미지를 만들어내고, 이것은 다시 다른 공간과의 대별된 이미지로서 작용하기도 한다. 조사 결과에서도 이러한 경향을 엿볼 수 있었다. 예를 들어 가로수길 애용자는 기능적 측면이나 그곳을 구성하는 구체적인 건물과 사람에 대해 언급하며 자신의 경험을 설명하는 반면, 후자의 경우는 '세련된', '비싼' 등의 형용사로 자신의 경험을 이미지화하여 설명했다. 또한 이들은 가로수길을 '전문적'이라는 표현으로 묘사하는 반면, 이와 대별된 홍대는 '조악한 곳'으로 이미지화하기도 했다. 이런 면에서 현재 도시의 분절화 현상을 논의하는 데 '공간'이라는 용어와 함께 이미지성을 놓치고 갈 수는 없을 것이다. 이 장에서 '공간'이라는 용어와 함께 이미지성을 언급한 것은 이러한 관점이며, 가로수길을 소비문화 공간의 하나로 보는 시각에서 '장소'로서 받아들이는 사람들의 실제적 경험은 어떤 차별 지점이 발견되었는가를 논의하기 위해서다.

한편, 환경 인지연구, 즉 사람들이 주변 환경을 어떻게 인지하는가는 지리학에서 중요한 연구대상이다. 특히 신용철(2006)은 다양한 도시 환경과 관련된 경험적 장소감(sense of place)에 대한 연구가 후셀(Hussel)에 의해 야기되었다고 밝히면서, 환경 인지에서 대표적인 접근방법 중 하나는 개인의 경험적 이미지를 살펴보는 것이라고 말한다. 즉 개인의 경험과 가치가 실제 세계를 파편화·단순화하는 과정을 좇는 것이며, 이에 대한 전제는 개인마다 환경적 자극에 대해 다른 반응을 보인다는 데 있다. 또한 개인이 특정 환경에 대해 갖고 있는 고유한 이미지는 사회화 과정과 과거의 경험 등으로 집단에 따라 공통점을 갖게 된다. 또한 신용철(2006)은 "개인이 갖고 있는 도시의 이미지는 각자의 환경에 따른 독자적인 것이지만 대체로 공적 이미지에 가까우며, 도시 형태와 관련된 도시 이미지는 지역의 사회적 의미와 기능에도 영향을 미친다"고 밝힌다.[15] 주목할 만한 것은 도시 이미지의 역사적 변화에서 도심이 현재의 도시 이미지를 대표하는 곳이라고 언급하며, 도심 다음으로 핵심적인 단위로서 '구역'을 지적했다는 점이다.

구역은 도시를 인식하는 데 중요한 영향을 미치는데, 특히 두 구역, 독특한 문화 형태를 나타내는 이산마을 등의 집단 거주지역(차이나타운 등)과 특정 사회계층의 주활동 공간으로 형성되어 차별화된 이미지로 발전한 곳(대학가, 압구정동 로데오거리)을 도시 이미지로 형성하고 도시를 인식하는 구역의 예로 언급하고 있다. 결국 도시 이미지를 대표하는 구역으로 존재하는 가로수길은 '개인적 경험에 근거한 이미지의 집합체로서 도시 공간'의 단면을 살펴볼 공간적인 기점인 동시에, 공간에 대한 개인화된 경험을 살펴볼 공간적 경계이자 경험의 경계가 된다는 요약이 가능하다.

---

15) 신용철, "도시와 이미지", 《도시해석》, 서울, 푸른길, 2006.

5) 소비문화 공간의 흐름과 경험

(1) 강남의 소비문화 공간의 변화

"강남역이 뜨기 전까지 청춘 남녀가 몰리는 곳은 명동이었다. 강남역 일대에 음식점과 나이트클럽들이 속속 들어서기 시작하면서 본격적으로 '강남시대'가 열렸다. 뉴욕제과나 타워레코드는 약속장소의 대명사가 되었다. 트렌드 세터들이 강남역을 벗어나 로데오거리로 몰린 때는 1994년 전후다. 압구정동과 떼어놓을 수 없는 게 오렌지족이었고, 강남지역에 뿌리내린 부유층 2세들은 부모 돈으로 외제 자동차를 굴리며 야타족이 되어 자유분방한 생활을 즐겼다. 이후 청담동이 뜨면서 해외유학 경험이 있는 강남 키드와 연예인들이 타깃이 되었다. 발렛파킹이 되고, 대리석이 깔리고, 소믈리에가 와인을 서비스하는 고급 음식점, 패션 부티크와 바들이 성업했다. 퓨전 요리, 웰빙 음식점, 앤티크 가구, 젠 스타일의 발상지이기도 했다. 브런치족과 함께 뜬 곳은 도산공원 거리다. 20~30대 여성들이 주말마다 늦은 아침을 의미하는 브런치를 즐겼고, 도산공원 거리가 턱없이 비싼 청담동을 대체했다. 그러나 올해부터 가로수길이 들썩이기 시작했다. 여태껏 유행했던 어떤 강남길보다 독특하고 유행의 패러다임을 바꾼 길이다."(《동아일보》 2008년 3월 21일자 "그들은 왜 가로수길에 열광하는가")

위 기사에서 말하는 가로수길의 독특함은 많은 신문기사와 조사 대상자들이 공통적으로 밝힌 '개성 있는 카페와 옷가게'라는 구성적 요소와 함께 '유럽풍의 거리', '자유분방함', '여유로움', '전문성'이라는 이미지로 압축된다. 즉 주말에는 문을 닫는 등의 비상업적인 운영방식, 유학파 주인 혹은 디자이너, 스타일리스트 등 전문가들이 꾸미고 공을 들인 공간이라는 점도 가로수길의 독특함을 만들어내는 요소로 손꼽힌다. 물론 가로수길 내부에도 전문가적 손길이나 장인정신보다는 동대문에서 도매로 구입해온 옷들을 파는 보세 가게가 존재하지만, 가로수길 대다수를 차지하는 '아무데서나 볼 수 없는 독특한' 가게들의 분위기가 가로수길이라는 이미지를 만들고 있으며, 애용자들도 이러한 점에서 문화적 가치를 느끼고 있었다. 가로수길이라는 소비문화 공간이 탄생된 데는 상세한 정보를 찾을 수 없었지만, 어느 정도 일관된 지점이 있었다. 대중화가 시작되기 전부터 지금까지 가로수길은 디자이너와 편집자, 기자, 광고기획자 등이 자주 찾는 것으로 알려져 있다. 직업적 특성 때문에 정보 습득이 용이하고 이 때문에 가로수길은 아는 사람만 아는 장소로서 초기의 이미지를 구축할 수 있었던 것으로 보인다.

"가로수길은 아무나 아는 곳이 아니라, 디자이너가 양성되는 곳 같은 느낌이 있어. 한마디로 말해 가로수길의 이미지는 부티크지. 홍대는 다듬어지지 않은 아티스트들이 활동하는 곳이라는 이미지가 있다면, 가로수길은 이미 홍대에서 테스트를 마치고 다듬어진 아티스트들이 활동하는 장소 같은 느낌? 그래서 좀 더 문화적으로 수준이 있고 전문적이라는 생각이 들어. 그래서 가면 문화적인 느낌을 받는 것 같아."(30세, 모 기업 전략기획팀)

"아무래도 나와 비슷한 직종, 광고 쪽 사람들이나 디자이너들이 많

이 오니까 내 물인 것 같은 느낌이 들죠."(32세, 광고회사 기획자)

그런데 연구자가 가로수길의 유행에서 주목한 것은 일차적으로 미디어들이 밝히는 강남 내부에서 일어나는 유행의 흐름으로 보는 시각, 즉 강남역에서 압구정동, 청담동, 도산공원 앞, 가로수길로 이어지는 '흐름'으로 연결하는 것에 대해 이용자들이 어떻게 인식하고 있느냐다. 심승희·한지은(2006)도 "현재 압구정동은 영역적 확장 또는 분화를 거듭해 청담동, 신사동 일대로 확장되어가고 있다"면서 유행의 흐름, 공간의 확장으로 분석하고 있다. 그러나 실제 조사 대상자들은 다른 의견을 보이고 있었다. 공간 영역의 확장이나 공간 유행의 흐름이 아니라 취향의 확장, 혹은 선택의 확장으로 인식하고 있었다.

　　"청담동에서 가로수길로 유행이 옮겨왔다는 생각은 안 들어요. 아예
　　별개의 공간이에요. 청담동에는 클럽과 바가 많고 고급이고 태생이 돈
　　많은 애들이 가는 곳이라면 가로수길은 달라요. 혹시 모르죠. 청담동을
　　이용하는 사람들이 낮에는 가로수길에 올지도."(34세, 편집기획자)

　　"강남역은 강남역대로, 압구정은 압구정대로 존재하는 거예요. 가로
　　수길이 생기고, 삼청동이 부상하면서 (예를 들어) 세 곳이던 선택항목이
　　다섯 곳으로 늘어난 거죠."(32세, 광고회사 기획자)

이처럼 청담동과 압구정, 강남역, 가로수길을 별개의 공간으로 인식하고 있었는데, 이는 주로 유동인구, 공간을 구성하는 가게와 분위기에서 많은 차이를 보이기 때문이라고 밝혔다. 조사 대상자들은 오히려 가로

수길을 삼청동, 부암동, 성북동, 압구정 도산공원 뒤쪽과 연계해서 인식하고 있었는데 공간을 구성하는 가게 규모와 분위기, 유동인구의 유사성으로 비슷한 이미지를 갖고 있고 이 때문에 함께 선택할 만한 공간이라고 밝혔다. 이 공간들이 유사한 이미지로 연상되기는 하지만, 각각 개성과 차이점을 갖고 있어 동시에 존재하는 별개의 공간임을 재차 강조했다.

가로수길의 유행이 시작되면서 광고회사나 신문사에서 가로수길에 대한 분석서를 내놓으며, 직업적 가치의 변화와 생활양식의 변화 등이 가로수길의 독특한 문화임을 분석했다. 그러다가 2008년 12월 한겨레신문이 "가로수길이 뭔데 아직도 난리야?"라는 제목의 기사를 내면서 소수의 개성 있는 트렌드 세터들이 가는 공간이 대중화된 유행의 공간이 되었으며, 가로수길이 퇴색되어가고 있다는 우려의 목소리를 담았다. 가로수길의 대중화는 신문 매체뿐 아니라 가로수길을 자주 이용하는 조사 대상자 스스로도 언급하고 있는 변화이며, 상업성과 거대자본의 유입 등이 공간의 이미지를 흐리고 있다고 느꼈다. 특히 프랜차이즈 음식점이나 커피숍, 마케팅 활동 등이 공간에 대한 이미지를 훼손한다고 밝혔다. 갤러리와 개성 있는 옷가게, 독특한 인테리어의 카페로 조사 대상자들이 가로수길과 가장 많은 비교를 하고 유사한 공간이라고 손꼽은 삼청동에도 던킨도너츠가 들어서게 되었을 때 삼청동 내 가게 주인들이 반대했던 것도(이것은 조사과정에서 정보제공자에게서 알게 된 사실이다) 삼청동만의 개성을 해친다는 이유였는데, 조사 대상자들은 가로수길 역시 삼청동이 대중화되면서 퇴색된 것처럼 유사한 경로를 밟는 것 아니냐는 우려를 나타내기도 했다.

"크라제 버거와 커피 빈이 들어오고 나서 주변 동료들끼리 '가로수길이 맛이 갔구나. 이제 못가겠네'라고 얘기해. 요즘 들어서 자꾸 변하는데 가로수길이 유행이라 생각하니까 다들 몰려들고, 그래서 예전에 왔던 사람들은 안 가려고 하는 경향도 있어. 일단 프랜차이즈가 들어오면 퇴색했다는 생각이 들지."(29세, 모 기업 홍보팀)

그러나 공간 경험자들에게 거부감을 일으키는 프랜차이즈 음식점과 커피숍들, 특히 가로수길에 들어선 커피 빈은 새로 들어섰을 때부터 지금까지 성업 중이다. (그 외에 크라제 버거, 일리 커피 등 프랜차이즈 상점들은 두 번의 현장 조사를 나갔을 때 모두 붐비는 모습이었다.) 프랜차이즈가 성업하는 이유는 낯선 장소에 첫 발을 들여 익숙한 공간을 찾는 공간 경험자, 그리고 더 적은 비용이 든다는 점에서 이용자들을 끌어들이는 것으로도 볼 수 있다. 흔히 익숙하지 않은 장소에서 음식점 등을 쉽게 선택하지 못하는 것처럼 공간 이용 선택에서도 심리적 장벽이 작용하기 때문이다. 한편, 상업적인 활동이라도 공간의 특성과 분위기에 부합하면 거부감을 느끼지 않는 것으로 나타났다.

"홍대도 변화했지만 클럽 등으로 인해 특유의 분위기가 유지되잖아요. 가로수길도 그 문화를 이어가려면 그러한 흐름들이 있어야죠."(34세, 편집기획자)

공간을 구성하는 물리적 요소인 가게 등이 바뀌는 이유 외에도 그곳을 찾는 사람들이 다양화되고, 인터넷과 신문, 잡지 등의 매체에서 공간이 유명세를 타면서 많은 사람이 모여들고, 가게들이 대거 증가했다는 것이 변화를 감지하는 중요한 요소가 된다. 가로수길을 자주 이용하는 조사 대상자는 대중화와 가게 수의 증가, 즉 공간의 대중화 현상에 대해 부정적으로 인식하고 있었으며, 이로써 자신들이 향유하던 공간의 이미지와 문화적 가치가 훼손된다고 느끼면서 경계심을 드러내기도 했다.

> "요즘은 사람들이 너무 많이 와요. 가게들도 우후죽순으로 생기고. 가로수길의 이미지가 퇴색하는 것 같아요."(28세, 모 갤러리 큐레이터)

> "일이 바빠서 2주 만에 가로수길에 갔더니 달라져 있더라고요. 요즘 가로수길은 공사가 잦아요. 그래서 하루만 안 가도 다른 곳이 되었다고 들 얘기해요. 인터넷 덕분에 사람들도 부쩍 늘었고. 그래서 강북 애들이 압구정 가듯 오는 것 같아요. 아무래도 가로수길이 깨끗하고 격리되어 있고 개성 있는 것이 매력이었는데."(32세, 광고회사 기획자)

(2) 공간 경험의 연속성과 불연속성

도시 공간의 변화는 일차적으로 경관과 기능의 변화로 야기된다. 이에 따라 유동인구도 변화를 겪으며, 다시 특정 공간의 이미지도 재구성된다. 이러한 현상은 개인도 어렵지 않게 감지하며, 개인의 공간 경험에도 영향을 미친다. 스스로도 과거 즐길 만한 장소로서 자주 찾아갔던 압구정이 "10대나 20대 초반의 돈 많고 할 일 없는 아이들이 오는 곳"(32세, 광고회사 기획자), "어린애들이 가는 강남역 다음의 싸구려"(29세, 모 기업 홍보팀)로서 이미지화되고, 이 때문에 압구정보다는 가로수길을 선택하게 되기도 한다. 이처럼 도시 변화에 대한 개인적 체감은 비단 가로수길이라는 공간 이용에만 한정되는 것은 아니다. 신촌에 있는 학교를 다니고 거주한 적이 있으며 혜화와 돈암동에서도 거주한 경험이 있는 조사 대상자는 현재의 거주지와 일터 부근이면서 성향적으로 자신과 맞는다고 느끼는 가로수길, 서래마을, 이태원, 홍대를 친근하게 느끼고 있었고, 공간적으로는 강남역, 압구정, 가로수길, 서래마을이 친근한 공간이라고 말했다. 그러나 과거에 공간 경험을 한 신촌과 혜화, 돈암동에 대해서는 불연속적이고 변화된 이미지로 거리감을 느끼고 있었다.

"친숙하게 느껴지지가 않아. 자꾸 바뀌니까 이젠 그곳들에 대해 모른다는 생각이 들어. 이미지가 지속되지 않는 거지. 그곳을 찾는 무리도 바뀌었을 거고. 물도 바뀌었을 거고. 자주 갈 때는 그 무리 안에 있다는 생각이 들었는데……. 이제 나한테는 다른 무리가 있는 공간인 거지."(30세, 모 기업 전략기획팀)

인간은 낯선 공간에서는 경계심을 갖기 마련이다. 흔히 가는 곳만 가게 된다고 말하듯이 과거의 경험은 공간 경험의 지속성에 영향을 미친다. 앞서 가로수길의 변화에서 언급했듯이 공간의 변화에는 물리적 변화, 유동인구의 변화가 함께 맞물리고 그로 인해 공간을 기점으로 하는 과거의 소속감이 사라지는 대신 배타적인 인식과 격리감 형성으로 이어진다. 이는 공간의 지속적인 경험을 막는 원인이기도 하다. 그러나 이와 반대로 과거에 특정 공간을 자주 경험한 경우는 심리적인 거리를 축소해 지속적인 경험을 유도하기도 한다.

"강북 하면 멀게 느껴지죠. 특히 도봉산역, 목동, 강서구 같은 곳은 실제로도 멀고. 그런데 종로, 대학로는 멀게 안 느껴져요. 대학 때 많이

놀러가서 그런 것 같아요."(28세, 모 갤러리 큐레이터)

또한 현재 경험이 단절된 공간, 자주 찾지 않게 된 공간에 대해서는 부정적 이미지로 묘사하고 있었는데, 이는 공간을 다시 찾지 않게 된 이유와 관련되어 있는 것으로 보이며, 공간에 대한 이미지가 현재까지도 이어지고 있었다.

"강남역은 싸구려예요. 압구정은 그다음 싸구려죠."(32세, 광고회사 기획자)

"강남역은 난잡하고 정신없고, 압구정은 옛날 강남역처럼 이미지가 별로고. 청담동은 선호의 장소이긴 한데 새로운 게 많이 나오지는 않는…… 핫하지 않은 공간인 것 같아."(29세, 모 기업 홍보팀)

"강남역은 사람들만 많고 시끄럽고 정신없어요. 차별점도 없고. 홍대도 아는 선배가 하도 졸라서 최근에 두 번인가 갔는데, 특히 카페나 음식점들은 정통이 없고 흉내 낸 듯한 분위기에 한마디로 조악하다는 말이 맞겠어요. 애들이 한번 가게나 내볼까 해서 내는 것 같고. 물론 안 그런 데도 있겠지만 전체적인 분위기가 그래요. 지하철에서 홍대까지 이어지는 공간이 왠지 모르게 신뢰가 안 가요."(34세, 편집기획자)

특정 공간에 대해 지속적인 경험을 하도록 만들거나, 긍정적인 이미지를 갖게 하는 요소들은 다음에서 논의하게 될 것이다. 먼저 조사 대상자들이 특정 공간에 심리적인 가치를 인식하고, 이를 표현하는 수사를 알아보고, 경험을 지속하거나 유발하도록 하는 공간 경험의 가치를 구성하는 요소에 대해 알아본다.

6) 공간 경험에 대한 수사

(1) 심리적 거리를 인식하는 수사(修辭) : '멀다'

공간에 대한 거리는 물리적 거리와 함께 심리적 거리로 접근해야 한다. 실제 거리가 멀다고 해도 친근함으로 가깝게 느껴지기도 하며, 실제로는 가까워도 심리적 장벽으로 멀게 느끼는 경우가 있기 때문이다. 조사 대상자들은 '마음이 편하다'고 표현하는 공간에 대해 심리적 거리가 '가깝다'고 느끼고 있었다. 또한 '멀다'고 지적한 공간에 대해서는 좀 더 이미지적으로 접근하고 있었다. 먼 공간의 이미지는 대개 부정적이었으며, 이러한 이유로 공간 경험이 제한되고 있음을 알 수 있었다.

> "미아, 창동, 도봉 그쪽 지역은 한마디로 블랙홀이야. 사실 홍대랑 거리는 비슷한데 미지의 세계랄까."(29세, 모 기업 홍보팀, 회사는 선릉역 소재)

> "종로나 여의도는 멀게 느껴져요. 여의도는 특징이 없고 싼마이 같은 느낌이 들고, 종로는 학원 다니는 애들이랑 할아버지들 가는 곳 같아요."(34세, 편집기획자, 회사는 신사동 소재)

그러나 심리적 거리가 '먼 곳'에 대해서는 좀 더 복잡한 요소들이 작용하고 있었다. 예를 들어 물리적으로도 먼 공간이나 과거의 안 좋았던 기억, 공간에 대한 부정적인 이미지 등이 작용하는 것으로 나타났다. 물론 심리적으로 '먼 곳'에 대해서도 마음이 불편하다는 표현을 쓰기도 했지만, '가까운 곳'은 '마음이 편한 곳'이라는 좀 더 포괄적인 수사를 더 적극적으로 사용하면서 개인적인 가치를 직접적으로 드러내는 경향이 있었다. 이는 '먼 곳'에 대해 원인 중심적으로 접근하고 있는 것과는 대조적이다. 물리적으로 먼 공간은 심리적으로도 '멀다'라고 인식하는 이유에 대해서는 가본 적이 없고, 직접 체험해보지 못했거나 체험 빈도가 극히 낮은 공간이기 때문이라고 밝혔다. 또한 가본 적이 없는 공간은 갈 이유가 없었거나 지금도 놀거리나 볼거리 부재로 가볼 일이 없다고 언급했다. 실제 공간에 대한 개인적 경험과 가치는 공간에 대한 이미지를 만들어내고, 그 이미지는 공간의 기능을 인식하거나 규정하는 데도 영향을 미친다고 볼 수 있다.

서울을 대표하는 공간적 분화현상은 강남과 강북의 구분이다. 또한 이는 계층과 문화적 취향의 구분으로도 이어진다. 서울 시내 지하철의 전 노선이 강남과 연결되어 있다는 사실은 강남 지역을 제외한 지역에서의(특히 강북에서 강남으로의) 진입이 그만큼 용이하다는 사실을 보여주는데, 강북 거주자들이 강남으로의 진입 혹은 강남 거주자들이 강북으로의 진입을 요구받았을 때 '멀다'라고 표현하며 심리적 거부감을 드러내는 경우를 종종 목격할 수 있다. 이는 강북과 강남이 가진 공간적 이미지가 작용하는 것으로 보이며, 교통편이나 이동 시간과는 별개인 경우가 많다. 같은 시간이 걸리더라도 강북 내 혹은 강남 내에서의 이동이 더욱 수월하다고 느낀다. 강북과 강남에 대한 고정된 이미지가 존재한다는 것을 미루어 짐작할 수 있는데, 이러한 공간적 배타성과 구별 짓기는 실제 조사에서도 드러났다.

그러나 강남과 강북이라 하더라도 자신이 자주 경험한 공간에 대해서는 심리적 장벽이 높지 않다는 것은 흥미로웠다. 즉 체험을 통해 구체화되지 못한 공간에 대해서는 이미지로서 공간이 존재하며, 사회적 인식 등이 이미지 형성에 영향을 미치고 특정 공간에 대한 경계심을 갖도록 한다고 볼 수 있다.

> "강남엔 친구가 거의 없거든요. 안 가봐서 익숙하지도 않고, 격차나 만드는 곳이라는 이미지가 있어서 좋은 느낌은 아니에요. 내가 사는 곳도 한강 이남인데 강남 취급 안 해줘서 억울하기도 하고요. 그래서 강남에는 일 년에 한 번 갈까 말까예요. 혹시라도 강남에서 약속을 잡아야 하면 코엑스나 강남역으로 정하는데, 그곳들도 그다지 좋아하지는 않아요. (연구자: 그럼 압구정동은 어때요?) 압구정동요? 압구정동도 강남인가요? 몰랐어요. 압구정은 괜찮은데. 취업하기 전에 아르바이트하느라 한 달 정도 간 적이 있었는데, 일하고 돈도 벌고 선배가 밥도 사주고 그래서인지 거부감이 없어요."(31세, 회사는 충무로 소재, 목동 거주)

심리적 거리에서 가로수길을 자주 가는 조사 대상자들은 가로수길을 가까운 곳이라고 밝혔는데, 마음이 편한 곳 혹은 불편한 곳으로 대변되는 심리적 거리는 공간 가치를 구성하는 요소들에 영향을 받는 것으로 나타났다.

(2) 가치 중심적인 공간 이용 경험을 표현하는 수사: '쉬러 간다'

가로수길 방문 빈도가 높은 조사 대상자들은 총소비 지출액 중 가장 많은 금액을 가로수길에서 지출한다고 밝혔다. 적게는 하루 3~4만 원에서 많게는 10만 원 이상을 가로수길에서 지출했으며, 소비 내역에서 3~4만 원을 쓸 경우에는 간단한 식사와 차를 마시거나 액세서리 등을 구매한다고 밝혔다. 또한 하루 10만 원 이상 쓸 경우 식사를 하고 와인을 마시거나, 식사를 하지 않아도 와인 바에서 혼자 지급할 경우라고 밝혔다. 또한 친구나 동료와 함께 가로수길에 가서 식사와 와인을 소비한 후 비용을 나누어 내는 경우에는 5~6만 원 정도 지출한다고 밝혔다. 조사 대상자들은 하루 단위의 평균 지출액으로는 가로수길에서 지출하는 금액이 가장 크다고 밝혔고, 또한 가로수길이 대부분 지출이 이뤄지는 장소라고 밝혔다. 그러나 조사 대상자들은 가로수길을 '소비하는 공간'이 아니라 '쉬러 가는 공간' 혹은 '활력소가 되는 공간'으로 인지하고 있었다. 또한 '쉬러 가는 공간'은 그곳에 위치해 있을 때 가장 마음 편한 공간이라는 다른 표현이기도 하다.

> "가로수길요? 쉬러 가는 곳이죠. 먹으러 가는 곳이기도 하고. 돈을 쓴다기보다 쉬러 간다는 게 맞아요."(32세, 광고회사 기획자)

> "나만의 아지트 같은 곳이야. 아무나 모르는 곳."(29세, 모 기업 홍보팀)

가치 중심적으로 공간을 인식하고 있음을 알 수 있는데, 이러한 경험적 인식은 가로수길이 아닌 다른 공간을 인식할 때도 확인할 수 있다.

염창동에 거주하고 학교가 위치한 안암동을 중심으로 한 생활권을 유지하고 있는 조사 대상자는 집과 학교 부근을 제외하고 심리적 거리가 가장 가까우며 가장 마음이 편한 장소로 광화문을 꼽았다. 또한 광화문에서 가장 많은 소비를 하면서도 '쉬는 공간'으로 인식하고 있었다.

> "쉬러 가는 공간은 광화문이죠. 마음이 편해요. (중략) 왠지 가로수길
> 하면 '돈 많이 썼어' 하고 느껴질 것 같아요. 진짜 비싸. 이렇게 말할 것
> 같아요."(28세, 대학원생)

가치 중심적인 공간 인식은 소비하는 비용에 대한 만족도를 대변하기도 하며, 비용에 비해 더 큰 효용을 주는 공간 경험은 사람들에게 소비문화 공간을 '소비의 공간'이 아니라 '휴식의 공간' 혹은 '문화적 공간'의 이미지로 자리매김하도록 하는 것으로 보인다. 이는 주거지와 일터는 당연하게 머무는 곳, 일상화된 공간으로서 기능적 의미 외에 다른 심리적인 것으로 부여하지 않거나 좀 더 심리적인 편안함을 느끼지 않는 경향과는 다르다. 이는 주거지와 주거지 주변의 공간 또는 마음 편한 곳 아니냐는 질문을 해서 확인할 수 있었다.

> "집은 말 그대로 쉬는 곳이지. 가치를 따지기보다 그냥 휴식을 취하
> 는 곳. 어차피 회사보다 오래 머무르는 것도 아니고. 마음이 편하다,
> 그런 느낌은 없어. 오히려 가로수길이 더 소중하지."(30세, 모 기업 전략기
> 획팀)

7) 경험적 공간 가치를 구성하는 요소

(1) 사회적 네트워크

도시의 차갑고 인간미가 없는 공간적 이미지는 과거 전통적 공동체 사회의 특정 장소에 한정된 '이웃' 중심의 사회 네트워크를 기준으로 한 사고에서 출발해야 한다. 그러나 도시는 그 자체의 속성에서 고유의 관계성을 구축한다는 점을 인정해야 한다. 도시에서의 모든 인간관계가 이해 중심적인 것도 아니며, '정'을 중시하는 전통적 가치관이 소멸된 것도 아니다. 도시에서의 관계성은 나름의 특징을 지니고 있으며, 도시화로 인해 인간관계와 사회 네트워크는 더 다양한 종류와 범위로 확장되었고 복잡한 측면을 지니게 되었을 뿐이다. 또한 도시의 새로운 사회 네트워크는 공간 이동을 유발하는 요소인 동시에 새롭거나 지속적인 공간 경험을 하게 한다. 결국 전통적 네트워크 중심의 사고는 도시를 관계성 부재의 냉정한 공간으로 만들며, 그러한 이미지를 확대 재생산할 뿐이다. 웰먼은 도시에서의 사회적 유대는 원격적으로 형성된다고 주장하며, 도시 구성원은 이웃보다 전 도시에 분포하는 다양한 인간관계로 만나는 사람들에게서 더 강한 친밀감을 느낀다고 말한다. 사회적 유대로 인해 도시 내에서 활발한 공간 이동이 발생하는 것인데, 이에 대해 남기범(2006)은 통근, 통학, 여가, 쇼핑 등 도시 내에서의 기본적인 이동 요인 외에 사회 네트워크의 형성과 유지, 발전을 위한 만남이 도시 공간상의 이동과 공간 분화의 원인이 된다고 언급하고 있다.[16] 실제로 조사 대상자는 사회적 네트워크가 이뤄지는 공간에서 심리적 안정감을 느낀다고 밝혔으며, 심리적 거리 또한 가깝게 느끼는 것으로 나타났다. 이는 과거에 특정 공간을 가봤다는 경험 유무의 문제에 앞서 일 년에 한 차례의 경험이라도 스스로 친구나 동료와의 만남이 이뤄지는 공간 혹은 친구가 그곳에 거주했다는 이유만으로 친근감을 표시하기도 했다는 점에서 사회적 네트워크가 공간 경험에 영향을 미친다는 사실을 알 수 있다. 또한 사회적 네트워크, 즉 친구와 동료로 대표되는 인적 관계는 특정 공간을 최초로 경험하게 하는 요소가 된다. '아는 사람이 소개했다'라는 점에서 특정 공간에 대해 경계보다는 신뢰를 갖기도 한다.

> "처음에 아는 언니가 가로수길에서 만나자고 해서 가게 됐어요. 첫 느낌은 '세련됐구나. 이런 데도 있구나'였어요. 그리고 이런 세계에 합류하고 싶다고 느꼈죠."(28세, 모 갤러리 큐레이터)

(2) 공간 경험에 대한 연령 효과

조사 대상자들은 연령 또한 공간 경험에 영향을 미친다고 인지하고 있었다. 30대 초반 대상자 중 가로수길을 찾게 된 이유에 대해 대부분 '나이에 따른 취향의 변화'를 언급했다. 공통적으로 '나이가 들어서', '시끄러운 데는 싫어서'라는 수사를 반복했는데, '시끄러운 곳 = 불편한

---

16) 남기범, "도시와 사회조직",《도시해석》, 서울, 푸른길, 2006.

곳'이라는 등가적 인식이 있는 것으로 보이며, 시끄러운 곳은 어린 사람들이 가는 곳이므로 나와 레벨이 맞지 않는 곳이라는 인식도 드러났다. 이러한 것은 나이가 문화적 수준의 구별 짓기의 요소로 사용됨을 알 수 있다.

> "나이 드니까 시끄러운 데는 싫어요. 비싸도 조용한 데가 낫고 가던 데 가게 되죠. 나이도 먹고 안정도 됐고. 내가 그동안 고생해서 이만큼 이뤘는데 남 눈치 보고 비위 맞추기 싫거든요. 이 나이 먹어서 불편한 데 왜 있어요."(34세, 편집기획자)

위의 조사 대상자는 맥클레이드(1999)가 밝힌 연령 효과[17]의 내용을 그대로 드러내고 있음을 알 수 있었다. 맥클레이드는 6개 영역의 240개 항목으로 구성된 설문을 토대로 나이 변화에 따른 영향을 살펴보았는데, 그중 연령이 높아짐에 따라 경험의 개방성이 낮아진다고 밝히고 있다. 이러한 경향은 세대 차이에 기인했을 것이라고 밝히며 진화심리학적 관점에 대한 분석도 내놓고 있다. 즉, 나이 변화에 따른 특성의 변화는 이점을 제공하므로 경험의 개방성은 친구(혹은 동료)를 찾는 젊은 계층에게 더 큰 이점을 준다. 반면에 나이가 들수록 새로운 친구를 찾는 데 관심이 줄어들고 더 밀접한 사회 유대를 유지하는 데 초점을 맞추는 성향을 보인다고 밝혔다. 이러한 관점에서 비슷한 나이들이 모이는 공간은 심리적 안정감을 준다. 또한 비슷한 나이라면 비슷한 경제 능력을 갖추고 있다고 전제하고 있음을 알 수 있었다. 그러나 단순히 사회활동을 통해 갖추

---

17) Lemme, Barbara Hansen, *Development in Adulthood, fourth edition*, Pearson Education, Boston, 2006.

게 된 경제력이나 연령 효과로 인한 낮은 개방성의 문제뿐 아니라 취향적 유사성도 전제로 하고 있었다. 앞서 대상자가 언급한 '레벨'이 경제력에서 나온 취향이라는 측면도 있지만, 가로수길의 문화적 특성을 공유한다는 측면에서 '취향' 자체를 언급하기도 했다.

> "이제 어린애들이 많이 가는 곳은 좀 그래. 나이가 드니까 북적거리는 곳은 안 가게 되고. 가로수길은 그런 면에서 부담이 없지. 아무래도 가로수길에서 밥 먹고 술 마시려면 경제력이 어느 정도 있어야 하고 그러다 보니 아무래도 나이가 좀 있는 사람들이 오지."(30세, 모 기업 전략기획팀)

결국 공간에 대한 연령 효과 혹은 공간 경험을 구성하는 요소로서 나이에 대한 인식은 나이와 취향, 나이와 경제력에 대한 연결로 드러나는 것으로 보이며, 이것은 '레벨', 즉 수준 차이라는 수사로 표현되기도 한다. 특히 음식의 맛과 합리적인 가격이 중요한 음식점과 달리 카페에는 공간적 분위기와 취향에 더 큰 가치를 부여하고, 이 때문에 나이의 영향을 더 많이 인지하는 것으로 나타났다.

(3) '문화적 코드'라는 수사로 표현되는 취향

공간이 주는 가치 중 하나는 '분위기'로 대변되는 스타일의 소비다. 특정 공간을 찾는 데 문화적 취향이 부합하는지 여부는 중요한 요소가 되며, 이는 생활양식으로도 연결된다. 조사 대상자들은 취향과 스타일을

'공유'라는 측면에서 공간에 다시 개인적인 가치를 부여하고 있었다.

> "퇴색됐다고 해도 가로수길이 좋아요. 골목 안으로 좋은 카페와 가
> 게들이 생기고 있어요. 아직은 트렌드하고 새로운 것들이 계속 생기니
> 까 좋죠. 앞서가는 사람들이 여는 카페이고 내 성향에 맞는 곳이니까
> 요."(28세, 모 갤러리 큐레이터)

특정 공간을 구성하는 사람들 간에 공유된 문화적 취향은 자신이 향
유하는 공간에 편입시킬 수 있느냐에 대한 기준이 되기도 하며, 이것은
구별 짓기의 요소가 된다.

> "어린애들이 가로수길에 오는 건 싫지만 그래도 무조건 어린애가 싫
> 다는 건 아니야. 어떤 어린애가 오느냐에 따라 다르지. 취향이 맞으면
> 상관없어. 무조건 나이대로 취향을 구분할 수는 없는 거니까."(29세, 모
> 기업 홍보팀)

그러나 조사 대상자가 스스로 특정 공간을 찾는 이유로 꼽은 취향은
나이와 문화자본, 사회자본, 계층적 소속감 등에 영향을 받아 형성된 결
과적인 요소일 것이다. 그러나 일부 조사 대상자들은 단지 취향의 문제
라고 강조했고, 앞선 취향에 영향을 미치는 요소에 대해서는 구체적으로
인식하지 못했으며, 과시적인 측면이나 우월의식을 직접적으로 드러내
지는 않았다.

(4) 구별 짓기와 계층적 소속감

그러나 취향을 통한 구별 짓기는 문화 수준의 구분으로 드러나기도
한다. 이러한 문화자본은 계층의식과 계층적 소속감을 느끼게 하는 것
으로 나타났다. 또한 문화적 가치의 공유로서 느껴지는 동질감이 일종의
편안함을 가져다주기도 하는 것으로 나타났다. 이러한 취향적 공간에 대
해 조사 대상자는 '내 물' 혹은 '나와바리' 등의 단어로 표현하기도 했다.

> "왠지 비슷한 사람이 모이거나 나보다 더 나은 사람이 모이는 것 같
> 잖아. 난 지방 출신이라 고등학교 때 동창들은 다 지방에 있고 서울 올
> 라온 애들은 몇 안 되고. 왜 '압구정' 이러면 유행의 첨단을 걷는 곳이
> 고 자주 갈 수 없는 곳 같잖아. 그런 애들 입장에선 그럴 거야. 그래서
> 그 애들하고 차별화하면서 선 긋기를 하고 싶어서 가로수길을 가는 것
> 도 있지. 약간 과시적이랄까."(30세, 모 기업 전략기획팀)

> "왜 '가로수길 가서 와인 한잔 마실까?'라는 한마디로 그 사람의 문
> 화 수준을 알 수 있잖아요."(32세, 광고회사 기획자)

또한 스스로 비슷한 계층이라고 느끼는 집단은 정보 습득 과정과 함
께 최초의 공간 경험에도 영향을 미치는 것으로 나타났다.

> "수입차 오너 동호회가 있는데 거기서 주로 정보를 얻어요. 잡지는
> 정독하고 스크랩도 하는 편이고. 동호회는 개인이 운영하고 상업성도
> 덜하니까 믿음이 가요. 회원들끼리 정보도 주고받고. 비교적 객관적이

니까. 이런 정보는 사람들의 취향에 맞춰 소개한 정보니까 일단 이용할

만한 가치가 있다고 보고요."(34세, 편집기획자)

8) 맺음말

도시 공간 중에서도 소비문화 공간은 물리적이고 기능적인 변화에 이어 인구의 가변적 흐름과 맞물리면서 더욱 빠르고 가시적인 변화를 보인다. 특히 최근 일부 미디어와 연구에서 밝히는 '강남 시대' 소비문화 공간의 급속한 변화현상은 후기 자본주의시대의 특징 중 하나인 경제와 문화의 융합으로서 공간의 확대, 소비층의 변화, 생활양식의 변화와 유행의 흐름으로 읽힌다. 그러나 이 연구에서 조사 대상자는 그것을 공간의 확장이나 유행의 흐름이 아닌 공간의 다양성 확대, 선택의 확장으로 인식하고 있었다. 또한 소비문화의 특징 중 하나인 모방성과 인터넷의 보급은 특정 집단이 애용하던 공간이라는 폐쇄성과 경계를 흐리게 하고 대중화된 공간으로 거듭나게 한다. 이 안에서 공간의 애용자들은 변화된 공간 이미지에 부정적인 반응을 보이며, 이로써 심리적·계층적 경계를 드러내기도 했다.

한편 가로수길을 비롯한 서울 내의 소비문화 공간에서 소비보다는 문화적 가치를 크게 느끼고 있었고 이를 '마음 편한 곳' 혹은 '쉬러 가는 공간'이라는 수사로 표현하고 있었다. 또한 특정 공간에 대한 물리적 거리 외에도 심리적 거리를 느끼고 있었으며, 이는 공간 경험에 영향을 미치는 것으로 나타났다. 이와 함께 공간에 대한 과거의 경험이 지속적이

거나 단절적인 공간 경험을 하게 했는데, '멀다'로 표현되는 심리적 거리는 과거에 가본 적이 없는 공간일 경우 더 먼 것으로 나타났고, 지속적인 경험을 막기도 한다는 것을 알 수 있었다. 또한 지속적으로 특정 공간을 찾는 것은 심리적 거리가 멀지 않고 마음이 편해져 쉬러 갈 수 있는 공간이기 때문이며, 이러한 이유로 개인은 특정 공간에 가치를 부여하거나 느끼는 것인데, 공간 가치의 경험에서는 사회적 네트워크와 연령 효과, 취향, 계층적 소속감 등이 작용하고 있었다.

앞서 언급한 것처럼 한정된 조사 대상자로 인한 한계가 있음을 다시 한번 밝히며, 이외에도 조사 대상자가 모두 여성이었음에도 이와 관련된 분석이 이뤄지지 않았다는 한계가 존재한다는 것을 덧붙인다. 분석에서 조사 대상자들이 여성이라는 인식이 크게 드러나지 않았지만, 이를 면밀히 분석하지 못했다는 것도 이 조사가 갖는 한계점일 것이다. 한 조사 대상자가 "남성들은 잘 꾸미고 젊고 예쁜 여자를 보러 온다"고 언급함으로써 남성과의 다른 경험을 대리자의 입장에서 언급했으나, 그 외에는 두드러진 면이 없었던 것도 사실이다. 현장조사에서 남성들의 비율이 적지 않았으나, 여성 비율이 실제로도 더 많았다. 일부 조사 대상자들에게 다시 한번 가로수길이 여성적인 특성을 보이고 있는지, 여성 비율이 많은 의미를 알아보려 했으나 큰 시사점은 발견하지 못했다. 그러나 실제 이용자들이 여성들이 많다는 점에서, 그리고 가로수길의 미학적 느낌, 아기자기함 등으로 여성적 취향 등이 신문 등의 미디어를 통해 거론된다는 점에서 향후 조사 시 여성 이용자가 가진 특수성, 특히 20~30대 경제력을 갖춘 여성이라는 인구통계학적 접근 또한 고려해야 할 사항이라고 생각된다.

이 연구는 도시 공간에 대한 인식론적 접근에서 개인이 공간을 어떻게 경험하는지 등을 통해 그 속성값을 찾아내기 위한 기초적 자료로 활용될 수 있을 것이다. 도시 공간이 갖는 속성으로서 공간 경험에 대한 수사와 공간에 대한 경험적 가치를 구성하는 요소를 발견하고, 실제 이용자들이 빠른 도시 공간 변화에 어떻게 반응하고 인식하는지 알아볼 수 있었다는 점에서 의의를 찾을 수 있을 것이다.

6.
도시 공간의 서사 읽기
서울, 광주, 전주, 안동을 분석대상으로 한
기호학 기반의 학제적 접근

1) 들어가는 말

이 글에서의 관심은 어떻게 도시의 표상이 의미를 구축하는지, 또는 어떻게 도시의 표상이 공통의 문화적 이해를 기반으로 차별화된 내러티브 구조를 형성하는지에 있다. 따라서 이 글은 역사적 기억을 바탕으로 구체화되는 도시 공간의 독창적인 이미지를 형상화하기 위한 서사구조의 표준모델 개발을 목적으로 한다. 좀 더 구체적으로 말하면, 한국 도시 문화의 심층적인 코드를 이야기와 플롯 형식으로 엮어내기 위해 서사성과 문화 정체성 파악을 위한 도구를 개발하는 것이다. 이를 통해 이 글은 한국 도시민이 삶을 영위해나가는 지리적 공간 안에서 시간의 흐름과 더불어 생성되는 다양한 의미의 총체를 고유한 내러티브로 구성하는 메커니즘을 도출해내고자 한다.

2) 분석대상의 범위와 방법론

이 글의 대상으로 선택된 도시 공간은 한국의 대표적인 도시브랜드인 서울, 조선시대 사대부 문화를 상징하는 경상북도 안동, 그리고 한국의 예술혼이 흐르는 광주, 천년의 멋과 미(美 또는 味)를 지녀온 전라북도 전주다. 이들 도시를 연구대상으로 선택한 이유는 이들 도시가 얼[神/心], 꼴[形], 결[象/理], 멋[美/味/聖]으로 구성되는 한국 고유의 문화이미지 상징체계를 대표한다고 판단했기 때문이다(박종천 2008 참조). 안동은 조선시대 사대부들의 선비문화로 이해되는 추상적이고 정신적인 내용의 '얼을 표상하는 도시 공간'으로서, 서울은 한국 도시 공간의 발전과 그늘진 모습을 공시적으로 구현해주는 '꼴을 표상하는 도시 공간'으로서, 광주는 한국 대중문화의 대표적 속성인 흥(興)과 한(恨)의 추상적 이미지 또는 이러한 이미지들의 양태(pattern)를 상징하는 '결을 표상하는 도시 공간'으로서, 그리고 전주는 한국의 맛 이미지를 체현하고 도시의 역사성을 경험할 수 있는 실천적 감응이 수행되는 '멋을 표상하는 도시 공간'으로서 선택되었다.

이와 같은 한국 주요 4대 도시 공간의 성공적 분석을 위해 이 글에 적용되는 가장 중요한 연구방법론은 서사학이다. 이 글에 적용되는 서사학은 "시간과 공간에서 인과관계로 엮인 사건의 연쇄"(Lacey 2000)로 정의하는 기존의 언어학적 서사 정의를 기반으로 새롭게 정의된다. 이러한 언어학적 서사의 정의를 기반으로 여기에서 적용될 도시 공간의 서사를 다시 정의해보면, 서사는 "도시 공간의 장소성 인식과 관련된 사건의 연쇄를 인과관계 혹은 시간의 연속으로 구성한 것"이라 할 수 있다. 이때 '서사구조 분석법', 즉 내러티브 분석법은 도시 공간의 장소성 인식구조를 파악하는 데 유용한 도구임은 물론이고, 새로운 공간이미지 개발을

위한 차별화된 내러티브 구조의 구성에서도 필수적인 방법론으로 사용
될 것이다.

3) 한국 도시 공간의 서사구조와 문화적 표상

(1) 서울의 서사구조와 문화정체성

대한민국의 수도 서울은 한반도의 서쪽 중심부에 위치하며, 2009년
을 기준으로 총인구 1,046만 4천 명, 총면적 605.25km², 25자치구 424동
의 행정구역을 가진 특별시다. 중심부에 한강이 흐르고, 북한산·관악산
등 여러 큰 산이 서울 외곽을 둘러싸고 있는 등 교통과 방어 면에서 유리
한 조건 때문에 역사 속에서 오랫동안 수도 역할을 해왔다. 이 글에서는
먼저 역사 속에서 변화한 서울의 의미 연구를 통해 서울의 서사구조를
밝히고, 서울시의 홍보영상과 서울에 대한 사람들의 인식을 바탕으로 서
울의 문화적 정체성을 확인해보고자 한다.

① 도시 공간 서울의 장소성

서울의 역사를 알아봄으로써 물리적 공간인 서울이 어떤 장소적 의
미를 갖고, 그를 통해 어떤 이미지를 갖는지 확인할 수 있다. 〈표 2-12〉는
도시 공간 서울의 장소성을 시대 순으로 배열한 것이다.

<표 2-12> 시대에 따른 도시 공간 서울의 장소성

시대	서울의 의미
선사시대	• 기원전 5000~4000년경부터 한강 유역에 사람이 모여 살기 시작 • 본격적인 정착생활의 터전 역할
삼국시대	• 삼국의 주도권 쟁탈전이 치열했던 전략적 요충지 • 중국과의 무역에서 중요한 위치 차지 • 백제시대에 최초로 수도가 됨(한성백제)
통일신라시대, 고려시대	• 서울이 역사의 중심에서 벗어난 시기 • 고려시대에는 남경으로 승격되었다가 한양부로 격하되기를 반복
조선시대	• 조선의 수도가 됨 • 도로 체계와 경계 확정으로 도시의 기본 틀이 갖춰짐 • 정치 · 경제 · 상업 · 문화의 중심지
근대, 일제강점기	• 일제에 의해 전통 건축물 크게 훼손, 근대 건축물이 무분별하게 세워짐: 근대 문명의 시발점이자 일제의 억압이 강력했던 중심 도시
대한민국 정부 수립 이후	• 해방되면서 '경성' 대신 본래의 명칭 되찾음(1945) • 대한민국의 수도로 지정(1946), 특별시로 지정(1949) • 전쟁을 겪으며 황폐화되었으나 전후 빠른 복구와 발전을 이룸 • 한강을 중심으로 강남 · 강북시대가 열림(1963) • 88서울올림픽, 2002한일월드컵, G20 정상회의 등을 개최하며 세계 속의 도시로 도약

위에서 살펴보았듯이 서울은 선사시대부터 지금까지 역사 속에서 다양한 의미를 형성해왔다. 다음에서는 역사 속에서 변화된 서울의 양상, 즉 서울과 관련한 중심 사건들의 배경과 결과를 살펴보고 다양하게 변해온 서울의 의미를 종합하여 서울의 서사성을 도출하고자 한다.

② 도시 공간 서울의 서사구조

선사시대 서울은 이동생활을 하던 사람들에게 정착생활을 시작할 수 있게 만들어준 터전 역할을 했다. 이러한 배경에는 서울을 관통해 흐르는 한강과 비옥한 한강유역 입지조건이 있었다. 삼국시대에는 한강을 삶의 터전으로 삼는 데서 더 나아가 내륙 지역을 연결하는 훌륭한 교통수단으로 발전시켰으며, 이는 한강유역을 차지하기 위한 삼국의 경쟁으로 이어졌다. 통일신라시대와 고려시대에는 역사의 중심에서 벗어나 주목받지 못했으나 조선시대에 들어와 수도가 되면서 정치·경제·사회·문화의 중심지가 되었다. 근대기에는 일제에 주권을 빼앗겼지만 수도로서 근대화가 가장 활발하게 이뤄졌고, 동시에 일제 억압의 중심지가 되기도 했다. 전후 황폐화된 도시를 복구하고 발전하는 서울의 모습을 보이며 점차 성장했지만, 이후에 발생한 붕괴사고들은 성과 내기에만 급급했던 졸속한 발전의 단면을 보여주기도 했다. 오늘날 서울은 '디자인 수

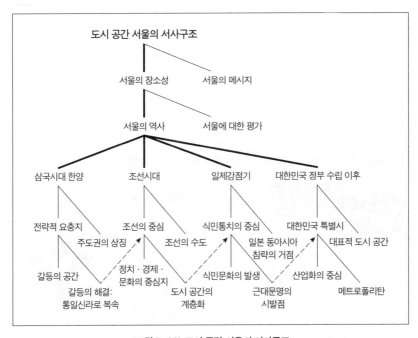

〈그림 2-28〉 도시 공간 서울의 서사구조

도 서울'이라는 정책사업을 내세우고, G20 정상회의를 개최하기도 하는 등 국제적인 도시로 나아가고자 한다. 이를 통해 구성된 도시 공간 서울의 서사구조를 정리하면 〈그림 2-28〉과 같다.

이처럼 서울은 기원전인 백제건국 초기 때 처음으로 역사 속에 그 모습을 드러낸 이후 한반도의 역사에서 빼놓을 수 없는 '장소'다. 이를 통해 알 수 있는 서울의 서사성은 한반도의 발전과 함께했고 그 발전의 중심이 되는 장소라는 것이다. '삼국시대의 주도권 쟁탈전', '조선 건국', '일제강점기', '광복', '한국전쟁', '산업발전' 등의 사건들과 각 시기마다 서울의 중심적 가치가 연관됨에 따라 서울은 '대한민국의 심장'이라는 서사성을 갖게 되었다.

③ 도시 공간 서울의 문화적 정체성

서울의 문화적 표상은 홈페이지, 로고이미지, 홍보영상, 일반인의 공간 인식을 종합하여 도출되었다. 먼저 서울시청 홈페이지를 분석해

〈그림 2-29〉 서울시 공식 홈페이지 메인 화면   〈그림 2-30〉 서울시 휘장

보면, 메인 화면에서 가장 많이 사용되고 있는 용어는 '서울, 행복, 우리, 함께, 희망, 시민' 등 감성적이고 참여적인 언어들이 선택되고 있으며, 파란색이 전체적인 지배 색으로 선택되어 맑고 깨끗한 청렴함의 이미지를 부각하고 있다. 또한 서울특별시의 휘장은 태양을 상징하는 붉은 원, 산을 상징하는 초록색의 세모 모양, 그리고 한강을 상징하는 파란색의 선으로 이뤄져 있다. 이러한 해, 산, 강의 이미지가 모여 전체적으로 신명 나는 사람의 모습을 형상화한 것으로, 인간 중심도시를 지향하는 서울을 나타낸다. 자연-인간-도시의 맥락에서 녹색 산은 환경사랑, 청색 한강은 역사와 활력, 가운데 해는 미래의 비전과 희망을 함축하고, 이 3가지 요소를 붓 터치로 자연스럽게 연결하여 서울의 이미지와 사람의 활력을 친근하게 느낄 수 있도록 했다.

이 밖에도 이 글은 서울시 홍보영상을 통한 서울의 이미지를 분석하기 위해 2009년 12월에 제작된 뮤직비디오 형식의 홍보영상을 선택했다. 이 영상은 국내뿐 아니라 중국, 대만 등 아시아 전역에서 많은 인기를 누리고 있는 한류스타인 소녀시대와 슈퍼주니어의 멤버들이 주인공으로 등장했다는 점에서 국내뿐 아니라 외국인을 주요 타깃으로 삼았음을 알 수 있다. 이미지만을 강조하는 이전의 홍보영상과 달리 젊은 세대를 겨냥한 이 홍보영상은 두 아이돌 그룹이 부른 감성적이고 밝은 분위기의 노래를 배경으로 이야기를 진행시켜나간다. 러닝타임(running time) 총 4분 11초 가량의 〈서울송(Seoul song)〉 뮤직비디오는 한강, 청계천, 남산, 덕수궁 돌담길, 광화문

〈그림 2-31〉 서울시 홍보영상

광장, 인사동 등 서울의 관광명소에서 주인공들이 행복과 사랑을 찾는다는 것이 주요 콘셉트다. 'Infinitely yours Seoul'이라는 슬로건을 내건 이 홍보영상은 "서울은 단순히 볼 것이 많은 곳이 아니라 마음으로 느낄 수 있고, 상상할 수 있으며, 기억에 남는 동경과 희망의 도시"라는 의미를 창출하고자 한다.

끝으로 서울의 문화적 표상을 파악하기 위해 수행한 작업은 일반인을 대상으로 한 이미지 각인이다. 이 글의 이미지 도출 작업은 현재 서울에 거주 중이거나 서울에서 생활하고 있는 대학생 27명을 대상으로 라파이유(Rapaille)가 《컬처 코드》(2007)에서 제시한 각인 실험을 실시했다. '서울' 하면 떠오르는 느낌이나 이미지 혹은 장소를 물었을 때, 많은 학생은 한국의 심장부로서 '대표적' 이미지를 가장 먼저 떠올렸으며, 이외에도 도시 특유의 '역동적 이미지'를 떠올렸다. 이와 비슷한 맥락의 이미지로 서울의 분주함과 복잡함 그리고 더러움 등이 언급되기도 했다. 그러나 도시적 이미지를 떠올리는 동시에 '남대문'과 '북촌한옥마을' 등의 답변도 더러 있었기에 '혼종적/공존적' 성격의 이미지를 도출할 수 있었다.

이를 통해 서울이라는 공간은 '한국의 대표적 · 역동적 공간'으로서 '과거와 현재가 공존'하는 곳이라는 사람들의 인식을 엿볼 수 있다. 그뿐만 아니라 서울에 대해 '반환경적'이고 '복잡함'이라고 대답한 학생들도 많았다. 이는 서울이 메트로폴리탄으로서 다중적이고 다층적 성격의 도시라는 인식과 연관된 것으로 간주된다. 이를 기반으로 서울의 문화적 의미 속성에 따라 정체성을 규명해보면, 서울시의 의미가치는 '대표적, 환경적/반환경적, 인간중심적, 희망적, 미래적/역사적, 전통적/현대적, 세계적, 진취적, 역동적, 발전적, 참여적, 창의적, 열정적' 등으로 정리될 수 있는데, 이 중 서로 대립적인 가치가 공존하는 것은 서울의 혼종적 성격 때문이라고 판단된다.

④ 꼴[形]을 표상하는 도시 공간 서울

위의 분석을 통해 도시 공간 서울을 한국 도시 공간의 발전과 그늘진 모습을 공시적으로 구현해주는 '꼴[形]을 표상하는 도시 공간'으로 정의할 수 있는데, 이때 문제시되는 것은 서울이 '꼴[形]'의 장소라는 특성을 보여주고 있음에도 역사적·정치적 배경에 따라 역동성과 대표성이 지나치게 강조되어 수용자에게 현실적으로 인식되는 혼종적/공존적 이미지가 제대로 표출되지 못하고 있다는 점이다.

(2) 광주의 서사구조와 문화적 정체성

광주는 대한민국의 6개 광역시 중 하나로, 인구 142만(2007년 기준)의 호남지방 최대 중심지다. 예부터 호남지방의 행정·군사·경제·사회·문화의 중심지를 이뤄온 기반으로 해서 행정 및 기업관리 기능이 집중되어 있을 뿐만 아니라, 넓은 호남평야의 곡창지대와 임해 공업지대 및 수산업 지역을 배후지로 가지고 있어 호남경제권의 중심지로서의 지위를 굳히고 있다. 여기에서는 1980년대 광주민주화항쟁을 거치면서 대한민국 민주화의 상징적 도시로서의 역할을 하고 있는 광주를 단순한 지리적 공간으로 바라보지 않고 인간이 만들어낸 역사적·문화적 의미의 공간이라는 관점에서 살펴보고자 한다.

① 도시 공간 광주의 장소성

〈표 2-13〉은 '광주'라는 도시 공간의 역사를 시대 순으로 정리한 것으로, 광주의 역사적 위치와 의미를 추론해볼 수 있을 것이다.

광주천과 무등산을 지리적 요건으로 삼아 발달한 도시 공간 광주는 마한시대부터 존재한 것으로 전해지지만, 정치적으로 오랜 세월 동안 소외되어왔다. 무진주, 무주, 해양 등 다양한 이름을 지녔던 광주는 조선시대 중기까지는 주로 현실세력에 반하는 반체제인의 은둔처로 여겨져왔고, 역사를 통틀어 의병운동, 항일운동, 민주화운동 등 정의를 추구하는 정치운동의 성지로 자부하는 도시다. 조선시대 말부터 본격적인 도시의

〈표 2-13〉 시대에 따른 도시 공간 광주의 장소성

시대	광주의 장소적 의미와 이미지
조선시대	• 무진주 → 무주 · 광주 · 해양 등 다양한 이름 • 현 전라남도 지역의 중심치소 • 동학농민운동의 핵심지역
근대, 일제강점기	• 항일운동, 민족 독립운동의 중요한 역할 - 1919년 3.1운동의 핵심지역 - 1929년 광주학생 독립 만세운동
1980년대, 민주화의 성지 광주	• 1980년 5월 18일 광주민주화항쟁 - 반독재 민주의식과 민주화운동을 성장시키는 견인차 - 민중이 민족사의 동력이라는 사실을 확인
1990년대, 맛의 도시 광주	• 남도문화의 중심지 - 음식으로 대변되는 전라도 문화중심지 - 한국을 대표하는 김치축제
2000년대	• 첨단과학과 문화산업으로 새로운 시대를 준비하는 도시 - 첨단단지, GIST(광주과학기술원)의 설립 및 육성 - 아시아문화 중심도시 조성사업, 광주비엔날레

모습을 갖춰가며 경제와 문화의 중심지로 발달했으며, 현재까지 한반도 서남부의 정치 · 경제 · 역사 · 문화 · 예술 · 교육의 중심지 역할을 해오고 있다. 이러한 역사적 배경에 의존해 다음에서는 광주와 관련한 중심 사건들의 배경과 결과를 살펴보고, 다양하게 변해온 광주의 의미를 종합하여 광주가 지닌 도시 공간적 서사성을 도출하고자 한다.

② 도시 공간 광주의 서사구조

도시 공간의 역사성에 기반을 둔 광주의 장소성은 한국의 중요한 역사적 사건의 중심에 서 있던 도시임을 확인시켜준다. 광주는 자유와 평등을 위해 투쟁해온 역사를 그대로 반영하며, 한국의 역사, 세계의 역사와 그 맥락을 같이한다. 더 나은 사회를 향한 투쟁의 공간이라는 역사적

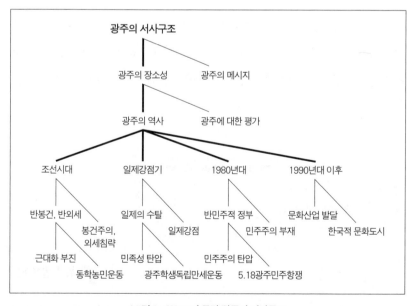

〈그림 2-32〉 도시 공간 광주의 서사구조

의미가 크다. 특히 광주 시민이 광주의 현재를 이끌어온 주역이라는 점은 광주라는 도시와 그 역사가 시민이 이끌어오고 만들어온 공간으로서 참여적이고 주도적이라는 장소적 의미 또한 갖게 한다.

〈그림 2-32〉에서 드러난 사건의 특징을 살펴보면, 갈등의 구조는 주로 '기득권자와 약자 간의 갈등'이었으며 갈등의 원인은 '기득권자들의 약자 탄압과 자유박탈'임을 알 수 있다. 이에 대항하는 광주 거주민의 갈등해결 방식은 '불의와 부당한 탄압에 대항해 정의, 민권, 자유, 민주를 지키기 위한 민중의 주체적 행동'이었다. 결국 이러한 일련의 서사적 사건들을 통해 드러나는 도시 공간 광주의 서사성은 '시대를 초월한 시민 주도적 변화창조 공간'으로 정의된다.

③ 도시 공간 광주의 문화적 정체성

도시 공간 광주의 문화정체성 역시 서울과 마찬가지로 홈페이지, 로고이미지, 홍보영상, 일반인의 공간 인식을 종합하여 도출되었다. 먼저 광주광역시청의 홈페이지를 분석해보면, '민원, 시정, 시민' 같은 모든

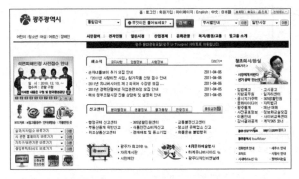

〈그림 2-33〉 광주광역시 공식 홈페이지 메인 화면

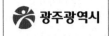

〈그림 2-34〉 광주광역시 로고

지자체 홈페이지에서 발견되는 용어를 배제한다면, 광주와 연계되어 가장 빈번하게 언급되는 언어는 '창조'와 '행복'이다. 이러한 언어적 사용은 광주의 역사적 기억에 의해 파생된 공간 의미적 속성을 표현하기보다는 유토피아적 가치를 지향하는 광주시장의 정책 방향과 연관되어 이해될 수 있다. 또한 광주광역시 홈페이지에서 두드러지게 보이는 색은 주황색인데, 이는 빛고을의 이미지를 상징하는 것으로 이해된다. 그러나 무엇보다 광주광역시청 홈페이지의 특징은 언어정보 지배적인 구성을 지니고 있다는 것이며, 수용자(시민)에게 시정을 알리기 위한 정보전달의 목적을 최우선시하고 있다는 것이다. 결국, 광주광역시청 홈페이지의 텍스트 기능은 '제보적 기능'으로 정의할 수 있을 것이다.

이외에도 도시 공간 광주의 문화적 정체성을 이해하기 위해서는 로고이미지를 분석할 필요가 있다. 광주광역시의 로고이미지는 오른쪽에 주황색의 원과 흰색의 선으로 이뤄진 상징과 왼쪽에 검은색으로 쓰인 '광주광역시'라는 글자로 이뤄져 있다. 이를 기호학적으로 분석하면 〈표 2-14〉와 같은 시니피에와 시니피앙의 분석표를 얻을 수 있다.

해당 로고는 도시를 상징하는 도구로서 도시의 이름과 함께 쓰인다

〈표 2-14〉 광주광역시 로고이미지의 기호학적 분석

시니피앙	제1 시니피에	제2 시니피에
주황색 원	빛, 해	'빛고을'과의 연관성
흰색 원과 선	사람 모양, 빛을 연상	'빛고을'과의 연관성, 사람이 중심이 됨
검은색	보편적인 글자 색	공식적, 안정감, 평범함, 부드러움
굵고 둥근 글씨체	굵고 둥근 글씨체를 사용함	
광주광역시	도시의 이름	도시의 이름

는 점에서 '빛고을'이라는 광주의 우리말 이름을 중요하게 반영했다. 빛을 의미하는 한자 '光'을 연상시키는 형상과 빛나는 해를 생각나게 하는 주황색 원을 사용하여 '빛'이라는 요소를 부각했다. 또한 흰색의 원과 선이 단지 빛뿐만 아니라 사람의 머리와 사지를 상징함으로써 광주가 사람 중심의 인권도시라는 점을 시사하고 있다.

이 밖에도 광주광역시 관광홍보영상으로 광주의 이미지를 분석하기 위해 이 글은 광주광역시 홈페이지 문화관광란에 업로드된 홍보영상을 선택했다. 총 러닝타임이 23분인 이 영상은 광주의 관광홍보를 목적으로 제작된 것으로, 오프닝 영상과 엔딩 영상 그리고 프리뷰(Preview) 부분과 더불어 광주광역시의 4가지 도시적 특징과 주제를 관련 영상과 음향, 내

〈표 2-15〉 광주광역시 관광홍보영상의 오프닝 부분

도상적 정보	태극무늬, 나비, 정자, 도시, 무지개, 비보이(B-boy), 붉은 악마, 숲, 선 등의 이미지가 움직이는 그림으로 표현됨
언어적 정보	'한국방문의 해' 로고
청각적 정보	현악기와 북소리가 혼합된 전자음악
색채	파란색과 빨간색의 대비, 검은색 사용, 청색이 지배적

〈표 2-16〉 광주광역시 관광홍보영상의 프리뷰 부분

도상적 정보	지구 속에서 광주의 위치, 광주 도심의 모습, 숲과 강의 모습, 산과 기암절벽의 모습, 전통가옥, 5·18공원, 음식, 번화가, 미술관의 모습을 병렬적으로 제시
언어적 정보	각 장면과 함께 'Eco-City', 'Mudeng Mountain 1,187 meters', 'Beautiful Nature', 'Rick Cultural Heritage', 'Democracy Human Rights Movement' 등 관련 문구 등장. 마지막에 'A City of Style and Great Food Gwangju'라는 자막 등장
청각적 정보	전통악기와 서양악기의 합주로 만들어진 크로스오버(Cross-over) 음악
조형적 특징	버드아이즈 뷰, 로앵글이 주로 사용됨

레이션으로 표현하고 있다.

<표 2-17> 첫 번째 주제: 친환경 도시 광주광역시

도상적 정보	무등산: 춘하추동에 따른 무등산의 절경, 등산하는 두 여성(한국인과 서양인)의 모습, 무등산 주상절리, 광주천: 물이 흐르는 하천의 모습, 푸른길 공원: 여름철 우거진 숲, 호수에서 수면 위를 날아가는 새
언어적 정보	자막 – 메인 테마 자막: 자연과 더불어 사는 도시 영상 설명 자막: 무등산, 중봉 억새평원, 광주천, 푸른길 공원 내레이션: "광주는 무등산의 품에서 자란다", "광주의 젖줄인 광주천은 지금 자연을 복원한 생태하천으로 다시 태어나고 있다", "자연과 사람이 함께하는 도시" 등 영상을 설명하고 의미를 제시하는 내레이션이 주어짐
청각적 정보	중간템포 장조의 기타연주
조형적 특징	버드아이즈 뷰, 눈높이 촬영, 클로즈업, 대각선 프레임
색채	청색과 녹색이 지배적

<표 2-18> 두 번째 주제: 아시아 문화 중심

도상적 정보	황룡강의 새 떼, 월봉서원 소쇄원의 이끼 낀 냇가, 환벽당의 눈 쌓인 경치, 고싸움놀이 영상체험관, 광주시립미술관, 의재 미술관의 전경과 내부 모습, 국립아시아문화전당 설립 조감도, 금남로와 국립 5·18 민주 묘역, 충장로의 번화가와 축제 모습, 광주비엔날레 전시모습과 관람객, 광주 문화예술회관의 공연 모습
언어적 정보	자막 – 메인 테마 자막: '아시아 문화의 중심' 영상 설명 자막: '황룡강', '월봉서원', '소쇄원', '환벽당', '고싸움놀이 영상체험관' 등 내레이션: "오랜 세월 예술과 함께한 광주의 특별한 문화는 예술을 사랑하는 이들의 목마름을 해소시켜줄 것이다" 등이 같은 목소리로 전달됨
조형적 특징	버드아이즈 뷰, 눈높이 촬영, 대각선 구도

<표 2-19> 세 번째 주제: 멋과 맛의 경이로운 조화

도상적 정보	광주한정식: 한 상에 차려진 한정식을 먹는 외국인 커플의 모습 오리탕: 오리탕을 만드는 과정과 오리탕이 끓는 모습

도상적 정보	무등산 보리밥: 비빔밥을 만드는 과정과 완성된 모습 송정떡갈비: 떡갈비 굽는 모습, 두 여자가 먹는 모습 김치: 광주김치문화축제 전시장 전경, 김치 클로즈업, 김치 만들기를 체험하는 외국인
언어적 정보	자막 - 메인 테마 자막: 멋과 맛의 경이로운 조화 영상 설명 자막: '광주한정식', '오리요리 거리', '무등산 보리밥' 등 내레이션: "몸에 좋고 맛도 좋은 오리탕집이 모여 있는 오리탕거리", "한식의 세계화는 광주에서 시작된다" 등 대사 - 외국인 남자의 "Delicious"
조형적 특징	클로즈업 등

<표 2-20> 네 번째 주제: 미래를 여는 빛의 도시

도상적 정보	포충사와 대촌들녘 잣고개의 낙조 광주천의 야경, 빛분수 하계유니버시아드 개최지 선정에 기뻐하는 유치단, 경기 모습
언어적 정보	자막 - 메인 테마 자막: 미래를 여는 빛의 도시 영상 설명 자막: 포충사, 대촌들녘, 잣고개, 빛분수 등 내레이션: "국난에 홀연히 두 아들을 데리고 의병을 모집해 왜군과 대적한 그의 기개가 당당하다", "어둠이 내린 광주의 모습은 또 다른 빛이 스민다" 등
조형적 정보	버드아이즈 뷰, 클로즈업, 하이앵글, 열린 프레임

<표 2-21> 엔딩 크레딧

도상적 정보	충장로의 모습, 공연, 음식을 즐기는 두 여자, 전통가옥, 광주천, 광주호, 야경, 쇼핑가, 도시 모습
언어적 정보	내레이션: "빛과 예술의 도시, 아시아의 문화중심도시 광주", "과거와 현재의 징검다리", "아시아의 중심 광주에 오면 예기치 못한 기쁨이 당신을 기다릴 것이다" 자막: A City Of Style and Great Food Gwangju 제작 정보 크레딧
조형적 특징	버드아이즈 뷰
청각적 정보	오케스트라의 웅장한 음악

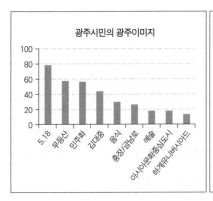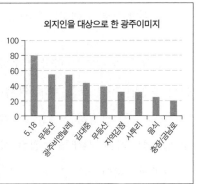

〈그림 2-35〉 광주시민과 외지인의 광주이미지

특별히 이 글은 광주광역시에 대한 일반시민의 인식을 확인하기 위해 광주발전연구원이 실시한 2010년 설문조사를 인용하고자 한다. 광주발전연구원에서는 2010년 광주지역 거주자와 기타 지역 거주자를 대상으로 '광주 하면 떠오르는 대표 이미지'에 관한 설문조사를 실시했다(민인철·이난경 2010). 이 결과를 분석하여 사람들이 광주에 대해 어떤 이미지를 가지고 있는지 추론해볼 수 있다.

〈그림 2-35〉를 보면 광주시민은 '5·18'을 대표적인 이미지 1순위로 꼽았고 '무등산', '민주화', '김대중'이 뒤따른다. 이와 비슷하게 외지인은 '5·18', '민주화', '광주비엔날레', '김대중' 등을 대표 이미지로 뽑았다. 이를 통해 출신지역을 막론하고 '광주'라는 이름을 들었을 때 사람들이 가장 먼저 떠올리는 것은 '5·18 광주민중항쟁'임을 알 수 있다. '5·18 광주민중항쟁'이 내포하는 가치는 '정치적, 자유, 인권, 민주주의, 평화, 정의' 등이 있는데, 이 가치들이 '광주'에 투영되는 것으로 추론할 수 있다.

④ 결[象/理]을 표상하는 도시 공간 광주

도시 공간 광주는 한국 민주화의 대표적 속성인 저항[의(義)]과 대중 문화 속성인 홍(興) 또는 한(恨)의 추상적 이미지, 그리고 이러한 이미지의 양태(pattern)를 상징하는 '결[象/理]을 표상하는 도시 공간'으로서 정의될 수 있는데, 이는 '시대를 초월한 시민주도적 변화창조 공간'으로서 규정된 광주광역시의 서사성, 로고 및 홍보영상의 분석을 통해 본 '조화로운 도시스타일'의 문화적 정체성에 의존한다. 그러나 설문지를 통한 의식조사에서 볼 수 있듯이 시민의 광주광역시에 대한 인식은 여전히 '정의와 민주주의'라는 하드(hard)한 이미지가 지배적이라 할 수 있다.

(3) 전주의 서사구조와 문화적 정체성

전주시는 전라북도의 도청소재지로 동경 127°, 북위 35°에 위치하고, 전라북도의 중앙부를 북동으로부터 남서로 뻗어 있는 노령산맥의 지류인 기린봉, 고덕산, 남고산, 모악산 그리고 완산칠봉 등이 시가지의 동·남·서방에 둘러싸여 분지를 이루고 있다. 전주시의 현황을 살펴보면, 면적은 206.22km², 연평균 기온 12.9℃, 연강수량 1,296.2mm, 인구는 63만 5,007명(2009년 12월 현재), 행정구역은 2구 33개동으로 구성되어 있다.

① 도시 공간 전주의 장소성

전주라는 도시 공간의 장소성은 공간이 겪은 역사의 기억으로 규정된다. 〈표 2-22〉는 도시 공간 전주의 기억을 시대 순으로 정리한 것으로, 이를 통해 전주가 지니는 역사적 위치와 의미를 추론해볼 수 있을 것이다. 이는 현재 전주의 장소적 의미와 정체성이 어떤 과정을 거쳐 획득되었는지 심층적으로 확인할 수 있는 근거가 될 것이다.

도시 공간 전주는 통일신라시대부터 전북의 중심지로 성장하여 후백제의 도읍으로 천년의 역사, 태조 이성계의 본향으로서 조선왕조의 발상지 등 전통적인 이미지를 쌓아왔다. 그러나 1990년대 후반에 들어와 산업화 과정에서 '소외'라는 지역 역사와 경제적 상황에서 비롯된 '오래되고 뒤처진' 이미지를 현대화하기 위해 2000년에 전주국제영화제를 개

<표 2-22> 전주시 로고이미지의 기호학적 분석

시대	전주의 장소적 의미
통일신라시대	전북 일원의 중심지가 익산(금마)에서 전주로 이동, 전주가 전라도의 중심도시로 자리매김함
후백제시대	견훤이 전주를 도읍으로 삼고 후백제 건설 전주의 '천년고도'라는 도시전통 마련, 그러나 후백제의 멸망으로 부정적 인식 또한 생겨남
조선시대	태조 이성계의 본향, 조선왕조의 발상지 임진왜란 중 왜구의 약탈을 당하지 않은 호남 최대의 곡창지대 맛의 고장 – 수많은 문헌: 조선 3대 음식, 조선 3대 명주, 전주십미(十味) 등
1960~70년대	토지구획정리사업 시행과 팔달로 개통으로 시가지 확대
1980년대	전주역 이전을 계기로 개설된 백제로를 따라 도심의 대규모 택지개발
1999~2004년	'영상문화도시'를 통해 오래된 도시 이미지를 현대화하려 함 2000년부터 전주국제영화제 개최 광주비엔날레 개최 이후 예향의 주도권을 잡고자 전주세계소리축제 개최
2004년 이후	부산국제영화제에 밀려 새로운 도시문화전략 구상 '전통문화중심도시'라는 이미지 부각 전통한옥마을, 한(韓) 스타일사업

최해 영상문화도시로 나아가고자 했다. 이는 '예향'이라는 도시이미지와 판소리 등 전통문화 자산을 공유하고 있다는 점, 호남이라는 지역정서와 역대 정권으로부터 정치적 · 경제적 소외를 받았다는 점에서 유사한 전통과 경험을 갖고 있는 광주가 국가정책으로 문화도시조성사업을 추진한다는 데 자극을 받았기 때문이다.

그러나 부산을 영상도시로 특화한다는 중앙정부의 방침에 따라 전주시는 부산과의 경쟁에서 영상산업의 비교 우위를 점할 수 없다고 판단하여 지구화와 지방자치제의 영향으로 지역 내의 고유한 문화적 자산의 가치가 재평가되는 주변 환경을 고려해 영화 대신 전통을 택했다. 이에 따라 전주시는 '전통문화중심도시' 조성사업을 추진 중이다. 도시 공간 전주가 역사를 통해 각인될 수 있는 주요 이미지를 뽑으면 '전통/오래된', '풍요', '문화예술', '중요/중심' 등이 선택될 수 있다. 이렇게 도출된 '전주의 주요 이미지'가 지니는 특징은 서로 차이가 있기는 하지만, 어떤 하나의 느낌을 전달하는 데 분명한 공통점(살기 좋은 역사적인 도시)을 보여주고 있다. 또한 연대별로 동일한 이미지를 보여주고 있다. 이러한 고정된 이미지는 전주의 전통성이라는 속성을 더욱 강화시켜주며, 전주가 갖는 역사적이고 고정된 이미지를 인식하기도 용이하다.

② 도시 공간 전주의 서사구조

사람들이 생활하는 거주공간인 도시에는 삶의 경험을 통해 만들어진 이야기들이 담겨 있으므로 수많은 상징에 둘러싸여 그 존재가 각인되며, 그러기에 도시 이야기들의 심층에는 나름의 서사구조가 있기 마련이다. 그리고 개인과 집단 경험의 공간인 도시는 새로운 사회적 · 문화

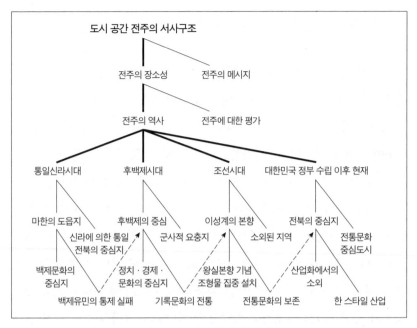

<그림 2-36> 도시 공간 전주의 서사구조

적 형상화를 구축하면서 서로 첨가되고 교차하는 기억들과 장소들을 토대로 만들어진다. 이처럼 도시 공간의 심층에 축적된 기억의 서사구조를 전주의 장소성에 의존하여 정리하면 〈그림 2-36〉과 같다.

〈그림 2-36〉에서 드러난 사건의 특징을 살펴보면, 역사를 통해 본 전주의 서사에서 '전북의 중심지', '후백제의 도읍', '조선 태조의 고향', '전통문화의 도시' 등 전통문화 이미지가 강하게 드러나지만, 이러한 서사의 중심에는 '지역적 소외'라는 부정적 이미지도 함께한다. 결국, 이러한 일련의 서사적 사건들을 통해 드러나는 도시 공간 전주의 서사성은 '전통문화의 본향'으로 정의될 수 있다.

③ 도시 공간 전주의 문화적 정체성

도시 공간 전주의 문화정체성 역시 홈페이지, 로고이미지, 홍보영상, 일반인의 공간 인식을 종합하여 도출되었다. 먼저 전주시의 문화적 정체성을 확인하기 위해 분석할 대상은 홈페이지로, 〈그림 2-37〉과 같다. 홈페이지에 들어가면 가장 먼저 메인 화면에 전주이야기, 문화, 추천여행, 맛있는 전주, 즐거운 전주, 한옥마을의 총 6가지로 분류되어 있다. 이 중 '맛있는 전주'는 당연히 전주의 '맛집'을 소개하는 메뉴로서 전주의 식문화를 강조하고 있다. 이를 서울시 홈페이지와 비교하면 더욱 명확해지는데, 서울시의 문화관광 탭은 전통문화, 문화생활, 서울축제, 관광정보로 나눠져 있다. 즉 서울시는 식문화를 따로 탭으로 분류하지 않았으며, 축제와 공연문화를 강조하고 있다고 볼 수 있다. 그에 비해 전주시 홈페이지의 경우에는 식문화를 별도의 탭으로 소개하고 있는 것에 더하여 다른 관광명소 설명 또한 식문화와 연관시켜 설명하고 있다. 그뿐만 아니라 메인 페이지의 붉은색과 전통문양은 도시 공간 전주의 전통적 속성을

〈그림 2-37〉 전주시 문화관광 홈페이지

〈그림 2-38〉 전주시 로고

상징한다.

또한 가운데로부터 점점 퍼져나가는 꽃잎 이미지의 로고는 전주시의 문화적 집중과 확산을 의미한다. 밝은 분홍에서 진한 자주색으로 이어지는 색상은 입체감을 나타내어 전주의 넘치는 에너지와 열정을 상징한다. '한바탕'이라는 단어는 '흥'과 '어울림'의 속성을 내포하며, 한(韓)의 바탕을 나타내어 대한민국 한문화의 근간과 기초를 의미한다. 그리고 '한바탕'이라는 단어는 모두 함께 즐길 수 있는 축제 이미지를 연상케 함으로써 역동적이고 신 나는 분위기를 드러내기도 한다. '세계를 비빈다'라는 결구는 전통문화와 현대문화 그리고 다양한 문화자산들 간의 어울림을 통한 사상의 공존을 의미하며, 이러한 어울림의 이미지는 슬로건뿐만 아니라 심벌마크에서도 나타난다. 또한 전주 하면 떠오르는 대표적인 음식인 비빔밥과 연결시켜 전주에 대한 이미지를 더욱 강조하고자 함을 알 수 있다. 다음은 전주시 홍보영상물에 대한 분석이다.

⟨표 2-23⟩ 전주시 홍보영상: 전주의 긍지

진행시간: 41초		
조형적 시니피앙	조형적 특징	시니피에
조명	밝은 키	발랄함
색채	파스텔 계열	부드러움, 안정적
	자주색	강렬함, 열정
촬영기법	미디엄숏(Medium shot)	명료함, 중심 부각
프레임	열린 프레임	역동성 강조

도상적 시니피앙	제1층위 시니피에	제2층위 시니피에
새롭게 자라나는 나무	자연의 태동	새로움, 성장, 미래 암시
자유롭게 나는 나비들	자유로운 움직임	역동적, 창의적, 희망, 도전
팡팡 터지는 불꽃	불꽃놀이	탄생, 에너지, 아름다움
부채처럼 펼쳐지는 심벌마크	확산되는 과정	시작, 깨어남
메시지	역사와 전통을 뿌리 삼아 새로움을 창조하고자 하는 전주의 열정과 에너지를 표현함	

〈표 2-24〉 전주시 홍보영상: 전주의 역사성

진행시간: 36초		
조형적 시니피앙	조형적 특징	시니피에
조명	어두운 키	웅장함, 강렬함
색채	진한 보라색의 배경	신비로움
	하얀색	선명함, 고고함, 희망적
프레임	열린 프레임	역동성
페이지 구성	심도 구성	이미지와 카피 강조
도상적 시니피앙	제1층위 시니피에	제2층위 시니피에
우주와 별자리	넓은 세계	신비로움, 웅장함
이미지의 이동	역사의 흐름	역사적 의미 부각
한옥과 현대식 건물	과거와 현재	조화, 소통 강조
메시지	전주의 천년역사와 전통문화를 계승하고, 과거와 현재의 조화를 통해 희망찬 미래를 열어가겠다는 포부	

<표 2-25> 전주시 홍보영상: 전주의 의미가치

진행시간: 23초		
조형적 시니피앙	조형적 특징	시니피에
조명	어두운 키, 콘트라스트	웅장함, 강조
색채	검푸른 색	신비로움, 아름다움
	하얀색	선명함, 고고함, 단순함
프레임	열린 프레임	역동성, 속도감
도상적 시니피앙	제1층위 시니피에	제2층위 시니피에
우주를 연상케 하는 밤하늘	넓은 세계	신비로움, 웅장함
한옥과 문화유산 이미지	전통	전주의 역사
움직이는 언어정보	속력의 변화	속도감, 강조
중심에서 날아오는 나비의 모습	앞으로 나아가는 모습	도전정신, 열정, 에너지
메시지	전주의 이미지와 의미가치를 제시함으로써 전통과 미래를 아우르는 다양성을 나타냄. 앞으로 나아가고자 하는 열정과 에너지, 포부를 밝힘	

<표 2-26> 엔딩 장면

진행시간: 14초		
조형적 시니피앙	조형적 특징	시니피에

조명	밝은 키	발랄함
색채	파스텔 계열	부드러움, 안정적
	자주색	강렬함, 열정
구도	포커스 구도	카피와 심벌마크 강조
도상적 시니피앙	제1층위 시니피에	제2층위 시니피에
중앙으로 날아가는 나비	화면의 중심	안정감, 역동성
하얗게 빛나는 도시의 로고	색채의 대비	속도감, 강조의 의미
메시지	앞 장면에서 날아온 나비가 다시 등장하여 전주의 상징인 심벌마크로 변하는 것은 전통을 토대로 미래를 향해 나아갈 것임을 암시하며, 화면을 뛰어넘음으로써 한계를 뛰어넘겠다는 의지를 다짐	

〈표 2-27〉 전주 홍보영상물 내레이션과 자막정보

① 내레이션 정보
- 전주는 천년이라는 고고한 역사의 강을 건너고 있습니다. 천년의 자존심은 미래
  천년의 자신감으로 승화되고 있습니다. 모두의 꿈이 그렇듯 우리의 의지와 도전의
  한계란 존재하지 않습니다. 전통을 뿌리 삼아 새로움을 창조하는 에너지. 한바탕 전주
  세계를 비빈다.
- 삶이 기쁨으로, 행복으로. 전주가 자연을 입다
- 나눔과 돌봄의 희망공동체. 전주, 사람을 향하다
- 전통을 뿌리 삼아 새로움을 창조하는 에너지
- 미래를 향한 끊임없는 도전. 전주, 경제로 우뚝 서다
- 64만 시민이 함께 만드는 아트폴리스 전주, 예술이 되다
- 뜨거운 열정과 무한한 에너지. 한계를 뛰어넘어 정상을 향해 나아가겠습니다.

② 자막
- 1,300년의 찬란한 유산
- 아련하게 들려오는 선조의 숨결
- 한민족의 정서와 삶의 지혜가 계승되는 전통문화의 장
- 어제와 오늘이 만나 희망찬 미래를 여는 곳

이 홍보영상물은 전주의 유구한 역사와 다양한 문화자산을 통해 한국 전통문화의 대표적 도시 공간으로서 전주를 자리매김하고자 한다. 위의 기호학적 분석에서 볼 수 있듯이 이 홍보영상에서 두드러지게 표출되는 도시 공간 전주의 의미 속성은 '전통적', '창조적/새로운', '역동적', '공존적/조화적' 등으로 요약되며, 이를 통해 전주는 '천년의 역사와 수많은 문화유산을 토대로 미래를 창조하는 아트폴리스(Artpolis)'의 도시 공간으로 표현된다. 결국, 대립적 의미가치들의 변증법적 조합이 이뤄지는 공존과 화해의 공간이 전주라는 것이다. 이러한 영상홍보물의 속성은 영상물의 내레이션과 자막정보를 통해서도 확인할 수 있다. 여기서 붉은색 글씨는 과거적/역사적 의미의 어휘이며, 푸른색 글씨는 미래적/지향적 의미의 어휘다.

끝으로 전주에 대한 일반인의 인식을 확인하기 위해 간단한 설문조사를 실시했다. 조사 대상은 고려대학교 학생 15명과 다양한 직업을 지닌 일반인 10명으로 했다. 설문 대상에게는 '전주' 하면 떠오르는 이미지, 어휘, 표현, 느낌을 3가지 정도 자유롭게 서술해달라고 했다. 조사결과를 통해 이들이 실제로 받아들이는 전주의 이미지를 얻을 수 있었다. 조사 대상이 25명으로 적은 것은 조사를 계속할 필요가 없을 정도로 명확한 결과가 나왔기 때문이다. 〈표 2-28〉은 조사결과를 정리한 것이다.

〈표 2-28〉에 명시되지 않은 1표씩의 답변을 기록한 기타 의견으로는 후백제의 수도, 나룻배, 나전칠기, 부채, 예향, 전주대사습놀이, 한정

〈표 2-28〉 도시 공간 전주에 대한 일반인 인식조사 결과

어휘	비빔밥	전라도	한옥	콩나물국밥	한지	온화한 기후	기타 의견
답변자	24명	7명	6명	5명	3명	2명	각 1명

식, 교육의 메카 등이 있었다. 총 조사인원 25명 중 전원이 음식에 관련된 답변을 해주었으며(100%), 음식 중에서도 24명이 '비빔밥'이라고 답변(96%)했다. 이러한 분포를 통해 사람들이 실제로 느끼는 전주의 이미지는 압도적으로 '식문화'의 발달임을 알 수 있다. 다음으로 많이 나온 답변은 전통적인 이미지(한옥, 한지, 후백제의 수도, 나룻배, 나전칠기, 부채, 전주대사습놀이)에 관련된 답변이었으며(56%), 다음은 지정학적 위치(전라도, 온화한 기후)에 관련된 답변이었다(36%). 상기할 만한 점은 전통적인 이미지의 답변으로 나온 예들이 모두 실제 전주의 특산품들로, 전주가 고향인 사람을 제외하고 조사했는데도 매우 정확한 답들이 나왔기에 전주에 대한 사람들의 인식이 정확한 편이라고 짐작할 수 있다.

④ 멋[美/味/聖]을 표상하는 도시 공간 전주

도시 공간 전주의 서사구조와 문화정체성 분석에서 도출할 수 있는 문화코드는 '공존' 또는 '브리콜라주'다. 즉, 천년의 역사성을 기반으로 다양한 문화가치를 조합하여 도시 공간 전주만의 개성으로 새롭게 구성해내는 문화적 정체성을 표출한다. 전통과 도전, 어제와 오늘, 유산과 창조, 오래됨과 새로움 등 서로 대립되는 가치들의 선택과 조화로 차별화된 도시 공간의 의미를 '한바탕 비벼내'고자 한다. 결국, 도시 공간 전주는 일반인의 인식 속에서 한국의 맛 이미지를 체현하고 도시의 역사성을 경험할 수 있는 실천적 감응이 수행되는 '멋을 표상하는 도시 공간'으로 정의될 수 있다.

(4) 안동의 서사구조와 문화적 정체성

도시 공간 안동은 경상북도의 중심 부분에서 약간 북쪽에 위치한다. 시의 북쪽에는 영주시와 봉화군, 동쪽에는 영양군과 청송군, 남쪽에는 의성군이 있으며, 서쪽에는 예천군이 있다. 태백산맥의 지맥을 이루며, 낙동강은 북에서 남으로 흐르다가 시가지 동쪽에서 서쪽으로 관통하여 흐르고 있다. 낙동강을 경계로 서쪽 지역은 비교적 평탄하나 동쪽 지역은 산이 험준하여 농경지는 거의 산간에 위치하여 풍산읍 · 풍천면 일원의 풍산평야를 제외하고는 평야가 극히 적은 편이다. 행정구역은 1998년 통폐합에 따라 1읍 13면 10동으로 구성되어 있으며, 2010년 현재 거주인구는 16만 7천여 명에 이른다.

① 도시 공간 안동의 장소성

안동은 태백산 · 소백산 · 속리산 · 지리산으로 둘러싸인 영남 내륙의 오지로서 신라 · 고려 · 조선왕조를 거치면서도 언제나 정치적 중심지로부터 멀리 떨어져 있어 수도권에서 일어나는 다양한 변화에 둔감한 편이었다. 정치적 · 문화적 고립과 협소한 경제적 토대로 인해 이 지역은 혈연 · 지연 · 학연을 통해 일정한 유대관계를 맺어왔고, 그 위에서 형성된 공통의 지역정서가 안동지역의 고유한 모습을 이끌어냈다. 한마디로 안동지역의 지리적 · 환경적 조건이 이 지역을 외부로부터 문화적으로 고립시키는 반면, 내부적 결속을 강화시켰다고 할 수 있다. 〈표 2-29〉는 도시 공간 안동의 역사성에 근거한 장소성의 의미를 정리한 것이다.

<표 2-29> 시대에 따른 도시 공간 안동의 장소성

시대	안동의 장소적 의미
삼국시대 이전	신석기시대부터 사람이 살았으며, 삼한시대에는 진한에 속했고, 기원전 57년 염상도사가 이곳에 창녕국(昌寧國)이라는 부족국가를 세웠다고 함
삼국시대	삼국 시기의 안동문화는 기본적으로 신라문화의 성격을 지녔지만, 고구려문화와 백제문화적 요소도 가진 신라변방문화라 할 수 있음
통일신라시대	영주 부석사에 교두보를 둔 화엄종의 전파 및 확산 안동지역은 의상 화엄종의 실천적 근거지로 자리 잡음
고려시대	고려 때는 불교가 융성했지만, 정치적·현실적 성향으로 일찍부터 유학이 정착함. 안동은 고려 유학의 대표적 고장. 특히 여말의 성리학은 안동 지방 구석구석으로 번져나가게 됨 지역의 행정·군사·교육의 중심지
조선시대	성리학의 중심지로 서원을 중심으로 한 지식인 양산 특히 퇴계 이황의 성리학 발흥. 남인 계열 성리학의 중심
구한말 일제강점기	퇴계 사상의 본거지로서 의병운동과 독립운동이 활발하게 일어남
해방 후 현재	교통이 불편하여 도시 역할 축소 및 경제발전으로부터 고립 사찰, 서원 등 많은 문화재 보존 한국정신문화의 수도

영남 북부지역에 자리 잡은 '안동'은 신석기시대부터 사람이 살았던 흔적이 있으며, 삼한시대에는 진한에 속했고, 창녕국이라는 부족국가가 있었다고 한다. 고구려나 백제의 문화로부터도 단절되어 있고, 동시에 영남지역의 독자적 문화 중심지인 신라(경주지역)로부터도 상당히 떨어져 있다. 이러한 지리적 조건으로 안동은 다른 지역의 문화적 영향을 적게 받거나 비교적 늦게 받는 지역으로 문화적 후진성을 가졌다고 할 수 있다. 그러나 그러한 고립성과 후진성은 일단 수용된 문화에 대해서는 쉽게 바꾸지 않는 보수적 성향을 가진 것으로 드러나기도 한다.

삼국 시기의 안동문화는 기본적으로 신라문화의 성격을 지녔지만, 고구려문화와 백제문화적 요소도 가진 신라변방문화라 할 수 있다. 신라 입장에서 보면 안동지역은 신라문화의 전진기지임과 동시에 고구려·백제문화가 유입하는 과정에서 나타나는 문화충돌을 완화할 수 있는 완충지역이기도 한 셈이다.

고려시대에 이미 안동은 길주목·복주목·안동부 등으로 승격되어 경상도의 주요 도시로 성장했으며, 이와 같은 중요성은 조선시대까지 이어져 안동대도호부가 되어 그 후 1895년 지방행정제도 개편 때까지 계속 지위를 유지했다. 당시의 안동대도호부는 현재의 안동시뿐만 아니라 예천군과 봉화군 일부도 관할했으며, 인구나 시가지 규모가 경주부에 이어 경상도에서 두 번째로 큰 도시였다. 또한 경상도 동북부 지역의 계수관(界首官)으로서 지역의 행정·군사·교육의 중심지이기도 했다.

조선시대의 안동은 성리학의 중심지로, 서원을 중심으로 한 조선시대 지식인의 양산지였다. 특히 도덕적 의지의 자발성을 강조하는 퇴계의 사상은 초기 사림파의 의리정신에 이론적 기초를 세워주는 동시에 조선 중기 성리학을 학문적으로 개화시키는 데 중요한 역할을 했다. 구한말과 일제강점기를 거치면서 안동은 의병운동이 어느 지역보다 활발하게 일어났고 독립운동가를 무수히 배출했는데, 충효를 강조하는 성리학의 본거지이기에 당연한 귀결이었다.

그러나 해방 후 오늘에 이르기까지 안동은 철도 등 교통의 발전에서 소외됨으로써 도시의 역할이 축소되고 대도시로의 발전에서 멀어지게 되었다. 물론 이러한 소외는 많은 문화재 보존으로 연계되어 오늘날 '한국정신문화의 수도'로 안동학을 비롯한 독자적인 지역 연구가 수행되고 있다.

② 도시 공간 안동의 서사구조

도시는 하나의 방대한 건축물 그 자체로서보다는 거주자들에 의해 경험되고 지각되는 공간이다. 그러므로 도시민으로 하여금 도시의 형태를 만들고, 이를 인지하고, 그 정체성을 파악하게 해주는 코드와 규약은 도시가 존재하는 조건이 된다. 그러므로 한국의 도시 형태를 단순히 자연적인 환경으로서가 아니라 도시 공간의 사용자인 거주민이 공유하는 제도적인 상황에서 만들어진, 그리고 이들의 일상적 실천 속에서 경험되는 것으로 파악할 때 진정한 도시문화의 내러티브를 얻을 수 있을 것으로 본다. 〈그림 2-39〉는 안동의 도시 경험을 통시적 관점에서 정리한 서사구조로, 이를 통해 거주자와 방문자에게 기대되는 도시 공간 안동의

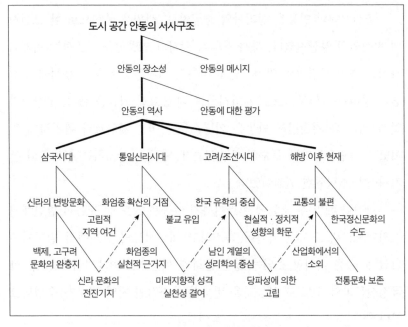

〈그림 2-39〉 도시 공간 안동의 서사구조

지각된 인식을 추론해볼 수 있다.

〈그림 2-39〉를 살펴보면, 도시 공간 안동에서 경험된 주요 사건의 특징은 지리적 고립과 성리학이라는 두 개의 키워드로 정리될 수 있다. 통시적으로 바라본 안동의 서사에서는 '신라의 변방문화', '화엄종 확산의 거점', '한국 유학의 중심', '산업화에서의 소외', '전통문화 보존' 등이 주요 사건으로 기억되지만, 안동은 고려시대 이후 오늘날에 이르기까지 장기간에 걸쳐 성리학으로 대표되는 유학의 거점이자 서원교육의 메카로서 인식되어왔다. 물론 이러한 서사의 중심에는 지리적으로 고립되어 주변 환경에 그리 영향을 받지 않는 '보수적 전통성'이라는 이미지도 함께한다. 결국, 일련의 서사적 사건들을 통해 드러나는 도시 공간 안동의 서사성은 '한국적 선비문화의 정통성'으로 정의될 수 있다.

③ 도시 공간 안동의 문화적 정체성

도시 공간 안동의 문화적 정체성을 확인하기 위한 우선 작업으로 안동시가 외부에 어떤 이미지로 비치는지 알아보기 위해 다음과 같은 조사를 거쳤다. 20~35세 사이의 일반인 35명에게 안동의 대표적 이미지를 물었다. 답변의 다양성을 기하기 위해 안동의 대표적인 이미지 3가지를 제시하도록 요구했다. 일부 응답자는 한 개 혹은 두 개의 이미지만 제시했는데, 이는 '잘 알지 못한다', '모르겠다'라는 응답이 나온 경우였다. 이 경우 대답이 나오지 않은 사항은 개수에서 제외하고 35명의 응답자 중 총 98개의 단어를 뽑아냈다. 또한 응답자 모두 안동에 가본 적이 없다고 대답했으므로 미디어 또는 타자의 경험 등에 의존한 안동의 대외적 이미지를 판단하기에 적절했다. 단어는 8가지 카테고리로 나눴는데, 탈, 양

<표 2-30> 일반인의 안동 이미지 어휘 분석

카테고리	단어	빈도 (회)	전체 비율 (%)	카테고리	단어	빈도 (회)	전체 비율 (%)
유교	제사	2	2.04	지역 음식	안동소주	2	2.04
	사원	1	1.02		찜닭	8	8.16
	유교	3	3.06		합계	10	10.20
	합계	6	6.12	지리적 특성 및 정보	하회마을	6	6.12
탈	탈춤	7	7.14		도산서원	2	2.04
	하회탈	16	16.33		강	2	2.04
	탈	2	2.04		경상도	1	1.02
	합계	25	25.51		분지	1	1.02
양반/선비	양반	7	7.14		시골	2	2.04
	선비	4	4.08		민속촌	3	3.06
	세도가	2	2.04		집성촌	1	1.02
	합계	13	13.27		한옥마을	1	1.02
시대/전통	전통	2	2.04		합계	19	19.39
	한옥	3	3.06	기타	5천 원	1	1.02
	조선시대	1	1.02		구제역	1	1.02
	합계	6	6.12		유네스코	1	1.02
인물/가문	엘리자베스 여왕	2	2.04		예절	1	1.02
	대원군	1	1.02		느림	1	1.02
	안동권씨	1	1.02		여유	1	1.02
	류성룡	1	1.02		폐쇄적	1	1.02
	류시원	1	1.02		합계	7	7.14
	안동김씨	4	4.08				
	안동유씨	1	1.02				
	남희석	1	1.02				
	합계	12	12.24				
				합계		98	100

반/선비, 유교, 시대/전통, 지리적 특성 및 정보, 지역 음식, 인물/가문, 기타 카테고리로 대분류했다. 탈, 양반/선비, 유교 카테고리는 넓게 보면 시대/전통이라는 대범주 안에 속할 수도 있겠지만, 각각의 소분류가 하나의 대분류만큼 큰 비율을 가졌으므로 그 비율을 세밀하게 비교해보기 위해 따로 분리했다. 응답을 통해 나온 단어와 횟수, 퍼센트 비율을 정리하면 〈표 2-30〉과 같다.

전체적으로 살펴보면, 안동의 이미지는 옛것, 전통, 전통문화에 관련된 것이 가장 많았다. 위에서 언급했듯이 탈, 양반/선비, 유교 카테고리를 시대/전통 범주에 넣어보면 그 비율이 51.52%에 이르러 전체의 절반이나 차지한다. 여기에 타 카테고리의 유적과 문화재에 대한 단어 등까지 합하면 실제 옛 문화에 관련된 이미지는 훨씬 클 것이다. 그만큼 안동은 전통문화의 중심이라는 절대적인 이미지가 형성되어 있다. 이 중 양반, 선비 관련 이미지를 떠올린 비율은 13%가량이었다. 양반 또는 선비는 사회적 통념상 '정적이다', '지식이 풍부하다' 혹은 '권위적이다', '고리타분하다' 등 대체로 진중하고 무거운 이미지를 가졌다.

한편 위의 자료에서 전체의 26%는 탈춤에 대한 어휘였다. 양반/선비에 대한 안동의 이미지에 모순되게도 탈춤은 서민의 문화였다. 탈춤은 시대의 기득권층을 비판하는 내용과 익살스런 표현방식으로 미뤄보아 '해학적이다', '익살맞다', '동적이다', '골계적이다', '희화적이다' 등의 동적인 이미지를 가졌다. 즉 안동은 무거우면서 가볍고, 정적이면서도 동적인 상반된 두 콘텐츠를 지닌 독특한 도시다. 자칫하면 지루해지거나 무거워질 수 있는 양반의 이미지와 가볍고 거칠어 보일 수 있는 서민/탈춤의 이미지가 적절하게 섞여 긍정적인 효과를 낳았다고 본다.

이러한 도시의 성격은 로고에서도 찾을 수 있는데, 여기에서는 초록

〈그림 2-40〉 안동시 홈페이지 　　　　　　 〈그림 2-41〉 안동시 로고

색으로 상징되는 '앞선 세대/전통/서민'의 이미지와 파란색으로 상징되는 '뒷선 세대/현대/선비'의 이미지가 함께 휘돌아 감겨들어가면서 한국을 상징하는 역동적인 태극문양의 모습을 보여주기 때문이다. 결국, 안동시의 로고는 일반인의 인식과 마찬가지로 서로 상반되는 의미가치들이 조화를 이루며 하나를 형성하는 도시의 문화적 정체성을 표방하며, 이 또한 한국의 문화적 정체성을 간접적으로 상징화하고 있다. 따라서 안동시가 도시의 슬로건을 '한국정신문화의 수도'로 칭한 것은 도시의 문화적 정체성을 매우 적절히 표현했다 하겠다.

　　안동시 홈페이지 역시 안동의 문화적 정체성을 확인하는 데 활용될 수 있는 자료다. 시청 홈페이지는 시청을 방문하기 전 도시에 대한 정보를 획득할 수 있는 가장 수월한 방법 중 하나이기에 도시 방문자가 해당 도시의 이미지를 형성하는 데 중요한 역할을 하기도 한다. 따라서 유럽 관광 선진도시들의 홈페이지는 도시의 정체성이 잘 드러나도록 메인 페이지를 구성한다. 그런 반면 한국의 도시들은 아직 이에 대한 인식이 부족하여 메인 페이지 구성이 미학적이기보다는 매우 정보적이다. 다시 말해 홈페이지의 목적과 접근 대상을 방문자가 아니라 거주자로 설정했기에 거주자의 요구와 시정 전달을 지향한다. 따라서 안동시 홈페이지도 다른 도시와 마찬가지로 도시의 정체성을 표현하기보다는 내용 전달 중심의 건조한 제보적 텍스트의 성격을 보여준다. 화면 색은 파란색, 초록색을 지배적으로 배치하여 눈의 피로도를 경감시켜주고 있지만, 어느 한 부분에도 집중할 수 없을 만큼 산만한 느낌 역시 부정할 수 없다. 안동시 홈페이지의 성격은 '민원', '시민/주민', '뉴스/소식', '시정' 등의 지배 언어에서 유추될 수 있듯이 정보제공 중심의 제보적 텍스트로 규정될 수 있다.

끝으로 15분 4초 길이의 안동시 홍보영상을 통해 도시 공간 안동의 문화적 정체성을 확인해보고자 한다. 이 홍보영상은 차분한 여성의 목소리로 내레이션을 하며 안동의 지역정보를 전달한다. 이 영상은 기본에 충실한 동영상 형식으로, 사건 중심의 연속적 배열로 구성되어 있다. 15분이 지루하게 느껴질 만큼 천편일률적인 느낌을 준다. 영상의 전반부에서는 현대적 모습보다는 한옥, 사찰, 자연풍경, 한복을 갖춰 입은 사

〈그림 2-42〉 안동시 홍보영상

람들의 모습을 보여주며 전통이 살아 숨 쉬는 고장으로서 안동의 이미지를 부각시키고 있다. 현재의 모습을 설명하는 내용에서도 영상은 옛것을 지키며, 고유의 문화를 보호하는 도시임을 강조한다. 반면 후반부에서는 오늘날의 안동과 안동의 주요 사업을 소개한다. 과거를 소중히 여기되 미래를 준비하지 않는 도시는 결코 아니라는 메시지를 전달한다. 배경음악은 주로 웅장하고 역동적인 음악을 사용함으로써 관람자의 집중도와 감흥도를 높이려고 한다. 도시 공간 안동의 문화적 정체성은 일반인의 의식조사와 안동시의 로고 및 홈페이지, 그리고 홍보동영상을 종합해보건대, '역동성'과 '조화성'의 가치가 강조된 '선비정신을 기반으로 한 한국정신문화의 본향'으로 정의될 수 있을 것이다.

④ 얼[神/心]을 표상하는 도시 공간 안동

안동은 정체성이 선명한 지역이다. 특히 일반인의 이미지 설문조사에서 대부분 성리학적 전통 또는 유교적 문화와 관련된 단어를 대표 이미지로 꼽을 만큼 한국의 양반문화 또는 선비문화의 대표적 공간으로 각인되어 있다. 이러한 이미지는 도시의 장소성에서도 추론될 수 있었는데, 이는 도시 공간에 축적된 기억의 분석을 통해 안동이 '한국 선비문화의 정통성'이라는 도시의 서사를 획득함에서도 확인할 수 있었다. 결국 지역의 정체성으로 '한국정신문화의 수도'라는 슬로건을 표방하는 도시 공간 안동은 조선시대 사대부의 선비문화로 이해되는 추상적이고 정신적인 내용의 '얼을 표상하는 도시 공간'으로 정의될 수 있으며, 이는 서울, 광주, 전주와는 다른 도시의 서사성과 문화정체성 분석을 통해 구축된 것이라 볼 수 있다.

4) 한국 도시 공간의 서사구조 개발을 위한 표준모델 제안

이 글은 물리적 환경과 더불어 공간에 침전된 역사성과 장소성에 기초하여 도시 공간의 내러티브(서사성)를 파악하고, 도시 공간의 문화적 정체성은 일반인의 도시 공간에 대한 인식구조와 더불어 도시 공간의 표층체계를 구성하는 홈페이지, 로고, 홍보동영상을 통해 도출했다. 이 글의 분석대상인 도시 공간 서울, 광주, 전주, 안동의 서사구조를 창출하기 위해 적용된 기호학 기반의 복합 인문학적 분석틀을 도식화하면 〈그림 2-43〉과 같다.

도시의 서사성이 도출되는 제1단계에서 적용될 분석방법론으로는 구체적 자료 수집과 비교문화적 자료분석을 위한 문화인류학적 방법론, 도시의 역사적 기억을 통해 장소의 의미를 파악하기 위한 문화사적 방법론, 그리고 마지막으로 도시 공간의 서사 콘셉트를 도출하기 위한 기호

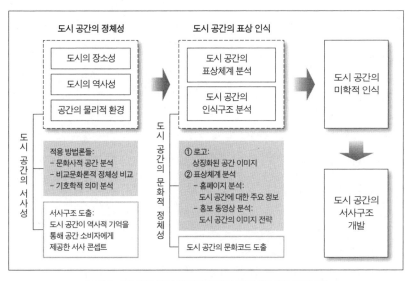

〈그림 2-43〉 한국 도시 공간의 서사구조 개발을 위한 표준모델

학적 방법론 등이 활용되었다. 도시 공간의 문화적 정체성을 파악하기 위한 제2단계는 표상체계의 분석과 인식구조의 분석이 수행되었는데, 이를 위해 적용된 방법론은 도시 공간의 문화코드를 도출하기 위한 기호학적 방법론과 도시 공간의 인식에 대한 비판적 접근을 수행할 미학적 방법론 등이 활용되었다. 결국 이 글에서 한국 도시 공간의 서사구조 개발을 위해 제안한 표준모델은 도시 공간의 정체성 파악에 중요한 요소인 장소의 서사성과 문화적 정체성에 근거하여 구축된다고 하겠다.

III

도시 공간의
감각적 표상과 의미구조

1.
언어학으로 구성된 건축 공간
피터 아이젠만의 베를린 홀로코스트 메모리얼 파크 분석을
중심으로

1) 언어학과 건축학

구조주의적 인식의 기초를 마련한 소쉬르(F. de Saussure)의 『일반언어학
강의』(1916)가 그의 사후 제자들에 의해 정리되어 세상에 소개된 이후, 언
어학은 사회과학 영역에서 중요한 역할을 해왔다. 특히 인류학, 정신분
석학, 미학, 철학 등이 언어학으로부터 큰 영향을 받았다고 평가됨에 따
라[1] 언어학은 이제 실험과학으로서 인정받고 있으며, 이러한 언어학의

---

1) 인류학자 레비스트로스(C. Levi-Strauss, 1908~2009)는 구조주의의 인식과 방법을 인류학에
    적용함으로써 구조주의를 현대 사상에서 가장 영향력 있는 이론적 도구가 되게 하는 데 기
    여했고, 기호학자 바르트(R. Barthes, 1915~1980)는 현대 대중사회의 이데올로기적 의미작
    용 과정을 구조주의의 관점에서 분석하고자 했다. 또한 정신분석학 영역에서 라캉(J. Lacan,
    1901~1981)은 "무의식은 언어와 같이 구조화되어 있다"며 무의식의 고유한 논리적 구조를
    언어학적 방법으로 분석했으며, 마르크스주의 철학자 알튀세르(L. Althusser, 1918~1990)
    는 마르크스주의를 구조주의적 관점에서 재해석하여 마르크스주의에 대한 실존주의적이고

〈그림 3-1〉
베를린 홀로코스트
메모리얼 파크

다양한 시도는 구조주의적 인식의 비판에도 오늘날 다양한 학문영역에서 이론 형성에 기여했다. 그중 하나가 바로 건축학이다. 하지만 다른 영역에 비해 건축학에서의 영향은 언어학을 적용시키는 데 한계가 있었는데, 이는 첫째로 언어학과 언어학에서 도출된 기호학적 개념에 대해 건축학에서의 언어학적 지식이 한계가 있었다는 점이다. 둘째로는 건축학 자체에서도 문제점이 지적될 수 있는데, 이는 건축학 영역에서 기술적 실제(technical practice)와 이론적 실제(theoretical practice)에 대한 혼동이 있었다는 점이다. 다시 말해 기술적인 문제를 해결하기 위한 이론 소개와 이론 자체의 실증적 적용을 위한 설득 구조의 생산 사이에 혼동이 존재했다는 점이다. 끝으로, 현 건축이론에 대한 언어학의 입장을 명확히 하는 데 가장 중요한 것은 이데올로기적 기능성(이데올로기 구축)과 이론적 기능성(이론의 생산) 사이의 구분이 필요하다는 점이다.[2] 따라서 여기에서는 통사구조 또

인간주의적인 해석을 비판하려 했다. 후기구조주의의 대표적 철학자인 푸코(M. Foucault, 1926~1984)는 한 시대의 지식의 기호체계인 인식성(episteme)이 연속적인 발전이 아니라 비연속적인 비약과 단절의 구조를 지닌다는 것을 논증하며, 문화적 변동을 심층적으로 규정하는 언어와 사상의 무의식적 법칙을 밝히려 했다. 네이버 지식백과 참조. http://terms.naver. com/entry. nhn?docId=1066491&cid=40942&categoryId=31435

2) Gandlsonas, M. (1973), Linguistics in Architecture, in K. Michael Hays, Architecture Theory Since 1968, MIT Press, 1998, p. 114 참조. 피터 아이젠만에 대한 간델소나스의 비판은

는 소위 '개념 건축'이라 부르는 피터 아이젠만(Peter Eisenmann)의 접근태도에 대한 비평을 토대로 언어학 이론을 건축학으로 전이하는 문제에 대한 논의를 전개하고자 한다. 이를 위해 이 장에서는 피터 아이젠만이 디자인한 '베를린 홀로코스트 메모리얼'을 대상으로 언어학의 시각으로 구성된 도시 공간의 의미와 기능을 읽어보고자 한다.

2) 피터 아이젠만의 건축에 대한 사고

피터 아이젠만은 1932년 8월 12일 뉴욕 뉴저지주 중산층 가정에서 출생하여 코넬 대학과 컬럼비아 대학을 졸업했고, 영국의 케임브리지 대학에서 박사학위를 받은 이론파 건축가다. 1957년부터 2년간 바우하우스 운동을 주도한 발터 그로피우스(W. Gropius)의 건축가협동체(TAC)에서 활동한 바 있으며, 근대주의 건축과 예술이 한창 꽃피던 1970대 초반 미국 아이비리그 출신들

〈그림 3-2〉 피터 아이젠만

추후 Opposition 6(1976 가을호)를 통해 피터 아이젠만이 직접 재반론을 하고 탈기능주의(post-functionalism)적 건축관을 주장하기도 한다. 그럼에도 이 장에서 간넬소나스의 비판을 수용한 것은 최소한 건축이론에 적용된 언어학적 관점을 지적한 간넬소나스의 시각이 주목할 만한 가치가 있다고 판단되기 때문이다.

이 중심이 된 '뉴욕 5'를 주도하기도 했다.[3] 피터 아이젠만은 1967년 건축과 도시의 이론 및 담론을 연구하고 조사하는 건축도시연구소(Institute for Architecture and Urban Studies, IAUS)를 설립하고 소장이 되었다. 이곳을 통해 현대 건축의 내로라하는 건축가들, 예를 들어 콜하스(Rem Koolhaas), 하디드(Zaha Mohammad Hadid), 추미(Bernard Tschumi), 누벨(Jean Nouvel) 등과 함께 작업했다. IAUS는 건축의 이론적 사고가 순수 건축 실무에 대해 주도권을 갖게 하는 전초기지로서 중요한 역할을 수행했는데, 기관지 〈오퍼지션스(Oppositions, 대립)〉를 통해 단순 정보제공을 넘어 이론적 탐구나 발표 그리고 선언의 장을 형성하기도 했다. 그러기에 피터 아이젠만의 건축에 대한 사고를 확인하기 위해 IAUS의 기관지 〈오퍼지션스〉의 1976년 가을호 권두언에 실린 글을 참고하고자 한다.[4]

피터 아이젠만은 서구 사고의 흐름을 인본주의적 경향으로 해석하고 있다. 이것은 인간중심의 사고를 말하는 좁은 범위의 인본주의를 가리키는 것이 아니라 (건축 언어로 말하자면) '건축의 공간을 경험하는 대상'을 중심으로 인식하는 사고방식을 지칭한다. 아이젠만에게 '모더니즘은 곧 기능주의'라는 인식은 결국 인간중심의, 다시 말해 경험하는 대상을 중심으로 하는 사고의 범위를 벗어나지 못한 것이라고 받아들여지면서 기능주의는 인본주의에 대한 대안이라기보다는 그것의 후기 국면에 지나지 않는다고 평한다. 이에 따르면 피터 아이젠만은 모더니즘을 '언어 자

---

3) '뉴욕 5'는 1972년 『다섯 명의 건축가들(Five Architects)』이라는 책의 출간을 기점으로 마이클 그레이브스(M. Graves), 찰스 과스메이(Ch. Gwathmey), 존 헤이덕(J. Hejduk), 리처드 마이어(R. Meier) 등과 함께 피터 아이젠만이 만든 건축가 그룹으로, 1900년대 초반 르 코르뷔지에(Le Corbusier) 등이 주도한 근대주의(modernism)의 본질이 왜곡되고 있다는 점에 주목함과 아울러 벤추리(R. Venturi) 등이 이끄는 수정주의(Revisionism)에 맞서기 위해 이론적 무장을 더욱 강화했다.

4) Hays, M. K. 편/봉일범 역, 『1968년 이후의 건축이론』, Spacetime, 2013, pp. 316-323 참조.

체에 관한 작업'으로 이해하면서 대상이 아닌 그 자체의 대상성에 주목했다. 이는 건축을 경험하는 주체가 아닌 물리적 성질을 지닌 건축 자체에 대한 생각을 말한다. 그러기에 아이젠만에게 근대적인 건축은 주관적인 혁신이라기보다 건축설계가의 외부에 놓인 객관적 지식을 건축의 물질적이고 형태적인 작용 안에서 모색하는 것이어야 하며, 이와 같은 작업은 주어진 '언어(건축 내부의 언어)'에서 새로운 것을 만들어내는 데 건축이 가진 요소들의 분절과 재배열을 통해 내재적으로 발견해내는 것이라고 정의한다(봉일범 역 2013, 317 참조). 이는 곧 시스템(system)에 관한 논리로, 피터 아이젠만이 집중하는 부분은 오브제(object)가 아닌 오브제와 오브제 사이를 연결하는 고리들의 관계이며, 이것은 전체적으로 볼 때 시스템에 대한 관심이라고 해석될 수 있다. 여기서 피터 아이젠만이 빚지고 있는 것이 바로 구조주의 언어학이다.

3) 피터 아이젠만의 건축이론

구조주의 언어학의 핵심은 언어를 기표(signifiant)와 기의(signifie)의 결합으로 이해하고, 언어의 의미영역인 '기의'와 표상영역인 '기표' 사이의 '관계', 즉 기표와 기의 사이에서 당연하게 받아들여지는 의미작용에 대한 고민이라고 볼 수 있을 것이다. 피터 아이젠만은 이런 구조주의 언어학적 사고를 바탕으로 언어중심적 건축경향을 보이는 대표적 건축가다. 그는 건축을 구성하는 요소들(기둥, 벽, 슬라브 등)을 해체하고 다시금 재결합하는 과정을 통해 새로운 형태를 생성하는 측면에 관심을 가졌는데, 이는 피터 아이젠만이 1970년대에 수행한 일련의 작업인 '하우스 시리즈 (house series)'를 통해 확인할 수 있다. 이러한 아이젠만의 건축은 건축을 이루는 구성요소 사이의 관계를 해체하고 새로운 관계를 만들어내는 데 치중한다는 점에서 '구조주의적'이고, 두 개의 상이한 생성논리(기하학적이고 내재적인 형태의 변형과 무시간적이고 해체적인 성격을 지니는 개별적 존재로서 형태의 변형)가 변증법적으로 복합 작용하여 만들어지는 형태를 탐구하고 있다는 측면에서는 다분히 '생성론적'이다. 그리고 아이젠만은 이러한 성격들이야말로 유럽에 이어져 내려오던 인본주의적 사고의 흐름에서 탈피하여 새로운 방향성을 제시하는 탈기능주의(post-functionalism)적 특징이라고 주장한다.[5]

피터 아이젠만에게 건축과 언어의 접목은 두 영역이 유사한 구조와 내용을 갖고 있다는 전제에서 출발한다. 르네상스 이론가 알베르티(Leon Battista Alberti)가 건축이론을 집대성한 이후 건축계에는 건축의 요소와 이를 구성하는 문법적·수사적 법칙들이 있다는 믿음이 존재했다. 1920년대 이후 근대건축은 서양건축사에서 천년 이상 이어져온 '표상'의 기능과 역할을 부정하고 이를 소거하려는 시도가 진행되었지만,[6] 1960년대 후반에 이르러 건축계에서 소거된 '문화적 표상', '상징'을 복원하려는 움직임이 다시 일어났으며, 이때 건축 영역에 언어학이 도입되었다.

건축과 언어의 접목을 가장 먼저 시도한 사람은 필라델피아 출신의 건축가 로버트 벤추리이며, 벤추리 이후 건축과 언어를 이론으로 정리한 사람이 건축이론가 찰스 젱크스(Charles Jencks)다. 벤추리는 근대건축가들이 공간, 구조, 프로그램의 건축체계를 아이콘으로 왜곡했다고 보는 반면,

---

5) http://blog.naver.com/archiplay/100141671442. [출처] Peter Eisenman 'post-functionalism' 해석_written by WIEL|작성자 archiplay의 내용 참조.

6) '표상'은 조형예술의 본질적 목적으로, 어떤 '매체'를 통해 '매체' 자체가 아닌 다른 무엇, 즉 의도하는 '내용'을 지칭하거나 함축하는 행위와 이를 인식하는 것을 의미함.

젱크스는 오히려 근대건축가들이 아이콘의 은유적 의미를 부정했다고 판단했다. 이처럼 두 사람의 관점 차이에도 대중과 소비문화에 대해서는 묘한 일치를 보였는데, 이는 건축을 대중과 소통하는 기호로 보았고, 근대건축이 경시한 일상의 풍경에서 시각적 유희와 해학을 탐색했다는 점에서 찾을 수 있다.

반면 피터 아이젠만은 오브제 중심의 벤추리와 젱크스의 상징주의 이론을 강하게 비판하고, 구체적 이미지를 배제한 기하학적 형태로 전환할 것을 주장했다. 그에게 '오브제'가 시지각의 대상이라면, '관계'는 감각과 경험의 대상으로 구체화되지 않은 관념의 영역에 해당했다. 피터 아이젠만은 건축뿐 아니라 20세기의 회화도 오브제에 대한 강박관념에서 탈피하지 못했다고 비판했다. 따라서 그의 건축은 형태와 기능을 벗어나 해체적 경향[7]을 갖는 복합적인 건축개념을 기반으로 건축의 요소들을 언어작용의 시스템으로 간주하여 언어로서 문장이 구성되듯이 건축형태의 생성과정을 연구하는 통사론적 건축이론을 전개했다. 이런 관점에서 아이젠만의 건축은 양식사적으로 구조주의의 범주에 속하며, 형태적 측면에서는 탈기능주의(Post Functionalism)를 수용한 것으로 간주할 수 있다. 결국, 아이젠만은 새로운 질서와 언어학적인 창조를 시도하고자 통사론의 논리적인 질서 속에서 건축의 문법을 이용하여 건축이 어떻게 구성되는가 하는 원리를 발견하는 데 관심을 두고 촘스키(N. Chomsky)의 언어모델을 건축에 적용하여 외적 창조와 의미전달에는 무관한 근본적인

---

7) 피터 아이젠만은 해체 개념을 받아들여 '분해'라는 자신만의 분석적 도구를 만드는데, 그 자신도 '분해'라는 용어는 문예평론가가 '해체'라는 용어로 표시한 것과 유사하다고 언급했다. '분해'라는 과정은 형태라는 주어진 조건에서 출발하여 형태의 통일로부터 이탈하는 것을 뜻한다. 결국 이것은 그가 과거에 행하던 '변형'이라는 원형지향적인 특성을 버리고 '분해'라고 명명되는 다양한 방향으로의 궤도 수정을 의미하는 것이라 할 수 있다.

건축법칙인 심층구조와 표면구조라고 하는 통사론에 고립화시켜 검증하고자 했다.

4) 피터 아이젠만의 건축 설계 특징

앞에서 언급한 피터 아이젠만의 건축이론을 기반으로 그의 건축 설계에서 찾아볼 수 있는 특징을 정리하면 다음과 같다.[8]

첫 번째 단계에서는 기존의 건축물을 대상으로 형태를 분석한다. 이는 형태를 연구하여 형태가 바뀌더라도 의미는 변하지 않은 채 남아 있다는 통사론(Syntax), 즉 건축언어의 법칙을 확립하는 단계다. 이러한 시각은 구조주의 언어학적 사고로 기표와 기의(또는 표층구조와 심층구조)를 분리하고, 이들의 관계가 필연적이지 않다는 시각에서 출발한다.

두 번째 단계에서는 표층구조와 심층구조를 분리하여 논리의 형성을 추구한다. 표층구조는 기둥이나 평면의 형태, 질감, 색채 등에 대한 표상(즉, 실제의 물리적인 형태)을 의미하며, 심층구조는 주어진 형태 사이 또는 공간 사이의 관계와 비례를 말한다. 이들은 변증법적인 단계, 즉 내재적 형태 변형과 해체적 형태 변형을 거치게 된다.

---

8) 성인수(1988), "변형과 분해의 논리", 『건축과 환경』 8811, 77 참조; 김경희 2003, 20 이하 재인용.

세 번째 단계에서는 '변형'과 '분해' 과정을 통해 새로운 텍스트를 산출하고자 한다. 즉, 고전적(또는 관습적) 건축언어로부터 새로운 언어를 생산하고자 한다.

네 번째 단계에서는 자신의 실제 작품을 분석한다. 건축이 의도하는 바는 표층구조인 형태로서 나타나는데, 실제 건물은 최후 형태에 이르기까지의 과정을 보여주지 못한다. 그는 최후 형태로 표현된 표층구조에는 관심이 없고, 심층구조에 흔적을 남기며 표현될 가능성이 있는 표층구조의 활용에 관심을 기울인다.

피터 아이젠만의 설계과정을 요약해보면, 기존 건축물을 대상으로 한 형태분석에서 언어학 이론을 바탕으로 형태(기표 또는 표층구조)를 추출해내고, 변형과 분해 과정을 통해 형태의 변화에도 지속적으로 유지되는 의미를 반영하는 심층구조를 도출해내어 통사론적 구조에서 만들어낸 법칙에 맞추어 실제 건물설계를 수행한다. 건축설계 과정에서도 찾아볼 수 있는 것처럼 아이젠만은 구조주의에 많은 영향을 받고 있음을 알 수 있다. 아이젠만이 해체주의의 대표적인 건축가의 한 사람으로 인정받는 이유는 그의 작품이 구조주의 언어학적 접근에서 시작되었으며, 포스트구조주의 해체이론의 전개양상과 비슷한 변화를 보이기 때문이라 할 수 있다(김경희 2003. 22 참조). 다음에서는 피터 아이젠만의 건축이론의 실제적 적용을 확인하기 위해 분석대상으로 '베를린 홀로코스트 메모리얼 파크'를 선택하고자 하며, 이를 통해 변형과 분해, 그리고 심층구조의 도출 등으로 수행되는 건축설계 과정을 천착하여 어떻게 새로운 메시지를 창출하고 있는지를 이해하고자 한다.

5) 베를린 홀로코스트 메모리얼 파크의 공간성

베를린 홀로코스트 메모리얼 파크는 피터 아이젠만의 설계로 2003년 4월부터 기획되어 2005년 5월 12일에 완성되었으며, 베를린의 브란덴부르크 문 남쪽에 개설된 유대인 희생자를 위한 추모공원이다. 유대인에게 자행된 잔인했던 역사를 회고하기 위한 이 프로젝트는 1만 9,073m²의 부지에 세워진 콘크리트 비석 2,711개로 구성되어 있는데, 비석은 폭 95cm, 길이 2.375m, 높이 0.2~4.8m까지 다양하며, 54칸에 86열로 나란히 서 있고, 기둥 사이의 간격은 폭과 같은 95cm로 한 사람이 간신히 통과할 수 있을 정도로 붙어 있다. 비석 주변에는 총 41그루의 나무가 에워싸고 있으며, 지하에는 면적이 930m²인 박물관이 조성되어 있다.

〈그림 3-3〉
베를린 홀로코스트
메모리얼 파크의 공간

6) 베를린 홀로코스트 메모리얼 파크의 언어학적 재구성

피터 아이젠만은 '건축은 또 다른 언어이론의 표출'이라는 흐름에 주목하여 노암 촘스키(N. Chomsky)의 언어이론인 '변형생성문법'을 건축에 적용함으로써 언어와 언어 간의 관계를 구조와 구조 사이의 관계로 치환하고자 했다. 촘스키는 "언어의 발전은 자체의 진화, 즉 심층구조로 설명 가능한 내재적 법칙에 의한 것"이라는 언어이론을 제시했는데, 이것은 피터 아이젠만에 이르러 형태의 출현을 설명할 수 있는 구조·법칙·원리의 발견에 초점을 맞추되, 시각적 표상에 의한 건축 해석은 지양하는 건축 설계의 한 방향으로 차용되었다. 이때, 독창적이고 흥미로운 것은 건축학의 특징들을 의미론적인 관점에서 통사론적 관점으로 전이한 결과 건축학 내에서 변형 가능성을 발견했다는 것이다. 즉, 의미론적 차원을 무기력화함으로써 통사론적 차원이 새로운 빛을 보게 되었다는 것이다. 이렇듯 건축의 통사론과 의미론의 차원은 폭로되었고, 비이데올로기적인 이론 개발을 위한 잠정적인 출발점이 되었다.

베를린의 홀로코스트 메모리얼 파크에 세워진 2,711개의 비석은 동일한 폭과 길이로 배치되어 있지만, 끊임없는 높이 변화와 0.5~2° 사이의 기울어짐으로 독특한 메시지를 전달하고 있다. 피터 아이젠만은 이 프로젝트에 소쉬르 언어학의 한계를 보완하는 촘스키의 이론을 변용했는데, 소쉬르의 구조주의적 언어학에 따르면 사물은 그 자체로 의미를 갖지 못하고 다른 것과의 관계에 의해 가치를 획득한다. 언어를 명사들의 집합이 아닌 관계성, 즉 기표와 기의 간의 관계가 하나의 기호를 만드는 것으로 이해했다. 피터 아이젠만의 건축철학을 구조주의로 분류하는 것은 바로 그의 건축에서 사용되는 선, 면, 체적이 의미를 획득하는 것이 대상이나 요소 자체 때문이 아니라 요소 사이의 관계들에서 창출되기 때문이다. 그러나 건축을 기호로 볼 때 주체의 문제는 매우 중요하다. 이는 공간 창조 또는 수용이라는 구체적 행위가 주체에 의해 수행되기 때문이다. 피터 아이젠만이 촘스키의 이론을 받아들인 것은 바로 인간의 언어적 창조 능력, 즉 언어능력(Competence)을 이론화한 부분이 있었기 때문이다.

피터 아이젠만은 언어학에서처럼 건축학에서도 통사론적인 성분이 심층구조와 표층구조를 생성할 수 있다고 가정한다. 피터 아이젠만의 심층구조는 촘스키의 언어학적 심층구조와 유사한데, 그에게 심층구조는 건축설계의 콘셉트로서 변형 규칙의 기능을 가능케 하는 요소들의 추상적 · 내재적 인식이고, 이를 표층구조로 현실화시키는 변형 규칙은 설계 프로세스를 통해 확인된다고 주장한다. 이때 프로세스는 언어를 의미적 구문관계의 기술로 보지 않고 생성적 활동으로 보는 촘스키의 생성변환문법에서 차용된 개념으로서 대상 자체는 건축가의 의도, 즉 개념을 드러내지 않기에 이를 인지하기 위해 '프로세스'라는 증거가 필요하다고 주장했다. 이는 결국 그에게 대상의 정의에 관한 문제가 아니라 배후에 숨은 과정을 조사하는 것이 중요했음을 의미한다. 이 배후 과정은 기록에 의해 시각화되었고, 이는 기록이 시간에 따른 생각에 지배되는 형태 진행의 발전을 이해하는 데 도움을 주기 때문이었다.

촘스키의 언어이론에 의존하여 분석대상인 베를린 홀로코스트 메모리얼 파크를 설명하면, 베를린 홀로코스트 메모리얼 파크의 표층구조는 높이, 폭, 길이, 질감 등 제한된 건축표현 요소 간의 다양한 관계를 통해 그만의 건축언어를 표현하고 있다고 볼 수 있다. 이때 대상의 의미는 프로세스를 통해 확인될 수 있는데, 프로세스는 설계자의 창조적 활동이 이뤄지는 단계로, '유한 수단을 무한으로 사용하면서 무제한으로 결과물을 생성시키는 능력(Competence)'으로 이해될 수 있겠다. 베를린 홀로코스트 메모리얼 파크의 의미생성과정을 살펴보면 다음과 같다.

질서정연하게 격자무늬로 배치되어 있는 직육면체의 비석 모양은 표층적으로 견고하고 체계적이며 통일적인 의미를 생성하지만, 엄밀하게 살펴보면, 다양한 높이와 비스듬한 기울기로 배치됨으로써 오히려 불안정성과 내재된 혼돈의 가능성을 표상하고, 동일한 모양의 광범위한 전개는 다양성에 대한 이성적 인식의 상실을 의미한다. 이는 결국 모든 폐쇄된 질서로 이뤄진 닫힌 체계는 실패하게 된다는 개념을 상징하고, 다양한 높이의 돌 모양은 묘석이나 관으로 해석되어 전체주의 체계 속에서 진행된 유대인 학살의 참담함을 건축기호적으로 전달하고 있음을 추론할 수 있다.

결론적으로 이 프로젝트는 하나의 체계(이성적 격자 그리드)로 보이는 것에 내재한 불안정성과 시간 속에서 소멸되는 것에 대한 잠재적 가치를 보여준다. 다시 말해 적절한 크기의 질서정연한 체계가 너무 크게 확대되어 원래의 의도된 비례에서 벗어나게 될 때, 인간 이성의 상실을 초래한다는 것을 의미한다. 그때 이 격자 체계는 내재적인 혼란과 질서 있게 보이는 모든 체계에 잠재된 혼돈의 가능성을 나타내기 시작하며, 이는 모든 폐쇄된 질서로 이뤄진 닫힌 체계는 실패하게 된다는 개념을 상징한다.

7) 맺음말: 피터 아이젠만의 한계와 가능성에 대해

언어학 이론을 건축학에 전용한 피터 아이젠만에 대한 간델소나스 (Gandelsonas 1973: 1974)의 비판은 피터 아이젠만의 건축이론이 지닌 한계를 적시하기에 유효하다고 보인다.

첫째, 촘스키의 이론에서 언어주체의 창의성을 건축에 대입하는 것은 타당하지 않다는 것이다. 촘스키가 말하는 창의성은 모든 인간이 갖고 태어난 생물학적 특성으로, 특정한 시기에 문법구조를 파악하고 더 어려운 언어를 구사하는 능력을 뜻한다. 그러나 건축에서의 주체는 결코 모든 인간에 해당하지 않으며, 교육과 경험을 쌓은 소수에 한정된다. 따라서 창의적 능력을 발휘하는 시기는 유년기가 아니라 오랜 교육과 경험을 쌓은 성년이 되어서이며, 이 과정은 죽음에 이르는 시기까지 계속된다는 것이다. 결국 촘스키의 창의성이 생물학적 특성이라면 건축의 창의성은 사회적 과정에서 습득하는 후천적 특성이라고 볼 수 있다.

둘째, 고전건축 이래 건축형태는 관습적으로 형성된 의미를 지녔지만 결코 언어와 같이 확고한 의미체계는 없었다는 것이다. 언어에서 단어 같은 분명한 의미의 단위를 건축에서 분리하기란 불가능하기 때문이다. 이 점에서 간델소나스는 고전건축 이래 건축이 형태체계를 가졌다고 보는 것은 환상이라고 주장한다. 언어와 달리 사회구성원 전체가 건축형태를 같은 방식으로 인식하지 않으며, 비록 공유하는 의미가 있다 하더라도 그 기간은 일시적이기에 언어에서의 구조적 관계를 물리적 형태에서도 같은 방식으로 보는 것은 논리의 비약이라고 주장한다.

　서양의 고전건축에서는 바닥, 벽, 기둥, 지붕, 문처럼 용도와 구축과정에 따라 건축을 요소로 분류했고, 각각의 요소는 사회문화적 의미를 확보했다. 그러나 근대 이후 새로운 기술과 재료가 등장하여 건축형태를 구축방식의 제약으로부터 해방시켰는데, 현대회화와 밀월관계를 유지했던 1920년대 건축형태의 동인(動因)은 자연형태나 기계 같은 다양한 참조체로 확대되었다. 1960년대 후반 언어학의 도입은 건축형태를 언어와 같은 단위로 해체할 수 있는가 하는 근대건축의 본질적 물음에서 찾아야 할 것이다. 여기서 시사하는 것은 건축을 언어로 볼 것인가 하는 원론적인 질문이 아니라 건축을 어떤 측면에서 언어로 볼 것인가 하는 질문으로 바뀌어야 한다는 점이다.

2.
도시 공간의 문화적 표상과 서사 1
베를린, 뮌헨, 프랑크푸르트, 프라이부르크의 미디어 표상을 기반으로

1) 들어가는 말

이 글은 텍스트학으로 대표되는 독일 언어학의 연구방법론과 문화인류학적 자료조사방법론 등을 활용하여 독일 도시 공간의 문화적 표상과 서사를 새롭게 규정하고, 도시 텍스트를 구성하는 고유한 의미생성체계를 파악하는 데 그 목적이 있다. 다시 말해, 이 글은 인문학 기반의 간학문적 접근을 통해 한편으로는 도시 공간의 역사적 의미구축과정(장소의 서사성)을, 다른 한편으로는 소통적 의미생산의 구성과정(공간의 텍스트화)을 면밀하게 천착하려는 것이다. 이 같은 작업은 궁극적으로 우리가 살고 있는 현재의 도시적 삶의 질을 향상시키려는 문화의식에 바탕을 두는 것으로서, 새로운 도시문화의 상상계를 구성하려는 의지를 담고 있다. 이를 위해 이 글은 기존의 사회과학적 방법이나 통계자료에 기초한 계량

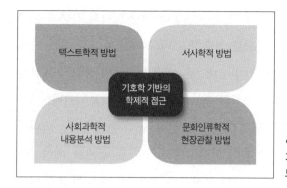

〈그림 3-4〉
기호학 기반의 복합 인문학적
도시연구 방법론

적 방법이 아닌, 질적 연구방법론으로서 텍스트학과 더불어 기호학 등의
인문학적 문화연구방법론을 활용할 것이다. 또한 분석 도시들에 대한 직
접적인 현장방문을 통해 획득된 기초자료의 텍스트학적 분석을 통해 도
시이미지가 창출하는 메시지의 의미를 밝혀내고 도시언어의 표상체계에
대한 심도 깊은 이해를 시도할 것이다. 이처럼 독일의 주요 도시 공간에
대한 복합 인문학적 분석은 기존의 공간위상학적 단순 비교를 넘어 도시
의 기억과 문화적 표상을 함께 아우르는 통합적 이해가 될 것이다.

2) 분석대상의 범위와 방법론

이 글의 분석대상으로 선택된 독일 지역 내 4개 도시 공간으로는 베
를린, 뮌헨, 프랑크푸르트, 프라이부르크다. 이들 4개 도시를 연구대상
으로 선택한 이유는 이들 도시가 각각 상징적/정치적 이미지(베를린), 현대
적/경제적 이미지(프랑크푸르트), 역사적/전통적 이미지(뮌헨), 친환경적 이미

지(프라이부르크) 등 차별적인 문화적 속성을 통해 해당 도시의 전통과 문화가 투영된 문화적 표상과 서사를 창출하기 때문이다. 따라서 이들 지역을 대상으로 이 글에서 수행할 연구내용은 개별 도시들의 문화적 표상을 파악하기 위한 자료 수집과 수집된 자료에 대한 정성적 분석이다. 이를 위해 요구되는 자료수집의 범위는 해당 도시의 '공식 홈페이지', '미디어(뉴스 또는 신문기사) 정보', '도시 관련 웹사이트 시각 자료' 등으로 제한되는데, 이는 특정 도시의 문화 표상을 형성하는 주요 채널들이라고 판단되었기 때문이다. 그러므로 이 글의 연구대상으로 선택된 독일의 4개 도시 공간(베를린, 뮌헨, 프랑크푸르트, 프라이부르크)은 연구의 단서를 제공하는 표본도시의 특성을 제시함은 물론이고 그 밖의 도시들을 세분된 방식으로, 그리고 초지역적으로 고찰하는 원근법을 제공하는 출발도시가 될 것으로 기대한다.

이 글은 기존의 사회과학적 중심의 도시 연구방법과 달리 독일 도시의 서사, 표상, 의미 생성 등 독일 도시 공간에 발생하는 문화 현상 전반의 논리를 해명하기 위한 학제적 정신에 입각하여 복합 인문학적 도시연구라는 새로운 패러다임을 제시하고자 한다. 따라서 도시 현상과 관련된 계량적 연구나 도시 이미지에 대한 단편적이며 표면적인 설문조사 방식을 지양하고 독일 도시 공간의 심층 문법과 인지적·문화적 형상화를 구축하기 위한 인문적 이론과 성찰을 지향한다. 이를 위해 선택된 연구방법론은 기호학을 기반으로 크게 문화인류학적 현장관찰법, 사회과학적 내용분석, 텍스트학, 서사학 등의 인문학적 시각을 종합한 통합적 방법론이다.

3) 독일 도시 공간의 문화적 표상과 서사

다음에서는 이 글의 연구대상으로 선택된 독일 지역 내 4개 도시 공간인 베를린, 뮌헨, 프랑크푸르트, 프라이부르크의 문화적 속성 및 표상과 해당 도시의 서사적 심층구조를 살펴보고자 한다. 이를 위해 이 글은 크게 2단계(데이터베이스 구축과 정량화 단계, 도시 공간의 사회과학 및 기호학적 심층분석 단계)의 연구 구성으로 진행한다. 먼저 제1단계는 개별 도시들의 문화적 표상 및 현황을 파악하기 위한 정량적·기술적·통계적 자료 수집과 정리를 목표로 연구하며, 제2단계는 1단계의 정량적 자료결과를 기준으로 질적·기호학적 분석을 통해 4개 도시의 역사성에 기반을 둔 고유한 서사구조를 심층 분석하고자 한다.

(1) 도시 공간 베를린의 문화적 표상과 서사

베를린은 독일 북동부에 위치한 독일 최대의 도시(면적 891.75km²)로, 1871년부터 1945년까지 독일의 수도였다가 제2차 세계대전 이후 연합국의 독일 분리에 따라 동과 서로 나뉘게 되어 동부는 동독의 수도가 되고 서부는 서독에 편입되었다. 1990년 동독과 서독이 통일되면서 다시 통일 독일의 수도가 되었다. 2007년 12월 현재 인구 341만 6,300명으로, 독일 내에서 단일규모로는 가장 많은 거주민이 살고 있다. 독일 북동부 슈프레강과 하펠강 연안에 있으며, 브란덴부르크주에 둘러싸여 있는 연방주다.

① 홈페이지를 통한 베를린의 표상과 서사

베를린의 문화이미지와 서사구조를 파악하기 위해 이 연구가 선택한 홈페이지는 www.berlin.de다. 이 사이트를 분석대상으로 선택한 이유는 베를린의 공식 홈페이지로 대표성을 띠고 있기 때문이다. 먼저 베를린 홈페이지의 메인 화면을 도식화하면 〈그림 3-5〉와 같다.

베를린 홈페이지의 메인 화면을 살펴보면 다양한 정보가 혼재되어 있는 모습을 보여주지만, 메인 화면의 주된 이미지는 대체로 베를린이 독일의 정치 및 행정의 중심이라는 점을 강조하고 있다. 홈페이지는 시민·정치·행정 탭을 맨 앞에 배치하고 있고, 전체적으로 진한 푸른색을

광고		
베를린 로고 및 타이틀 화면	비즈니스 디렉토리 지도 언어	
	검색	
시민, 정치, 행정 예술 및 오락 관광 경제 주제	서비스 베를린 메일 회사 소개	
이미지		
베를린 중국 문화 영화 동물원		
시민, 정치, 행정	예술 및 오락	광고 및 호텔
이미지	이미지	이미지
시장	어린이를 위한 활동	베를린에 오신 것을 환영합니다
베를린 켐페인	영화, 이벤트 & 축제2012, 주식, 문화 & 엔터테인먼트	호텔 & 숙소, 펜션, 관광 및 투어, 홈 관광
현재		
시민서비스	콘서트 광고	광고
베를린 오늘 정보 A-Z	주제	경제
	뉴스와 소비자를 위한 조언	할 것- 볼 것
날씨	뮤지컬 광고	빠른 검색
경찰공지	베를린의 역사	

〈그림 3-5〉 베를린 홈페이지의 메인 화면 구조

강조하면서 도시의 정체성을 확인해주고 있으며, 이와 더불어 동적 이미
지의 화면구성을 통해 역동적인 도시 이미지를 전달하고 있음을 확인할
수 있다. 또한 베를린 장벽을 상징하는 도시의 로고를 선택함으로써 분
단과 갈등의 역사를 표상할 뿐 아니라 문화, 관광, 예술 및 오락 정보를
주요 정보로 배치함으로써 시민을 위한 종합예술의 도시 이미지를 강조
하고 있다. 전체적으로 도시의 홈페이지 내용은 수용자에게 도시에 관한
다양한 정보를 제공할 목적으로 구성된 제보적 기능으로 간주되며, 부차
적으로 광고(실제로 상업적 제품 광고가 포함되어 있다) 및 홍보 기능이 추가됨으로
써 호소적 기능이 부수적인 커뮤니케이션 기능을 수행하고 있다고 볼 수
있다.

　베를린 홈페이지의 기능적 분석을 기반으로 다음에서는 베를린 홈
페이지가 전달하고 있는 내용분석을 시도하고자 한다. 이를 위해 우
선 언어정보와 이미지정보를 파악하고, 이를 기반으로 홈페이지가 전
달하는 도시 공간 베를린의 서사구조를 확인하고자 한다. 〈표 3-1〉의
T1~T10은 메인 페이지의 정보를 10개 구역으로 분류하여 정리한 결과
표다.

<표 3-1> 베를린 홈페이지의 내용 분류 결과표

베를린 홈페이지의 내용 분류	
T1.	푸른색 바탕에 하얀 글씨를 사용하거나 흰색 바탕에 푸른색 글씨 사용
T2.	베를린 로고의 뒷부분과 배너 클릭 부분을 강렬한 붉은색으로 표시
T3.	수도 베를린을 강조하여 시민 · 정치 · 행정 탭이 가장 먼저 가장 크게 부각
T4.	베를린 메일, 베를린 장벽, 베를린 역사, 베를린 홍보, 베를린 관련 캠페인, 베를린 관련 설문조사, 베를린 공식포털사이트 소개
T5.	특히 어린이와 부모를 위한, 즉 가족단위의 문화생활을 강조하는 뮤지컬 공연이나 주말 프로그램 소개
T6.	매우 밝은 모습의 사람들 이미지와 티 없이 밝은 모습의 아이들 이미지를 보여줌
T7.	시장의 웃는 얼굴을 보여줌
T8.	시민의 정치참여뿐만 아니라 생활의 편의를 위해 각종 주제로 다양한 서비스 제공
T9.	경제 관련 행사가 이뤄지고 있음을 홍보
T10.	베를린 로고 타이틀 화면 아래에 플래시 화면이 3~7개 영역으로 빨간색 탭으로 자동으로 바뀌고 있음

베를린의 홈페이지 내용 분석에서 보이는 특징은 한 나라의 행정 중심으로서 깨끗하고 청결한 이미지를 부각시키는 진한 푸른색을 전체적으로 사용하고 있다는 것이며, 이와 더불어 역동적인 화면 구성을 설정함으로써 과거에 머물러 있는 정체적 도시 공간의 이미지가 아닌 변화에 적응하면서 강한 힘과 열정을 가진 도시임을 보여주고 있다. 또한 베를린의 역사성을 강조하기 위해 베를린 장벽을 로고 형식으로 표상하며, '베를린'이라는 이름을 '베를린 메일', '베를린 홍보 및 설문' 등에 사용함으로써 도시 공간의 갈등 극복과 화해를 위한 키워드로 적용하고 있다. 결국 이미지의 크기와 색, 구조를 이용하여 강렬함, 역동성, 생동감 등의

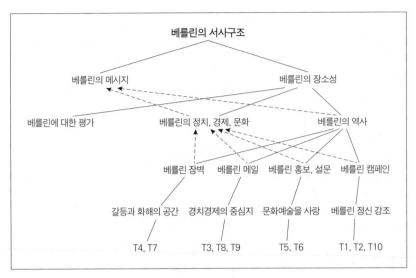

〈그림 3-7〉 홈페이지를 통한 베를린의 서사구조

강한 남성적 이미지를 추가로 그려내면서 베를린 도시 공간의 역사와 전통을 표상하고, 정치·경제의 중심으로서 베를린이 지니는 주도적(선도적) 이미지를 강하게 심어주고 있다. 따라서 도시 공간 베를린의 서사성을 텍스트언어학의 서사구조 분석을 통해 제시하면 〈그림 3-7〉과 같다. '통일 독일의 수도'라는 베를린의 장소성과 '화해의 베를린 정신'을 이어가기 위한 베를린의 메시지라는 두 개의 키워드로 정리될 수 있으며, 도시 공간 베를린의 서사성은 '독일 정치문화의 선도(대표) 공간'으로 정의될 수 있다.

② 미디어를 통한 베를린의 표상과 서사

이 연구에서 사용된 미디어 정보자료는 독일 현지의 유명언론사인

	독일 주요 뉴스	키워드	뉴스에 사용된 이미지
베를린	정책회의, 정책협의	대통령, 회의, 정책, 발표	정치인 16회 포스터·픳대 9회 단체행위 8회 일반자료 7회 베를린 장벽 5회 브란덴부르크 문 5회 스포츠선수 3회 경찰 2회 베를린 국기 전쟁승리기념탑 베를린 돔 베를린시청
	정부 및 해외 귀빈 방문	대표, 국방, 의전, 외인	
	2011년 50주년 기념 베를린 장벽	베를린 장벽	
	선거 유세, 성명 발표	선거, 후보, 의원	
	에어베를린(공항-항공사)	서비스, 운행안내	
	항의, 시위, 집회	데모	
	문화축제, 전시회, 퍼레이드	베를린마라톤	
	여행지, 관광, 예술 소개	전시회, 행사	
	일반기사	사건사고, 축구	

ARD, BR, 쥐트도이체 차이퉁(Süddeutsche Zeitung), 슈피겔(Spiegel)의 뉴스기사를 통계사회학적 방법으로 자료를 정량화하여 분석하는 방법을 채택했다. 각 언론별 뉴스자료의 분석 범위는 3년 내외의 최근 기사를 중심으로 했고, 조사방법은 각 언론사의 홈페이지에서 도시명 'berlin'을 검색한 뉴스 결과의 양에 따라 400~5,000개의 뉴스를 검토한 뒤 실질적으로 도시와 관련이 있는 뉴스를 각 50개 수준으로 다시 2차 선별하여 재구성했다.

　　미디어에 등장하는 베를린의 주요 뉴스는 크게 정치와 집회 같은 목록으로 구성되어 있으며, 각 뉴스기사에서 주로 언급된 키워드도 비슷하다. 주요 뉴스에서 가장 많은 이미지를 차지한 것은 정치인으로, 특정 정치인 혹은 대통령을 전면에 내세우고 기사가 작성되는 경우가 많다. 과거와 관련된 기사의 경우 베를린 장벽을 활용하고, 일반적인 뉴스의 경우 주로 브란덴부르크 문을 활용한다. 특별히 개인보다는 단체로 등장하는

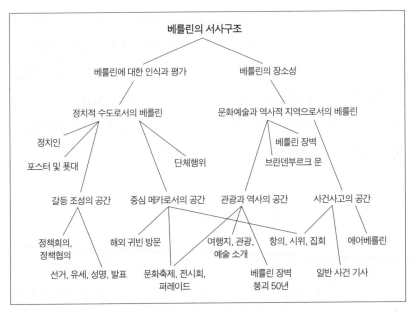

<그림 3-8> 뉴스기사를 통한 베를린의 서사구조

항의 및 데모 장면이 많고, 관련된 포스터와 푯말을 강조하는 표현을 뉴스 전면에 자주 사용했다. 앞에서 조사된 내용을 개념화하여 미디어에 표출된 베를린의 공간 인식을 구조화(서사구조로 표현)하면 〈그림 3-8〉과 같다.

베를린이 주요 뉴스로 다뤄지는 것은 정치, 문화, 역사, 사건사고로 정리된다. 사건사고의 경우 특성상 뉴스라는 주제에 포함되므로 도시의 서사구조로 직접 언급될 수 없는 에어베를린(항공사) 등의 사건사고는 단순히 '베를린이라는 도시에서 일어난'이라는 공간적 입장에서의 구조로 생각할 수 있다. 따라서 핵심적으로 다뤄질 수 있는 것은 정치와 문화, 역사다. 정치뉴스는 도시 공간 베를린에서 일어난 국가행정적 사건을 표출한 것으로, 이는 베를린이 독일의 정치적 중심임을 확인해준다. 또한 데모 및 각종 단체 행위, 해외 귀빈 방문 이미지 역시 독일의 정치적 분위기를 표출해줌과 동시에 수도로서의 대표 이미지를 반영한다. 반면 문화와 역사는 베를린의 구체적(외부적) 도시 공간의 서사를 가진 것으로 보이는데, 이는 주요 뉴스 이미지로 베를린 장벽, 브란덴부르크 문을 별도로 사용한 것을 통해 확인해볼 수 있다. 따라서 뉴스기사를 통해 베를린의 서사구조를 살펴본다면, '정치적 수도로서, 역사와 문화 중심지로서의 베를린'이라는 공간 인식을 확인할 수 있다.

③ 웹사이트 이미지를 통한 베를린의 표상과 서사

도시의 인식구조를 파악하는 데 빼놓을 수 없는 부분은 실제 다수의 일반인이 도시에 대해 어떠한 이미지를 가지고 있는지 확인하는 것이다. 객관적인 자료인 미디어가 베를린의 서사구조를 증빙하는 데 큰 도움이 되기는 하나, 뉴스라는 소재의 특성상 사건과 단어에 집약되는 경우가 많다. 도시의 서사구조는 단순히 겉으로 드러나는 이러한 현상 자체의 문제들보다는 사람의 의식이나 내면에서 작용하는 이미지가 중요한 부분을 차지하므로 직접적으로 살펴보기 위해서는 일반인의 도시에 대한 이미지 구성을 확인하는 것이 중요하다. 일반인이 도시에 대해 어떠한 이미지를 가지고 있는지를 확인하기 위해 가장 많은 사람이 이용하는 독일의 유명한 웹포털사이트(www.gmx.net; www.web.de)에서 도시명 'berlin'의 이미지를 검색했는데, 이는 인터넷 이미지가 일반적으로 대중적이고 일반인의 도시에 대한 즉각적인 반사 이미지를 대변하는 시각자료물로 판단되었기 때문이다. 포털사이트의 검색결과 상위 200개의 이미지를 순서대로 조사했고, 정리하면 〈표 3-3〉과 같다.

〈표 3-3〉에서 총 출현빈도수가 높을수록 각 도시명 검색 시 이미지

<표 3-3> 베를린의 인터넷 도시 이미지 추출자료 분석 결과

도시	주요 내역	20개 이미지당 관련 횟수 검색순위	총계
베를린	베를린 타워(TV)	5+4+5+1+2+2+1+3+3+0	26
	베를린 곰	2+0+0+0+0+1+0+0+0+1	4
	베를린 대성당(돔)	1+1+1+0+0+0+1+1+0+0	5
	도시경관(일반광역 및 세부경관)	3+4+3+4+8+5+2+5+3+3	40
	베를린 슈프레강	1+1+1+0+1+1+0+2+1+2	10
	베를린 지도(교통로 외)	2+0+4+3+3+6+3+4+3+1	29
	베를린 전승기념탑	1+2+0+1+2+0+0+3+0+0	9
	브란덴부르크 문	3+3+4+5+1+1+0+1+1+1	20
	독일 국회의사당	1+0+0+0+1+0+3+0+0+0	5
	베를린 시청	0+1+0+0+0+0+0+1+0+0	2
	베를린 스타디움	0+2+0+0+1+1+1+0+2+0	7
	에어베를린(공항)	0+0+0+1+0+0+1+1+0+2	5
	헤르다 베를린(축구팀)	0+0+0+0+1+0+0+0+0+0	1
	역사 이미지(베를린 장벽 외)	0+0+0+1+3+0+3+2+1+1	11
	기타 일반(직접적 관계가 아닌)	2+1+3+1+1+1+3+3+7+7	29

로 등장한 경우가 많음을 의미하며, 앞쪽의 번호가 높을수록 웹페이지상에 먼저 떠오르는 것으로 각 도시에 가장 근접한 대표 이미지로 나타남을 알 수 있다.[9] 기타 일반의 경우는 도시와 직접적인 관계가 없는 이미지들(예를 들어, 광고)로서 도시의 대표 이미지와 별도로 관련성 및 타당성 여

---

9) 웹페이지 검색의 경우 한 페이지당 20개씩 이미지 검색을 산출했으며, 관련 검색 횟수 10회로 총 200개를 검색했다. 검색기능의 특성상 관련빈도가 먼저 언급될수록 관련성이 높은 것으로 생각할 수 있으며, 같은 의미에서 직접적인 관계가 없을수록 후반에 많이 등장한다. 이때 이미지 빈도수는 동일 이미지 중복을 허용했다.

부를 위해 그대로 기록했다. 내용을 살펴보면 가장 많은 빈도를 보인 것은 도시의 외부 광역 경관으로서 주로 베를린 타워나 슈프레강 등을 중심으로 광역적인 이미지가 나타나고 있는 것이 특징이다. 특별히 두 번째 빈도를 기록한 지도(교통로)와의 상관관계를 고려해보았을 때, 베를린 자체가 하나의 관광지로서 도시 이미지를 구축하고 있음을 생각해볼 수 있다. 이러한 입장에서 관광지로서의 베를린은 베를린 타워, 브란덴부르크 문, 베를린 전승기념탑, 베를린 스타디움, 독일 국회의사당, 베를린 돔 등의 순서로 이미지를 대표하는데 브란덴부르크 문, 베를린 전승기념탑 등은 독일의 역사적 상징물로서 검색 시 같이 등장한 역사 이미지(베를린 장벽 외)의 빈출도와 상관해보았을 때 역사적 이미지와 과거의 이미지가 많이 나타난다고 볼 수 있다. 또한 다른 도시에서는 찾아볼 수 없는 국회의사당 같은 이미지는 독일 정부기관(수도)으로서의 정치적 이미지를 내포하고 있다고 볼 수 있다. 추출 빈도수와 관련횟수의 연속수를 고려해보았을 때 브란덴부르크 문과 베를린 타워(TV)는 '베를린'이라는 단어에 가장 높이 연관된 이미지를 나타내는 것으로 여겨진다. 이를 통해 볼 때 수용자는 베를린에서 현대와 과거 역사의 통시대적 이미지와 중심지로서 도시 이미지가 각인되어 있는 것으로 볼 수 있다. 한편 독일 국회의사당의 이미지가 다양한 역사적 상징물들을 제외하고 높은 빈도를 차지한 것은 일반 수용자에게서 독일의 정치적 이미지로서의 도시 성격도 확인할 수 있는 증거로 여겨진다.

④ 소결: 베를린의 통합적 서사

이상의 홈페이지(정부기관), 미디어, 인터넷(일반인)을 통한 도시 공간

<표 3-4> 도시 공간 베를린의 서사

분야별	도시 서사의 시선	대표적 서사구조	공통적 서사구조
베를린 홈페이지	도시 자체 속성과 대외 홍보적 시선	통일 독일의 수도와 화해의 베를린으로서 독일적 정치문화의 정통성	역사와 정치의 대표성을 상징하는 공간으로서의 베를린
미디어 속 베를린	제3자의 객관적 시선	정치적 수도로서의 베를린과 대내외적으로 역사와 문화 중심지로서의 베를린	
인터넷 속 베를린	일반인의 대중적 시선	역사, 정치적 이미지가 혼용된 베를린	

베를린의 인식구조를 서사 형식으로 종합하면 〈표 3-4〉와 같다.

위의 결과를 살펴보면 베를린은 제2차 세계대전과 동−서독 분단 및 통일이라는 역사적 배경과 정치적 상징성을 지닌 도시 공간으로서 정부, 미디어, 일반인을 막론하고 공통적으로 인식되어 있음을 확인할 수 있다. 이는 독일의 수도이자 중심 도시로서의 정치적 상징성이 정부 주도의 홍보효과 외에도 이미 대내외적으로 하나의 도시 이미지와 서사를 갖추고 있음을 알 수 있다.

(2) 도시 공간 뮌헨의 문화적 표상과 서사

뮌헨은 독일에서 베를린과 함부르크에 이어 세 번째로 큰 도시다. 지리적으로 알프스산맥 가장자리에서 북쪽으로 약 50km 지점으로, 이 자르(Isar)강을 끼고 있다. 8세기에 들어서서 도시의 모습을 갖추기 시작한 뮌헨은 14세기 때 로마가톨릭의 도시로 번영하다가 20세기에 들어와

서는 제2차 세계대전의 격전지가 되기도 했다. 산업으로는 맥주 및 식품, 의류가 유명하며 철도가 발달하여 과일, 채소, 육류제품의 유럽 최대 도매시장 중 하나로 알려져 있다.

① 홈페이지를 통한 뮌헨의 표상과 서사

뮌헨의 공식 홈페이지(www.munchen.de) 역시 베를린과 마찬가지로 정부기관이 주도하여 인터넷상의 도시 이미지를 발현하는 곳이다. 먼저 뮌

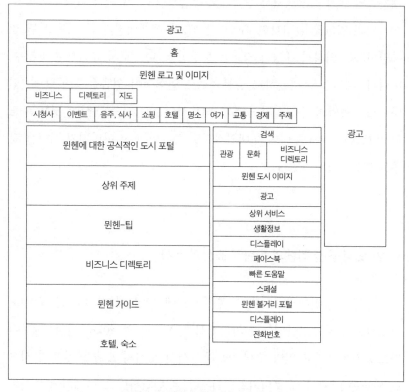

〈그림 3-9〉 뮌헨 홈페이지의 메인 화면 구조

〈그림 3-10〉
뮌헨 홈페이지 메인 화면

헨의 공식 홈페이지 메인 화면을 도식화하면 〈그림 3-9〉와 같다. 홈페이지의 메인 화면 구조를 살펴보면, 뮌헨의 홈페이지가 전달하는 주된 이미지와 정보는 도시 공간 뮌헨이 전통을 바탕으로 한 관광도시임을 알 수 있게 한다. 광고로 활용되고 있는 메인 화면의 상단과 우측을 제외하고, 대부분 정보와 이미지는 관광과 관련된 것으로 보인다. 정보를 제공하는 10개의 탭은 대부분 명소, 여가, 쇼핑 등으로 채워져 있으며, 보디 부분을 구성하는 상세 내용도 시청 공지를 제외하고는 모두 관광정보로 채워져 있다. 전체적으로 파란색을 지배적으로 보여줌에 따라 도시의 이미지를 산뜻하고 밝은 이미지로 인식되게 한다. 또한 뮌헨 로고 및 타이틀 화면 안에 비즈니스 디렉토리와 지도를 보여주고 있어 관광 지향적 도시임을 다시 한번 강조한다. 홈페이지 메인 화면을 9개의 텍스트 부분(T1~T9)으로 구분하여 표상이 전달하는 내용분석을 시도하면 〈표 3-5〉와 같다.

홈페이지 분석을 통한 뮌헨의 서사구조를 기술하고자 한다. 먼저 뮌헨은 타이틀 화면을 통해 독일만의 향기를 지닌 전통을 유지하며, 비즈니스를 통한 경제 성장 및 관광도시로서의 면모를 드러내기 위해 전통적 건물양식과 현대적 건물양식의 조화를 보여주고 있다. 회색의 도시적

<표 3-5> 뮌헨 홈페이지의 내용 분류 결과표

	뮌헨 홈페이지의 내용 분류
T1.	타이틀 화면에 전통적인 건물양식과 현대적 건물양식이 조화롭게 표현됨
T2.	세련된 글씨체와 회색빛의 차가운 복합적 도시 이미지
T3.	도시명 MÜNCHEN이 round형의 글씨체로 디자인되어 부드러운 도시 이미지를 창출하고, 회색과 노란색을 혼용하여 고급스러운 도시 이미지를 그려내고 있음
T4.	홈페이지 전체 화면의 분위기는 매우 다양한 색채로 다양한 이미지를 보여주고 있어 볼거리가 많은 도시 이미지를 부각하고 있음
T5.	관광도시의 이미지를 부각하기 위해 뮌헨의 아름다운 겨울 정경 사진을 크게 두 곳에 배치하여 아름다운 도시로의 여행을 초대하고 있음
T6.	홈페이지 메인 화면 위와 오른쪽으로는 매우 강렬한 색채의 광고가 플래시 화면으로 계속하여 시선 자극. 상업적 성격 표출
T7.	비즈니스 디렉토리를 두었지만 비즈니스라기보다 시민의 건강과 삶의 편의를 위해 역시 오른쪽으로 빠른 도움말을 연결해두어 각종 주제로 다양한 서비스를 제공하고 있음
T8.	이벤트, 관광, 문화, 쇼핑, 여가, 명소 등의 제목으로 각각의 탭을 구성하고 반복하여 여기저기 보여지고 있음
T9.	맨 아래쪽에 호텔 탭을 크게 따로 만들어 호텔 숙박 관련 이미지를 세 컷이나 두어 관광도시로서의 면모를 여실히 보여주고 있음

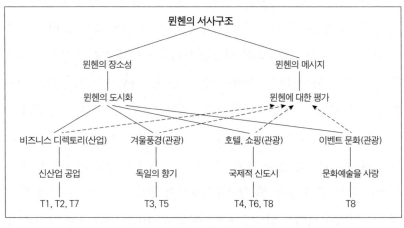

<그림 3-11> 홈페이지를 통한 뮌헨의 서사구조

이미지의 로고 속에 노란색의 부드러움을 더하고 있으며, 아름다운 자연 풍경 사진과 강한 이미지의 광고 사진, 이벤트, 식사, 쇼핑, 호텔, 명소, 여가, 교통 등 관광을 부각시킨 도시 이미지를 크게 보여주고 있다. 로고의 글씨체와 색의 배치에서는 복합적 도시의 이미지를 강조하여 보여주고 있고, 전통을 바탕으로 한 관광도시임을 강조하는 듯 타이틀 화면 위와 오른쪽으로 강한 이미지의 광고를 보여주고 있을 뿐 아니라 뮌헨 로고 및 타이틀 화면 안에 비즈니스 디렉토리와 지도를 보여주고 있어 발전하는 도시임을 강조하고 있다. 이와 같이 뮌헨의 서사에서는 '발전하는 관광도시'라는 뮌헨의 장소성과 '독일만의 향기'를 가꾸고 이어가기 위한 뮌헨의 메시지라는 두 개의 키워드로 정리될 수 있으며, 결국 도시 공간 뮌헨의 서사성은 '독일적 전통문화를 이어가는 관광도시'로 정의될 수 있다.

② 미디어를 통한 뮌헨의 표상과 서사

뮌헨의 표상과 서사를 객관적으로 살펴보기 위해 유명 언론사의 뉴스를 조사하여 살펴보았다. 뮌헨의 경우 독일 언론사에서 'münchen'으로 검색했고, 이를 통해 뮌헨과 관련 있는 뉴스들을 〈표 3-6〉과 같이 정리해보았다.

언론사 뉴스자료를 살펴보면 뮌헨은 행사와 관련된 이미지가 많으며, 각 행사와 축제 장면을 전면에 내세워 작성된 기사가 많음을 알 수 있다. 또한 계절적 구분 없이 다른 도시와 달리 눈(雪)과 스키에 관한 뉴스 이미지가 자주 다뤄진다는 점이 특색이다. 이미지가 사용된 기사들은 행사 자체와 인물들의 축제 분위기를 전달하는 데 이미지를 주로 할당하고 있었고, 주요 뉴스는 FC 바이에른 뮌헨(축구팀), 동계올림픽, 뮌헨의 공항개

발 소식과 관련된 뉴스가 많았다. 위의 정량된 내용을 미디어에 등장한 뮌

〈표 3-6〉 뮌헨의 주요 뉴스기사 자료 분석 결과

	독일 주요 뉴스	키워드	뉴스에 사용된 이미지
뮌헨	2018 동계올림픽	동계올림픽, 평창	일반자료 16회 행사장면 14회 눈, 스키, 알프스 7회 정치인 4회 스포츠선수 3회 전시물 3회 단체 2회 회의, 세미나 공항 오페라극장
	바이에른 뉴스	회사, 가게, 행사	
	분데스리가 소식	축구	
	뮌헨 공항개발	공항, 개발	
	BMW사	자동차	
	축제 소식	카니발, 지역축제, 춤, 전통, 여행	
	행사 소식	알프스, 눈, 동물원	
	일반기사	사건사고	

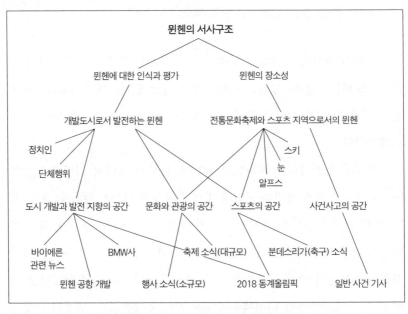

〈그림 3-12〉 뉴스 기사를 통한 뮌헨의 서사구조

헨의 객관적 서사성을 파악하기 위한 구조로 바꾸면 〈그림 3-12〉와 같다.

뮌헨에서 주요 뉴스로 다뤄지는 것은 개별적인 관심사로서 주로 2018 동계올림픽, 뮌헨 공항 개발 관련, 분데스리가 소식, 축제 및 행사 소식 등이다. 이 중 뉴스의 특성을 고려하여 뮌헨의 주요 기사 범위를 간추리면 개발과 관련된 뉴스, 축제 및 행사와 관련된 뉴스로 나눌 수 있다. 개발과 관련된 뉴스들은 뮌헨에 대한 대내외적 관심과 중심테마로 볼 수 있는데, 이는 뮌헨의 도시 장점(눈, 축제, 스포츠)을 활용한 개발도시로서의 표상과 서사를 보여준다. 반면 축제와 행사 소개와 관련된 뉴스들은 뮌헨의 문화축제도시로서의 서사성을 보여준다고 볼 수 있다. 특별히 같은 문화 행사의 이미지를 보유한 도시라도 뮌헨은 눈(雪)이나 전통의 이미지를 통해 전통문화축제의 도시적 표상과 서사를 가진다는 것이 특징이다. 따라서 뉴스기사를 통해 뮌헨의 도시 공간적 이미지를 살펴본다면 '문화 축제 및 스포츠를 통한 관광도시로서의 뮌헨'이라는 공간 인식을 확인할 수 있다.

③ 웹사이트 이미지를 통한 뮌헨의 표상과 서사

뮌헨에 대한 일반인의 인식과 이미지를 살펴보기 위해 앞선 조사방법과 동일하게 도시명 'münchen'을 주제어로 이미지 검색을 했다. 포털 사이트의 검색결과 상위 200개의 이미지를 순서대로 조사했고, 이를 정리하면 〈표 3-7〉과 같다.

뮌헨의 가장 큰 특징은 도시경관(일반광역)과 지도, 교통로(노선)가 다른 도시에 비해 월등히 높은 빈도수와 비중을 차지하고 있다는 점이다. 이것은 일반인에게 도시 전체가 하나의 경관물이자 관광지로서 인식되

도시	주요 내역	20개 이미지당 관련 횟수 검색순위 순서대로	총계
뮌헨	도시경관(일반광역)	14+7+4+6+4+5+6+4+2+3	55
	뮌헨 지도(교통로 외)	3+6+5+1+8+2+5+6+1+2	39
	뮌헨시청	2+2+1+3+2+0+1+0+1+0	12
	뮌헨 바이에른 국립박물관	0+2+0+0+2+0+0+0+0+0	4
	뮌헨 올림픽경기장	0+2+1+2+1+1+1+0+0+3	11
	뮌헨 국제공항	0+1+0+0+0+0+1+3+4+3	12
	FC 바이에른 뮌헨(축구팀)	0+0+2+4+0+3+3+0+3+3	18
	뮌헨 올림픽공원 TV타워	1+0+1+0+1+0+0+0+0+0	3
	올림픽 파크단지(공원류)	0+1+2+0+0+3+1+0+1+2	10
	겨울 자연경관(눈, 알프스 외)	0+1+2+0+0+0+1+1+0+0	5
	BMW 본사(자동차 외)	0+0+0+1+0+1+0+0+0+0	2
	뮌헨 개선문	0+0+1+0+0+0+0+0+0+0	1
	뮌헨 프라우엔교회	1+2+2+0+2+0+1+1+0+0	9
	뮌헨 이자르강	2+0+1+0+1+0+1+0+1+0	6
	뮌헨 오페라극장	0+0+0+1+0+1+0+0+0+0	2
	기타 일반(직접적 관계가 아닌)	2+3+2+4+1+4+2+4+6+6	34

는 것으로 보인다. 이는 검색결과의 초기가 도시경관에 쏠려 있는 점, 그 외의 검색결과에서는 기타가 상위에 랭크된 점을 통해서도 짐작할 수 있다. 도시 이미지의 특이점은 타 도시와 달리 눈(雪)과 관련된 이미지가 검색된다는 것으로 계절과 관계없이 뮌헨의 이미지에 포함되는 것으로 여겨진다. 또한 뮌헨시청, 프라우엔교회, 올림픽경기장이 대표적 건축물

로, 그리고 국제공항을 통한 관광도시 이미지가 표출되고 있다. 도시경관(일반광역)과 지도 및 교통로가 큰 비중을 차지한다는 점에서 뮌헨의 경우 '관광도시'의 이미지가 웹사이트에서 크게 작용하고 있는 것으로 여겨지며, 특별히 기타 일반에 해당하는 직접적 관계가 없는 이미지들도 꾸준한 것으로 보아 뮌헨의 경우 특정한 어느 한 이미지나 표상물이 도시의 이미지를 대변하기보다는 도시 전체의 이미지가 일반인에게 각인된 형태로 표출되고 있는 것으로 보인다. 축구팀의 경우 다른 도시에 비해 비중을 많이 차지하는 것으로 보아 축구에 대한 관심도 높은 것으로 해석할 수 있으나, 'FC 바이에른 뮌헨'이 뛰어난 축구팀으로서 인지도 자체가 높은 것일 가능성이 농후하므로 연관 짓기에는 어려움이 있다. 오히려 타 도시에서는 볼 수 없는 알프스와 겨울 자연경관을 통한 이미지로 겨울 관광도시와 올림픽 단지를 통한 스포츠 및 축제의 이미지가 더 크게 작용하고 있는 것으로 봐야 할 것이다. 베를린 국제공항과 더불어 독일 최고의 국제공항으로 알려진 뮌헨 국제공항이 도시 이미지 검색에 높은 빈도를 차지하는 것을 봐도 뮌헨의 자연경관과 도시 전체를 아우르는 관광적 이미지는 일반인에게 보편적으로 나타나고 있다고 볼 수 있다. 베를린이 일반인에게 역사적 구조물을 통한 도시의 이미지를 구축했다면, 뮌헨은 도시 공간(건축+자연)의 조화(전체적 이미지)와 눈, 겨울 이미지를 토대로 한 자연적 관광 이미지가 구축된 점이 특색이라고 할 수 있을 것이다.

④ 소결: 도시 공간 뮌헨의 통합적 서사

홈페이지(정부기관), 미디어, 인터넷(일반인)을 통한 뮌헨의 서사구조를 종합하면 〈표 3-8〉과 같다.

분야별	서사구조의 시선	대표적 서사구조	공통적 서사구조
뮌헨 홈페이지	도시 자체 속성과 대외 홍보적 시선	독일적 전통문화를 이어가는 관광 및 신산업도시	전통 축제와 관광의 도시 뮌헨
미디어 속 뮌헨	객관적인 외부의 시선	문화 축제 및 스포츠를 통한 개발도시로서의 뮌헨	
인터넷 속 뮌헨	일반인의 대중적 시선	자연과 도시경관 전체의 이미지가 혼용된 관광도시	

결과를 살펴보면 뮌헨은 독일의 전통문화가 살아 숨 쉬는 공간으로서 문화 축제와 스포츠가 자리를 잡았고, 자연경관과 도시 전체의 이미지가 함께 어우러지는 관광도시로서의 서사를 구축하고 있음을 알 수 있다. 이러한 서사성은 당초 농업과 전통도시 이미지를 지닌 뮌헨에 대해 새로운 서사로서 현대적 개발 이미지를 뮌헨의 도시 이미지에 부여함으로써 뮌헨 고유의 새로운 서사성을 만들어가고 있음을 엿볼 수 있다.

(3) 프랑크푸르트의 서사구조와 문화적 정체성

프랑크푸르트의 정식 명칭은 'Frankfurt am Main'으로서, 구동독에 위치한 'Frankfurt am Oder'와 구분하여 일반적으로 'Frankfurt'라는 명칭으로 불린다. 헤센주에 위치하며 면적이 248.31km²에 달하는 독일에서 다섯 번째로 인구가 많은 지역이다. 흔히 행정수도는 베를린, 경제수도는 프랑크푸르트라는 말이 있을 정도로 번영한 도시다. 유럽중앙은행으로 대표되는 금융과 독일 주식시장이 위치한 경제의 핵심 공간으로 인식되고 있으며, 이와 더불어 국제공항이 자리한 교통의 요지로서 상당한 부와 풍요를 자랑한다. 12세기 무렵부터 도시의 모습을 갖추기 시작했으며 18세기에는 독일의 괴테가 머물던 곳으로 상공업과 중공업이 발달했으나, 제2차 세계대전으로 시가지가 크게 파괴되었다. 현재는 전쟁 이후의 정비가 끝나고 새롭게 고층빌딩을 건설하여 과거와 다른 신생도시의 모습을 갖추고 있다.

① 홈페이지를 통한 프랑크푸르트의 표상과 서사

프랑크푸르트의 문화이미지와 서사구조를 파악하기 위해 이 연구가

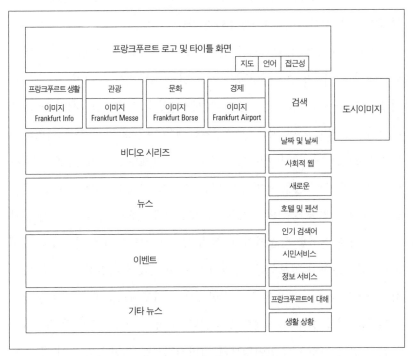

〈그림 3-13〉 프랑크푸르트의 홈페이지 구조

〈그림 3-14〉
프랑크푸르트 홈페이지
메인 화면

선택한 홈페이지는 www.frankfurt.de다. 이 역시 타 도시들과 마찬가지로 대표성을 지니고 있기에 선택되었다. 먼저 프랑크푸르트 홈페이지의 메인 화면을 도식화하면 〈그림 3-13〉과 같다.

프랑크푸르트 홈페이지를 살펴보면 주된 이미지와 상징은 타이틀 화면에서 볼 수 있듯이 현대적인 높은 빌딩을 배경으로 하여 경제, 금융의 도시임을 강조하고 있다. 홈페이지는 대부분의 프레임에서 국제 비즈니스 뉴스, 경제 관련 행사, 뉴스 등을 매우 짜임새 있게 자주 설명하여 보여주고 있으며, 주된 이미지는 도시 공간 자체의 스카이라인으로서 건물을 중심으로 구성된 이미지가 많은 비중을 차지하고 있다. 반면 사람들의 표정과 인물 중심의 구도는 다수의 건물구조가 나타낼 수 있는 차가운 도시 이미지를 반전시키며, 살기 좋은 도시로서의 이미지를 나타내고자 하는 흔적이 엿보인다. 특별히 메인 화면에서 다양한 전시회, 박람회, 박물관 등의 이벤트들을 소개함으로써 의도적으로 화려하고 활기찬 메세의 도시를 홍보하는 것으로 보인다. 이제 프랑크푸르트 홈페이지를 앞선 방법과 동일하게 언어정보와 이미지정보를 기반으로 도시 공간 프

<table>
<tr><th colspan="2">〈표 3-9〉 프랑크푸르트 홈페이지의 내용 분류 결과표</th></tr>
<tr><th colspan="2">프랑크푸르트 홈페이지의 내용 분류</th></tr>
<tr><td>T1.</td><td>프랑크푸르트 로고는 하얀색 바탕에 검은색, 뒷부분은 연한 파란색으로 깔끔하고 세련된 도시적 이미지 표현</td></tr>
<tr><td>T2.</td><td>타이틀 화면에 현대적 도시 건물 사진을 적나라하게 표현</td></tr>
<tr><td>T3.</td><td>밝게 웃고 있는 남녀노소의 모습을 보여주는 사진을 정면에 링크함</td></tr>
<tr><td>T4.</td><td>사람들을 통한 생활 관련, 박람회 전시물 등을 통한 문화, 금융언어가 표현된 경제 관련 이미지 사용</td></tr>
<tr><td>T5.</td><td>시민에게 가장 큰 관심사로 추정되는 비디오 재생 화면을 보여주고 있으며, 도시의 다양한 뉴스를 4~5개 정도의 이미지 화면으로 연결함</td></tr>
<tr><td>T6.</td><td>다양한 생활의 편의를 위한 검색 사이트를 오른쪽에 크게 연결하여 날짜와 날씨, 인기검색어, 시민서비스, 정보서비스, 프랑크푸르트에서의 생활 표기</td></tr>
<tr><td>T7.</td><td>깔끔하게 정돈된 홈페이지 프레임으로, 관광, 문화생활을 하기에 아름답고 편리한 도시임을 강조</td></tr>
<tr><td>T8.</td><td>주된 뉴스로는 다양한 경제 관련 행사나 뉴스 제공</td></tr>
<tr><td>T9.</td><td>유럽 최고의 경제도시이며, 국제 비즈니스가 매우 빠르고 강력하게 이뤄지고 있는 도시임을 강조</td></tr>
</table>

랑크푸르트의 서사구조를 확인하고자 한다. 〈표 3-9〉의 T1~T9는 메인 페이지의 정보를 9개 구역으로 분류하여 정리한 결과표다.

프랑크푸르트의 홈페이지 내용 분석에서 보이는 특징은 현대도시와 경제라는 테마로 프랑크푸르트라는 도시를 발전적이고 자본적인 이미지를 중심으로 세련되게 표현하고 있다는 것이다. 좀 더 구체적으로 로고의 경우 하얀색 바탕에 검은색으로 크게 쓴 후 로고의 뒷부분은 연한 파란색으로 구성하여 도시 특유의 깔끔함과 세련된 이미지를 표현하고 있으며, 메인의 고층빌딩으로 구성된 스카이라인은 멋있는 도시, 시민에게 환상적인 이미지를 자아내고 있다고 볼 수 있다. 특별히 관심사가 될 만한 뉴스들을 전면에 배치하고, 박람회 및 전시회 일정 등을 소개함으로써 역동적인 현대적 도시, 관광을 하기에도 아름다운 도시, 편리한 도시, 문화생활을 다양하게 할 수 있는 도시임을 강조하고 있다. 한편 사람들의 밝고 활기찬 모습은 도시의 경제적인 세련미와 더불어 발전지향적인 이미지를 창출하고 있다. 이것은 최고의 경제도시에 만족하는 시민의 모습과 밝은 미래상을 제시함으로써 앞으로도 계속 긍정적이고 진보적인 도시로서의 의지와 자신감을 표명하는 것으로도 볼 수 있다. 따라서 도시 공간 프랑크푸르트의 서사성을 텍스트언어학의 서사구조 분석을 통해 제시하면 〈그림 3-15〉와 같다. 이는 곧 '유럽 최고의 경제도시'라는 프랑크푸르트의 장소성과 '앞서가는 국제 비즈니스 정신'을 살리기 위한 프랑크푸르트의 메시지라는 두 개의 키워드로 정리될 수 있으며, 도시 공간 프랑크푸르트의 서사성은 '독일 비즈니스의 중심 도시'로 정의될 수 있다.

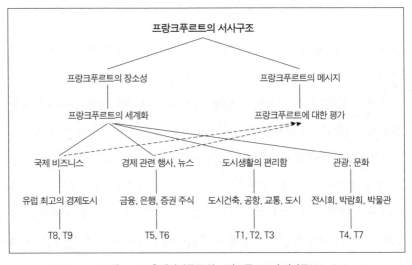

〈그림 3-15〉 홈페이지를 통한 프랑크푸르트의 서사구조

② 미디어를 통한 프랑크푸르트의 표상과 서사

프랑크푸르트의 서사성을 좀 더 객관적으로 살펴보기 위해 유명 언론사의 뉴스를 조사하여 살펴보고자 한다. 앞선 연구방식과 마찬가지로 독일 언론사에서 'frankfurt'로 검색했고, 이를 통해 프랑크푸르트와 관련 있는 뉴스들을 정리하면 〈표 3-10〉과 같다.

프랑크푸르트에서 주로 다뤄지는 기사는 박람회 및 행사 등에 관련된 것으로서 뮌헨의 도시축제행사와는 달리 특정한 주제를 가진 전시회, 메세(박람회)가 많은 것이 특징이다. 이외의 대표적인 뉴스로는 증권 및 주식에 관련된 금융기사로서 1년 내외로는 유럽금융위기에 관련된 뉴스가 많이 언급되어 있다. 따라서 중점적인 구조로 살펴보면 프랑크푸르트의 뉴스는 박람회 및 행사 관련, 경제(자본) 관련으로 생각할 수 있다. 경제에 관련된 것으로는 주식이나 유럽금융 문제가 주로 언급될 수 있지만, 참

〈표 3-10〉 프랑크푸르트 주요 뉴스기사 자료 분석 결과

	독일 주요 뉴스	키워드	뉴스에 사용된 이미지
프랑크 푸르트	증권 · 주식 관련	증권거래소	예술, 기계 전시물 12회 공연행사 10회 축구 9회 단체 8회 마라톤 5회 공항 4회 일반 3회 도시경관 3회 증권거래소 2회 요가/경찰/정치인
	금융시장, 은행 소식	유럽금융, 자본주의	
	분데스리가 소식	축구	
	프랑크푸르트 공항	공항타워	
	행사, 대회 소식	마라톤, 운동, 공연, 동물원	
	박물관, 전시회 개최	도서, 박람회, 체험, 예술품, 건축, 과학	
	항의, 시위	데모, 행진, 원자력	
	일반기사	사건사고	

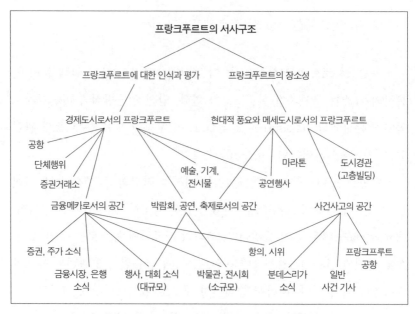

<그림 3-16> 뉴스기사를 통한 프랑크푸르트의 서사구조

고해볼 만한 것으로는 박람회나 전시회가 돈(자본)과 밀접한 관계를 가지고 있어 주로 언급되는 공연행사들이 실제로는 경제 관련 뉴스와도 상당 부분 관련이 있다는 점이다. 이를 개념화하여 미디어에 표출된 프랑크푸르트의 공간 인식을 구조화(서사구조로 표현)하면 〈그림 3-16〉과 같다.

〈그림 3-16〉과 같이 프랑크푸르트는 금융과 주식 등에 의한 자본경제의 서사성을 가짐과 동시에 박람회와 전시회 등을 통한 문화경제의 서사성을 가지고 있다고 볼 수 있다. 특별히 박람회와 전시회, 공연, 예술 등은 현대도시의 풍요로움과 메세도시로서의 생활과 문화에 관한 서사성을 가진다고 볼 수 있으며, 주요 이미지에 나타난 마라톤, 도시경관 등도 이러한 사실을 뒷받침한다. 결과적으로 뉴스기사를 통한 프랑크푸르트의 도시 공간적 이미지는 '메세를 중심으로 하는 경제도시로서의 프랑

크푸르트'라는 공간 인식을 확인할 수 있다.

③ 웹사이트 이미지를 통한 프랑크푸르트의 표상과 서사

프랑크푸르트에 대한 일반인의 인식과 이미지를 살펴보기 위해 앞선 조사방법과 동일하게 도시명 'frankfurt'를 이미지 검색했다. 포털사이트의 검색결과 상위 200개의 이미지를 순서대로 조사했고, 정리하면 〈표 3-11〉과 같다.

〈표 3-11〉 프랑크푸르트의 인터넷 도시 이미지 추출자료 분석 결과

도시	주요 내역	20개 이미지당 관련 횟수 검색순위	총계
프랑크푸르트	시가지 경관(광역고층빌딩 경관)	17+18+9+14+8+10+7+5+5	93
	프랑크푸르트 지도(교통로 외)	0+0+0+1+0+4+2+3+2+1	13
	프랑크푸르트 마인타워	6+8+2+2+1+3+2+3+3+3	33
	유럽중앙은행(유로타워)	1+1+0+0+0+0+0+0+0+0	2
	뢰머광장 외(광장로 작은 건물류)	1+2+1+1+0+1+0+1+2+0	9
	프랑크푸르트 마인강	8+6+6+4+6+7+5+7+2+3	54
	SG 아인트라흐트(축구팀)	0+0+1+0+1+1+1+0+1+1	6
	프랑크푸르트 공항	0+0+2+1+0+0+2+0+1+2	8
	증권거래소(주식, 금융)	0+0+0+1+1+0+0+0+2+1	5
	시가지 야경	6+8+6+7+9+8+5+7+3+4	63
	프랑크푸르트 중앙역	0+0+2+0+0+1+1+0+0+0	4
	고층빌딩(메세투름 외)	1+1+2+2+0+1+0+2+0+1	10
	박물관류(괴테하우스 외)	0+0+1+0+2+1+0+2+1+1	8
	기타 일반(직접적 관계가 아닌)	2+0+1+2+1+1+3+5+7+4	26

전체 관련 횟수를 통해 살펴본 프랑크푸르트의 대표적인 이미지는 시가지 경관 그 자체로서, 특히 마인강과 프랑크푸르트의 마인타워가 함께 등장한 도시경관이 대다수를 이뤘음을 알 수 있다. 프랑크푸르트의 대표적인 이미지 형상물은 프랑크푸르트 마인타워로 여겨지지만, 타워 자체보다는 고층빌딩을 중심으로 하는 시가지 경관이 도시이미지의 대표적 성격을 띠는 것으로 보인다. 특히 프랑크푸르트는 다른 3개 도시와 달리 밤에 촬영된 이미지 사진이 다수를 이루는데, 그 빈도수는 시가지 경관의 절반 이상을 차지할 정도로 높다. 이와 같이 어느 특정한 형상물이 대표적이기보다는 프랑크푸르트의 번화한 시가지 경관(특히 야간)이 자체 이미지를 대표하는 것으로 보인다. 프랑크푸르트의 가장 큰 특징은 특정한 형상물이 언급되기보다는 도시경관 자체가 하나의 이미지를 구성하고 있다는 점이다. 시가지 경관의 경우 프랑크푸르트 마인타워를 중심으로 마인강이 관통하는 도시경관이 대표적인데, 이러한 이미지가 프랑크푸르트의 이미지 검색자료의 70% 이상을 차지하고 있으므로 실질적인 도시 이미지 자체로 봐야 할 것이다. 특히 도시경관 이미지들의 절반 이상이 야경으로서 프랑크푸르트의 실질적 이미지는 '시가지 고층빌딩의 야경'으로 볼 수 있다. 이외에 뢰머광장 같은 작은 경관들과 증권거래소 같은 경제 관련 건물들이 있지만, 특별히 마인강을 중심으로 낮이 아닌 밤에 촬영된 야경을 중심으로 나타난다는 점이 특색이다. 야경의 도시는 다른 도시 이미지에서는 거의 찾아볼 수 없는 자료로서, 밤의 네온사인을 중심으로 한 환상적인 이미지와 함께 평범한 도시가 아닌 강한 이미지로서의 성격을 나타내는 것으로 볼 수 있다. 도시를 가로지르는 마인강 역시 도시 전체의 거대함과 아름다움을 강조하는 것으로 볼 수 있다. 타 도시에서 검색되지 않는 이미지를 중심으로 프랑크푸르트의 이미지 구조를 본다면 증권거래소와 유럽중앙은행 등을 중심으로 도시 특유의 금융 이미지가 발현되고 있다고도 볼 수 있다.

④ 소결: 프랑크푸르트의 통합적 서사

이상의 홈페이지(정부기관), 미디어, 인터넷(일반인)을 통한 프랑크푸르트의 인식구조를 서사 형식으로 종합하면 〈표 3-12〉와 같다.

〈표 3-12〉의 결과를 살펴보면 프랑크푸르트는 독일의 대표적인 경제도시로서 메세를 중심으로 현대 독일 도시의 세련미를 내포하는 서사를 가지고 있다. 특히 일반적인 경제도시들이 가지는 활발함과 역동성의 이미지에 비해 프랑크푸르트는 고유의 고층빌딩과 야경을 중심으로 한 환상적인 도시 이미지로 독일의 중심 경제 메카로서의 매력적인 도시 이미지와 서사를 갖추고 있음을 알 수 있다.

〈표 3-12〉 도시 공간 **프랑크푸르트**의 서사

분야별	도시 서사의 시선	대표적 서사구조	공통적 서사구조
프랑크푸르트 홈페이지	도시 자체 속성과 대외 홍보적 시선	유럽 최고의 경제도시로서 독일 비즈니스 경제의 우수성 강조	경제와 메세의 중심지로서의 도시 프랑크푸르트
미디어 속 프랑크푸르트	제3자의 객관적 시선	메세를 중심으로 하는 경제도시	
인터넷 속 프랑크푸르트	일반인의 대중적 시선	환상적이고 세련된 현대 도시 프랑크푸르트	

(4) 프라이부르크의 서사구조와 문화적 정체성

프라이부르크는 독일 바덴뷔르템베르크주에 위치한 지방도시로서 12세기 이후 소규모 도시의 모습을 갖추기 시작했다. 19세기에는 프라이부르크 대교구가 형성되어 대주교좌 소재지가 된 후 가톨릭의 중심지로 발전했다. 2001년 기준으로 면적 153.06km², 인구 20만 2,500명으로 정식 명칭은 프라이부르크 임 브라이스가우(Freiburg im Breisgau)다. 대성당과 옛 건물이 많이 있는 도시로 매년 300만 명이 넘는 관광객이 찾아오는 곳으로 유명하다.

① 프라이부르크의 대외적 서사구조

프라이부르크 홈페이지(www.freiburg.de) 역시 정부 및 기관 주도로 인터넷을 통해 도시 이미지를 발현하는 가장 대표적인 공식 홈페이지다. 앞선 연구와 마찬가지로 프라이부르크 홈페이지의 메인 화면을 도식화하면 〈그림 3-17〉과 같다.

프라이부르크 홈페이지를 살펴보면 프라이부르크의 주된 이미지와 상징은 타이틀 화면으로 보여주는 도시의 이미지를 바탕으로 하여 파란 하늘과 그 앞으로 펼쳐지는 낮은 건물들을 보여줌으로써 미래형 친환경 도시임을 강조하고 있다. 전체적으로 다른 도시에서는 볼 수 없는 환경 및 자연을 기본 탭으로 두고, 프라이부르크 그린시티를 녹색 이미지로 보여줄 뿐 아니라, 도시계획 관련 다양한 프로젝트를 보여주며 무엇보다 자연환경 보호 차원의 도시개발계획을 실행하고 있음을 보여주는 것이 특징이다. 이제 앞선 연구와 마찬가지로 프라이부르크 홈페이지가 전달

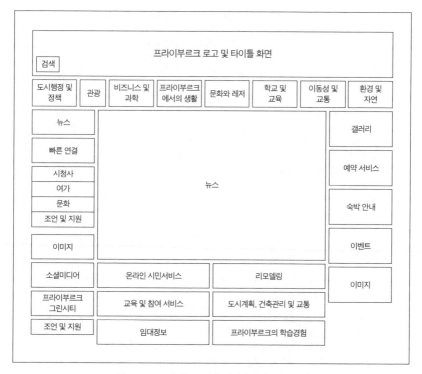

검색	프라이부르크 로고 및 타이틀 화면							
도시행정 및 정책	관광	비즈니스 및 과학	프라이부르크 에서의 생활	문화와 레저	학교 및 교육	이동성 및 교통	환경 및 자연

뉴스		갤러리
빠른 연결		예약 서비스
시청사 여가 문화 조언 및 지원	뉴스	숙박 안내
이미지		이벤트
소셜미디어	온라인 시민서비스	리모델링	이미지
프라이부르크 그린시티	교육 및 참여 서비스	도시계획, 건축관리 및 교통	
조언 및 지원	임대정보	프라이부르크의 학습경험	

〈그림 3-17〉 프라이부르크 홈페이지의 메인 화면 구조

〈그림 3-18〉
프라이부르크 홈페이지
메인 화면

〈표 3-13〉 프라이부르크 홈페이지의 내용 분류 결과표

	프라이부르크 홈페이지의 내용 분류
T1.	깔끔하고 짜임새 있는 구조로 전체적인 화면의 바탕이 하얀색으로 되어 있으며 빨간색으로 제목을 작성함
T2.	프라이부르크 로고 글씨는 하얀색 바탕에 검은색 큰 글씨로 깨끗하게 쓰여 있으며, 빨간색 십자가를 도시명 로고 오른쪽 위에 표시하여 종교적·전통적 도시임을 드러냄
T3.	프라이부르크의 도시 전경은 파란색 하늘 아래 녹색으로 어우러지는 아름다운 산을 배경으로 전통적·고전적 이미지를 드러내는 성당, 교회 양식의 건물을 중앙 배경으로 하여 낮은 건물들의 지붕을 보여주고 있음
T4.	관광, 문화예술 및 레저, 갤러리 탭을 따로 두어 플래시 화면으로 이미지를 강하게 전달
T5.	교육의 도시, 교육 관련 홍보, 참여 체험학습, 비즈니스를 비롯한 과학 관련 탭이 존재
T6.	아름답고 깨끗한 녹색 자연환경의 도시, 관광하기 좋은 도시, 숙박 안내, 시민의 생활 편의와 현대적 정보교류의 편의를 위해 사회적 정보 미디어 탭을 한 곳에 모아두어 쉽게 정보교류 기회 제공
T7.	그린시티 탭이 별도로 존재. 깨끗한 자연환경을 유지·보존하고 있는 녹색도시임을 강조하거나 정책 표현
T8.	도시계획 관련 다양한 프로젝트가 설명되어 자연환경 보호 차원의 도시개발계획을 잘 관리하고 있음을 홍보
T9.	전통과 종교, 교육에 관한 내용이 화면에 언급됨
T10.	각종 운송이나 교통 등 다양한 정보 제공, 건설현장을 자세히 알려주고 있음

하고 있는 내용 분석을 시도하고자 한다. 〈표 3-13〉의 T1~T10은 메인 페이지의 정보를 10개 구역으로 분류하여 정리한 결과표다.

프라이부르크 홈페이지의 내용 분석에서 보이는 특징은 아름다운 자연환경과 그 자연환경을 가장 잘 보전하고 있는 환경도시라는 이미지를 강조하는 데 있다. 도시 행정 및 정책 또한 '그린시티 프라이부르크'라는 용어에 초점을 맞추고 있으며, 건설현장, 환경 스페셜, 시민의 힘으로 녹색도시 만들기로 진행하고 있음을 보여주고 있다. 도시 로고를 비롯한 타이틀 화면은 파란색 하늘 아래 녹색으로 어우러지는 아름다운 산을 배경으로 전통적·고전적 이미지를 드러내는 성당(교회) 건물을 중앙 배경으로 하여 낮은 건물들의 지붕을 보여줌으로써 깨끗한 도시 이미지, 자연과 환경을 잘 보존하는 전통적·고전적 환경도시임을 강조하고 있다. 또한 프라이부르크 로고의 글씨는 하얀색 바탕에 검은색 큰 글씨로 깨끗하게 쓰여 있으며, 빨간색 십자가를 도시명 로고 오른쪽 위에 표시하여 종교적·전통적 도시임을 드러내고 있다. 따라서 도시 공간 프라이부르크의 서사성을 텍스트언어학의 서사구조 분석을 통해 제시하면 〈그림 3-19〉와 같다. 이는 곧 '그린시티 프라이부르크'라는 프라이부르크의 장소성과 '신앙과 교육의 위대한 정신을 이어가기 위한 프라이부르크의 메시지'라는 두 개의 키워드로 정리될 수 있으며, 도시 공간 프라이부르크의 서사성은 '그린시티적 신과 인간의 문화도시'로 정의될 수 있다.

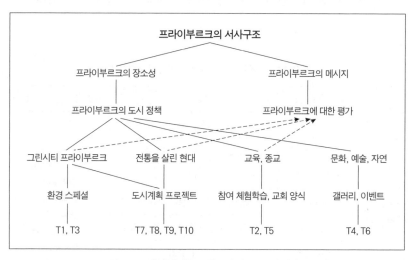

〈그림 3-19〉 홈페이지를 통한 프라이부르크의 서사구조

② 미디어를 통한 프라이부르크의 표상과 서사

프라이부르크의 표상을 객관적으로 살펴보기 위해 앞선 연구와 같이 유명 언론사의 뉴스를 조사하여 살펴보았다. 프라이부르크의 경우 독일 언론사에서 'freiburg'로 검색했고, 이를 통해 프라이부르크와 관련이 있는 뉴스들을 정리하면 〈표 3-14〉와 같다.

미디어 속의 프라이부르크는 교황과 가톨릭에 관련된 뉴스와 이미지가 많이 등장하는 것이 특징이다. 특별히 자연물(동식물, 자연경관)이 뉴스 이미지의 전면에 배치되는 점이 다른 도시와 차이점을 보인다. 이미지에서 '그린'이라는 단어가 자주 사용되며, 마스크를 쓴 의료진, 컴퓨터 전산장비 등의 의·공학 관련 이미지가 중심이 되는 것도 특징이다. 이와 관련하여 정치인 및 전문가로 보이는 1인 이미지를 통해 뉴스를 전개하는 방식이 자주 나타난다. 앞에서 조사된 내용을 개념화하여 미디어에

〈표 3-14〉 프라이부르크 주요 뉴스기사 자료 분석 결과

	독일 주요 뉴스	키워드	뉴스에 사용된 이미지
프라이부르크	교황 방문	교황, 미사	자연물 6회 정치인, 전문가 5회 교황 4회 의학 4회 공학 4회 교회 관련 3회 예술품 2회 공장 2회 그린, 포스터 2회
	환경단체 소식	더 그린스, 회의, 콘퍼런스, 의회	
	분데스리가	축구	
	에너지 뉴스	핵, 태양열, 재활용, 전기, 일본원자력	
	의학 소식	바이러스, 오염, 연구소, 식품, 진료소	
	가톨릭 소식	수도사, 교회	
	환경 캠페인	환경도시 수상, 그린캠페인	
	일반기사	사건사고	

표출된 프라이부르크의 공간 인식을 구조화하면 〈그림 3-20〉과 같다.

　내용면에서 가톨릭을 제외하고 프라이부르크에서 주로 다뤄지는 것은 환경에 관한 뉴스로서 환경단체, 의학 및 공학 관련 기사가 다수를 이루고 있다. 1년 내외로는 일본의 원자력 사고와 관련된 에너지 뉴스가 많이 언급되어 있고, 주로 공장이나 연구소에서 논의되는 기사들과 관련이 많다. 특별히 환경에 관련된 뉴스들은 주로 자연물(자연식품, 숲, 동물)에 관련된 내용이 많아 친자연환경을 중심으로 다뤄지고 있다고 볼 수 있다. 에너지 관련 뉴스들도 태양열 등이 키워드로 사용되고 있고, 그린과 관련된 이미지들이 뉴스에 빈번히 사용되는 것이 이러한 사실을 뒷받침한다. 그 외의 주요 뉴스로는 가톨릭과 관련된 뉴스가 많은데, 단순히 교황 및 교회(수도원)와 관련된 뉴스로서 사건사고의 범주로도 볼 수도 있으나, 이

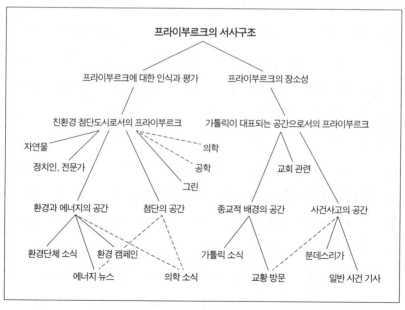

〈그림 3-20〉 뉴스기사를 통한 프라이부르크의 서사구조

보다는 프라이부르크의 일반적인 도시 특징에 유명한 대성당이 있는 것을 고려한다면 하나의 도시 색으로서 종교적 이미지가 있는 것으로 볼 수 있다. 따라서 뉴스기사를 통해 프라이부르크의 서사구조를 살펴본다면 '종교적 배경을 가진 친자연환경을 중심으로 한 첨단 도시로서의 프라이부르크'라는 공간 인식을 발견할 수 있다.

③ 웹사이트 이미지를 통한 프라이부르크의 표상과 서사

프라이부르크에 대한 제3자의 인식과 이미지를 살펴보기 위해 앞선 조사방법과 동일하게 도시명 'freiburg'를 이미지 검색했다. 포털사이트의 검색결과 상위 200개의 이미지를 순서대로 조사했고, 정리하면 〈표 3-15〉와 같다.

프라이부르크의 가장 대표적인 이미지 형상물은 프라이부르크 대성당으로, 주로 도시경관 이미지로 나타난다. 그러나 검색결과 프라이부르크라는 도시 자체를 설명하는 이미지 외에도 별로 관계가 없는 것으로 보이는 기타 일반 사진들이 다수를 차지하는 것으로 보아 다른 도시에 비해 프라이부르크의 이미지 형상이 일반인에게는 추상적이거나 구체적이지 못한 것으로 여겨진다. 도시경관 및 이미지 형상물에 공원과 녹지가 주로 나타난다는 점이 특색이며, 전동차인 트램과 연구단지 이미지도 도시를 대표하고 있음을 알 수 있다. 그러나 종합적으로 볼 때 프라이부르크는 어느 개별적인 형상보다는 대성당을 중심으로 한 도시경관 자체가 도시의 대표적인 이미지로 여겨지고 있음을 살펴볼 수 있다. 한편 공원과 녹지가 등장하는 자연경관이 도시 이미지의 한 축을 구성하고 있는 것은 다른 도시에서 볼 수 없는 특징이다. 태양광 주택단지, 연구단지 등

도시	주요 내역	20개 이미지당 관련 횟수 검색순위	총계
프라이 부르크	도시경관(일반광역)	15+5+5+3+6+1+3+2+2+3	45
	프라이부르크 지도(교통로 외)	0+3+3+2+2+3+2+2+1+2	20
	프라이부르크 대성당	1+3+2+3+0+0+0+2+2+0	13
	뮌스터광장 외(작은 건물 경관)	1+4+2+2+2+0+4+6+2+3	26
	마틴스토어, 슈바벤토어(성문)	6+0+1+0+0+1+1+1+1+2	13
	태양광 주택단지	0+0+0+0+2+1+0+1+0+0	4
	트램 및 케이블카(도로시설)	2+0+0+0+2+3+0+1+1+0	9
	SC 프라이부르크(축구팀)	1+2+1+4+1+2+2+0+1+1	15
	교황 및 종교 관련 내역	0+0+1+1+1+2+0+0+0+1	6
	공원 및 녹지 자연경관(수로 외)	1+1+3+1+2+2+4+2+3+3	22
	야외운동 및 의료 관련	0+0+1+0+0+0+0+1+1+1	4
	연구단지(연구시설, 포럼 외)	0+0+0+1+0+2+2+1+2+1	9
	기타 일반(직접적 관계가 아닌)	1+6+4+5+6+6+6+6+8+7	55

도 이 도시에서만 발견되는 것으로 과학도시로서의 이미지를 발현하고 있다고 볼 수 있으며, 교황 및 종교와 관련된 이미지도 상당수 검색되는데 이는 프라이부르크 대성당과 함께 생각한다면 종교적 이미지를 갖춘 도시로도 생각해볼 수 있다. 한편 마틴스토어 등의 성문 이미지도 검색이 많이 되므로 관광도시로서의 이미지가 외부에 잘 발현되고 있음도 알 수 있다. 또한 연구단지와 공원 녹지는 과학을 넘어선 친환경도시로서의 이미지를 포함하는 것으로 전기로 움직이는 트램과 케이블카, 수로 등의 관광적 이미지는 다른 관광도시와 달리 자연친화적인 관광 이미지를 구

축한 것으로 의미가 있다. 이에 대성당을 중심으로 도시 전반에 종교적 이미지를 가지고 있는 것도 앞선 친자연환경 이미지와 맞물려 관광도시로서의 숭고함, 성결함의 이미지를 강화시키는 것으로 볼 수 있다.

④ 소결: 프라이부르크의 통합적 서사

이상의 홈페이지(정부기관), 미디어, 인터넷(일반인)을 통한 프라이부르크의 인식구조를 서사 형식으로 종합하면 〈표 3-16〉과 같다.

결과를 살펴보면 프라이부르크는 가톨릭의 이미지로 구성된 전통적인 배경과 더불어 친자연환경이라는 도시정책적 이미지가 혼융된 도시 공간으로서 정부, 미디어, 일반인 모두에게 공통적으로 인식되고 있음을 알 수 있다. 이는 독일의 대표적 환경도시로서의 정책적 구성이 역사적 배경으로서 이미 프라이부르크가 가진 가톨릭적 숭고함과 조화를 이룸으로써 하나의 깨끗하고 성결한 도시 이미지로서의 서사가 구성되어 있음을 엿보게 해준다.

〈표 3-16〉 도시 공간 프라이부르크의 서사

분야별	도시 서사의 시선	대표적 서사구조	공통적 서사구조
프라이부르크 홈페이지	도시 자체 속성과 대외 홍보적 시선	그린시티적 신과 인간의 문화성을 가진 프라이부르크	친환경 종교도시 프라이부르크
미디어 속 프라이부르크	제3자의 객관적 시선	종교적 배경을 가진 친자연환경을 중심으로 한 첨단 도시	
인터넷 속 프라이부르크	일반인의 대중적 시선	깨끗하고 숭고한 환경도시	

4) 맺음말

이 글은 독일 4개 도시 공간의 공식 홈페이지에 대한 구체적 분석을 통해 홈페이지에 표상된 이미지와 서사를 기반으로 각 도시 공간에 축적된 기억을 파악하고, 그런 다음 미디어 정보인 뉴스기사 자료를 계량 구조화하여 사용 빈도 및 키워드를 중심으로 각 도시별 객관적 이미지를 찾아내고자 했다. 이와 더불어 이 글은 유명 웹사이트의 검색 이미지를 빈도별로 재구성하여 일반인에게 각 도시의 이미지가 어떻게 각인되고 표현되고 있는지를 확인했다. 마지막으로 이러한 3가지 시선을 통합적으로 구성한 결론을 기반으로 독일 도시 공간의 문화적 표상과 서사를 정의했다. 이 글에서 수행된 이러한 작업은 각 도시의 문화적 표상과 서사 구조를 더욱 객관적으로 밝힘으로써 이들 도시 공간에 대해 일반적 수용자가 지니고 있는 문화적 정체성과 서사성의 인식적 근거를 살펴보는 데 도움이 되리라 본다.

3.
도시 공간의 문화적 표상과 서사 2[10]
베를린, 뮌헨, 프랑크푸르트, 프라이부르크의 서사성 연구를 기반으로

1) 들어가는 말

도시는 인간이 태어나고, 성장하고, 늙고, 죽음을 맞이하는 공간이다. 그러기에 도시는 인간의 존재 의미가 생성 · 발전 · 소멸되는 장소일 것이다. 또한, 도시는 인간의 문명이 다양하게 표출되는 공간이기에 철학, 문학, 예술 등을 비롯한 문예부흥, 산업혁명, 자본주의 등의 경제발전, 첨단기술공학의 개발, 교육 등 인간사회의 성장에 전적으로 기여하는 사유와 움직임의 이야기가 축적된 장소이기도 하다. 사람들이 생활하는 거주공간인 도시에는 삶의 경험을 통해 만들어진 이야기들이 담겨 있으며 수많은 이야기에 둘러싸여 그 존재가 각인되며, 도시 이야기들의

---

10) 이 글은 3부 2장의 '도시 공간의 문화적 표상과 서사'의 연속 연구다. 1차 연도는 3부 2장의 연구였고, 이 글은 2차 연도의 연구에 해당한다.

심층에는 나름의 서사구조가 있기 마련이다. 개인과 집단 경험의 공간인 도시는 새로운 사회적·문화적 형상화를 그려나가면서 서로 첨가되고 교차하는 기억들과 장소들을 토대로 만들어진다. 이러한 맥락에서 이 글은 '과거와 현재'의 관계를 다양한 교차로에 위치시켜 선대로부터 유산으로 물려받은 기억의 흔적과 표상이 어떻게 가동되고, 활성화되고, 재분배되어 오늘의 도시를 이루게 되었는지 이해하고, 수 세기를 거쳐 이어져온 다양한 독일의 문화기호들에 의해 구성된 밀도 높은 직물로서의 도시텍스트 구조를 진단하게 될 것이다. 이 글의 목적은 독일의 4개 도시 공간, 즉 베를린, 뮌헨, 프랑크푸르트, 프라이부르크의 심층적 코드를 이야기와 플롯 형식으로 엮어내기 위한 서사구조를 개발하는 것이다. 다시 말해, 독일 도시민이 삶을 영위하기 위해 정박해 있는 지리적 공간 안에서 시간의 흐름과 더불어 생성되는 다양한 의미의 총체를 고유한 내러티브로 도출해내는 것이다.

2) 독일 도시 공간의 서사성과 의미생성모형[11]

도시는 하나의 방대한 건축물 그 자체로서보다는 거주자에 의해 경

---

11) 도시 공간을 서사성의 관점에서 파악하기 위해 이 글은 도시를 거주민의 기억이 축적된 메시지의 생성체, 즉 도시텍스트로서 상정한다. 이 글에서는 각 도시의 서사적 특성을 밝혀내기 위해 텍스트언어학의 분과에서 제안된 반 다이크(van Dijk 1980 ; Heinemann/Viehweger 1991, 242 재인용)의 서사구조 모델을 토대로 도시의 역사와 기억을 재구성하고자 한다. 이 글에 적용될 반 다이크 모델은 서사의 구성요소를 단순히 확인하는 데 그치지 않고, 이들 사이의 관계와 위계구조를 밝히는 것이 특징이다. 반 다이크 서사구조 모델의 도식화는 이 책의 2부 3장에서 제시된 바 있다.

험되고 지각되는 공간이다. 그러므로 도시민에게 도시의 형태를 만들고, 이를 인지하고, 그 정체성을 파악하게 해주는 코드와 규약은 도시가 존재하는 조건이 된다. 따라서 이 글은 독일의 도시 형태를 단순히 자연적인 환경으로서가 아니라, 도시 공간의 사용자인 거주민이 공유하는 역사적 상황에서 만들어진, 그리고 이들의 일상적 실천 속에서 경험되는 것으로 파악하고자 하며, 이러한 시각을 바탕으로 독일이라는 지역 내에서 진정한 도시텍스트를 읽어보고자 한다. 이를 위해 다음에서는 독일 도시 공간의 서사성과 서사구조가 다뤄질 것이며, 더 나아가 독일 도시텍스트의 의미를 파악하기 위한 전체적인 의미생성과정의 모형화를 시도해보고자 한다.

(1) 도시 공간의 역사적 기억과 서사 분석 방법

이 글은 텍스트 학자인 반 다이크의 '서사구조 모델'을 사용하여 연구대상인 독일의 4개 도시 공간이 지닌 서사성을 구조화한다. 이러한 과정은 도시 공간의 중요한 에피소드, 즉 사건과 기억을 중심으로 구성하므로 각 도시별 서사구조의 특성을 비교분석하는 데 도움을 줄 것으로 기대된다. 반 다이크 모델은 서사의 구성요소를 단순히 확인하는 데 그치지 않고, 이들 사이의 관계와 위계구조를 밝히는 것이 특징이다. 따라서 역사적 사건들의 의미적 상관관계를 설명하는 데 유용하게 활용될 수 있으며, 이것은 각 도시가 연대별로 가지게 된 서사구조를 확인하는 데 도움이 될 것으로 기대된다.

반 다이크의 서사 모델은 사건을 에피소드의 가장 핵심적인 자질로 규정한다. 이때 주요 시기별로 나타나는 장소성은 일정한 갈등과 정책적 해결방안으로 구성되어 새로운 이야기로의 의미적 변천을 겪는다. 독일의 4개 도시 베를린, 뮌헨, 프랑크푸르트, 프라이부르크의 장소성은 역사적 시기에 따라 서로 다르게 나타나므로 그에 따른 갈등과 해결도 다르게 나타난다. 이러한 변화의 모습을 도식화하면 역사적 변천 속에서 각각의 단계를 상징하는 기억과 대표적인 장소성을 파악할 수 있으며, 최종적으로는 현재 도시 공간의 장소성을 확인할 수 있다. 또한 현재의 도시 공간이 지니는 서사가 어떻게 형성되었는지 그 이유와 변천을 확인해 볼 수 있다는 장점이 있다.

① 베를린의 역사적 기억과 서사구조

베를린은 독일의 수도이며 독일 북동부에 위치하고 있다. 브란덴부르크주에 둘러싸여 있으며 베를린 자체가 연방주다. 2007년 12월 현재 인구 341만 6,300명으로, 독일 내 단일규모로는 최대의 도시다. 도심지에는 배가 다닐 수 있는 슈프레강이 있고, 경위도상 지역적인 특성으로 겨울이 춥고 여름도 서늘하다. 대서양과 대륙평원의 기후가 교차하는 곳으로 현대에는 공기오염이 심해지고 있으나, 과거에는 신선한 공기와 바람으로 유명했다. 남북 길이가 37km, 동서 길이가 45km로 규모면에서도 독일에서 가장 크다. 역사적으로 1400년대에 본격적으로 도시의 모습을 갖추기 시작했으며, 1991년 통일 독일의 수도로 결정되었다. 제조업과 전자산업이 강세를 보이고, 버스, 고가철도, 지하철, 라이히스아우토반(국립고속도로) 등이 발달한 교통의 요지이기도 하다. 훔볼트 대학 등 유명 대학교와 도서관 및 미술관이 집결된 곳으로 독일 교육의 중심지이기도 하다. 18세기 말부터 진행된 르네상스 문학 및 건축은 물론, 제2차 세계 대전을 전후로 한 역사적 건축물들도 유명하다. 도시 공간 베를린의 역사적 기억을 연대기적으로 구성하면 〈표 3-17〉과 같다.

〈표 3-17〉 베를린의 역사적 기억

시대	베를린의 시대별 주요 특성
1500년 이전 ~1699년	• 초기 슬라브민족의 집단 거주 • 현재 독일인(게르만)의 이주가 시작됨 • 베를린, 쾰른과 3개의 이웃 집단들이 통합하여 하나의 베를린을 이룸 • 통상과 제조업의 중심지로 증대 • 30년전쟁으로 폐허가 됨 • 프로이센의 수도 베를린 탄생 • 1600년대는 프랑스 출신 개신교들이 전체 베를린 인구의 1/3 차지 • 1600년 유대인에 대한 박해가 심해짐, 유대인이 독일에서 추방됨
1700~ 1899년	• 1700년대 새로운 형식의 식생활 변화(검소해짐) • 1701년 이후 프로이센 왕국의 수도로서 점차 발전 • 베를린의 브란덴부르크 문은 1778년 동베를린과 서베를린의 경계선에 자리하고 있어 한때 독일의 분단을 상징했고, 이제는 통일 독일의 상징이 되었음 • 프로이센 개혁 • 철도망이 개통되면서 각종 교통수단이 보행자와 경쟁하는 혼잡스러운 대도시 풍경이 펼쳐짐 • 1871년부터 1945년까지 독일의 수도 • 1871년 이후 독일제국 최대의 도시로서 정치 · 문화의 중심 • 1873년 베를린의 상징인 전승기념탑이 세워짐 • 베를린 필하모니 오케스트라 창단됨 • 1884년 베를린 협정
1900~ 1989년	• 1909년 제10차 IOC총회 개최 • 제1차 세계대전 말에 독일제국이 무너짐 • 바이마르 공화국의 수도로 지정됨 • 7개 도시, 59개 마을, 27개의 소유지가 베를린에 합쳐짐 • 경제대공황에 타격을 받고 아돌프 히틀러의 나치정권이 세워지는 원인이 됨 • 장벽을 미술 전시 공간으로 삼기 시작함 • 1936년 8월 2주 동안 베를린 하계올림픽 개최 • 1948년 베를린자유대학 창립 • 당시 반쪽의 베를리날레에서 동독 영화들이 처음으로 선보임 • 1989년 베를린 장벽 붕괴

1990년~
현재
	• 1990년 11월 독일 통일로 다시 하나의 도시가 됨
	• 독일이 통일되면서 연방주 지위를 얻음
	• 통일 독일의 수도를 서독의 수도 본에서 베를린으로 이전하여 새로운 민족
	  정체성을 구축할 수 있는 최적의 장소가 됨
	• 포츠담 극장을 베를리날레의 주요 공식행사장으로 만듦
	• 베를린영화제 열림
	• 화해와 타협의 도시로 변모
	• 명실상부한 유럽 최대 동성애 도시로 떠오르고 있음
	• 근래에는 관광도시로 유명
	• 현재 베를린은 그라피티 문화를 상징하는 가장 흥미진진하고 절대적인 공간으로
	  자리 잡음

위의 내용을 토대로 요약 정리하면 다음과 같다. 지금으로부터 약 1,500년 전 현재의 베를린 지역에 다양한 슬라브민족이 살고 있었다. 그 후 1100년대에 오늘날 독일인이 이 지역에 나타나 베를린 지역을 차지하기 시작했다. 이것이 베를린의 도시 공간이 형성된 시초이며, 사람에 의해 본격적인 도시 공간의 이야기가 형성되는 시점이다. 베를린은 이때까지만 해도 작은 마을에 지나지 않았으나 1400년대에 브란덴부르크주의 중요한 도시가 되었고, 1640년부터 호엔촐러른 왕가의 프리드리히 빌헬름 아래 다시 번영하여 프로이센 왕국의 수도로서 점차 발전했다. 이후 베를린은 '탄생'과 '집중'이라는 시점에서 거대 도시로 발전했고, '규모의 공간'이라는 새로운 장소성을 갖게 된다. 1700년대에는 통상과 제조업의 중심지로 증대했다. 1710년에는 베를린, 쾰른과 3개의 이웃 집단들이 통합하여 하나의 베를린을 이룬 후 예술과 과학이 번창했고, 산업이 빠르게 퍼져나갔다. 그 후 1871년 독일제국의 수도가 되었고, 제2차 세계대전이 발발하기 전까지 독일의 수도였다. 거대화된 도시는 성장의 난조와 혼잡성을 이기지 못하고 전쟁이라는 배경 속에서 재변혁을 맞이한다. 이것이 새롭게 구성되는 변혁 공간으로서의 베를린이다. 제2차 세계대전

이후에는 독일이 동베를린과 서베를린으로 분단되었고, 서베를린은 동독에 완전히 둘러싸인 '육지의 섬'이 되었다. 동베를린은 1949년 동독의 수도가 되었으며, 1961년에는 동독 정부에 의해 동베를린과 서베를린의 경계에 베를린 장벽이 세워져 냉전의 상징이 되었다. 그러나 1989년 베를린 장벽이 무너지고, 1990년 독일이 통일되면서 1991년에는 통일 독일의 수도가 되었다. 바로 이것이 현재의 통일화된 국가 수도로서 화합과 통합의 상징이자 중심지인 베를린의 장소성이다. 이후부터 베를린은 정치·문화의 중심지로서 1차 연도의 연구결과와 같은 현대의 도시 공간적 장소성을 갖게 된다. 베를린의 역사적 배경과 기억을 반 다이크 모델을 통한 서사구조로 바꾸면 〈그림 3-21〉과 같다.

〈그림 3-21〉을 통해 확인할 수 있는 베를린의 서사성은 국가 수도로

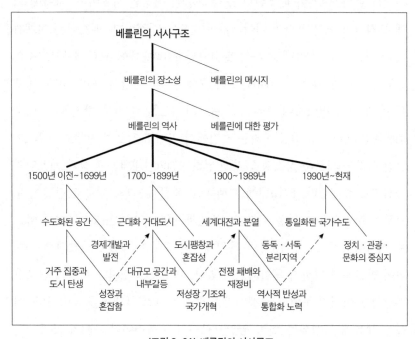

〈그림 3-21〉 베를린의 서사구조

서 정치·관광·문화의 중심지라는 것이다. 다시 말해 베를린의 서사구조를 구성하는 중요한 사건 요소들은 역사적 순서에 따라 첫째 '수도로서의 거대도시 성장', 둘째 '혼잡함에서 오는 갈등', 셋째 '개혁을 위한 전쟁', 넷째 '반성과 통합화' 등으로 연쇄됨으로써 '성장과 혼잡', '분열과 통합화'라는 독일 역사의 변천을 그대로 상징하는 장소로서 의미를 획득하고 있음을 발견할 수 있다. 이는 결과적으로 베를린이 독일의 역사적 변화와 문화를 대변하는 공간으로 인식된다고 볼 수 있을 것이다. 도시가 탄생한 후에 수많은 갈등과 해결을 반복하면서 전쟁과 분단에서 통일과 화합의 상징이 된 '통일국가 수도', 곧 국가와 정치의 중심지로서의 장소성을 갖게 된 것이다.

② 뮌헨의 역사적 기억과 서사구조

'뮌헨'이라는 이름은 본래 '작은 수도사'라는 뜻으로 9세기에 수도사들이 정주하여 도시가 형성된 후 12세기 중엽 바바로사 황제가 주요 산물인 소금을 거래하고 이곳에 이웃 도시와의 상업계약을 끌어들인 후부터 본격적인 상업도시로 발달하기 시작했다. 독일 남부 바이에른주의 중심도시이며, 독일에서 세 번째로 큰 도시다. 인구는 130만 명으로, 알프스산지와 이자르강을 낀 경관과 각종 행사나 스포츠가 유명하여 독일에서 가장 많은 관광객이 모이는 대표적인 도시이기도 하다. 뮌헨은 과거 독일문학의 중심지였고, 필하모니 관현악단과 바이에른 관현악단이 유명하며, 세계적인 박물관과 공원, 바로크 양식 건축물 등이 현대 도시 공간과 어우러져 있다. 특히 뮌헨은 과거 독일의 최대 농업 중심지로서 맥주의 본고장으로 유명하여 맥주축제인 '옥토버페스트'가 세계적인 관심을 받고 있고, 주력산업은 유명한 맥주 양조업을 비롯하여 전기, 자동차, 화학, 직물, 광학정밀기, 제지, 인쇄 등의 공업이 다양하게 발달했다. 도시 공간 뮌헨의 역사적 기억을 전체적인 연대기표로 구성하면 〈표 3-18〉과 같다.

〈표 3-18〉의 내용을 토대로 요약 정리하면 다음과 같다. 뮌헨은 1158년에 도시화가 진행되었고, 1175년 도시로 승격되어 성곽이 건설되었다. 1240년 바이에른 영지가 둘로 나눠지자 오버바이에른의 중심

〈표 3-18〉 뮌헨의 역사적 기억

시대	뮌헨의 시대별 주요 특성
1158~ 1799년	• 1158년에 건설된 것으로 추정 • 1255년 비텔스바흐 가문에서 뮌헨을 도읍으로 삼음 • 14세기에 페스트가 창궐하여 인구의 3분의 1이 사망하기도 함 • 1506년 바이에른 왕국이 통일된 이후, 뮌헨이 통일왕국의 수도가 됨 • 1632년 30년전쟁 중 스웨덴군에게 점령당하기도 함
1800~ 1899년	• 1810년부터 뮌헨에서 맥주축제가 시작됨 • 1836년 독일에서 가장 큰 미술관인 고전회화관이 건설됨 • 1800년대 초·중반에 쾨니히스 광장 조성 • 1800년대 말에 신시청사(네오고딕양식의 건축물)가 건설됨 • 1800년대 말 뮌헨을 테마로 한 관광도시로 개조 계획
1900~ 1969년	• 1916년 바이에른의 중심지 뮌헨에 BMW자동차회사가 설립됨 • 1919년에는 나치즘의 아돌프 히틀러 같은 극단적 정치가들의 활동무대가 됨 • 1920년 뮌헨의 유명 맥주집(Hofbraeuhaus)에서 나치당의 25개조 강령 발표 • 1923년 맥주홀 폭동 • 1938년 4개국이 참가한 뮌헨 회담 열림 • 1939년 뮌헨 라임공항(Munich Riem Airport)으로 개항 • 1945년 미군 점령
1970년~ 현재	• 1972년 올림픽 개최 • 1992년 행정 개편 이후 25개의 구(Stadtbezirke)로 나뉨 • 현대에 들어와서 독일 최대의 공업도시 중 하나가 됨 • 공업의 종류가 다양하게 발달한 도시 • 유럽 여러 나라 방면으로 통하는 국제열차 발착 • 예술·문화의 도시로 유명하고, 언론기관에서 살기 좋은 도시로 선정됨

이 되었고, 1506년 바이에른 왕국이 통일된 이후에는 통일 왕국의 수도가 되었다. 그 후 16세기부터 독일 르네상스의 핵심 도시가 된다. 이때부터 예술과 문화의 도시로 성장했으나, 1914년 제1차 세계대전이 일어나면서 나치즘의 아돌프 히틀러 같은 극단적 정치가들의 중심지가 되며 파괴된다. 파괴된 뮌헨은 1945년 미군 점령 후 도시를 다시 정비하게 되며, 1957년에는 인구가 100만 명을 넘어섰고 1972년에는 올림픽을 개최하며 발전했다. 그 후 문화와 상공업이 안정적으로 발달하면서 도시 전체가 부유해졌으며, 2010년 영국 언론기관 모노클은 세계에서 가장 살기 좋은 도시로 뮌헨을 선정하기도 했다. 이와 같은 배경을 토대로 뮌헨은 1차 연도 연구결과와 같은 개발도시로서의 위상과 문화 레저 공간으로서의 여유가 묻어나는 풍요로운 도시의 장소성을 갖게 되었다고 볼 수 있

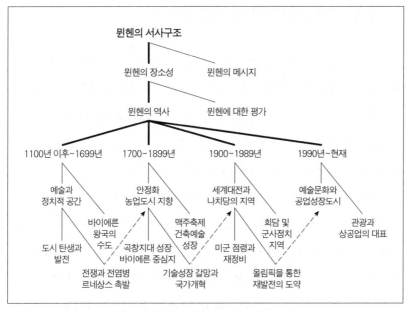

〈그림 3-22〉 뮌헨의 서사구조

다. 뮌헨의 역사적 배경과 기억을 반 다이크 모델을 통한 서사구조로 바꾸면 〈그림 3-22〉와 같다.

〈그림 3-22〉를 통해 확인할 수 있는 뮌헨의 서사성은 바이에른의 중심도시로서 관광과 상공업의 대표공간이라는 점이다. 다시 말하면 뮌헨의 서사구조를 구성하는 중요한 사건 요소들은 '예술과 정치적 공간', '농업문화도시', '군사정치지역', '관광과 공업' 등으로 연쇄됨으로써 '예술과 농경문화의 도시', '성장과 발전의 상업도시'라는 과거와 현대의 조화와 이동을 동시에 살펴볼 수 있는 장소로서 의미를 획득하고 있음을 발견할 수 있다. 이는 결과적으로 뮌헨이 전통문화와 맥주산업을 근간으로 발전한 현대 상공업도시 공간으로서 나타난다고 할 수 있으며, 전통문화관광을 중심으로 한 신산업도시의 장소성을 가진다고 볼 수 있다.

③ 프랑크푸르트의 역사적 기억과 서사구조

프랑크푸르트는 독일의 문호 괴테의 고향인 서독지역 마인 강가의 프랑크푸르트와 동독지역 오더 강가의 프랑크푸르트 두 곳이 있다. 따라서 서독지역의 프랑크푸르트를 말할 때는 Frankfurt am Main(프랑크푸르트 암 마인)이라 부르며, 동독지역의 프랑크푸르트를 말할 때는 Frankfurt an der Oder(프랑크푸르트 안 데어 오데르)라고 하는데 우리가 흔히 프랑크푸르트라고 말할 때는 아직까지 거의 서독지역의 프랑크푸르트를 지칭한다. 프랑크푸르트 암 마인(독일어: Frankfurt am Main)은 독일 중서부 헤센주에 있는 도시로, 간단히 줄여서 '프랑크푸르트(Frankfurt)'라고 불리기도 한다. 베를린, 함부르크, 뮌헨, 쾰른 다음으로 독일에서 다섯 번째로 인구가 많은 도시다. 독일의 행정수도는 베를린이지만, 경제적 수도는 프랑크푸르트라 할

수 있을 만큼 독일의 경제적인 중심을 차지한다. 이 도시에는 유럽중앙
은행이 들어서 있으며, 프랑크푸르트 증권거래소도 위치하고 있어 런던
과 함께 유럽의 금융 중심지 역할을 하고 있고, 매년 국제박람회가 열리
기도 한다. 또한 유럽연합에서 가장 부유한 도시의 하나로도 알려져 있
다. 마인강과 라인강의 수상교통 중심지이자 철도의 중심지로 상공업이
크게 발달했으나, 제2차 세계대전으로 시가지가 크게 파괴되었다. 전쟁
이 끝난 후 독일 경제 기적의 중심지로 크게 번영하게 되었고, 시가지도
말끔하게 정비되어 유럽에서는 보기 드물게 시 중심가에 고층건물이 밀
집해 있다. 프랑크푸르트의 역사적 기억을 전체적인 연대기표로 구성하
면 〈표 3-19〉와 같다.

〈표 3-19〉 프랑크푸르트의 역사적 기억

시대	프랑크푸르트의 시대별 주요 특성
794~ 1599년	• 794년 카를 대제의 기부 증서에 '프랑코노푸르트'라는 이름으로 처음 언급됨 • 10세기 브로츠와프와 슈체친 사이의 오데르강 교역으로 도시 형성 • 1152년 프리드리히 1세가 대관식을 갖고 황제에 즉위 • 13세기 중반에 프리드리히 2세가 프랑크푸르트시에 '상품도시'라는 특권을 부여함 • 1430년 한자동맹 가입 • 1485년부터 도서전시회가 열리기 시작함 • 1562년부터 매년 아헨에서 열리던 황제대관식이 프랑크푸르트로 옮겨짐 • 1585년 최초의 증권거래소가 성바오로교회 옆에 위치 • 15세기에 금융의 중심지로 우뚝 설 계기 발생, 화폐를 주조할 권리를 얻음
1600~ 1899년	• 독일의 경제를 좌지우지할 만한 힘을 가짐(금융의 중심) • 1749년 독일의 대문호 괴테 출생 • 1700년대 지역 기술자가 새로운 소시지를 만들어 '프랑크푸르트'라는 도시의 이름을 붙임 • 1806년까지 황제의 선거와 대관식이 거행됨 • 1810년 대공국의 수도가 됨 • 1815년 빈 조약으로 독일의 4개 자유도시 가운데 하나가 됨 • 1848년 제1회 국민회의 개최. 그 후 근대적 대도시로 발전

1600~ 1899년	• 1866년 프로이센에 합병 • 1879년 증권거래소가 완공됨. '자본주의의 대성당'이라는 별명으로 알려졌고, 문 앞에 무표정하게 서 있는 황소와 곰 조각상과 함께 금융 세계의 부침을 상징하게 됨 • 1892년 시내중심 하우프트바헤 광장~오페라극장 사이를 '괴테의 거리'로 명명 • 1897년 제1회 자동차쇼 개최
1900~ 1990년	• 1932년 괴테 서거 100주기를 맞아 프랑크푸르트 대학을 요한 볼프강 괴테 대학교로 개칭 • 1932년 최초의 고속도로 개통(쾰른과 본 사이의 20km 아우토반) • 1939년 제2차 세계대전으로 시가지가 파괴됨. 전쟁 후 경제중심지로 번영 • 1930년 이후 프랑크푸르트 사회연구소를 무대로 활약한 철학자 집단인 프랑크푸르트학파가 활성화됨 • 1945년 이후 근대적인 건물이 많이 세워짐 • 1968년 사회문화혁명(이른바 68혁명) 일어남 • 1981년 오페라좌인 알테 오퍼가 재건축됨 • 1984년부터 미술관 거리 조성 • 1989년 프랑크푸르트에서 IAA국제모터쇼 열림
1990년~ 현재	• 1990년대부터 CPHI WORLDWIDE가 의약품박람회 개최 • 1991년에 개장한 MMK는 현대건축물의 대표적인 상징 • 2000년에 들어서면서 건물이 사각형 빌딩에서 벗어나 원형 빌딩 등으로 패션코드처럼 변모 • 2006년 FIFA 월드컵 축구 개최지 중 한 곳임 • 2007년 독일통신 DPA사의 조사에서 범죄발생률 1위 • 스포츠연맹인 독일축구협회와 독일체육협회가 있는 독일 스포츠 조직의 중심지

위의 표 내용을 토대로 내용을 요약 정리하면 다음과 같다. 프랑크푸르트는 중세 교역 시기에 마인강을 따라 자유도시로 시작했다. 794년 카를 대제의 기부 증서에 '프랑코노푸르트'라는 이름으로 처음 언급되었으나, 본격적으로는 10세기경 브로츠와프와 슈체친 사이의 오데르강 교역 도시로 발전했다. 1430년 한자동맹에 가입했고, 1372~1806년에 자유제국 도시, 라인동맹의 군주이자 대주교가 거주하는 행정중심지를 거쳐 1810년에는 나폴레옹이 창설한 프랑크푸르트 대공국의 수도가 되었

다. 1848년 혁명기에는 국민의 대표들이 모여 역사상 최초로 독일 황제를 선출하고 자유헌법을 통과시키기도 했다. 19세기 들어 프로이센의 브란덴부르크주에 속했다. 이후 베를린과 포젠(현 폴란드의 포즈난) 사이의 교역 중심지로 중요시되었고, 한때 독일제국에서 라이프치히 다음가는 박람회 개최지였다. 제2차 세계대전 때 소련군의 진입을 막는 기지로 큰 전쟁터가 되어 파괴되었으나, 전쟁 후에 복구되었다. 전쟁이 끝나면서 오데르강 동쪽이 폴란드로 넘어가면서 강 건너편의 담포어슈타트(Dammvorstadt)는 폴란드의 도시 스우비체(폴란드어: Słubice)가 되었고, 이후 동독과 폴란드의 국경 도시로 남아 있었다. 동독 시절 브란덴부르크주가 해체되고 이곳을 중심으로 하는 프랑크푸르트현이 설정되었다가 통일 후 브란덴부르크주가 부활하여 현재에 이른다. 이와 같이 프랑크푸르트는 마인강과 라인강을 중심으로 한 지역적인 위치에서 상공업으로 시작한 대표적인 도시로서, 제2차 세계대전 때 크게 파괴되었으나 상공업적 장소성을 그대로 이어받아 새롭게 계획도시화되었다. 이는 독일 경제의 중심지로서의 위치를 확고하게 가지고 있는 것으로 보이며, 상업 중심이라는 장소성이 도시 공간에 역사적으로 반영되어 있다고 할 수 있다. 프랑크푸르트의 역사적 배경과 기억을 반 다이크 모델을 통한 서사구조로 바꾸면 〈그림 3-23〉과 같다.

〈그림 3-23〉을 통해 확인할 수 있는 프랑크푸르트의 서사성은 금융 시스템을 대표로 한 자유경제 공간이라는 점이다. 프랑크푸르트의 서사 구조를 구성하는 중요한 사건 요소들은 '금융과 화폐', '자유수도도시', '문화혁명의 공간', '기획경제와 개발도시' 등으로 연쇄됨으로써 '자본과 자유', '발전과 기획'이라는 역사적 흐름과 도시가 추구한 구상을 동시에 살펴볼 수 있는 장소로서 의미를 획득하고 있음을 발견할 수 있다. 다시

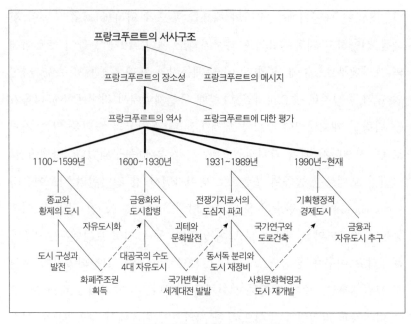

〈그림 3-23〉 프랑크푸르트의 서사구조

말하면 역사적으로 프랑크푸르트는 상업을 중심으로 한 화폐와 자유로
움의 문화가 결합된 공간으로 압축할 수 있다. 이는 결과적으로 프랑크
푸르트가 현대에 와서도 자본과 자유로움을 근간으로 한 기획적인 금융
도시의 공간으로서 장소성을 갖는다고 볼 수 있겠다.

④ 프라이부르크의 역사적 기억과 서사구조

프라이부르크는 독일 바덴뷔르템베르크주에 있는 도시다. 인구
는 21만 7,547명(2006)으로 많지 않지만, 독일 도시들의 인구 비중을 비
교해보았을 때 50대 도시에 들어가는 중간규모 도시다. 전체 도시면적
(153.06km²) 중 숲이 약 65km²로 40% 이상을 차지하며, 시가화 면적은 약

$47km^2$로 30% 정도를 차지하고 있다. 위치상 바덴뷔르템베르크주 서남부의 '바덴'으로 불린 지방에 자리 잡고 있으며, 브라이스가우 지역에 있다고 하여 다른 지역의 프라이부르크와 구분하여 프라이부르크 임 브라이스가우(독일어: Freiburg im Breisgau)라는 명칭을 사용하기도 한다. 지역은 프랑스, 스위스 국경에서 가깝다. 라인강과도 가까우며, 슈바르츠발트로 불리는 삼림지대의 서쪽 기슭 지역에 위치한다. 중세도시의 면모를 지니고 있던 구도심은 제2차 세계대전 때 연합군의 폭격으로 거의 파괴되었고, 1992년 환경수도로 선정된 이후 현재는 친환경도시로 탈바꿈했다. 자동차 통행금지 정책으로 자전거 전용도로가 160km가 넘으며, 1인당 자전거 보유 대수가 1대 이상이다. 온화한 기후로 독일 전체에서 일조량이 가장 많은 쾌적한 도시이며, 스위스와 프랑스의 국경에 위치할 뿐만 아니라 인근에 '흑림(Schwarzwald)'이라는 유럽 최대의 삼림이 있어 관광지로서의 가치도 높다. 고용의 약 3/4은 서비스 분야에 집중되어 있으며, 태양에너지연구나 제품 등의 환경산업, 정보와 미디어 기술, 바이오산업과 대학 등이 경제활동의 중심을 형성하고 있다. 프라이부르크는 시가지 내의 수로가 특히 유명한데, 총연장 8.9km 중 노출되어 열린 구간이 5.1km에 달한다. 프라이부르크의 역사적 기억을 연대기적으로 정리하면 〈표 3-20〉과 같다.

〈표 3-20〉의 내용을 토대로 요약 정리하면 다음과 같다. 프라이부르크 임 브라이스가우의 역사는 1120년에 시작된다. 이후 교역의 중심지로 번영했으나, 합스부르크 · 바이에른 · 오스트리아 · 프랑스 등 여러 왕조의 지배를 받았고, 17세기 30년전쟁 때는 전쟁터가 되면서 큰 피해를 보았다. 1805년 브라이스가우 지방은 바덴에 완전히 귀속되었다. 1827년 가톨릭의 프라이부르크 대교구가 형성되어 대주교좌 소재지가 되었고,

〈표 3-20〉 프라이부르크의 역사적 기억

시대	프라이부르크의 시대별 주요 특성
1100~ 1599년	• 1120년 채링겐 공작에 의해 건설됨. 프라이부르크라는 이름은 '자유로운 교역이 이뤄지는 장소'라는 의미에서 유래됨 • 1128년 우라흐 백작 점령. 후에 프라이부르크 백작이라는 칭호 채택 • 1200년경 프라이부르크 대성당이 지어지기 시작하여 1513년 완공 • 1368년 합스부르크 왕족이 프라이부르크 통치 • 1457년 알브레히트 6세가 프라이부르크 대학, 박물관 설립
1600~ 1899년	• 1500년대에 베히레수로가 건설됨 • 1805년까지 프라이부르크가 오스트리아에 양도됨 • 1821년 대교구 설치 • 1900년대 이전까지 가톨릭 중심지로 보수적 성향이 강했음
1900~ 1989년	• 1900년 프라이부르크 대학이 여학생 등록을 받으면서 독일 최초로 여대생 탄생 • 1933년 프라이부르크 대학총장이 나치당에 입당 • 1970년 원자력발전소 건설계획 수립 • 1971년 연방정부가 환경계획 수립 • 1972년 자동차 억제정책 도입(자전거 전용도로 건설) • 1975년 핵발전소 건설반대운동으로 에너지정책대안 제시 • 1980년 학교에서 환경교육이 의무화됨 • 1981년 유럽에서 가장 큰 태양광연구소(프라운호퍼)가 만들어짐
1990년~ 현재	• 1992년 프라이부르크를 태양에너지도시로 지정 • 이슬람교, 불교, 티벳불교 등의 사원들 건립됨 • 2000년대는 녹색당 성격 • 2000년 현재, 제수이트파 성당이 주립음악대학으로 사용됨 • 2007년 기후변화 대응전략 작성2011년까지 모든 주택을 패시브하우스(에너지 보존주택)로 건설

이후 가톨릭의 중심지로 발전했다. 1120년 채링겐(Zähringen) 공작이 건설하여 자유도시의 특권을 인정받았으며, 1128년에 우라흐 백작이 이 도시를 손에 넣은 뒤 '프라이부르크 백작'이라는 칭호를 채택했다. 1368년부터 합스부르크 왕가의 지배를 받게 되었고, 1648~1805년에는 오스트리아 변경 영토의 행정중심지 역할을 했다. 이후 1632~38년에는 스웨

덴, 30년전쟁과 오스트리아 왕위계승전쟁 후에는 프랑스에 각각 점령당한 적도 있었으나, 1806년 이후 바덴 왕가에 귀속되었다. 가톨릭과 중세도시의 모습을 갖추고 있던 프라이부르크는 제2차 세계대전 때 거의 파괴되었다. 이후 재개발도시로 복원하던 중 1970년대에 프라이부르크 인근 '비일'이라는 지역에 원자력발전소를 건설하려는 계획이 수립되었고, 이에 주민이 원자력발전소 반대운동을 시작한 것을 기점으로 환경생태도시로서의 모습을 갖췄다. 1992년 독일연방의 '환경수도'로 선정되면서 친환경도시의 대명사가 되었다. 이것이 현재 프라이부르크의 장소성이다. 이후부터 프라이부르크는 환경과 과학도시의 중심지로서 장소성을 가지게 된다. 프라이부르크의 역사적 배경과 기억을 반 다이크 모델을 통한 서사구조로 바꾸면 〈그림 3-24〉와 같다.

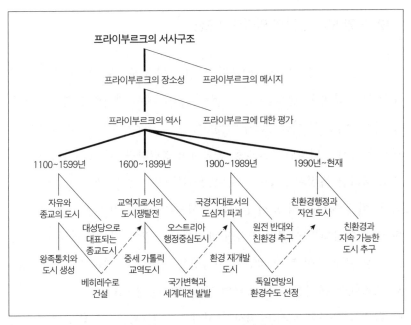

〈그림 3-24〉 프라이부르크의 서사구조

〈그림 3-24〉를 통해 확인할 수 있는 프라이부르크의 서사성은 친환경행정을 중심으로 한 자연도시라는 것이다. 다시 말해 프라이부르크의 서사구조를 구성하는 중요한 사건 요소들은 '자유로운 종교도시', '유명 교역지로 쟁탈된 지역', '환경을 중심으로 한 재개발 공간', '지속 가능한 친환경도시' 등으로 연쇄됨으로써 '종교와 자유', '자연과 친환경도시'라는 공간으로 인간과 자연의 자연스러운 조화라는 의미를 발현하고 있음을 알 수 있다. 다시 말해 종교도시로 시작한 프라이부르크의 깨끗함과 숭고의 이미지가 환경, 자연보호라는 모티프로 변화된 장소성이라고 할 수 있을 것이다. 이는 결과적으로 현대에 와서 프라이부르크가 독일의 대표적인 자연환경도시 공간으로 대변된다고 할 수 있을 것이다.

(2) 독일 도시 공간의 의미생산모형

독일의 4개 도시 공간 베를린, 뮌헨, 프랑크푸르트, 프라이부르크에 대해 이 책의 3부 2장(해당 주제의 1차 연도 분석 결과)에서 제시한 문화적 표상체계 및 인식구조의 실물자료와 이 글(해당 주제의 2차 연도 분석 결과)의 역사적 배경과 특성에서 나타난 장소성을 종합하여 정리하면, 각 도시마다 핵심적으로 나타난 특징(즉, 도시가 가진 서사성)을 획득하는 인식 과정을 파악할 수 있다. 이 글에서는 각 도시 공간의 서사성을 파악하기 위해 도시별로 가장 많이 언급되는 어휘와 역사적 배경에서 등장한 핵심적 갈등-해결 요소를 한 곳에 모아 도시 공간의 서사성을 규명했다. 다시 말해, 이 책의 3부 2장에서 분석한 도시 공간의 객관적인 실현 이미지(도시의 표출구조)와 이 글에서 분석한 도시의 역사적 서사(도시의 의미구조)를 토대로 최종적인

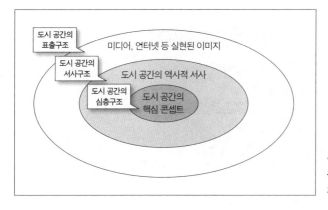

〈그림 3-25〉
독일 도시 공간의
의미생성 모델

도시 공간의 핵심 콘셉트(도시의 심층구조)를 찾아가는 방식이다. 이를 도식화하면 〈그림 3-25〉와 같다. 다음에서는 분석대상인 독일의 4개 도시 공간 각각을 구분하여 이들의 서사성과 서사구조를 확인할 수 있었던 의미생성과정을 종합적으로 정리해보고자 한다.

① 도시 공간 베를린의 의미생산모형도

앞에서 언급한 바대로 도시 공간 베를린에 대한 수용자의 인식은 외부적 도시 공간의 표출, 즉 문화적 표상과 인식구조에 도시 공간의 역사적 서사를 함께 고려해보면 확인할 수 있다. 〈그림 3-26〉은 도시 공간 베를린의 메시지를 키워드 중심으로 정리한 것이다. 베를린에서 표출된 현대의 문화적 표상과 인식구조는 정치와 역사에 관한 것이 주를 이루고 있다. 한편, 베를린의 역사적 서사 속에서 담겨 있는 장소성은 성장과 분열 그리고 통일이다. 이러한 모든 테마를 현재의 공간에서 인식하면 '독일의 중심지로서 정치적 도시 베를린'이라는 최종적인 도시 공간의 메시지를 확인할 수 있다. 이 글에서 진행된 베를린의 장소적 의미 인식 과정

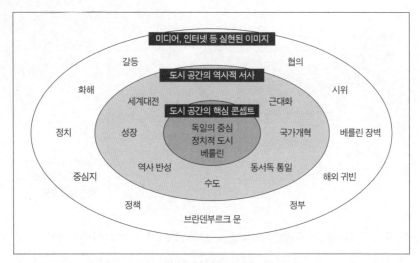

〈그림 3-26〉 베를린의 메시지

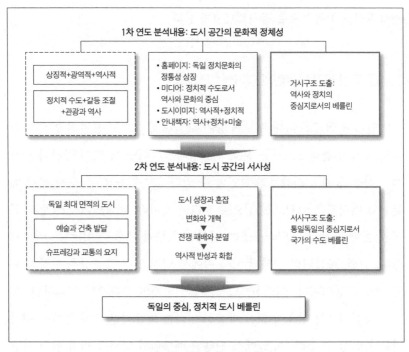

〈그림 3-27〉 베를린의 의미생산모형도

을 정리하면 〈그림 3-27〉과 같다.

이 책의 3부 2장(1차 연도 분석내용)에 따르면, 베를린은 홈페이지 분석을 통해서는 '독일 정치문화의 정통성을 상징'하고 있음을 알 수 있었고, 뉴스 미디어를 통해서는 '정치적 수도로서 역사와 문화의 중심'으로 다뤄지고 있음을 알 수 있었으며, 인터넷 도시이미지 분석을 통해서는 '역사와 정치'가 가장 대표적인 것임을 알 수 있었고, 마지막으로 안내책자를 통해서는 '역사와 정치 그리고 예술'에 관련된 장소로 홍보되고 있음을 확인했다. 따라서 도시 공간 베를린의 표상적 구조는 '상징적＋광역적＋역사적' 특성을 띠고 있으며, 이에 대한 인식구조는 '정치적 수도의 공간＋갈등조절의 공간＋관광과 역사의 공간'으로 자리 잡고 있으며, 전체적인 거시구조는 '역사와 정치의 중심지로서의 베를린'이라는 공간주제를 가지고 있음을 알 수 있었다. 이 글(2차 연도)의 연구결과를 토대로 살펴본 베를린은 도시의 배경적 지표를 통해서는 '독일 최대의 면적'과 '예술과 건축이 발달한', 그리고 '슈프레강을 낀 교통의 요지'라는 측면에서 이해되며, 역사적 연대기를 통해서는 '도시 성장과 혼잡 → 변화와 개혁 → 전쟁 패배와 분열 → 역사적 반성과 화합'이라는 순서로 장소의 의미가 변천되고 있음을 확인할 수 있었다. 역사적 서사를 통해서는 '통일 독일의 중심지로서 국가의 수도 베를린'이라는 장소성의 의미를 확인했으며, 이를 3부 2장의 내용과 접목시켜 최종적인 도시 공간 베를린의 서사적 핵심 콘셉트를 밝혀내면 '독일의 중심, 정치적 도시 베를린'이라는 의미를 가지고 있다고 하겠다.

② 도시 공간 뮌헨의 의미생산모형도

　도시 공간 뮌헨의 수용자 인식 역시 외부적 도시 공간의 표출, 즉 문화적 표상과 인식구조에 도시 공간의 역사적 서사를 함께 고려하여 확인할 수 있다. 수용자에게 인식된 도시 공간 뮌헨의 메시지를 키워드에 따라 정리하면 〈그림 3-28〉과 같다. 뮌헨에서 표출된 현대의 문화적 표상과 인식구조는 전통축제, 겨울스포츠 등 여가문화에 관련된 것과 기업과 산업을 중심으로 한 도시개발이 중점이 되고 있다. 한편 뮌헨의 역사적 서사 속에서 담겨 있는 장소성은 농업과 예술 그리고 올림픽이다. 이러한 모든 테마를 현재의 공간에서 인식하면 '전통문화와 스포츠를 중심으로 한 신개발도시로서의 뮌헨'이라는 최종적인 도시 공간의 메시지를 확인할 수 있다. 이 연구에서 진행된 뮌헨의 장소적 의미의 인식 과정을 간략히 정리하면 〈그림 3-29〉와 같다.

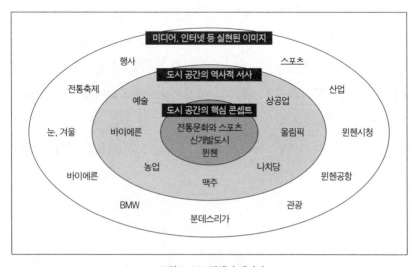

〈그림 3-28〉 뮌헨의 메시지

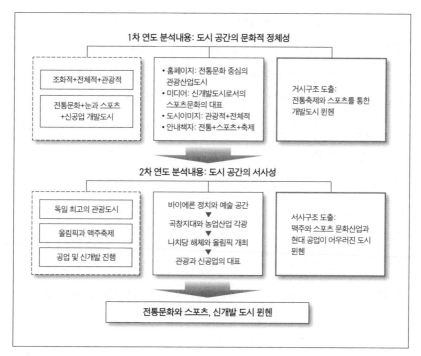

1차 연도 분석내용: 도시 공간의 문화적 정체성

	• 홈페이지: 전통문화 중심의 관광산업도시	
조화적+전체적+관광적	• 미디어: 신개발도시로서의 스포츠문화의 대표	거시구조 도출: 전통축제와 스포츠를 통한
전통문화+눈과 스포츠 +신공업 개발도시	• 도시이미지: 관광적+전체적	개발도시 뮌헨
	• 안내책자: 전통+스포츠+축제	

2차 연도 분석내용: 도시 공간의 서사성

바이에른 정치와 예술 공간
▼
곡창지대와 농업산업 각광
▼
나치당 해체와 올림픽 개최
▼
관광과 신공업의 대표

독일 최고의 관광도시		서사구조 도출: 맥주와 스포츠 문화산업과
올림픽과 맥주축제		현대 공업이 어우러진 도시
공업 및 신개발 진행		뮌헨

전통문화와 스포츠, 신개발 도시 뮌헨

〈그림 3-29〉 뮌헨의 의미생산모형도

3부 2장(1차 연도 분석내용)에서 언급된 연구결과에 따르면, 도시 공간 뮌헨의 홈페이지 분석을 통해서는 '전통문화 중심의 관광산업도시'를 주된 테마로 하고 있음을 알 수 있었고, 뉴스 미디어를 통해서는 '신개발도시로서 스포츠문화의 대표'로 다뤄지고 있음을 알 수 있었으며, 인터넷 도시이미지 분석을 통해서는 '관광, 도시 전체(하나의 축제 브랜드)'가 가장 대표적인 것임을 알 수 있었고, 마지막으로 안내책자를 통해서는 '전통, 스포츠, 축제'에 관련된 장소가 홍보되고 있음을 확인했다. 따라서 도시 공간 뮌헨의 표상적 구조는 '조화적+전체적+관광적' 특성을 띠고 있으며, 이에 대한 인식구조는 '전통문화+눈(겨울)과 스포츠+신공업(개발도시)'으로 자리 잡고 있으며, 전체적인 거시구조는 '전통축제와 스포츠를 통한 개발도시'라는 공간주제를 가지고 있음을 알 수 있다.

이 글의 연구결과를 토대로 살펴본 뮌헨은 도시의 배경적 지표를 통해서는 '독일 최고의 관광도시'라는 현 상태와 '올림픽과 맥주축제', 그리고 '공업 및 신도시개발이 진행 중'이라는 측면에서 이해되며, 역사적 연대기를 통해서는 '바이에른 정치와 예술 공간 → 곡창지대와 농업산업 각광 → 나치당 해체와 올림픽 개최 → 관광과 신공업의 대표'라는 순서로 장소의 의미가 변천되고 있음을 확인할 수 있었다. 역사적 서사를 통해서는 '맥주와 스포츠 문화산업과 현대공업이 어우러진 도시'라는 장소성의 의미를 확인했으며, 이를 1차 연도와 접목시켜 최종적인 도시 공간 뮌헨의 서사성을 밝혀내면 '전통문화와 스포츠, 신개발 도시 뮌헨'이라는 핵심 테마를 가지고 있다고 하겠다.

③ 도시 공간 프랑크푸르트의 의미생산모형도

도시 공간 프랑크푸르트의 수용자 인식은 다른 도시 공간과 마찬가지로 외부적 도시 공간의 표출, 즉 문화적 표상과 인식구조에 도시 공간 프랑크푸르트의 역사적 서사를 함께 고려해봄으로써 확인할 수 있다. 수용자에게 인식된 도시 공간 프랑크푸르트의 메시지를 키워드 중심으로 정리하면 〈그림 3-30〉과 같다. 프랑크푸르트에서 표출된 현대의 문화적 표상과 인식구조는 금융, 주식 등 경제에 관련된 것과 박람회, 예술공연, 야경 등을 중심으로 한 풍요로운 도시이미지가 중점이 되고 있다. 한편 프랑크푸르트의 역사적 서사 속에 담겨 있는 장소성은 화폐, 자유, 재개발이다. 이러한 모든 테마를 현재의 공간에서 인식하면 '독일경제의 메

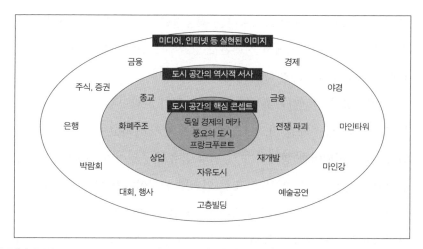

〈그림 3-30〉 프랑크푸르트의 메시지

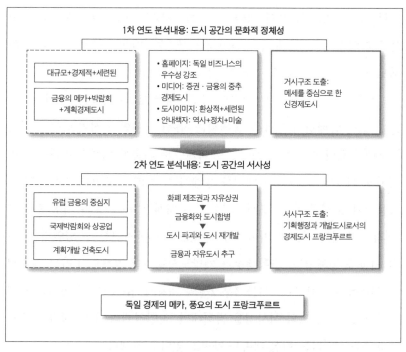

〈그림 3-31〉 도시 공간 프랑크푸르트의 의미생산모형도

카, 풍요의 도시 프랑크푸르트'라는 최종적인 도시 공간의 서사성을 확인할 수 있다. 이 연구에서 진행된 프랑크푸르트의 장소적 의미의 인식 과정을 간략히 정리하면 〈그림 3-31〉과 같다.

3부 2장의 연구결과에 따르면, 도시 공간 프랑크푸르트는 홈페이지 분석을 통해서는 '독일 비즈니스의 우수성을 강조'하고 있음을 알 수 있었고, 뉴스 미디어를 통해서는 '증권과 금융의 중추이자 경제도시'로 다뤄지고 있음을 알 수 있었다. 또한 인터넷 도시이미지 분석을 통해서는 '환상적이고 세련된 이미지의 도시'로 나타나고 있음을 알 수 있었으며, 마지막으로 안내책자를 통해서는 '역사와 정치 그리고 예술'에 관련된 장소가 주로 홍보되고 있음을 확인했다. 따라서 도시 공간 프랑크푸르트의 표상적 구조는 '대규모+경제적+세련된' 특성을 띠고 있으며, 이에 대한 인식구조는 '금융의 메카+박람회+계획경제도시'로 자리 잡고 있음을 확인할 수 있었다. 전체적인 거시구조는 '메세를 중심으로 한 신경제도시'라는 공간주제를 가지고 있음을 알 수 있다.

1차 연도에 진행된 3부 2장의 연구결과를 토대로 살펴본 프랑크푸르트는 도시의 배경적 지표를 통해서는 '유럽 금융의 중심지'라는 특성과 '국제박람회와 상공업', 그리고 '계획개발과 건축이 대표적'이라는 측면에서 이해되며, 역사적 연대기를 통해서는 '화폐 제조권과 자유상권 → 금융화와 도시합병 → 도시파괴와 도시재개발 → 금융과 자유도시 추구'라는 순서로 장소의 의미가 변천되고 있음을 확인할 수 있었다. 역사적 서사를 통해서는 '기획행정과 개발도시로서의 경제도시'라는 장소성의 의미를 확인했으며, 이를 3부 2장의 내용과 접목시켜 최종적인 도시 공간 프랑크푸르트의 서사성을 밝혀내면 '독일경제의 메카, 풍요의 도시 프랑크푸르트'라는 핵심 테마를 가지고 있다고 하겠다.

④ 도시 공간 프라이부르크의 의미생산모형도

　도시 공간 프라이부르크의 수용자 인식은 이 책의 3부 2장에서 도출
된 외부적 도시 공간의 표출, 즉 문화적 표상과 인식구조와 더불어 도시
공간의 역사적 서사를 함께 고려함으로써 확인할 수 있다. 프라이부르크
에서 표출된 현대의 문화적 표상과 인식구조는 자연, 종교 등 환경과 문
화에 관련된 것과 연구, 시설 등을 중심으로 한 첨단산업이 주가 되고 있
다. 한편 프라이부르크의 역사적 서사 속에서 담겨 있는 장소성은 종교,
환경, 재개발이다. 이러한 모든 테마를 현재의 공간에서 인식하면 '친환
경의 대표, 종교와 첨단의 도시 프라이부르크'라는 최종적인 도시 공간
의 서사성을 확인할 수 있다. 수용자에게 인식된 도시 공간 프라이부르
크의 메시지를 키워드 중심으로 정리하면 〈그림 3-32〉와 같다. 3부 2장
의 연구결과를 토대로 살펴본 프라이부르크는 홈페이지 분석을 통해서

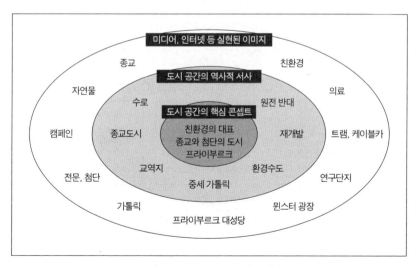

〈그림 3-32〉 프라이부르크의 메시지

는 '신과 인간의 문화, 그린시티' 등의 종교와 환경도시로서의 특징을 보여주고 있음을 확인할 수 있었고, 뉴스 미디어를 통해서는 '종교적 배경을 가진 친환경도시'로 다뤄지고 있음을 알 수 있었다. 또한 인터넷 도시 이미지 분석을 통해서는 '깨끗하고 신성한 느낌의 도시'로 나타나고 있음을 알 수 있었으며, 마지막으로 안내책자를 통해서는 '종교와 문화, 자연'과 관련된 장소가 주로 홍보되고 있음을 확인했다. 따라서 도시 공간 프라이부르크의 표상적 구조는 '자연친화+소박함+숭고'의 특성을 띠고 있고, 이에 대한 인식구조는 '가톨릭 종교+그린캠페인+환경과 에너지산업'으로 자리 잡고 있으며, 전체적인 거시구조는 '친환경을 추구하는 첨단도시'라는 공간주제를 가지고 있음을 알 수 있다. 이 글의 연구결

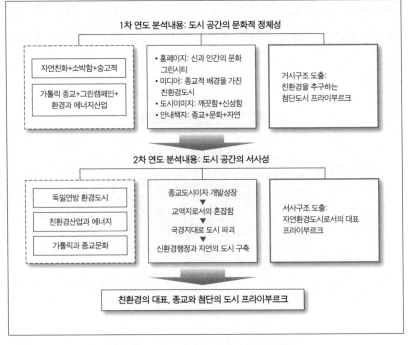

〈그림 3-33〉 프라이부르크의 의미생산모형도

과를 토대로 살펴본 프라이부르크는 도시의 배경적 지표를 통해서는 '독일의 대표적 환경도시'라는 특성과 '친환경 산업과 에너지', 그리고 '가톨릭과 종교문화'가 대표적이라는 측면에서 이해되며, 역사적 연대기를 통해서는 '종교도시이자 개발성장 → 교역지로서의 혼잡함 → 국경지대로 도시파괴 → 신환경행정과 자연의 도시구축'이라는 순서로 장소의 의미가 변천되고 있음을 확인할 수 있었다. 역사적 서사를 통해서는 '자연환경도시의 대표'라는 장소성의 의미를 확인했으며, 이를 3부 2장의 내용과 접목시켜 최종적인 도시 공간 프라이부르크의 서사성을 밝혀내면 '친환경의 대표, 종교와 첨단의 도시 프라이부르크'라는 핵심 테마를 가지고 있다고 하겠다.

3) 맺음말

이 글에서는 독일 도시 공간의 고유한 서사구조와 이를 통해 생산되는 의미를 통시태적인 안목에서 "삶의 경험과 관련된 정신적 요소 그리고 건축물 등의 물질적 요소가 서로 교차되어 생성된 것"이라고 정의했다. 이를 위해 이 연구는 독일의 4개 도시 공간 베를린, 뮌헨, 프랑크푸르트, 프라이부르크의 표상체계와 인식구조를 분석한 1차 연도 자료와 분석을 도시 공간의 역사적 기억을 토대로 구성된 서사구조 모델과 접목시켜 최종적으로 4개 도시 공간 베를린, 뮌헨, 프랑크푸르트, 프라이부르크가 가지고 있는 도시의 서사성을 밝혀내고자 했다. 또한 이와 더불어 이글은 도시 공간의 수용자 인식 과정을 제시한 서사성의 의미생산모형도

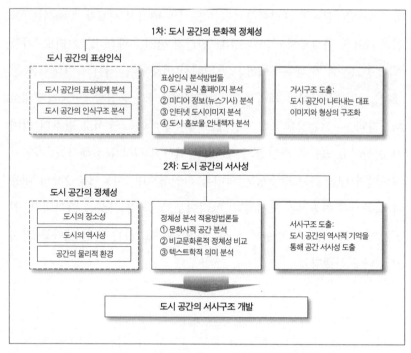

<그림 3-34> 도시 공간의 수용자 의미생산모형도

를 도출했으며, 이를 형식화하면 〈그림 3-34〉와 같다.

　이와 같은 구조는 도시별 외형적 표상구조(3부 2장의 연구)에 도시별 내면적 정체성(3부 3장의 연구)을 결합하여 최종적으로 각 도시별 서사성을 확인하는 방법으로, 이를 통해 이 글은 도시 공간의 의미생성에 대한 종합적 결론을 도출했다. 이 글의 분석대상인 독일의 4개 도시 공간의 서사성을 읽기 위해 수행한 연구내용을 간단히 표로 정리하면 〈표 3-21〉과 같다.

〈표 3-21〉 도시의 서사성 읽기를 위한 연구내용

분석대상 국가명	분석영역 도시명	역사적 기억과 서사	서사구조 모델	도시 공간 서사성 도출	서사구조의 의미생산모형도
독일	베를린	도시 공간의 역사적 내용과 사건을 중심으로 핵심자료 정리	반 다이크 서사구조 모델을 적용한 도시 공간 모델 구성	분석자료를 토대로 최종적인 도시 공간의 서사성 확인	통합적 서사구조 전개
	뮌헨				
	프랑크푸르트				
	프라이부르크				

4.
감각적 세미오시스로 인식된 도시 공간
도시 공간 이태원의 감각적 인식을 토대로

1) 들어가는 말

전통적으로 기호학의 분석대상이 된 단방향 미디어(TV와 신문 같은 미디어)와 달리, 공간을 하나의 미디어로 간주했을 때 공간이 수용자에게 미치는 영향력은 매우 복합적이다. 물론 공간 안에 존재하는 모든 요소가 대다수 수용자에게 직접적인 영향을 미치는 것이 아니라 제2차 미디어(TV와 신문뿐 아니라 인터넷, SNS, 모바일 콘텐츠 같은 미디어 유형들)를 통해 한 단계 가공된 형태로 메시지를 전달한다고 해도 본래 시각에 한정된 기호 작용은 인간의 다른 4가지 감각, 즉 청각, 촉각, 미각, 후각으로 확대된다. 비록 그것이 현재 미디어가 가지고 있는 표현 재현성의 한계(시각적으로 3차원을 표현해주는 영화 시스템, 즉 3D 영화관에서 표현 재현성의 범위를 넓혀 다른 감각을 직접적으로 느끼게 해주는 영화와 같이) 때문에 글자와 사진 형태로 수용자에게 해당 감각을 변환된 간접 방식으로 전달한다고 해도 그것을 해석하는 수용자가 받아들이는 표상은 다시 해당 감각으로 변환되어 수용된다.

이에 따라 이 글은 분석대상으로서 이태원 공간을 선택하고, 이의 종합적 표상과 도시 공간의 인식 과정을 파악하기 위해 인간이 가지고 있는 5가지 감각의 인상을 조사하고자 한다. 결국 공간의 기호학적 분석을 수행하는 이 글은 도시 공간이 해석되는 과정에 지대한 영향을 미칠 수 있는 물리적인 구조 및 기능과 함께 인문 · 사회 · 경제학적인 요소들, 그리고 공간에 내러티브를 부여하는 통시적인 변천사와 인구지리학적 상호작용을 분석한 뒤, 개별 요소들이 통합적으로 만들어내는 감각 인상에 대해 인간의 5가지 감각인 시각, 청각, 촉각, 미각, 후각의 인식을 언어학적 방법론을 적용하여 분석하고자 한다. 그런 다음 향후 응용 연구에 쉽게 사용될 수 있도록 분석된 결과들을 한꺼번에 조망할 수 있는 감각 인상 지도를 제공할 것이다.

2) 분석 범위와 방법론

일반적으로 수용자에게 영향을 미치는 감각 인상을 조사하는 학문 분야를 '감성 공학'이라고 부른다. 감성 공학 연구에는 여러 가지 방법이 있는데, 특히 fMRI 같은 첨단장비를 사용하여 체험자의 뇌에서 일어나는 활동을 측정함으로써 특정한 자극에 대한 반응을 알아보는 방법 등이 많이 사용되고 있다. 이러한 방법은 다분히 감성을 형성하는 채널, 즉 감각 기관과 그에 연결된 신경회로망의 물리적인 측면에 초점을 맞춘 연구

방법으로, 고차원적이고 종합적인 표상에 대한 연구를 수행하기에는 아직 그 한계가 많은 것이 사실이다.

이 글에서는 공간에 대한 다각적인 이해를 도모하기 위해 인간이 가지고 있는 5가지 감각이라는 견지에서 특정한 도시 공간이 어떠한 변별적 자질을 가지고 있는지 알아볼 것이다. 이를 위해 먼저 각 감각에 대한 이미지를 결정하는 요소들을 밝혀낸 후 정현원·나건(2007)의 연구에서 밝혀진 감각 형용사를 기본으로 공간이 가진 이미지에 대한 각 감각의 인상 척도를 하나의 형용사에 대해 5가지 범위, 즉 '전혀 그렇지 않다', '약간 그렇다', '그렇다', '상당히 그렇다', '매우 그렇다'로 나타낼 것이다. 그다음에는 감각 자체가 가지고 있는 가중치를 고려하기 위해 유의미한 몇 가지 감각을 상정하고, 평가된 값에 가중치를 곱해주어 실제 종합적으로 평가된 이미지에서 해당 감각이 어느 정도 기여하는지에 대한 정도를 평가할 것이다. 이 작업들이 끝난 후에는 이것들을 종합하여 도시 공간에 대한 감각 이미지 표상을 한눈에 알아보기 위한 도표를 작성함으로써 본 연구를 마무리지을 것이다.

도시 공간의 각 감각별 평가 점수는 정성적인 감각 어휘 출현을 조사하여 도출했다. 한국어 웹 검색의 대표적인 위치에 있는 포털사이트 네이버에 관련 어휘를 입력했을 때 출력되는 결과들, 즉 일반적인 웹 페이지, 카페, 블로그의 포스트, 지식 자료, 뉴스, 이미지 그리고 동영상 제목 등 도시 공간에 대한 일반의 지각이 반영된 모든 언어 자료를 기반으로 했다. 평가 점수의 범위는 10단계인데, '전혀 존재하지 않음'을 나타내는 0부터 '지배적인 인상을 형성함'을 나타내는 9단계까지로 구성했다.

웹 검색 결과를 기반으로 한 평가 점수는 단어가 가지고 있는 다양성 지수에 따라 일차적으로 보정절차를 거치게 된다. 보정절차는 정현원·나건(2007)에서 제시된 감각 형용사들을 보편적 기준에 따라 범주화하는 것으로, 여기서는 이를 '단어의 다양성 지수'라고 칭하고자 한다. 예를 들면 '까맣다', '거무튀튀하다', '거무죽죽하다' 등은 모두 '검다'의 하위 감각어로 유사 범주에 속한다. 감각어의 다양성 지수가 높을수록 인간 감성의 호소 정도가 크다고 간주하며, 웹 검색 결과를 이용하여 평가된 점수가 동일한 서로 다른 단어라고 할지라도 다양성 지수에 따라 실제 발현되는 효과가 다른데, 이것을 고려한 것이 평가 점수의 가중치 반영이다. 하지만 다양성 지수를 그대로 평가 점수에 곱하여 사용하면 결과값의 차이 정도가 지나쳐 다소 왜곡된 의미를 얻을 수 있으므로 시각, 청각 등의 동질 감각 안에서 다양성 지수에 따른 등급화 과정을 거쳐 순위를 매긴다. 그런 다음 그것을 평가 점수와 곱하고 다시 그것들의 순위를 매겨서 도출된 값들이 0~9 사이의 범위로 재배열될 수 있도록 최곳값을 최고 지수, 즉 9가 되도록 값을 보정하고, 보정된 과정을 다른 값에도 동일한 연산으로 적용했다. 계산은 복잡하지만 그 의미는 간단하다. 일차적으로는 웹에서 수집된 자료로 각 감각어의 노출 정도를 평가하고, 그것이 인간 감성에 미치는 효과를 정량적으로 분석하기 위해 각 감각어 간의 내재적인 차이를 고려한 다음, 평가의 용이성과 주목성을 위해 다시 그 값들을 보정하여 10단계 범위 안에 들어오도록 수치화한 것이다. 원래 10단계 범위라고 하면 10가지 값만 사용되어야 하는 것이 맞겠지만, 계산 과정의 속성상 불가피하게 발생하는 나머지 수와 최대한의 변별력 강화를 위해 소수 둘째자리에서 반올림한 값을 최종적인 평가값으로 사용했다.

3) 기호로서 도시 공간 '이태원'의 물리적 특성

(1) 독립된 위상을 지니는 장소로서의 이태원 공간

한국전쟁 이전의 이태원 공간은 특별한 의미를 갖지 않는 주거 및 생산 공간이었다.[12] 하지만 한국전쟁 이후 미군이 서울에 주둔하면서부터 지리적·시기적 특성으로 인해 다양한 국적의 인구가 유입되면서 오늘의 '한국 속 작은 세계'라는 강한 상징성을 갖게 되었다. 상징성을 갖지 못하고 단순한 도시 부양 기능들로 이뤄진 공간을 '비장소'로, 공간의 역사와 특징을 기초로 응집된 상징성을 갖는 공간을 '장소'라고 지칭한 마르크 오제(Augé 1996)의 시각을 차용한다면, 이태원 공간은 일반의 인식 속에서 확고한 상징성을 갖는 장소라고 할 수 있겠다.

지리적으로 '이태원'이라는 명칭의 주소를 갖는 모든 공간이 장소성을 지니는 것은 아니다. 그보다는 이태원 공간의 상징성을 구성하는 부분 요소들을 지닌 공간이 모두 이태원으로 언급될 자격을 갖고 있다고 하겠다. 따라서 이태원동이라는 주소지 외에도 일부 이태원적 성격을 공유하는 대사관, 문화시설, 랜드마크 등이 포함된 한남동 일부도 이태원의 장소성에 포함된다. 이태원 공간은 이렇듯 일반의 인식 속에 존재하는 유의미한 상징체라고 할 수 있으며, 복합적이지만 통합적으로 다뤄지는 하나의 독립된 위상을 갖는 장소라고 할 수 있다.

---

12) 『서울지명사전』에 따르면, 이태원은 이 마을에 배나무가 많이 있어서 조선시대 효종 때 불린 명칭이라는 유래가 있다. 그러나 『한국민족문화대백과사전』은 조선시대 이곳에 있었던 이태원(梨泰院)이라는 역원(驛院)에서 동명이 유래되었다고 전한다. 옛 기록에는 이태원(梨泰院) 외에도 한자가 다른 이태원(李泰院), 이태원(異胎院) 등의 다른 이름도 있었다.

(2) 기호 이태원의 공간적 구조와 기능

공간 구성의 주된 요인으로는 토지이용 실태, 교통, 가구와 공공택지, 공원, 녹지, 문화재, 공공시설물, 공급처리시설, 생활환경시설 등의 기능을 중시하는 도시설계 요소들과 랜드마크, 결절점, 경계요소, 지구, 조망(vista), 스카이라인 등의 구조에 치중된 도시 요소들이 있다. 작게 보면 특정 공간의 기표는 특정 기능이라는 기의를 내포하고 있으며, 그것이 중합된 기호는 또 다른 기표로 작용하여 행동 또는 의미를 발생시키는 기표로 작용한다. 이러한 요소들은 궁극적으로 미디어를 통해 발현되는 이태원이라는 전체 기호의 총합 부분으로 구성되며, 그것에 대한 논리적 연관관계를 갖게 된다.

이태원은 하나의 관광단지라기보다는 다양한 기능적 층위로 구성된 공간인데, 특히 세계음식거리, 경리단길, 가구거리, 이슬람사원 일대 등은 이태원 공간의 방문객이 주로 찾는 곳이다. 특히 이태원 중심을 가로지르는 이태원로를 중심으로 미국 문화가 주로 자리 잡고 있고, 대로에서 파생되는 골목길에는 그 지역에 사는 다양한 외국인을 위한 문화적 공간이 자리 잡고 있다. 이 글에서는 구체적인 장소들을 조사하기 위해 도시의 경관이 5가지 요소, 즉 랜드마크(landmark), 결절점(node), 통로(path), 지구(district), 경계(edge)로 구성된다는 케빈 린치(Kevin Lynch 1960)의 이론을 이용했다.

이태원 공간은 이태원로를 제일 중요한 통로로, 경리단길과 이슬람사원으로 올라가는 길을 주통로와 연결되어 있는 부(副)도로로, 그리고 가구거리, 게이 힐, 세계음식거리를 하부 통로로 하는 구성을 보이고 있다. 주요 도로와 부도로, 그리고 하부 도로가 만나는 점들을 '결절점'으로 볼 수 있으며, 이들에 의해 둘러싸여 있는 지역을 '지구'로, 지구의 가장자리를 '경계'로 간주할 수 있다. 또한 이태원역과 인접해 있는 해밀턴호텔, 소방서, 이슬람사원, 유명 레스토랑, 클럽과 바, 그리고 하드락 카페 등은 랜드마크 기능을 수행할 수 있는 것으로 인식되었다.

(3) 기호 이태원의 시간적 구조와 서사

여기에서는 현재 이태원이 있기까지의 통시적인 형성 과정에 대한 분석을 수행하고자 한다. 이 글의 목적은 연구가 수행되는 현재 이태원에 대한 미디어 이용자에 대한 이미지를 조사하는 것이므로 그들에게 영향을 끼칠 수 없는(즉, 현재 평균수명을 고려했을 때 물리적으로 상호 접촉이 불가능한) 시간적 범위의 역사는 그 영향력이 매우 미비한 것으로 간주하여 생략하기로 한다. 즉, 50년에서 길게는 80년 정도의 통시적인 공간 형성 과정에 대해 특징적인 범주를 개괄하고 그 의미를 고찰하고자 한다.

이태원과 용산 일대는 조선시대부터 교통의 요충지로 군 관련 시설이 많았으며, 일제강점기에는 일본군 사령부가 있었던 곳이다. 해방 후에는 미군기지가 입주했고, 미군기지의 여러 수요를 만족시키기 위한 상점들과 주점 그리고 기지촌이 들어섰다. 또 한편으로는 북한에서 내려온 이주민이 집단으로 거주하는 북한 이탈 주민촌이 형성되기도 했다. 1960년대에 지금의 이태원 대로가 생기면서 해밀턴호텔을 중심으로 현재의 이태원의 모습이 만들어지기 시작했다. 이태원동과 한남동에 대사관들과 공관들이 지어지고 그에 따라 외국인의 거주지가 조성되기 시작하면서 그와 동시에 도시화가 급속하게 진행되었다. 미군의 생활의 중심이 되었던 이태원의 상가들은 주로 일상 생활용품과 잡화류를 취급했는데, 1970년대에 섬유산업이 호황을 맞으면서 보세물품을 살 수 있는 쇼핑가로 발달하기 시작했다. 1980년대에는 서울에서 아시안게임과 올림픽이 개최되면서 이태원이 서울 내에서 쇼핑과 유흥을 즐길 수 있는 관광명소로 알려지기 시작했다. 1990년대 후반 일본, 중국, 동남아, 중동 등지의 관광객이 증가하면서 이태원은 세계 각지의 관광객이 모여드는 세계인의 거리가 되었으며, 본국으로 돌아가는 미군을 대상으로 한 중고가구시장을 중심으로 이태원 가구거리가 형성되기도 했다. 또한 을지로와 종로 골목에 있던 게이 바들이 이태원으로 옮겨오기 시작하면서 지금의 게이힐이 형성되어 이태원의 독특한 이미지를 구축하는 데 일조했으며, 그 옆에는 이슬람사원을 중심으로 형성된 무슬림의 주거지역이 생겨났다. 섬유산업의 발전과 함께 호황을 누리던 이태원의 쇼핑 상점들은 동대문과 남대문 시장에 그 자리를 내주고 불황에 시달리기도 했으며, 이태원

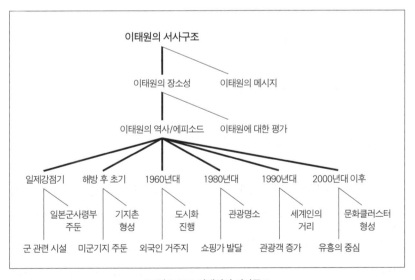

〈그림 3-35〉 이태원의 서사구조

상인연합회의 노력으로 이태원 상권을 되살리고 새로운 문화와 관광 콘텐츠 정착을 목적으로 한 관광특구 지정이 이뤄지기도 했다. 2000년대에 들어와서는 더욱더 다양한 인종이 유입되고, 기존에 소규모로 운영되던 클럽들이 기업화되어 대규모로 들어서면서 이태원 유흥문화를 주도하게 된다. 또한 다양한 문화가 공간적인 클러스터를 형성하게 되었고 그에 따른 소규모 전시관, 미술관, 박물관 등이 생겨나 다양한 관광 요소가 만들어졌다. 이와 같은 공간의 기억을 기반으로 이태원의 서사구조를 도식으로 정리하면 〈그림 3-35〉와 같다. 결국, 이태원의 서사는 '혼종적 문화 공간'으로 규정될 수 있다.

4) 미디어 사용자의 오감 속에 존재하는 표상으로서의 이태원 공간

(1) 시감각 공간으로서 이태원

① 이태원 공간에 대한 시감각 이미지

공간에 대한 인식은 크게 색감과 형태감으로 나뉘는데 환경 구조물 또는 단일 건축물이 아닌 경우, 즉 규모가 큰 공간을 분석할 때는 형태감을 분석하는 것이 큰 의미를 갖지 못할 가능성이 크다. 환경 구조물이나 단일 건축물의 경우, 설계 당시 규모부터 형태를 구성하는 선 하나

하나까지 사용자에게 주는 효과를 의식하여 선택되지만, 규모가 큰 공간은 그것들이 매우 다양한 양상으로 나타나므로 공간 전체의 표상에 대한 고찰에서 그러한 형태감의 부분합을 구했을 때 크게 의미 있는 값을 나타내는 경우가 드물기 때문이다. 미국과 유럽의 일부 나라는 한정된 공간에 대한 디자인적 통일성을 위해 건축물이나 구조물 등에 대한 형태적 제약을 두는 경우가 있는데, 그럴 때는 반복적이고 규칙적인 형태적 형상이 나타남으로써 경험자에게 독특한 인식을 주기도 한다. 하지만 이태원처럼 시간이 누적되면서 다양한 양상의 개발이 이뤄진 공간에 대해서는 그러한 효과를 기대하기도 매우 어렵다. 따라서 이태원 공간에 대한 시감각 분석에 대해서는 색감을 중요한 요소로 다루는 것이 합리적이다.

이태원에서 발견할 수 있는 대표적인 시감각 이미지의 근원은 건축물과 도로, 벽면의 색상, 간판, 시설물 디자인 등이 있으며 이태원 공간의 표상에 미치는 영향 정도를 고려하기 위해 방문 빈도가 높은 시설 또는 지역을 중심으로 조사를 진행했다. 이태원 공간의 체험자가 느끼는 이미지는 개인에 따라, 또는 이동 경로에 따라 상이할 수도 있다. 하지만 대부분 이태원 공간에 대한 방문객의 행보를 추적했을 때 그들은 잘 알려진 특정 장소를 많이 방문했고, 따라서 그 장소의 이미지 종합이 전체 이태원 공간의 이미지의 대표성을 갖는다고 가정하고 조사를 진행했다.

방문객에게 강한 인상을 주는 이태원 공간 내의 장소들은 대부분 이태원 한가운데를 관통하는 도로를 따라 분포하고 있다. 이 공간에는 외국 문화가 강하게 나타나는 상점과 음식점, 유흥 공간, 종교 공간, 숙박 시설 등이 있으며 다양한 문화권의 이미지가 혼재하고 있다. 여기서는 이러한 이미지에 나타나는 시감각적 인상을 조사하기 위해 이태원 방문객이 가장 많이 찾는 장소 100곳의 이미지를 인터넷에서 추출하여 분석했다. 그런 다음 이미지를 2차원 평면에 배열하고 일차적으로 모눈화 작업을 하여 시각 형용사 중 '붉다', '푸르다', '노랗다', '검다'의 4가지 자질로 분석했다. 시각 형용사 중 다양한 색을 나타내는 형용사들이 사용되지 않은 것은 붉은색, 푸른색, 노란색, 검은색이 감산혼합에 사용되어 자연에 존재하는 거의 모든 색을 나타낼 수 있는 기본 색상이기 때문인 것으로 생각된다.

인간의 인식체계는 다양성을 바탕으로 하지만, 결국 인식 과정에서는 가장 기본적인 요소로 분할해서 인식하려는 습성이 있으므로 아무리 경계가 존재하기 어려운 인식 과정이라고 하더라도 그것을 분절해서 부분합으로 받아들이기 때문이다. 예를 들어 밝은 갈색이 총 10이라는 양적 단위로 구성되어 있다고 하면 붉은색 6, 노란색 1, 검은색 3 등으로 인식하는 것을 말한다. 전통적으로 시각디자인학 분야에서는 7~12가지 정도의 색에 대한 인간 감성의 반응을 질적으로 계량화해서 디자인에 반영하고 있으나 그것을 구성하는 기본 색상, 즉 가산혼합일 경우 빨간색, 녹색, 파란색, 감산혼합일 경우 붉은색, 푸른색, 노란색, 검은색의 의미

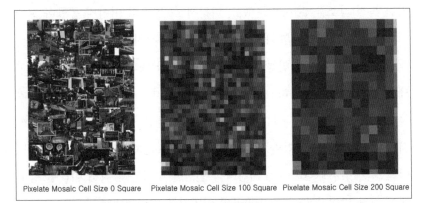

Pixelate Mosaic Cell Size 0 Square　　Pixelate Mosaic Cell Size 100 Square　　Pixelate Mosaic Cell Size 200 Square

〈그림 3-36〉 색료 구성에 대한 시각 이미지 분석을 위한 모눈화 기법

적 분절에 대한 연구가 충분히 이뤄지지 않은 상태다. 가장 기본적인 단위를 분석하는 것과 중간 단위를 분석하는 것은 응용 목적에 따라 각각 장단점이 있겠지만, 이번 연구에서는 가장 기본 단위를 분석하여 가치가 개입되지 않은 순수한 인식 수준에서 조사를 진행했다.

② 시감각 요인에 따른 이태원 공간의 정량 분석

이태원 공간에 대한 수용자의 시감각 인상을 살펴보면 '희다', '밝다'라는 시각 인상보다는 '검다', '어둡다'라는 시각 인상이 주도적으로 관찰되었는데, 이는 이태원의 명소 중 밤에 방문객의 통행이 많은 클럽과 바 그리고 게이 힐의 이미지가 두드러지게 나타나서 그런 것으로 생각된다. 하지만 동시에 이슬람사원을 비롯한 이슬람문화권이 강하게 나타나는 무슬림 주거지역에는 부분적으로 '희다'라는 시각 인상이 분포하기도 하는 것을 알 수 있었다. 공간의 시각 인상은 삼차원 좌표라는 변수가 있으므로 앞에서 기술한 것처럼 형용사 이항 대립 구조를 사용하기 어렵다. 따라서 정확한 좌표를 언급하지 않는 상황, 즉 공간 자체의 총체적인 이미지를 분석하는 상황에서는 '검다'라는 이미지와 '희다'라는 이미지가 동시에 혼재할 수도 있다. 그 밖에 유채색으로는 빨간색, 갈색이 주도적으로 나타났으며 다음으로 노란색, 연두색의 이미지가 주목할 만한 인상을 형성하고 있는 것으로 나타났다. 푸른색 계열인 파란색, 남색 그리고 보라색은 거의 나타나지 않거나 주도적인 이미지를 형성하지 못하는 것으로 나타났다.

<표 3-22> 이태원 공간의 시감각 인상

시각어	검다	붉다	희다	푸르다	노랗다	어둡다	밝다	흐리다
응용 빈도	120	74	50	45	30	19	15	12
평가 점수	8	7	5	0	3	7	2	0
빈도 순위	11	10	9	8	7	6	5	4
보정 점수	9.0	7.2	4.6	0.0	2.1	4.3	1.0	0.0
시각어	맑다	삐뚤다	바르다	짧다	길다	멀다	가깝다	가늘다
응용 빈도	9	2	1	1	1	1	1	1
평가 점수	0	0	6	0	7	3	4	0
빈도 순위	3	2	1	1	1	1	1	1
보정 점수	0.0	0.0	0.6	0.0	0.7	0.3	0.4	0.0
시각어	굵다	깊다	얕다	넓다	좁다	크다	작다	높다
응용 빈도	1	1	1	1	1	1	1	1
평가 점수	0	0	0	5	0	6	0	0
빈도 순위	1	1	1	1	1	1	1	1
보정 점수	0.0	0.0	0.0	0.5	0.0	0.6	0.0	0.0
시각어	낮다	곧다	굽다	짙다	엷다	두껍다	얇다	둥글다
응용 빈도	1	1	1	1	1	1	1	1
평가 점수	0	4	0	0	0	0	0	0
빈도 순위	1	1	1	1	1	1	1	1
보정 점수	0.0	0.4	0.0	0.0	0.0	0.0	0.0	0.0
시각어	모나다	뾰족하다	무디다	더디다	빠르다	지루하다	급하다	이르다
응용 빈도	1	1	1	1	1	1	1	1
평가 점수	0	0	0	0	6	0	5	0
빈도 순위	1	1	1	1	1	1	1	1
보정 점수	0.0	0.0	0.0	0.0	0.6	0.0	0.5	0.0
시각어	늦다							
응용 빈도	1							
평가 점수	0							
빈도 순위	1							
보정 점수	0.0							

이태원 공간은 일종의 종합적인 관광 지구로서 상당히 큰 규모의 공간에 속하므로 개별적인 의미를 갖는 소규모 수준에서 나타날 수 있는 시각 감각 인상, 즉 선의 곧기, 지형의 높고 낮음(산악 지형이나 특수하게 높이를 주된 시각적 요소로 디자인한 공간이 아니므로), 얇고 두꺼움 등의 형태적인 인상 요소가 매우 적다. 특히 이태원 공간의 랜드마크라고 할 수 있는 해밀턴호텔, 이슬람사원, 게이 힐, 다양한 레스토랑, 클럽과 바 등은 매우 복합적으로 구성되어 있어 공간 전체를 대표하는 랜드마크의 부재로 특정 형태학적 이미지가 이태원 공간의 전체적인 이미지를 대표하지 않는 것으로 조사되었다. 따라서 시각 형용사 감각 인상 평가에서도 이와 같은 결과가 반영되어 형태적인 평가에서는 다소 중성적인 경향을 나타낸다.

(2) 청감각 공간으로서 이태원

① 이태원 공간에 대한 청감각 이미지

이태원의 청감각 인상을 결정하는 요소에는 크게 두 가지가 있다. 첫 번째는 이태원의 클럽문화다. 이태원의 클럽문화는 타 지역의 클럽문화와는 다소 차이가 있다. 일단 이태원이라는 곳은 외국인이 많이 찾는 곳이니만큼 다양한 인종과 문화가 섞여 여러 가지 이색적인 경험을 할 수 있게 꾸며져 있기 때문이다. 보통 홍대나 강남에는 특정 음악 장르를 중심으로 한 클럽들이 많은 것으로 알려져 있다. 홍대에는 인디음악을 소재로 하는 클럽이 대표적이고, 강남역 근처의 클럽은 힙합 위주의 클럽이 많은 편이다. 반면 이태원의 클럽들은 테마가 있는 파티를 중심으로 하며, 다양한 음악을 선곡하는 경향이 있다. 미군을 비롯한 영미권 외국인이 많이 찾아서 아직 한국에 그다지 알려지지 않은 영미권 음악을 접할 기회도 많은 공간이다.

음악은 주로 최신 영미권 팝송을 비롯하여 전통적인 클럽 음악인 일렉트로닉, 힙합 등이 선곡되는데 이러한 음악들과 서구적 파티의 청각적 이미지에서 이태원 공간의 청감각 인상에 대한 평가를 부여할 수 있겠다. 일렉트로닉 뮤직은 유로디스코, 펑크, 부티베이스, 인더스트리얼 트랜스, 하드댄스, 테크노, 정글, 다운템포 뮤직 등으로 구분되는데, 주로 신디사이저를 사용한 기계음의 반복이 특징적이며 대부분 빠른 템포를 가지고 있어 춤추기에 좋은 음악이다. 4/4박자 구성이 많으며 록 음악처럼 베이스 드럼과 스네어 드럼이 맞물려서 그루브를 만들어내기보다는 지속적인 중저음 베이스음으로 고조된 평탄한 분위기를 만들어낸다. 청감각적 인상의 평가에는 이와 같은 음악적 특성, 파티의 청감과 분위기를 반영했다.

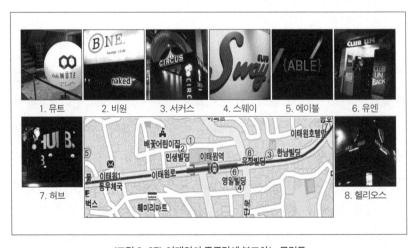

〈그림 3-37〉 이태원의 주공간에 분포하는 클럽들

이태원의 청각적 인상을 결정하는 두 번째 요소는 이슬람사원 주변의 음식점들과 상점에서 간간이 흘러나오는 무슬림문화권의 음악이다. 무슬림문화는 일반적으로 한국 내에서 경험할 수 없는 독특한 것이며, 한국 내 이국 문화 중 가장 보편적인 영미권 문화와 크게 차별되는 자질을 갖고 있어 이태원 전체 청각 인상에 기여하는 바가 매우 크다고 할 수 있겠다.

이슬람 음악은 주로 아랍 음악으로도 분류되며 상당히 오랜 역사를 갖고 있고, 그 과정에서 중세 유럽 음악에 큰 영향을 미쳤다. 서양음악은 보통 두 개의 선법, 즉 단조와 장조만 사용하는 데 비해 아랍 음악에서는 한 옥타브를 열두 음으로 쪼갠 모든 음에서 시작하는 열두 개의 선법을 모두 사용한다. 다만 아랍 음악은 화성을 발달시키지 않고 단선적인 선율의 리듬 변화와 장식음을 강조하는 음악으로 주로 발전했다. 감상적이고 즉흥적이며, 선율적이고 성악 위주인 아랍의 선율은 지적인 음악이라기보다 듣는 이들의 감성에 직접적으로 호소한다. 그러다 보니 주로 구슬프거나 은은한 선율이 주를 이룬다. 따라서 어떠한 관점에서는 이태원의 클럽문화나 음악과 반대되는 특성을 많이 지녔다고 할 수 있는데, 이태원의 전체 관점에서 보면 이러한 다양성이 서로 모순 없이 구분된 공간 안에서 혼재하고 있다.

② 청감각 요인에 따른 정량 분석

이태원 공간에 대해 일반인이 느끼는 주된 청감은 소란스럽고 자극적인 음악으로 대표되는 클럽음악 이미지인 것으로 나타났다. 흥미로운 것은 대부분 클럽에서 세련되고 정제된 느낌의 일렉트로닉 뮤직을 주된

선곡으로 하는 데 반해 강한 파열음과 드럼 소리를 중심으로 하는 힙합음
악 이미지가 더 비중 있게 드러나는 것으로 분석되었다는 것이다. 이것은
자극 빈도에서 비교적 열세를 보이더라도 자극 강도에서 우세한 효과를
나타내게 되면 결국 그 총합에서 우위를 점하기 때문이라고 생각한다.

　　이태원의 주도로를 벗어난 지역, 특히 무슬림의 주거지 및 주변 문
화 지역에서는 은은하고 구슬프지만 이국적인 색채의 청감각 이미지들
이 발견되었다. 그 외 지역은 대부분 지역 주민 또는 외국인의 주거지인

〈표 3-23〉 이태원 공간의 청감각 인상

청각어	폭삭하다	수선스럽다	수다스럽다	우렁차다	나지막하다	쩌렁쩌렁하다	짭짤하다	어수선하다
응용 빈도	12	6	4	4	3	3	2	2
평가 점수	7	6	5	0	0	3	3	8
빈도 순위	6	5	4	4	3	3	2	2
보정 점수	9.0	6.4	4.3	0.0	0.0	1.9	1.3	3.4
청각어	조용하다	앙칼지다	간드러지다	지껄하다	또랑또랑하다	소란하다	시끄럽다	으슥하다
응용 빈도	2	2	2	2	2	2	1	1
평가 점수	2	0	3	7	0	6	6	4
빈도 순위	2	2	2	2	2	2	1	1
보정 점수	0.9	0.0	1.3	3.0	0.0	2.6	1.3	0.9
청각어	구성지다	새되다	고요하다	높다	낮다	잠잠하다	은은하다	울리다
응용 빈도	1	1	1	1	1	1	1	1
평가 점수	0	0	0	0	0	0	5	0
빈도 순위	1	1	1	1	1	1	1	1
보정 점수	0.0	0.0	0.0	0.0	0.0	0.0	1.1	0.0

데, 이태원의 주도로와 달리 매우 조용한 곳들이어서 으슥하거나 고요한 이미지가 관찰되었다.

(3) 촉감각 공간으로서 이태원

① 이태원 공간에 대한 촉감각 이미지

이태원 공간은 전형적인 난개발 도심의 특성을 적나라하게 보여주는 공간 중 하나다. 미개발된 공간, 즉 녹지나 공지가 거의 없지만 계획적으로 이뤄지거나 경관의 통일성과 쾌적성을 전반적으로 고려하지 않은 상태로 개발되어 개발 상태는 높지만 정리되지 못한 혼잡한 경관을 보여준다. 공간의 이미지에 반영되는 촉감각 인상의 요소는 크게 3가지로 구분할 수 있다.

첫 번째는 공간의 기후, 위치, 구조가 결정하는 온도와 일조량이다. 이태원 공간은 개발이 많이 되었지만 일조를 막을 정도로 빽빽한 빌딩숲이 조성되어 있지는 않다. 또한 대부분 접근 지역이 조명시설이 잘 구비되어 있고, 오히려 낮에도 조명이 화사하게 밝혀진 곳들이 많아서 따뜻한 느낌을 준다. 특히 빛과 관련하여 시각적 요소도 촉감각적 인상에 크게 영향을 준다고 할 수 있는데, 시감각적 인상에서 알아보았듯 붉은색과 노란색 비율의 비중 있는 분포는 이러한 따뜻한 감각에 더욱 가중적인 영향을 준다고 할 수 있다.

두 번째는 수경 요소, 식재 공간, 지형 등의 자연환경이다. 자연적 요소가 많을수록 다소 거칠고 무르며, 푹신하고 연하며, 촉촉하고 푸근

한 느낌을 받게 된다. 이러한 부드러운 질감은 촉감각뿐만 아니라 질감
에서 연유하는 소리들로 인해 청감각적 인상에도 비슷한 경향의 영향을
끼치게 된다. 이태원 공간에는 안타깝게도 자연적인 요소가 거의 없다.
물론 원경으로 남산 등의 자연 요소가 분포하긴 하지만, 이태원 방문객

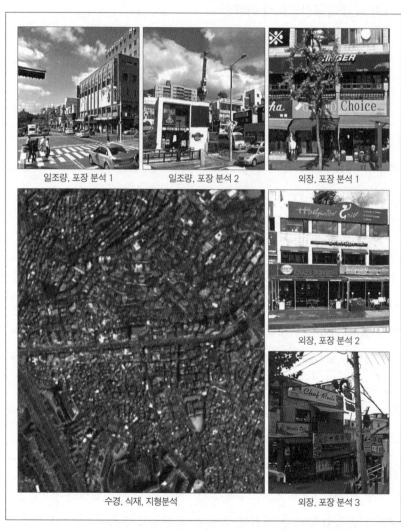

<그림 3-38> 촉감각 이미지 분석을 위한 이태원의 대표적 공간 샘플

에게 직접적인 영향을 줄 정도는 아니다. 수경 요소는 전무하며, 식재도 형식적으로 존재하는 가로수를 제외하면 녹지 공간이 절대적으로 부족한 상태다. 지형은 부분적인 언덕이 있긴 하지만 전반적으로 매우 평탄한 축에 속한다.

세 번째는 건물의 외장 재료와 도로의 포장 재료다. 이태원의 대부분 건물들은 심미성보다는 실용성에 중점을 두고 지어진 것들이 많으며, 콘크리트 외벽을 그대로 드러내고 있다. 최근에 만들어진 1층의 몇몇 상점은 그 위에 나무 등을 덧대어 디자인된 곳이 있으며, 이슬람 지역의 1층 상점들은 천을 재료로 하여 꾸며진 곳들이 있다. 주목할 점은 많은 상점과 음식점이 1층에 테라스를 만들어 서구적으로 공간을 활용하는 곳들이 많다는 것인데, 대부분 목재를 사용하여 부드럽고 따뜻한 느낌을 준다. 도로는 서울의 다른 지역과 마찬가지로 차로는 아스팔트 포장으로, 보도는 전형적인 톱니 모양 보도블록으로 포장되어 있으며, 특정한 용도를 위한 비포장도로 또는 기능성 블록 포장이 된 곳은 없다. 몇몇 골목길은 블록이 아닌 콘크리트로 포장되어 있다.

② 촉감각 요인에 따른 정량 분석

이태원 공간은 전반적으로 차갑고 매끄러운 회색의 도시 이미지가 주도적으로 관찰되는 것으로 분석되었다. 하지만 서울 내 이국적인, 특히 클럽문화와 다양한 먹거리, 축제 등으로 대표되는 동적인 문화 공간인 만큼 실제 물리적인 수준의 감각이기보다는 비유적인 표현으로 화끈함, 후텁지근함, 짜릿함 등 사람이 많이 모이고 동적인 활동들이 많이 일어나는 곳을 의미하는 감각어들이 다수 발견되었다.

<表 3-24> 이태원 공간의 촉감각 인상

촉각어	무르다	차다	누지다	따뜻하다	거칠다	푹신하다	부드럽다	질다
응용 빈도	46	36	26	23	19	14	13	13
평가 점수	3	6	0	4	0	0	6	0
빈도 순위	16	15	14	13	12	11	10	10
보정 점수	4.8	9.0	0.0	5.2	0.0	0.0	6.0	0.0
촉각어	딱딱하다	미지근하다	울퉁불퉁하다	헐겁다	후텁지근하다	매끄럽다	빡빡하다	오동통하다
응용 빈도	12	9	8	8	8	7	6	6
평가 점수	6	0	4	0	3	7	0	0
빈도 순위	9	8	7	7	7	6	5	5
보정 점수	5.4	0.0	2.8	0.0	2.1	4.2	0.0	0.0
촉각어	볼록하다	아리다	쓰리다	따갑다	아프다	오목하다	신선하다	포근하다
응용 빈도	4	3	3	3	3	2	2	2
평가 점수	0	0	0	0	0	0	0	4
빈도 순위	4	3	3	3	3	2	2	2
보정 점수	0.0	0.0	0.0	0.0	0.0	0.0	0.0	0.8
촉각어	날카롭다	둔하다	무르다	연하다	가렵다	두껍다	얇다	미끈하다
응용 빈도	1	1	1	1	1	1	1	1
평가 점수	0	0	0	0	0	0	0	0
빈도 순위	1	1	1	1	1	1	1	1
보정 점수	0.0	0.0	0.0	0.0	0.0	0.0	0.0	0.0
촉각어	나긋하다	곱다	촉촉하다	푸석하다	뜨겁다	훈훈하다	선뜻하다	뜨끈하다
응용 빈도	1	1	1	1	1	1	1	1
평가 점수	0	0	0	0	0	5	0	3
빈도 순위	1	1	1	1	1	1	1	1
보정 점수	0.0	0.0	0.0	0.0	0.0	0.5	0.0	0.3
촉각어	쑤시다	화끈하다	시큰하다	거북하다	간지럽다	선뜩하다	알싸하다	짜릿하다
응용 빈도	1	1	1	1	1	1	1	1
평가 점수	0	0	0	0	0	0	0	5
빈도 순위	1	1	1	1	1	1	1	1
보정 점수	0.0	0.0	0.0	0.0	0.0	0.0	0.0	0.5

가로수를 제외한 녹지가 거의 존재하지 않는 이태원 공간의 특성 때문에 '삭막하다'거나 '메마른' 촉감각 이미지들이 많이 발견된다. 하지만 동시에 이태원 공간의 주된 시각적 접촉 지역인 주도로 1층 상점들이 캔버스를 많이 이용하는 등 외장 인테리어 때문에 '부드럽다', '훈훈하다', '포근하다' 등의 이미지도 동시에 발견되는 것으로 분석되었다.

(4) 미감각 공간으로서 이태원

① 이태원 공간에 대한 미감각 이미지

음식의 맛은 감각의 일차 채널인 미각보다는 미각이 다양한 방법으로 조합된 이차적인 복합 감성에 많이 의지하여 경험자의 감성을 구성한다. 외국인이 가장 좋아하는 한국 음식인 갈비탕을 예를 들면 그것에 대한 의미 있는 경험을 언어적으로 기술할 때 '시지 않다', '약간 달다', '맵지 않다', '떫거나 쓰지 않다', '짜지 않다', '싱겁지도 않다', '약간 고소하다', '적당히 느끼하다'라는 일차적 미각에 치중된 묘사는 다른 음식들과 유의미한 변별 자질을 갖는 정도가 상당히 적다. 하지만 일차적 미각이 아닌 좀 더 복합적이고 비유적인 묘사를 사용하여 '고소한 국물이 혀에 닿는 부드러운', '감칠맛 나는 고기의 야들야들함', '국물을 함박 머금은 당면의 쫄깃함' 등 다양한 공감각적 심상이 첨가되면 더욱 정확한 미감각 경험을 재현하는 것이 가능하다고 할 수 있다. 그럼에도 이 글에서는 기본적인 미감각을 묘사하는 형용사 단어들에 한정하여 감각 평가를 진행하고자 한다.

이태원 공간에 존재하는 수많은 레스토랑 중에서 대외적으로 널리 알려진 대표적인 레스토랑들을 선정하여 개별적인 음식점들의 평가를 종합한 뒤 이태원 공간의 음식점들이 가지고 있는, 즉 이태원 공간을 방문한 사람들이 경험하는 미감각에 대한 이미지를 객관적으로 재현하는 데 초점을 맞췄다. 이태원에는 매우 다양한 음식점이 분포하고 있었으

〈그림 3-39〉 이태원 공간에 분포하는 대표적인 음식점들

며, 대부분의 잘 알려진 레스토랑들은 이태원 대로 주변에 위치하고 있었다. 특히 우리나라의 다른 장소에서는 흔하게 접하지 못하는 정통 인도, 파키스탄 음식점이 있었다. 주목할 점은 다양한 문화적 배경을 가지는 사람들이 상주하거나 방문하는 만큼 음식들의 평가가 상당히 대중지향적이라는 점이었다. 심지어 정통 인도, 파키스탄 음식점마저 전통적인, 즉 본국과 같은 음식을 그대로 재현하기보다는 낯선 음식을 처음 접하는 이들도 거부감 없이 먹을 수 있도록 친숙하지 않은 향신료 등을 넣지 않고 요리를 구성한 것을 볼 수 있었다. 음식점의 평가에 사용된 단어 중 빈번히 등장한 것이 '가족적인', '남녀노소'인 것을 보아도 음식점들의 개략적인 성향을 추측해볼 수 있다.

음식점 이외에 거리에서 파는 음식들도 상당히 특색 있고 이태원 공간을 찾는 방문객에게 큰 비중으로 호소력을 갖는 것을 볼 수 있었다. 특히 밥과 채소 그리고 고기를 밀전병에 말아서 간편하게 먹을 수 있는 케밥 가판대와 다양한 과일 주스를 베이스로 만든 새콤달콤한 알코올/무알코올 칵테일 등은 이태원을 방문하는 관광객이라면 꼭 거쳐야 할 경험으로 추천될 만큼 이태원 공간에 대한 미감각적 이미지로서의 커다란 위상을 갖고 있다.

② 미감각 요인에 대한 정량 분석

앞에서 기술된 음식점들과 거리음식들에 대한 평가를 기초로 이태원 공간의 미감각 인상과 관련된 형용사를 종합하여 추출해보면 '새콤달콤하고 약간은 매콤한, 하지만 자극적이지는 않은'이라는 통합적 미감각 이미지를 얻을 수 있다.

미각어	시다	달다	맵다	떫다	쓰다	짜다	싱겁다	고소하다
응용 빈도	30	21	15	11	10	9	5	2
평가 점수	2	7	6	0	0	0	1	2
빈도 순위	9	8	7	6	5	4	3	2
보정 점수	2.9	9.0	6.8	0.0	0.0	0.0	0.5	0.6
미각어	누리다	느끼하다	얼얼하다	비리다				
응용 빈도	2	1	1	1				
평가 점수	0	2	0	0				
빈도 순위	2	1	1	1				
보정 점수	0.0	0.3	0.0	0.0				

이러한 분석에서 파생되어 나오는 이미지들은 '남녀노소의', '가족적인', '부담 없는', '이색적이면서도 풍성한 식탁' 등이며 실제로 이태원의 많은 레스토랑들은 광고판 등에 이러한 의미의 카피를 사용한 것이 관찰되었다.

(5) 후감각 공간으로서 이태원

① 이태원 공간에 대한 후감각 이미지

이태원의 후감각 인상은 크게 두 가지로 결정된다. 첫 번째는 무슬림이 많이 거주하는 지역에서 나는 특유의 향신료 냄새인데, 이것은 우리나라에서는 거의 사용되지 않는 것이어서 경험자에게 이국적이고도 강렬한 인상을 남긴다. 레드칠리, 마늘, 생강, 깨, 겨자씨, 강황, 코리앤더, 말리바 잎, 스타아니스, 회향 등을 가루로 만들어 볶은 가람마살라는 약간 매캐한 향이 난다. 지중해와 인도 원산의 '커미뉴시미늄'이라는 식물의 씨앗인 커민은 알싸하고 진득한 향을 갖고 있다. '자오선 펜넬'이라고도 불리는 캐러웨이는 톡 쏘는 향이 있으며, 무슬림이 많이 먹는 호밀빵에 많이 들어간다. 중국, 멕시코, 러시아, 인도 등에서 널리 쓰이는 '코리앤더'라는 식물은 잎과 씨앗을 모두 향신료로 사용하며 잎에서는 비누

가람마살라 커민 캐러웨이

코리앤더 터메릭 카다몬

다우니 섬유 유연제

〈그림 3-40〉 후감각 이미지 분석을 위한 대표적 샘플

향, 씨앗에서는 톡 쏘는 상큼한 향이 난다. '강황'이라고 불리는 터메릭은 생강과에 속하는 식물이며 쌉쌀하고 매콤한 풍미와 함께 겨자향이 난다. 역시 생강과에 속하는 '카다몬'이라는 식물은 송진향과 민트향이 나고 음식에 청량감을 주는 향신료다. 무슬림이 음식에 사용하는 향신료는 대부분 매캐하고 향긋한 허브향이 나며 톡 쏘는 청량감을 갖고 있는 것으로 조사되었다.

두 번째는 미군이 세탁에 사용하는 독특한 섬유유연제 냄새다. '다우니'라는 상표로 불리는 이 특정 제품은 한국에서도 생산되긴 하지만, 미국에서 생산되는 제품과 차이가 있다고 한다. 미국에서 생산되는 제품은 농도와 향이 훨씬 진하여 이 섬유유연제를 사용하면 그 특유의 향이 향수처럼 상당히 멀리 퍼지는데, 이태원의 미국인이 많이 모이는 곳에 가면 실제로 이 향을 강하게 느낄 수 있다.

② 후감각 요인에 대한 정량 분석

이태원 공간이 가지고 있는 대부분 후감각 이미지는 이태원 공간의 중심이 되는 이태원역과 무슬림 주거지를 대상으로 형성되고 있는 것으로 파악되었다. 이국적이고 친숙하지 않은 향취에 대해 나타나는 거부감을 묘사하는 '구리다'와 '노리다' 같은 부정적 이미지도 다수 관찰되었는데, 이것들은 대부분 무슬림문화권에서 사용하는 향신료들에서 연유하는 것으로 분석되었다.

미군이 사용하는 특정 상표의 섬유유연제 향은 은은하지만 고착력이 있어서 상당히 멀리 떨어진 거리에서도 인지가 가능한데, 이것은 주로 긍정적이고 마음을 편하게 해주는 이미지, 즉 '물씬하다', '향긋하다',

<表 3-26> 이태원 공간의 후감각 인상

후각어	비리다	구리다	노리다	물씬하다	매캐하다	구수하다	향긋하다	싱그럽다
응용빈도	18	18	12	6	4	3	3	1
평가점수	0	1	3	6	4	2	8	6
빈도순위	6	6	5	4	3	2	2	1
보정점수	0.0	2.3	5.6	9.0	4.5	1.5	6.0	2.3
후각어	타분하다	지리다						
응용빈도	1	1						
평가점수	0	0						
빈도순위	1	1						
보정점수	0.0	0.0						

'싱그럽다'라는 이미지로 받아들여지는 것으로 분석되었다. 이 두 가지 이미지가 거의 동일한 비율로 혼합되어 전체 이태원 공간의 후각적 심상을 구성하는 것으로 나타났다.

5) 종합적으로 평가된 이태원의 감각 인상 지도

이태원 공간에 대한 종합적인 이미지 지도는 총 53개의 감각 어휘로 구성된다. 이것들은 웹 데이터를 기반으로 하여 이태원 공간의 감각 인상에서 유의미한 구성요소라고 평가되었다. 그래프를 보면 각 개별 감각에서 어느 요소가 강하게 나타나는지 한눈에 알 수 있는데, 이를 기반으로 하여 이태원 공간의 표상을 일부 공간적 묘사를 결합해 언어적으로 기술하면 다음과 같다.

이태원 공간은 밤 문화를 상징하는 검고 어두우면서 붉은 시각적 이미지, 시끌벅적함과 동시에 한적하고 조용한 골목들을 가진 청각적 이미지, 맵고 달며 다소 자극적이고 대중적인 맛을 갖는 미각적 이미지, 이국적이며 싱그럽고 향긋하나 동시에 특정 지역에서는 코를 찌르는 매캐한 향신료의 향이 느껴지는 후각적 이미지, 그리고 공간이 대부분 차갑고 딱딱한 전형적 도시 건물로 이뤄져 있지만 동시에 부드러움을 선사하는

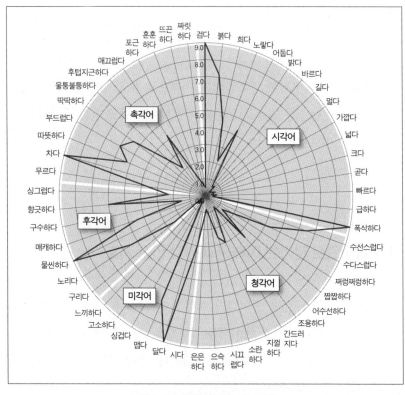

〈그림 3-41〉 이태원의 감각 의미 지형도

조형요소를 가진 촉각적 이미지를 나타낸다. 주도적인 이미지를 가지는 전형적인 양상의 타 공간과 달리 이태원 공간은 반대 의미를 가진 요소들이 공간의 분포 양상에 따라 동시에 나타난다. 이는 이태원 공간이 가진 '다국성'이라는 문화 정체성을 여실히 나타낸다고 볼 수 있으며, 동시에 서로 충돌할 가능성이 있는 근접한 문화가 적절한 공간적 기법에 따라 충분히 공존할 수 있음을 보여준다.

6) 맺음말을 대신하며

완성된 감각 인상 지도는 '이태원'이라는 기호가 미디어와 미디어 사용자의 몸, 즉 생물학적인 감각과 상호작용하여 만들어진 결과를 함축적으로 보여줌으로써 '서울'이라는 도시 속의 기능적 구성원으로서의 이태원, 또는 대한민국의 관광 경쟁력 강화를 위한 하나의 자원으로서 이태원에 대한 발전 방향을 제시해줄 수 있다. 특히 이태원에 대한 이미지를 분석하고 발전 방향을 제시해야 하는 이유는 지금 이태원이 용산미군기지 이전으로 서울의 그 어떤 곳보다 중요한 변화에 직면해 있기 때문이다. 서울의 중심부에 위치하는 이태원 공간은 서울의 핵심 관광지이자 서울 시민의 휴식처 역할을 훌륭하게 해낼 수 있는 매우 중요한 지정학적 위치를 점하고 있는 만큼 공간에 대한 정확한 분석이 앞으로 개발될 공간의 방향을 결정하는 데 매우 중요한 요소가 될 것이다.

도시 공간의 이미지를 평가하는 일은 기본적으로 데이터의 양에 따라 그 정확도가 비례한다. 이 연구에서 사용된 방법론을 바탕으로 자료에 대한 수집과 분석에서 전산화가 가능하다면 훨씬 정확한 결과를 얻을 수 있을 뿐만 아니라 이태원과 비슷한 위상을 가지고 있는 다른 공간과의 비교 연구가 가능하여 훨씬 더 의미 있는 작업이 가능할 것으로 기대할 수 있다. 중요한 것은 인간의 감성, 느낌에 대한 연구를 하는 데 생물학적인 연구방법뿐만 아니라 이미지 자체를 정량적으로 분석하는 방법이 반드시 병행되어야 척도에 영향을 받지 않는 종합적인 연구가 가능하다는 점이다. 세계는 지금 모든 물리적인 특질과 활동 양상을 가성적인 공간에 다양한 형식으로 집적하고 있다. 공간의 표상에 대한 연구는 광범위한 자료와 분석을 필요로 하지만, 올바른 방법론이 갖춰진다면 가까운 미래에는 뛰어난 정밀도로 자동적인 과정을 통해 공간에 대한 통계적인 이미지를 파악하고 그것에 대해 직접적으로 조절할 수 있는 연구가 가능하리라 기대한다.

5.
도시 공간의 의미구조에 대한 인식론적 접근
지테의 시선에서 바라본 광장의 구조와 의미 이해하기

1) 들어가는 말

이 글은 오스트리아의 건축가이자 화가이며 도시기획자이기도 한 카밀로 지테(Camillo Sitte)의 관점에서 유럽 도시 공간의 중요한 구성요소인 광장의 구조를 이해하고,[13] 이를 기반으로 광장이 창출하는 의미상관관계를 통해 그 속에 숨겨진 공간의 신화를 읽어보고자 하는 데 그 목적이 있다. 여기에서 광장은 하나의 폐쇄적 의미형성체인 텍스트로 이해되며, 광장을 구성하는 요소들은 텍스트구성소로 간주되고, 이것을 통합하여 광장이 전달하고자 하는 의도를 밝혀내고자 한다.

---

13) 카밀로 지테(Camillo Sitte, 1843~1903)는 19세기 말경에 미학적인 관점에서 접근하여 도시해석을 수행한 오스트리아의 대표적 도시기획가다. 도시에 대한 기하학적인 공간조성 원리에 대해 예술적 수준의 향상이라는 대응책을 제시하여 최초의 도시설계 논의를 제시했다. 지테의 유명한 저서 『예술적 원리에 따른 도시계획(Der Städtebau nach seinen künstlerichen Grundsätzen)』은 19세기 말에 휘몰아친 유럽의 근대적인 산업도시화에 비판적 시각을 견지했으며, 나중에 미국의 도시미화운동에도 영향을 미쳤다.

무엇보다 지테의 시선에 따라 광장을 이해하려고 하는 이유는 지테에게 광장이 도시를 구성하는 중요한 물리적 요소 중 하나로, 도시를 미적으로 구성하는 주역으로서의 역할을 함에 따라 인식론의 관점에서 광장을 이해할 수 있는 단서를 제공하기 때문이다. 특히 지테가 광장을 폐쇄적 공간으로 이해하고, 건축과 외부 공간 그리고 모뉴멘트와의 결속관계를 통해 창출되는 광장의 언어를 중시했다는 점은 이 글의 목적과 관련하여 유의미한 시각일 수밖에 없다. 따라서 다음에서는 광장을 바라보는 지테의 시각을 정리한 후 그의 시각에서 다시금 광장을 재구성하고 그 안에 내재된 광장의 언어를 읽어보고자 한다. 이를 위해 고대 로마의 폼페이 광장과 그리스 아테네의 아크로폴리스 광장, 그리고 이탈리아 플로렌스의 시뇨리아 광장을 분석대상으로 선정했는데, 이는 이들 광장이 지테의 관점에서 볼 때 폐쇄적 공간으로서 고유한 의미를 창출하는 텍스트성을 지니고 있다고 판단했기 때문이다. 더 나아가 이 글의 마지막 장에서는 우리의 광화문 광장을 사례로 들어 우리의 광장이 잃어버리고 있는 공간의 의미를 짚어보고자 한다.

2) 광장을 바라보는 지테의 시각

광장은 방과 같아야 한다. 광장은 폐쇄적 공간을 형성해야 한다.

(Sitte 1889)

지테가 활동한 19세기 후반 유럽은 산업의 발달, 인구의 도시 집중,

교통수단의 발달 등으로 도시의 확장이 대규모로 일어났고, 파리의 오스만 계획이나 빈의 링스트리트(도시순환도로) 건설 같은 직선도로와 원형도로의 확장으로 도시 공간의 기능성이 강조된 비장소적 공간의 확장이라는 결과를 낳게 되었다. 그뿐만 아니라 광대하고 개방된 광장과 도시 공간의 기하학적 배치는 현대적 공간 기획으로 촉망받

〈그림 3-42〉 카밀로 지테

으며 옛 도시의 기억을 지워버리고 있었다. 이러한 도시계획 또는 확장계획은 한편으로 정권과 도시의 힘을 상징하면서 예술보다 실용성과 기능을 우선시하는 경향을 보이게 되었다. 이에 대해 1889년에 출판된 지테의 저서 『예술적 원리에 따른 도시계획(Der Städtebau nach seinen künstlerichen Grundsätzen)』은 도시계획에서 실용성과 예술은 타협할 수 없는 것인지, 가능하다면 어떻게 해야 하는지를 고민하고 그 실마리를 찾고자 한 도시미학적 시도였다. 이를 위해 지테는 고대, 중세, 르네상스, 바로크의 도시환경을 연구하고, 그 성격을 지켜보고, 각각의 유효성이나 효과를 분명히 하여 마침내 개개의 사례 속에 감춰져 있는 법칙을 이끌어내고자 했다(손세욱·구시온 2000, 8 참조). 그러기에 지테가 구상한 미학적 도시계획은 고대와 중세의 도시 공간에 대한 향수에서 출발하며, 도로의 계획이나 기능의 배분이 아닌 장소를 만들어내는 것으로서, 도로 위주의 도시계획을 반대하고 광장 위주의 도시계획을 주창했다. 이러한 지테의 탈근대적인 맥락주의적 도시구성 이론은 시각적 의외성, 공간구성의 불규칙성, 공간의 폐쇄성, 보행자 위주의 공간구성이라는 특성을 지니게 되었다(손세

관 1995, 90). 이처럼 지테는 직교형 또는 방사형 체계에서 나타나는 필지별 가구구성이 아닌 경험적 패턴과 연속성을 창출하기 위한 공간의 조정배열이 곧 도시설계의 구성내용임을 밝히고, 광장이나 가로 같은 공공 공간의 연속성을 강조했다.

<표 3-27> 카밀로 지테의 도시미학[14]

구분		내용
예술적 원리		일정한 규칙을 적용하지 않는 시각적이고 불규칙한 의외성이 반영됨
도시		도시를 연속체로 생각하고, 건축물들이 상호 관련을 갖는 유기적 조직
적용방법		• 공간구성의 불규칙성 • 공간의 폐쇄성 • 보행자 우선의 공간구성
구성요소	광장	• 둘레를 건물로 밀폐시킨 개방의 공간 • 광장의 중앙은 비워둠 • 건물 파사드의 높이에 비례하여 광장의 깊이를 정함
	가로	• 시각의 연속성 • 불규칙한 형태 • 픽처레스크한 느낌
	모뉴멘트	• 종교적, 기념비적 작품 • 예술작품
	도시블록	완만한 곡선과 직선이 조합된 다각형
요소의 관계		• 건물은 광장을 에워싸고, 건물의 벽면은 모뉴멘트의 배경이 됨 • 광장은 쓰이는 곳

14) 이 도표는 홍선희 · 이재환(2001)의 발표문 내용을 인용한 것이다.

3) 텍스트로서 고대 그리스 로마 시대의 광장 특성

(1) 폼페이 광장의 특성: 히피스럴(hypaethral)의 성격

폼페이(Pompeii)는 고대 로마의 도시로 이탈리아 남부 캄파니아주 나폴리 인근으로, 현재 행정구역으로는 폼페이 코무네에 속한다. 기원후 79년 8월 24일 베수비오산 분화로 인근의 헤르쿨라네움 등과 함께 화산재와 분석에 묻혀 있다가 1549년 수로공사 중에 유적이 발견되면서 발굴이 시작되었는데, 폼페이에서는 1748년 광장, 목욕탕, 원형극장, 약국 등 다양한 유적지가 발굴되었다. 이 중 고대 그리스 로마 시대의 광장 원형을 보여주는 〈그림 3-43〉의 폼페이 포럼은 4면이 모두 공공건축물로 둘러싸인 폐쇄적 공간의 특성을 보여준다.[15] 포럼이 폐쇄적 성격을 띠었다는 것은 도시 공간에서 포럼이 독립적 단위로 형성되면서 포럼 자체만의 고유한 기능을 수행하고 있었음을 뜻한다. 즉, 하나의 텍스트로서 공간 수용자에게 일정한 공간의 의미를 생성하는 장소적 기능을 수행했다는 것이다. 따라서 이 공간을 방문한 사람은 이 공간이 수용자에게 어떠한 메시지를 전달하고자 하는지를 인식할 수 있었음을 의미한다. 결국 광장을 중심으로 한 도시 구성이 이탈리아 도시국가의 특징이라 한다면,[16] 폼페이 포럼은 '폼페이'라는 도시 공간이 형성될 때 이 도시가 어떠한 성격과 의미를 지니고자 했는지를 유추하는 데 중요한 단서를 제공한다.

---

15) 포럼(forum)은 고대 로마 시대 도시 중심에 위치한 광장으로, 이탈리아어로 '포로(foro)'라고 하며, 고대 그리스의 아고라와 같은 기능을 가진다.

16) 이탈리아가 포럼 같은 사회적 · 정치적 공공공간을 중심으로 형성되었다면, 중세 유럽의 대부분 도시국가들은 교회 광장 같은 종교 공간을 중심으로 도시를 형성했다.

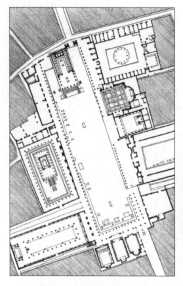

〈그림 3-43〉 폼페이 포럼(forum)　　　　〈그림 3-44〉 고대 로마 시대 폼페이 가상도

　　중앙광장을 중심으로 보면, 〈그림 3-43〉의 폼페이 광장은 북쪽으로 베수비오화산을 향해 서 있는 것이 주피터(제우스) 신전, 남쪽에는 재판과 상업의 집행 장소인 바실리카, 선거를 위한 코미튬(Comitium), 세 개의 시청 건물(공공건물)이 있다. 바실리카 옆에는 아폴로 신전이 있고, 아폴로 신전 옆에는 호레아(곡물창고) 또는 포럼 올리토리움이 있는데, 이 건물은 창고와 곡물시장을 두기 위한 곳이었다. 이 밖에도 양모시장인 에우마키아 (Eumachia) 건물이 바실리카 맞은편에 있고, 광장 서쪽에는 연설자의 연단이 미완성인 채로 서 있다. 주피터 신전 왼쪽에 폼페이 식품시장인 마첼 럼(Macellum)이 있고, 마첼럼 옆에는 라리 신전이 있다. 그 옆에 베스파니 아누스 신전이 있다. 앞에서 언급한 것처럼 폼페이 광장은 가운데 공간 이 비어 있고, 중앙 위쪽에 주피터 신전이 자리하고 있으며, 주위는 주랑 으로 둘러싸인 구조를 보인다.

광장으로 통하는 길의 유입이 제한되어 있어 공간의 폐쇄성을 강조하는 폼페이 포럼은 하나의 텍스트로서, 폼페이라는 도시 공간이 지니는 장소적 의미를 유추하는 데 중요한 단서가 되는 공간이다. 결국 폼페이 포럼은 주피터 신전, 아폴로 신전, 라리 신전, 그리고 베스파니아누스 신전으로 구성된 신의 공간(신전)과 바실리카, 코미튬, 시청, 호레아, 에우마키아 그리고 마첼룸 등으로 구성된 인간의 공간(행정 공간과 상업 공간)이 어우러져 하나의 완전체를 이루는 공존적 공간으로 읽힐 수 있는데, 이는 도시 공간 폼페이가 주피터 신을 중심으로 다양한 신에 의해 지배되는 인간의 생활공간을 상징한다. 즉 폼페이 포럼은 다수의 신전이 있기는 하지만, 기능적으로 볼 때 종교 광장이라기보다는 시민의 집회가 이뤄지는 '집회 광장' 또는 '시민 광장'으로 인식될 수 있을 것이다.[17]

(2) 아테네 아크로폴리스의 특성: 아트리움(atrium)의 성격

지테에 따르면, 고대 광장은 도시 전체에서 개개의 가족에 대한 아트리움(atrium, 안뜰) 같은 기능을 수행하는 곳으로(손세욱·구시온 역 2000, 21 참조), 여기에는 다수의 모뉴멘트와 조각상 등 귀중한 미술품들이 수집되어 아트리움 벽에 배치됨으로써 하나의 통합된 인상을 주고자 했다. 이처럼 도시 공간의 내적 결속력(Inherence)을 중요시한 지테의 고대 광장에 대

---

17) 『브리태니커백과사전』에 따르면, 광장은 기능적으로 시민이 모이는 집회 광장, 교회 앞의 종교 광장, 시장이 열리는 시장 광장, 오벨리스크나 조각이 세워진 기념 광장, 간단한 스포츠에 이용되는 운동 광장, 교차로나 역전 등의 교통 광장, 밀집 주택 주변에 있는 생활 광장, 피난을 위한 피난 광장 등이 있다. 광장은 이 밖에 전문화된 기능을 하기도 하지만, 본질적으로는 다용도 공간이다. 인터넷 브리태니커 설명 참조. http://100.daum.net/ encyclopedia/view.do?docid=b02g1383b

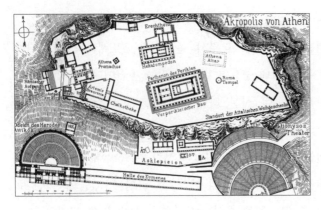

〈그림 3-45〉
아테네 아크로폴리스
도면

한 향수는 아테네 아크로폴리스에 이르러 절정을 이룬다. 지테는 아크로폴리스를 바라보며, "거기에는 건축과 조각, 회화가 합체되어 심오한 비극이나 위대한 교향악처럼 숭고하고 화려한 조형미술을 만들어내고 있다"고 언급한다. 아크로폴리스는 높은 벽에 둘러싸여 비어 있는 공간 속에 신전과 모뉴멘트를 채워넣어 사상과 예술이 어우러진 그리스인만의 독특한 아름다움을 발산하면서 기념비적인 풍경을 만들어내고 있다. 조각가 페이디아스(Pheidias)는 뛰어난 영감을 발휘하여 이곳의 바위언덕을 사상과 예술이 어우러진 독특한 기념물로 탈바꿈시켰는데, 이 시기에 세워진 가장 중요한 기념물로는 익티누스(Ictinus; Ikinos)가 세운 파르테논(Parthenon) 신전, 에레크테이온(Erechtheion) 신전, 므네시클레스(Mnesicles)가 설계한 기념조각 형태의 아크로폴리스 신전 입구인 프로필라에아(Propylaea), 그리고 작은 규모의 아테나 니케(Athena Nike) 신전 등이 있다. 지테에게 아테네의 아크로폴리스는 건축이 자연의 현장에 적응된 최상의 표현물로, 완벽하게 균형 잡힌 장엄한 구조물의 웅장한 구성을 지니고 있다. 이를 두고 지테는 "위대한 민족이 가지는 세계 관조의 지각 표현"이라고 언급하며, "평범한 도시 건축군의 한 부분이 아니라 몇 세기에 걸쳐 진행된

〈그림 3-46〉
아테네 아크로폴리스
상상도

순수한 예술적 표현"이라고 경탄하기에 이른다.

지테의 미학적 인식을 다시금 공간텍스트의 관점에서 볼 때, 아테네 아크로폴리스는 동서 약 270m, 남북 약 150m로 서쪽의 올라가는 입구를 제외하고 다른 세 방향은 가파른 절벽으로 되어 있어 폼페이 포럼과 마찬가지로 폐쇄적 성격을 지닌다. 따라서 아테네 아크로폴리스 역시 하나의 텍스트로 간주할 수 있으며, 지테의 의미에서 아트리움(저택의 안뜰)적 특성을 보인다. 다시 말해 파르테논 신전을 비롯한 다양한 신전과 아테나 여신상, 그리고 다수의 모뉴멘트는 이곳을 마치 하나의 성스러운 곳으로 인식하게 하며, 이를 기반으로 도시 공간 아크로폴리스가 만들어내는 기능은 종교 광장으로서 정의될 수 있다. 그러나 기독교적 성격이 강한 중세의 종교 광장과 달리 그리스 신화의 다양한 신의 공간으로 채워진 아크로폴리스의 종교 광장은 화려한 모뉴멘트들과 함께 도시의 풍요와 통치자의 권력이 내재되어 전달되는 시뇨리아 광장의 성격도 동반되고 있음을 확인할 수 있다. 결국 아테네의 아크로폴리스는 기능적으로 종교 광장이지만, 형식적으로는 시뇨리아 광장의 성격을 띠는 혼종적 특성을 보이는 독특한 광장의 의미를 창출하고 있다고 볼 수 있다.

4) 중세와 르네상스 광장

(1) 고대 광장의 흔적

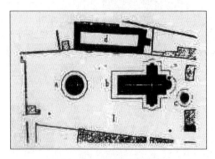

〈그림 3-47〉 피사 대성당 광장

남유럽, 특히 이탈리아에 서는 오늘날까지 옛 도시의 구 조뿐만 아니라 공공생활의 많 은 습관이 보존되고 있으며, 도 시의 중요한 광장들에서는 많 은 측면에서 고대 광장의 형식 이 여전히 남아 있음을 볼 수 있다. 이러한 광장은 대부분 중세와 르네상스 시대에 조성되었는데, 이 시기의 특징은 교회권력과 시민권력이 분리되면서 교회 광장인 대성당 광장과 시민 광장인 시뇨리아 광장, 그리고 상업행위가 일어나는 시장 광장 등이 구분되었고, 이에 따라 광장의 기능과 역할도 구별되었다.

르네상스 시대 상업의 발달은 사람의 왕래를 활성화시켰고, 이는 도 시의 발달로 연결되어 유럽의 광장문화를 형성하게 되었다. 그럼으로써 광장에서는 공공의 축제가 벌어졌고, 연극이 상연되었으며, 공공의 의식 이 개최되고 법률이 공표되었다. 대성당 광장이 보통 세례당, 종탑, 사제 관과 함께 고유한 종교적 의미를 생성한 반면, 시뇨리아 광장은 궁전의 앞뜰 같은 느낌이 들었으며, 그 지방 귀족 저택들로 둘러싸이고 역사적 모뉴멘트로 장식되면서 대성당 광장과는 차별화된 의미를 생산했다.

(2) 플로렌스 시뇨리아 광장의 텍스트적 의미

이탈리아 광장 중 플로렌스의 시뇨리아 광장은 지테에게 특별하다. 지테가 특히 플로렌스의 시뇨리아 광장에 흥미를 가지게 된 것은 중세와 르네상스 시대의 도시 광장으로 공공적 기능을 수행하면서 주위 건물과 긴밀한 의미관계를

〈그림 3-48〉 플로렌스의 시뇨리아 광장

형성한 광장의 텍스트성 때문이다. 플로렌스의 시뇨리아 광장은 중앙에 메디치가의 통치자 중 한 명인 코시모 1세의 청동조각상을 중심으로 주변에 그리스 로마 시대의 다양한 신화나 사건 또는 성서 이야기를 표현한 조각품으로 가득 차 있다. 무엇보다 흥미로운 것은 말을 타고 등장하는 코시모 1세의 청동조각상 좌측 모서리에 마차를 타고 등장하는 바다의 신 넵튠(그리스 신화의 포세이돈)의 동상을 병렬함으로써 코시모 1세의 권위를 신화화하고 있다는 것이다. 이와 동시에 베키오 궁전 입구 양쪽에 위치한 미켈란젤로(Michelangelo)의 〈다비드상〉과 바르톨로메오(Bartolomeo)의 〈헤라클레스와 카쿠스〉는 독재권력을 물리친 시민권력을 상징하고, 이들 시민에 의해 추방되었다가 복귀한 메디치 가문의 권력을 상징적으로 표현하고 있다. 그뿐만 아니라 베키오 궁전 앞에 있는 르네상스 조각가 도나텔로(Donatello)의 〈홀리스의 목을 치는 유디트〉, 란치 회랑(Loggi dei Lanzi)에 전시된 〈메두사의 머리를 벤 페르세우스〉, 〈메디치가의 사자들〉, 〈겁탈당하는 사빈느 여인〉 등 공포스럽고 투쟁적인 의미를 전달하는 다수의

조각상은 메디치 가문의 영화와 함께 시민에 의해 추방된 적 있는 메디치 가문의 권력에 대한 의지와 시민에 대한 경고 메시지가 담겨 있다. 결국 플로렌스의 시뇨리아 광장은 중심에 위치한 코시모 1세의 동상과 주변 조각품과의 상관관계를 통해 '메디치 가문의 부와 절대적 통치권'을 상징적으로 표현하고 있다고 이해할 수 있다.

(3) 광장과 모뉴멘트의 텍스트 관계

〈그림 3-49〉 시뇨리아 광장의
〈다비드상〉

광장의 텍스트성은 광장이 지니고 있는 장소적 기능과 더불어 텍스트구성소인 광장과 모뉴멘트 간의 상관관계, 즉 결속성에 의해 창출된다. 무엇보다 모뉴멘트와 광장의 관계에 의해 창출되는 의미에 대해 지테 역시 언급하고 있는데(손세욱 · 구시온 2000. 33 이하), 베키오 궁전 정문 앞 좌측 벽면에 세워진 〈다비드상〉을 예로 들고 있다. 미켈란젤로는 자신의 이 위대한 조각상이 최초로 위치할 장소로 광장의 한쪽 모서리인 베키오 궁전 앞을 선택한다. 그는 왜 광장의 중앙이 아닌 모서리 벽면을 선택한 것일까? 물론 지금의 다비드상은 모조품이고, 원 조각상은 플로렌스 청사 내부로 옮겨져 유리 상자에 갇힌 인형이 되어 있지만, 이 작품은 1504년부터 1873년까지 이곳에 있었다. 베키오 궁전의 짙은 벽면이 다비드상의 선을 두드러지게 하고, 비교적 좁은 광장에서 더욱 거대한 모뉴멘트로 인식하게 함으로써 다비드상이 전달하고자 하는 의미를 강조할 수 있게 되었다. 또한 당시 거대 권력이던 독재자를 몰아내고 시민이 공화국을 되찾은 기쁨을 상징하는 다비드상이 우측에 있는 메디치 가문의 권력을 상징하는 모뉴멘트 〈헤라클레스와 카쿠스〉와 대립되면서 메디치 가문의 권력이 시민권력과 어떠한 긴장도를 유지하고 있었는지 추론할 수 있게 한다. 광장의 텍스트성을 강조하는 지테의 시각이 두드러지게 나타난 사건은 미켈란젤로 광장에 다비드상의 모조품을 설치하기 위한 플로렌스 위원회의 결정에 대한 그의 비판에서 확인된다. 지테는 플로렌스 위원회의 결정에 따라 미켈란젤로 광장에 위치하게 된 다비드 조각상이 전방에는 아름다운 조망, 배후에는 카페, 그리고 측면에는 주차장을 배치함으로써 주변의 환경과 동떨어진 고립적 요소가 되어 텍스트적 의미를 창출하지 못하게 되었다는 것이다(Sitte 1909. 22 이하 참고). 관광객은 여행 안내책자를 들고 이곳에 모여들지만, 이 조각상이 인간의 크기보다 그리 크지 않음에 위엄을 느끼지 못한 채 다비드상의 의미를 읽지 못하게 된다.

오늘날 많은 도시기획가는 광장의 중심이야말로 모뉴멘트를 배치할 만한 유일하고도 적절한 장소라고 생각한다. 그러나 이때 광장은 아무리 커도 단지 하나의 모뉴멘트로밖에 맞이할 수 없게 된다. 결국 광장은 넓은 공터이지만 그곳이 전달해야 할 의미를 만들어내지 못하게 된다. 지테는 이를 현대 광장의 가장 어리석은 사례라고 비판하면서 기능주의적 도시계획에서 광장의 텍스트성이 사라지고 있음을 아쉬워하고 있다.

5) 우리의 광장, 잃어버린 언어

서구의 도시는 광장을 중심으로 구성되었지만, 우리의 도시는 '광장'을 중심으로 하지 않는다. 서구 도시문화는 '광장문화'라 할 만큼 광장이 중요한 역할을 해왔다. 서구 문명의 원천인 고대 그리스의 아고라(agora)와 고대 로마의 '포럼(forum)'이 정치와 경제 그리고 종교와 일상의 종합 활동을 담는 폐쇄적 공간을 만들어내면서 광장은 서구의 도시문명, 민주주의, 공공성의 상징을 표상했다. 반면 서구의 광장과 비교되는 우리의 공간은 마당인데, 우리의 마당은 근본적으로 생산과 나눔이 이뤄지는 공동체의 공간이기에 일상성과 친밀성을 특징으로 한다. 그러기에 서구 도시의 광장이 '공공의 공간'이라면, 한국의 마당은 가까운 사람들끼리의 모임이 이뤄지는 '친연적(親緣的) 공간'이라 하겠다.

한국도 근대화와 함께 도시가 현대적인 모습을 갖추게 되면서 도시 공간을 질서 있게 조성하기 위해 도로의 교차점에 광장을 배치하는 교통 중심의 광장을 조성하게 되었는데, 대표적으로는 서울역 광장과 여의도 광장, 그리고 시청앞 광장 등을 들 수 있다. 이미 2장에서 언급한 것처럼 '도로 위주의 광장'에 반대하는 지테의 시각에서 볼 때, 광장은 불규칙적 공간, 인간중심의 공간, 둘레의 건축물과 모뉴멘트들로 한계지어진 맥락 중심의 폐쇄적 공간이라는 3가지 특성을 가지며 이런 점에서 빈터와는 구분된다. 다시 말해 교통중심의 서울역 광장이나 시청앞 광장은 지테에게는 공간의 의미를 만들어내지 못하는 '비장소'로서 빈터와 다를 바 없다.

그러나 최근 조성된 광화문 광장은 이전의 광장과 달리 도시의 기억을 기반으로 한 인간중심의 광장을 지향했다. 조선시대의 육조거리를 재현하여 시민이 참여하는 도시문화 광장으로서, 개별 공간의 특성을 바탕으로 역사성을 부활하고 문화와 휴식 공간으로서 기능을 수행하는 한국의 대표적 상징공간이고자 했다. 그러나 2009년 8월 서울시민에게 펼쳐진 광화문 광장은 본래의 취지와 달리 육조거리의 역사적 기억은 사라지고 거대한 중앙분리대 안에 두 개의 모뉴멘트를 배치함으로써 광장이 전달해야 할 언어를 상실하고 있었다. 지테의 관점에서 보면, 광화문 광장은 흡사 미켈란젤로 광장에서처럼 모뉴멘트와 광장이 상호작용하지 못하면서 고유한 의미를 창출하지 못하고, 도로에 의해 4면이 둘러싸임으로써 공간이 단절되고 있으며, 무엇보다 공간이 지닌 고유한 기억(육조거리)을 재현하는 데 실패하고 있다. 결국 지테에게 광화문 광장은 광장이 지녀야 할 맥락성이 단절되고, 규칙적이며, 공간의 언어를 상실한 공터로서, 단지 두 개의 모뉴멘트만이 강조되고 기억되는 공간으로 전락하고 말았다. 그럼에도 굳이 광화문 광장이 공간 수용자에게 부여하는 의미를 찾고자 한다면, 비록 단절되어 광장의 텍스트적 의미는 읽을 수 없다손 치더라도 두 개의 모뉴멘트로 인해 권위적이고, 보수적이며, 정치적 전시 공간의 상징적 의미는 읽힐 수 있을 것이다.

6) 맺음말

지테의 이론은 현대적인 관점에서 보면 여전히 한계와 모순점이 있지만, 아리스토텔레스의 말처럼 도시라고 하는 것은 여기에 살고 있는 사람을 지키고 편안함을 주어야 하기에 도시의 유기적 환경의 재생과 도시 공간의 사회적 공공성을 회복하기 위한 지테의 노력은 충분히 평가받

아 마땅하다고 본다. 지테의 광장을 이해할 수 있는 중요한 특징은 3가지
원리다. 첫째는 광장이 불규칙적인 실체로 파악되어야 한다는 것이며,
둘째는 건축물이 서로 상관관계를 가질 때 의미가 발생한다는 것으로,
이를 통해 광장의 단절된 구조를 유기적으로 회복할 수 있다고 생각했
다. 끝으로 지테에게 광장은 도로를 위한 공간이 아니라 인간중심의 공
간이어야 한다는 것이다. 지테의 관점에서 볼 때, 광장에 중요한 것은 개
별 건축물의 건축적 형식이나 모양이 아니라 광장의 내적 결속력에서 발
생하는 창의적 가치(의미)이며, 개별 파트의 총합 이상의 전체를 창출해내
야 한다는 것이다. 이 글은 이를 '광장의 텍스트성'으로 정의하고, 폼페
이 포럼과 아테네의 아크로폴리스, 플로렌스의 시뇨리아 광장 그리고 광
화문 광장의 예를 통해 광장이 수용자에게 전하고자 하는 의미를 읽어보
고자 했다.

6.

브랜드로서의 도시 공간
문화의 도시 인천시 중구의 브랜드 커뮤니케이션 전략

1) 분석대상으로서 인천시 중구

이 글이 분석대상으로 선택한 공간은 인천광역시(이후 '인천시'로 약칭) 중구다. 인천시 중구는 8개 행정동으로 구성된 원도심과 1989년 편입되어 2000년대부터 신도시로 성장하고 있는 3개 행정동의 영종도권으로 나눌 수 있는데, 이 글에서는 새로이 개발된 영종도권을 제외하고 기억의 콘텐츠가 충분한 원도심권만을 분석의 대상으로 삼고자 한다.

인천시 중구는 개항을 기점으로 상당한 변화가 나타났다. 인천항에 위치해 있어 개항의 영향을 가장 많이 받았는데, 그로 인해 중구 일대에 시가지가 형성되었고, 서양문물이 들어와 외국인의 활발한 활동으로 다른 도시들보다 빠르게 발전하고 근대화되었다. 그래서 현재 인천시 중구의 모습은 밖에서 유입되어온 문화로 혼재된 공간이라는 특징을 지니고 있다. 또한 단순히 혼재된 공간이 아니라 역사적 공간으로서 가치 있고

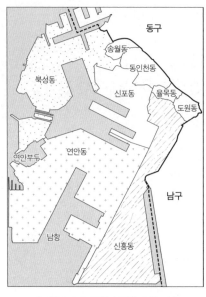

의미 있는 공간이다. 그러한 점에서 중구의 다양한 콘텐츠가 내재되어 있는 공간은 단순한 공간이 아닌, 역사와 스토리가 담겨 있는 구체적 공간이다. 따라서 중구는 기억이 축적된 의미 있는 곳으로서, 장소성을 지닌 도시로 정의될 수 있다.

개항으로 시가지가 형성되고 일제강점기를 거쳐 주요 기관과 경제, 정치와 외교, 행정·상업·문화·교육의 중심지로 부상하여 모든 것이 총체

〈그림 3-50〉 인천시 중구의 원도심

적으로 밀집되어 있는 주도적 도시였으나, 1990년대 들어 행정중심이 신시가지로 옮겨가면서 구도심으로서 쇠퇴 이미지가 형성되었다. 이를 개선하고자 인천시는 역사문화의 거리 조성과 축제 등 다양한 프로젝트를 펼쳐왔지만, 기대만큼 성과를 거두지 못했다. 아무리 제품이 좋아도 마케팅이 제대로 이뤄지지 않으면 사람들이 모르듯, 공간도 마찬가지다. 아무리 좋은 도시라도 거주민의 이야기가 담겨 있지 않고 그들이 만족하지 않거나, 사람들에게 알려지지 않으면 발전 가능성과 풍족한 문화자원이 쇠퇴하기 마련이다. 인천시 중구를 분석대상으로 선택한 것은 서울과도 가깝고 지하철역이 있어 교통상으로도 편리한데, 많은 사람에게 인천시 중구의 풍족하고 다양한 콘텐츠를 인식시키지 못하고 있는 데 대한 문제의식에서 출발했다. 나아가 인천시 중구만의 브랜드 콘셉트를 도출

하여 도시이미지 개선을 위한 커뮤니케이션 전략을 고민하기 위해서다. 하지만 이 글은 필자의 고민의 흔적일 뿐 타당성은 검증되지 않았음을 밝혀두고자 한다.

2) 인천시 중구의 역사

인천광역시 중구의 역사는 개항기, 일제강점기, 일제로부터의 해방과 한국전쟁, 한국전쟁 이후부터 현재까지로 나눠볼 수 있다. 개항기는 1883~1910년으로 강화도조약이 체결된 후 개항이 시작된 시기이며, 일제강점기는 1910~1945년, 그리고 1945~1953년은 일제로부터의 해방과 한국전쟁 시기다.

(1) 개항기(1883~1910)

1876년 고종 때 일본과 조선 사이에 강화도조약이 체결됨으로써 1883년 개항하게 된다. 따라서 그 이후부터 인천시 중구의 모습은 변화하기 시작한다. 근대적 문물이 들어오기 시작함과 동시에 일본과의 전관조계 설정으로 제물포에 외국인 거류지가 들어선다. 이어 청나라도 지금의 북성동 일대에 청국 조관지계를 설정하게 된다. 미국·영국·독일·러시아 등 각 나라와도 차례로 수호통상조약을 체결하면서 각국 조계장정에 따라 일본과 청나라의 조계를 제외한 제물포 일대에 각국 조계가 설정되었다. 따라서 각 조계지가 설정된 지역 위주로 다양한 건축물과 서구식 공원, 철도 등이 형성되면서 근대 문물을 바탕으로 한 새로운 시가지가 형성되었다.

(2) 일제강점기(1910~1945)

이 시기는 1910년 한일강제병합으로 한국의 국권을 일본에 빼앗기면서 일본이 한국을 통치한 시기다. 따라서 이미 각국의 거류지가 설정된 시기에 도로나 공원 등이 설립된 조선과는 다른 근대 도시계획이 추진되었으며, 한일강제병합으로 본격적인 도시계획에 착수하면서 일본인에 의해 시가지 확장 및 정비사업이 시작되었다. 각종 수탈이 증가하면서 제물포항은 한적한 자연항에서 갑문으로, 국제적인 대형 항구로 변화한다. 서구적인 도시계획이 이뤄지고 항만과 철도 등 다양한 사업계획이 있었으나, 일제강점기로부터 해방이 이루어짐으로 인해 실현되지는 않았다. 1930년대에 이국적인 모습을 갖춘 근대적 도시경관은 현재도 곳곳에 남아 있다. 또한 월미도가 명소로 자리 잡게 된 시기다. 그러나 이 시기는 근대도시로서의 성장과 함께 식민도시의 모순이 심화되어 도시빈민의 궁핍상이 도시이미지로 나타난 시기이기도 했다(김창수 2001). 비록 근대적 모습과 현재 중구의 콘텐츠가 자리 잡게 되었지만, 일제의 수탈과 악랄한 지배가 이뤄진 아픔의 시간이 스며든 공간의 모습이 잘 드러나 있다.

(3) 일제로부터의 해방과 한국전쟁(1945~1953)

일제강점기에 지어진 문화주택은 해방 이후에도 계속되어 독특한 주거양식으로 시가지에 자리 잡았다. 1950년 6월 한국전쟁이 발발하여 인천상륙작전으로 인해 전쟁의 거점이 되면서 수많은 피해가 발생했다. 제1작전에서 한·미 해병대는 월미도에 상륙하기 시작했다. 인천상륙작전을 지휘한 맥아더 장군의 동상이 자유공원 내에 위치하고 있으며, 1906년 4월 샌프란시스코 대화재 후에 차이나타운이 자리 잡게 되었다. 해방의 기쁨이 가시기도 전에 한국전쟁으로 인한 아픔의 흔적이 남아 있는, 특히 인천상륙작전으로 인해 더욱 장소성이 깊은 공간이다. 또한 이 시기에는 개항 이후 건축된 많은 양식이 소실되기도 했다.

인천시 중구의 역사를 살펴보면, '개항'이라는 역사적 측면에서는 상호 호혜적인 계약이 아닌 일방적인 체결이었기에 뜻하지는 않았지만, 개항으로 인해 인천시 중구의 모습은 너무나도 달라졌다. 서양의 문물이 들어오고, 중구 일대에 다양한 건축양식이 들어섰으며, 현재까지도 여러 문화양식이 뒤섞여 있다. 또한 개항으로 외국인이 거주지를 형성하면서 조선인과 새로운 이주자가 섞여 혼재된 모습을 보였다. 따라서 인천 토박이와 개항을 통한 이주자로 인해 개방적이며 혼합적 성격의 특성이 이 공간에 획득되었음을 확인할 수 있으며, 이는 인천시 중구의 장소적 특성을 '혼재된 문화'로 정의할 수 있는 단초가 되었다.

3) 인천광역시 '중구'의 역사성과 문화적 정체성 알아가기

(1) 개항~1950년대

1883년: 인천 개항, 일본조계 설정, 해관 건립, 일본제1은행 진출

1884년: 영국 영사관 개설, 청국 조계 설정, 청국 영사관 설치, 각국
　　　　공동조계 설정, 세창양행 사택 건립

1885년: 내리교회 창립

1888년: 각국 공원 설치

1889년: 대불호텔 개업

1890년: 일본제18은행 개점

1892년: 일본제58은행 개점, 전환국 설치

1893년: 이운사 창설

1895년: 우체사 설치, 협률사 개관

1897년: 답동성당 축성

1899년: 경인철도 개통(인천-노량진)

1901년: 동영연초회사 제물포클럽 신축 이전

1902년: 러시아 영사관 설치

1906년: 월미도다리 준공

1914년: 월미도, 인천부에 편입

1918년: 인천항 준공

1937년: 수인선 개통

1950년: 인천상륙작전

1953년: 인천시립박물관 개관(제물포구락부)

개항을 거쳐 인천시 중구 일대에 근대화 문물이 들어오고 건축양식이 혼합되어 나타나게 된 시기다. 중구 일대에 서구식 건물들로 인해 이국적인 모습이 형성된다. 이러한 형성 배경의 또 다른 기초로는 일제강점기에 일본의 통치 아래 시도된 도시계획이다. 이 두 시기를 거쳐 인천시 중구는 자국민만의 공간이 아닌 혼재된 공간으로 나타났고, 아픔의 역사를 그대로 간직하고 있다. 따라서 혼란스러웠던 시대가 장소에도 반영되었다. 또한 한국전쟁으로 이곳에서 인천상륙작전이 이행되었으며, 군사적 지역으로서 더욱 의미가 결집된 장소적 현장이 형성되었다.

요약하자면, 이 시기는 개항 이후부터 중구 일대가 변화하게 되는 시기로, 항구 주변으로 다양한 물물이 들어오고 상권이 형성되어 시가지가 형성·발전되었다. 일제강점기를 거쳐 중구는 주요 기관과 경제, 정치와 외교, 행정, 상업, 문화, 교육의 중심지로 부상한다. 즉, 모든 것이 총체적으로 다양한 기능으로 밀집되어 주도되는 도시로 중심지 역할을 수행했다.

(2) 1960년대~현재

1969년: 경인고속도로 완공
1988년: 답동공원 완공
1995년: 인천광역시 중구로 명칭 변경
2001년: 월미산 개방, 월미관광특구 지정, 인천국제공항 개항

2005년: 한중문화관 개관

2007년: 차이나타운 지역특화발전특구 지정

2009년: 인천아트플랫폼 개관

1990년대 들어와 행정중심이 신시가지로 옮겨가면서 '구도심'이라는 낙후된 이미지가 발생한다. 2000년대에 들어와서는 도시를 외관적으로 발전시키고 변형시키는 것보다 역사적인 모습을 그대로 보존하여 그 시대의 기억을 유지하고 이를 차별화하여 부각시키기 위한 정책으로 움직이고 있다. 그러나 여전히 공업지역과 낙후되고 쇠퇴된 지역 이미지로 인식하는 사람들이 많으며, 거주민도 만족하지 못하면서 많은 사람에게 알려지지 못하는 원인이 되고 있다.

4) 도시 공간 '중구'의 역사성과 서사구조

도시 공간 '중구'가 역사적인 장소로 의미를 획득하게 되는 시기는 개항기부터다. 이 시기부터 중구의 모습은 이전과 완전히 다른 새로운 모습을 보이게 되었으며, 역사적 가치가 있는 공간이 되었다. 중구는 해안에 접해 있는 지리적 특성으로 일찍이 개항되었다. 개항을 기점으로 서구문물이 들어오고 근대화가 급속히 진행되었을 뿐만 아니라 외국인의 거주와 통치로 도시가 이국적인 모습을 띠게 된다. 따라서 다른 지역과 달리 개항으로 인해 서구문물이 도시의 모습을 바꿔놓고 공간의 형태가 변하게 된다. 이로써 현재의 중구는 그 시대의 모습을 그대로 간직하

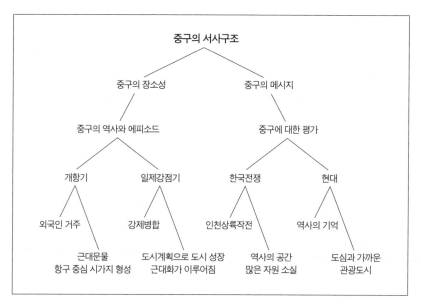

<図> 중구의 서사구조

중구의 장소성   중구의 메시지

중구의 역사와 에피소드   중구에 대한 평가

개항기   일제강점기   한국전쟁   현대

외국인 거주   강제병합   인천상륙작전   역사의 기억

근대문물
항구 중심 시가지 형성   도시계획으로 도시 성장
근대화가 이루어짐   역사의 공간
많은 자원 소실   도심과 가까운
관광도시

〈그림 3-51〉 인천시 중구의 서사구조

며 다양한 콘텐츠로 자리 잡고 있다. 또한 일제강점기, 한국전쟁의 군사
적 작전 지역으로 그 시대의 모습과 아픔이 남아 있는 장소적 속성을 지
니고 있다.

따라서 도시 공간 '중구'의 서사성은 조선시대 때와 별다를 바 없는
평범한 거주와 일상이 존재하는 물리적 공간에서 개항기로 넘어가면서
한국의 역사적 시대가 축적되고, 급격한 외부의 변화요소로부터 큰 영향
을 받게 되면서 상권이 형성되는 등 시가지로 발전한다. 또한 일제강점
기에는 인천의 중심지 역할을 하며, 한국전쟁 때는 인천상륙작전 등으로
많은 자원이 소실되면서 그 시대의 이야기가 도시에 반영되어 있다. 이
로써 '중구'는 감정적이고 경험적인 것들에 의해 가치가 부여되어 구체
적인 장소로 전환된다. 즉 '물리적 공간'에서 '역사적 장소'로 전환되는,

'장소'에서 '비장소'로서의 변화가 일어난다. 또한 구체적 장소이자 경험이 결집되어 나타나는 친밀한 장소로서의 이동이 일어났다. 역사적 장소로 전환됨으로써 도시 공간 '중구'가 지닌 서사성은 '문화가 혼재된 역사적 공간'으로 정의될 수 있다. 이는 현재 중구를 기억에 근거한 관광도시로 나타내주고 있다.

5) 도시 공간 '중구'의 문화원형

도시 공간 중구의 이미지 정체성을 알리는 방안으로는 중구 내의 문화 콘텐츠, 즉 문화자원이 필수다. 도시문화는 도시 공간의 기억과 정체성으로 이뤄진 가치들이 도시민과 방문객에게 전달할 수 있는 연결고리이며, 이는 개성 있고 차별화된 도시를 만들어나갈 수 있는 수단이다. 많은 사람이 차이나타운은 알지만 중구는 모르고, 문화자원은 알지만 그게 어느 도시인지 모르거나, 한 도시 내에 존재하는 문화들이 서로 같은 공간에 있는지 모르는 등 타 지역 사람들은 강하게 인식하지 못한다. 따라서 그 도시의 다양한 가치 있는 문화를 알지 못하고 한 가지 콘텐츠에만 편재되어 있는 시각과 인식을 강화하기 위해 하나의 이미지로 콘셉트를 잡을 수 있는 기반이 필요하다. 그러므로 문화원형에 대한 분석은 필수적이라 할 수 있다.

(1) 월미도(월미전통공원, 월미산, 갑문, 이민사박물관)

월미도는 과거 러일전쟁의 발단지였고, 일제강점기에는 군사기지로, 한국전쟁 때는 인천상륙작전의 전초기지로서 역사성이 내포되어 있는 공간이다. 또한 월미도는 개항 후부터 미국과 소련 등의 석유나 석탄 저장고로서의 역할을 하다가 일제강점기 때 호텔, 캠프촌 등이 들어서면서 유원지로 명소가 되었다.

현재 월미도는 테마파크로 다양한 놀이기구와 유흥가, 음식점들이 들어섰으며 1987년 '월미도 문화의 거리' 조성으로 문화예술 공연과 축제 등 다양한 행사가 벌어지고 있다. 특히, 한때 월미 테마파크는 디스코 팡팡으로 큰 인기를 끌었다. DJ의 입담과 TV나 뮤직비디오 등에서 이곳이 자주 등장하고, 복고문화의 한 축으로 많은 사람이 방문했으며, 체험을 통해 인상 깊은 공간으로서 인식에 자리매김했다. 또한 방문해보지 않은 사람들도 이곳의 명성을 접하고 찾아가봐야 할 곳 중 하나로 인식한다.

그러나 현재는 놀이기구의 낙후와 정비되지 않은 모습으로 발걸음이 주춤하고 있다. 그러나 월미도는 지리상 바다를 끼고 있어 볼거리도 많고, 문화의 거리로 많은 체험을 할 수 있는 이점이 있다. 또한 테마파크 바로 옆에 월미전통공원과 이민사박물관이 있어 볼거리가 다양하여 총체적으로 경험할 수 있다.

그 밖에도 '월미도 문화의 거리'는 문화예술의 장, 만남의 장, 공연 놀이마당, 야외무대가 있어 전 연령대의 사람들이 소통하고 즐길 수 있다. 그리고 월미전통공원은 넓은 부지에 조선시대 궁궐과 저택 및 정원 등을 재현해놓았다. 실제로 존재한 건축을 보존시킨 게 아니라 재현해놓

〈그림 3-52〉 월미도

은 것이지만, 넓은 공간에 휴식기능과 어우러져 있어 전통가옥에 대한
학습, 전통놀이 체험과 동시에 휴식공간이 제공되며 체험의 장소도 될
수 있다.

이민사박물관은 미주 이민 100주년을 맞아 세워진 박물관으로, 해
외로 건너간 선조들의 개척정신을 후대에게 전달하고자 건립했다. 이민
사박물관은 100여 년에 걸친 이민의 역사와 배경, 그 시대 이민자의 생활
상과 과정을 배울 수 있다. 또한 입장비가 무료여서 월미공원을 거쳐 함
께 역사를 체험하기 좋은 콘텐츠다. 또 인천항 갑문 홍보관이 있는데, 이
는 체험형 전시공간으로 인천항과 갑문의 역사, 그 시대의 이야기를 체
험하고 소통할 수 있다.

월미도에는 다양한 체험거리가 있어 단지 보기만 하는 시각적 공간
이 아닌 체험형 공간으로서 기능을 하고 있다. 또한 얼마 되지 않은 역사
가 잔존해 있는 곳이다. 그 역사를 경험한 세대가 있을 정도로 더욱 의미

부여가 많이 되는 공간으로, 낯선 공간이 아닌 경험적 장소다. 또한 월미테마파크, 월미전통공원, 이민사박물관, 월미산, 갑문이 모두 한 곳에 모여 있어 함께 경험하고 역사를 소통하기 좋은 곳이다. 바다와 함께 개항의 역사를 통해 많은 경험을 할 수 있고, 여러 곳을 풍부하게 경험할 수 있는 유원지이며 휴식공간이다. 그러나 아직 이 모든 문화자원이 연결되어 인식되지 않고 있어 적극적으로 사람들에게 알리는 것이 중요하다.

(2) 차이나타운

1884년에 조계지가 세워지고 청나라 영사관도 들어옴으로써 중국인 2천여 명의 투자이민으로 형성되었다. 청나라 요리, 잡화점 등 중국인이 거주하며 운영하는 거대상권으로 발전했으며, 전통과 역사를 간직하고 있는 지역이다. 이곳이 화교들의 거주지로 밀집되면서 주변 상권도 장악하게 되었으며, 한국전쟁을 거치면서 많이 약화되었지만 2002년 월드컵으로 인해 차이나타운을 인천의 국제적인 관광특구로 조성하여 사람들이 꾸준히 방문하고 있는 곳이다. 이곳은 중국의 문화와 음식으로 특화되어 있어 자장면과 양고기, 공갈빵 등 차이나타운의 상징적인 음식이 뚜렷하다. 차이나타운 내부의 볼거리로는 벽화와 일본제일은행이 있다. 또한 자장면박물관이 있어 차이나타운만의 특징 있는 볼거리를 갖추고 있다. 자유공원으로 가는 길목에 삼국지 벽화거리가 있어 연결되는 공간 또한 무료하지 않게 갈 수 있다. 차이나타운의 축제기간에는 이색적인 풍경을 체험할 수 있다. 또한 드라마나 영화의 촬영지로 많은 사람이 간접적 경험을 통해 이곳을 인식하며 스토리를 구성해나간다.

〈그림 3-53〉 차이나타운

차이나타운은 인천 하면 떠오르는 대표적인 공간이기도 하다. 게다가 자유공원과 연결되어 있어 두 공간을 함께 경험할 수 있다. 반면, 차이나타운은 특유의 빨간색이 사람들에게 거부감을 주어 쉽게 들어가기 어렵다는 인식이 있으며, 지저분하거나 저녁이 되면 들어가기 꺼려지는 어둠의 공간으로 인지되기도 하는 문제점이 있다. 따라서 사람들의 부정적 인식을 전환해줄 필요가 있으며, 기대에 못 미쳐 방문 뒤 실망하는 사람들도 많아 좀 더 다양한 볼거리와 차이나타운만의 특색과 거주민의 이야기를 담는 장소로 강화시키고, 자유공원과 연계하여 더욱 풍부한 경험이 될 수 있게 하는 것이 중요하다.

(3) 자유공원

1888년 개항으로 인해 외국에서 들어온 외국인 거주민을 위해 만들어진 한국 최초의 서구식 공원이다. 1883년 개항기부터 역사적으로 매우 중요한 현장이므로 역사 · 문화적으로도 의미가 큰 장소다. 따라서 인천 중구의 역사를 잘 반영한 곳이라 할 수 있다. 자유공원은 개항 당시 '각국공원', '만국공원'으로 불리다가 일제강점기 때는 '서공원', '산수공원'

〈그림 3-54〉 자유공원

이라는 명칭을 사용했고 마지막으로 현재의 명칭인 자유공원으로 변경되었다. 따라서 공원의 명칭 변화에 따라 역사적 순간이 반영되어 있다. 일제강점기 때는 3.1운동의 현장이자 임시정부 수립을 위해 민국 지사들이 모였던 애국심이 담긴 역사적 장소다. 개항기 때는 인천항과 근접해 있었기에 다양한 문화가 복합적으로 나타나 공원 주변에 근대 건축물들이 들어서면서 이국적인 모습이 나타나게 되었다. 또한 예술과 문학 작품의 배경이 되기도 했으나 한국전쟁을 거치면서 많은 자원이 소실되었다. 현재 이곳에는 인천상륙작전 때 연합군을 지휘한 맥아더 장군의 동상이 위치해 있어 그 시대를 연상할 수 있게 해준다. 자유공원은 주민의 휴식공간으로 이용되고 있고, 인천 항구가 보여 전망이 좋으며, 간이 동물원과 정원도 조성되어 있다.

자유공원은 시대의 속성이 반영된 역사적 가치를 지닌 장소다. 모두 아픈 역사이지만, 훼손하지 말고 소통하면서 연속적으로 이어나가 많은 사람이 끊임없이 연상하고 기억해냄으로써 자각하고 짚어나가야 한다. 무엇보다 인천의 정체성을 잘 드러내고 있다. 또한 차이나타운 뒤편에 위치하고 있어 연결된다는 점에서 차이나타운과 자유공원을 함께 구경할 수 있다.

(4) 인천아트플랫폼

인천아트플랫폼은 1930~40년대 건설된 근대 건축물들을 리모델링하여 창작스튜디오, 공방, 자료관, 교육관, 공연장 등 13개의 활용공간을 조성했다. 도시의 역사성과 장소성을 살려 문화적으로 재생시키고자 만들어졌다. 과거의 시간이 축적된 창고들을 창의적 관점에서 해석하여 미래를 향한 복합예술창작공간으로 재탄생시켰다. 또한 다양한 예술가를 지원하기 위한 공간들도 마련되어 있어 이러한 공간을 저렴한 가격으로 예술인에게 제공해야 하는데, 인천시의 예산확보가 어려워 진행되지 못하고 있다.

인천아트플랫폼은 주민에게도 삶의 질을 높일 수 있는 다양한 프로그램과 문화를 제공하며, 중구에 대한 자긍심을 고취시킬 수 있는 가치있는 콘텐츠다. 동시에 많은 관광객을 유치할 수 있는 인천을 대표할 만한 상징적 공간으로 보아도 무방하다.

〈그림 3-55〉 아트플랫폼

6) 인천시 '중구'의 문화자원 형태별 조사

(1) 축제

① 월미관광특구문화축제

구민의 날 기념 및 불꽃을 테마로 하여 지역을 홍보하기 위한 축제다. 2003년도부터 진행하여 다양한 체험과 소통의 공간을 마련했다. 또한 과거 개항 후부터 축적되어온 월미도의 흔적을 새롭게 조망하여 테마 축제로 연결시켰다.

② 인천근대개항거리문화제

2011년부터 시작된 축제로, 개항의 중심지였던 신포동과 인천항 사이의 제물량로를 차 없는 거리로 만들어 개항장의 거리를 재현하고, 국제 개항 퍼레이드 등 볼거리와 먹거리가 풍성한 각국의 전통문화를 체험해볼 수 있게 하는 취지로 개최됐다.

(2) 문화재

① 답동성당

사적 제287호로, 1980년도에 프랑스의 빌렘 신부가 지은 한국 성당 중 가장 오래된 서양식 근대 건축물 중 하나이며, 현재까지 보존되어 있다.

② 구 일본제일은행 인천지점

인천항 개항 후 개설되어 고종 25년 때 승격되었다. 르네상스 양식을 단순화시켜 지었으며, 일본의 경제적 침략을 뒷받침한 곳이다.

③ 인천우체국

일제강점기 때 일본의 우편사무를 담당하기 위해 일본 영사관 내에 지은 근대식 건물이다.

④ 홍예문

일제강점기 때 일본인의 거주가 늘어나 그들의 편의를 봐주고 영역을 넓히고자 뚫은 관문이다. 현재 이곳은 인천항을 한눈에 바라볼 수 있으며, 자유공원과 인천 차이나타운이 위치하여 많은 사람이 찾는 곳이자 영화나 드라마 촬영지로도 유명하다.

⑤ 구 제물포 구락부

1901년 인천의 외국인이 사교모임을 하기 위해 지어졌다. 현재 제물포 구락부의 모습을 복원하여 스토리텔링박물관으로 운영되고 있다. 호화스러운 건물로 개항 이후 인천의 역사를 간직하고 있다.

⑥ 구 일본우선주식회사 인천지점

개항 이후 인천의 해운업을 독점한 일본우선주식회사의 인천지점으로, 1888년에 지어졌다. 우리나라의 근대 해운과 유통산업의 역사를 담고 있는 건물이며, 현재는 리모델링을 거쳐 인천아트플랫폼에서 아카이브로 사용되고 있다.

⑦ 기타

용궁사 / (구)일본58은행 인천지점 / (구)일본18은행 인천지점 / 내동 성공회성당 / 용동 큰우물 / 조병수 가옥 / 팔미도 등대 / 삼목도 선사 거주지 / 능인교당 신중탱화 / 능인교당 현황탱화 / 용궁사 느티나무 / 양주성 금속비 / 청일조계지 경계계단 / 인천 선린동 공화춘 / (구)인천부 청사 / 제물포고등학교 강당 / 인천 감리서지 / 전환국지 / 철도 시발지 / 월미 행궁지

(3) 음식

① 냉면

화평동 냉면골목의 '세숫대야 냉면'이 유명하다.

② 쫄면

신포동에서 쫄면이 처음으로 탄생했다. 따라서 쫄면의 원조로 유명하다.

③ 자장면

자장면이 차이나타운에서 처음으로 한국인에게 알려지면서 보편화되기 시작했다. 차이나타운에서는 '공화춘'이 자장면의 원조로 불리며, 관광객은 중구를 방문하면 꼭 이곳에 들러 자장면을 먹는다.

④ 닭강정

신포시장의 닭강정을 먹으러 멀리서까지 찾아올 정도로 많은 사람에게 인식된 음식이다. 과거에 중국 선원들이 음식을 보관하기 어려워 상하지 않게 하기 위한 방법으로 즐겨 먹던 음식이다. 일반 치킨과는 다른 독특한 맛으로 사람들에게 사랑받고 있다.

(4) 여가 자원

① 특성화 거리

삼국지벽화거리, 경동 웨딩가구 거리, 역사문화의 거리, 월미 문화의 거리, 연안부두 횟집 거리, 밴댕이 회무침 거리 등이 있다.

(5) 사회 프로그램

① 중구문화원

지역주민에게 가치 있는 삶을 누리게 하고자 문화교육 및 문화·행사·축제 등의 운영을 담당하고 있다. 또한 주민에게 지속적인 지역문화 공동체 교육과 문화, 복지 참여 기회를 확대하고 있다. 인천시 중구의 대표적인 공간과 콘텐츠 모두 역사적 스토리를 담고 있다. 이들 문화자원은 과거에 대해 끊임없이 이야기해주며, 체험을 통해 간접적으로 느끼게 해준다. 중구의 문화자원을 통해 정체성을 확인해보면, '열린 도시 공간'이라는 특성을 도출해볼 수 있다. 개항과 일제강점기에 의해 도시의 모습은 개방된 모습으로 변해가고, 다양한 문화가 섞여 복합적 문화의 성격을 지니고 있음을 확인할 수 있기 때문이다.

7) 인천시 중구의 미디어 분석

(1) 인천시 중구의 포털사이트 이미지

인천시 중구의 미디어 이미지를 분석하기 위해 한국의 대표적 포털 사이트인 네이버, 다음, 네이트를 대상으로 2010~2014년도에 작성된 '인천시 중구'에 관한 카페와 블로그, 게시물과 댓글을 통해 '인천시 중구'의 이미지를 확인하는 작업을 수행했다.

인천시 '중구'의 문화적 정체성은 1980년대 도심기능의 상실과 더불어 급속한 침체과정을 겪으며 낙후된 듯한 이미지를 많이 풍겼으나, 이곳을 적극적으로 찾는 관광객의 인식은 대체로 역사와 전통, 골목의 분위기에서 풍기는 정서적 교감을 하고 있는 것으로 드러났다. 또한 '근대화', '역사', '투어', '여행', '길 걷기'라는 단어가 다른 단어에 비해 많았다. 이는 다양한 콘텐츠가 밀접한 거리에 있어 끊이지 않고 연속적으로 역사를 체험할 수 있어 역사-문화를 소통하는 데서 알 수 있다. 따라서

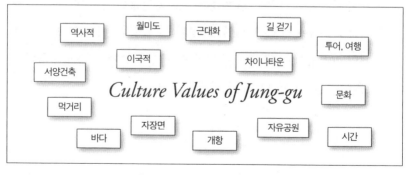

〈그림 3-56〉 인천시 중구의 문화적 정체성

수용자가 인식하는 중구의 정체성은 침체된 도시보다 역사가 살아 숨 쉬고 이야기를 전달하여 그 시대를 되돌아볼 수 있게 해준다는 특징을 가지고 있다. 즉, 시간여행으로 규정할 수 있다.

(2) 인천시 중구 문화관광 사이트를 통한 이미지 분석

인천시 중구의 관광사이트는 타 지역 사람들이 중구를 방문하고자 할 때 가장 먼저 혹은 도시의 관광계획을 짤 때 들러보는 곳이다. 이곳의 메인 화면은 사람들이 제일 먼저 접속하여 도시에 대한 첫인상과 도시를 정의 내릴 수 있는 특징을 알 수 있는 곳이다. 따라서 자신들의 지역에 대한 이미지를 심어줄 수 있는 상징적인 콘셉트를 드러낸다. 중구의

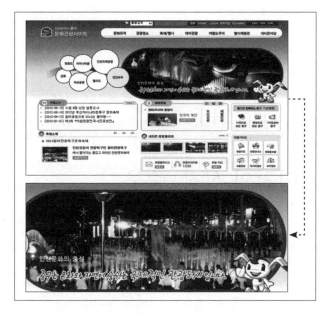

〈그림 3-57〉
인천시 중구
문화관광 사이트

첫 접속 페이지에는 인천 '중구'를 문화와 자연이 살아 숨 쉬는 '국제적인 관광도시'로 정의하고 있다. '문화', '자연', '숨', '국제적', '관광'이라는 단어로 자연-숨, 문화-국제적-관광도시로 간단하게 의미 분류를 해보면, 국제적인 문화와 역사가 내포되어 자연적으로 사람들과 소통하며 전달하려는 관광도시로 드러내고자 함이 보인다.

(3) 네이버 캐스트 '중구'에 관한 소개 분석

분석대상인 인천 중구의 홍보 글이 지니는 텍스트 기능은 '호소기능'이다. 헤드라인은 '인천의 심장, 중구'로 심장이라는 비유를 사용하여

중구로 떠나는 100년의 시간여행
바닷길, 하늘길, 땅길이 시작되는 곳
거대한 옥외 박물관 '인천 중구'
인천 중구에서 시작된 대한민국 '최초'
영화 · 드라마 촬영장으로 각광받는 중구의 섬들
동북아 경제허브 인천의 심장, 중구

〈그림 3-58〉
인천시 중구 네이버 캐스트 소개글

한국 ▼ 신택리지 ▼ 인천의 심장 중구

[新택리지]
세계 4대 미항을 꿈꾼다
인천의 심장, 중구

인천 중구는 서울과 가장 가까운 해양도시다. 인구는 20년 전에 비해 크게 줄었지만 2001년 영종도 하늘길이 열리면서 새로운 기운을 맞고 있다. 묻은 프라하, 바다는 나폴리를 닮은 도시가 인천 중구다.

세계 3대 미항으로 꼽히는 브라질의 리우데자네이루와 호주의 시드니, 이탈리아의 나폴리항에 견줘 아시아의 미항으로 거듭나고 있는 곳이 있다. 노랫말로 더 유명한 '연안부두'를 품은 인천항이 바로 그곳이다. 인천항을 중심으로 백제시대 '미추홀'로 불리며 고려와 조선시대 때는 대중국 교역항으로, 구한말에는 서구 문물을 받아들인 개항으로, 6.25 한국전쟁 때는 인천상륙작전의 전장으로, 1960년대 산업화 이후에는 수도 서울의 관문항 역할을 했던 곳이 인천 중구다.

뜨겁고 중심적인 연상을 할 수 있는 언어의 특성을 지녔다. 또한 중구의 현재 모습이 남겨져 있는 배경 과정을 설명한다. 이어 중구의 핵심적 볼거리와 장소적 의미가 있는 곳으로 다양한 프로그램에서 배경이 되어 그 장소를 성지순례 할 수 있는 정보, 경제적 기능과 문화적 기능을 복합적으로 설명함에 따라 텍스트가 지니는 속성은 단지 중구에 대한 정보만을 알려주는 게 아닌 '성장', '유일한', '특수한', '문화' 등의 용어로 우월성과 이로 인한 호소기능의 역할을 한다. 따라서 중구에 대한 현재 쇠퇴한 도시 이미지 개선, 외형적으로 발전하지 않고 과거의 모습 그대로 보존하고 알리는 것에 역점을 두며 시간을 느낄 수 있는 다양한 문화 체험적 관광도시로서 브랜드화하려는 속성을 알 수 있다.

(4) 인천아트플랫폼 웹사이트 분석

아트플랫폼의 설립목적이 가장 잘 드러나 있는 소개글에서 주요 단어와 형용사만 뽑았는데, '예술', '다양한', '국제', '네트워크', '창조적',

〈그림 3-59〉
인천시 중구 아트플랫폼
웹사이트

'문화', '시민'이었다. 이는 과거의 근대 건축물들을 활용하여 다양하고 복합적인 예술을 잘 살려 국제적인 네트워크 형성과 함께 문화를 주체적으로 수용하고 사랑할 수 있는 시민의 참여형 공간임을 알려준다. 따라서 인천이 국제적 문화관광 도시라는 의도가 이 소개글에도 잘 내재되어 있으며, 시민참여형으로 주민에게 다양한 프로그램을 제공함으로써 문화 공간임을 알 수 있다. 전체적인 웹사이트를 분석한 결과 '문화', '역사', '과거', '현재', '재해석'이라는 단어로 과거와 현재를 교감하고 재해석할 수 있는 의도가 잘 드러나 있으며, 역사성과 장소성을 지녔음을 알수 있었다. 그러나 시설안내에서 아트플랫폼 내의 리모델링된 건축물들의 모습이 잘 드러나 있지 않고, 오히려 블로그 등에서 사람들이 직접 찍어서 올린 것들이 그 건축물들을 잘 나타내주었다.

(5) 인천시 중구의 웹사이트를 통한 핵심가치 도출

웹사이트를 분석한 결과, 많은 문화적 자원을 통해 '관광' 도시로 만들고자 하고 있다. 또한 중구 내 다양한 문화자원은 개항 이후부터 역사

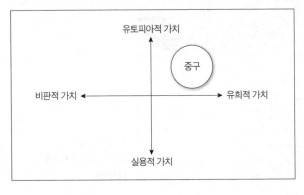

〈그림 3-60〉
인천시 중구 웹사이트
핵심가치 포지셔닝

와 시대적 배경이 낳은 산물에 대한 학습을 경험적으로 할 수 있고, 다양한 문화의 복합적 공존을 체험할 수 있는 관광도시로 중구의 정체성을 규정하고 있다.

8) 인천시 중구의 수용자 분석

인터넷 포털사이트 검색 결과로는 사람들이 주로 한 곳만 구경하는 게 아니라 주위 여러 장소를 연결지어 코스를 정하기에 어떤 장소가 인기가 많은지 뚜렷하게 구별하기 어려웠다. 따라서 인천시민과 타 지역 거주민 42명을 대상으로 한 결과(인하대 언론정보학과 학생들과 서울 및 경기권 지방 거주민) 차이나타운이 18명, 월미도가 13명, 자유공원이 6명, 인천아트플랫폼이 3명, 신포동 거리는 2명이었다.

대체로 인천 거주민은 차이나타운과 자유공원을 많이 뽑았으며, 인하대 언론정보학과 학생들은 기사 작성으로 인천아트플랫폼을 조사한 경험이 있어 이곳을 가치 있는 곳으로 인식하여 선택했다. 한편, 타 지

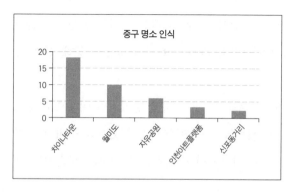

〈그림 3-61〉
인천시 중구 명소 인식

역 거주민은 중구라는 도시에 대해 낯설어했으며, 차이나타운이나 월미도에 대해서는 잘 알고 있었다. 반면, 자유공원과 인천아트플랫폼에 대한 정보가 없었으며 개항기와 일제강점기, 한국전쟁에 대한 역사는 알고 있으면서도 중구 일대에 근대식 건물이 조성되어 있는지는 알지 못했다. 인천주민은 중구지역에 대한 이해도는 꽤 높은 편이나 차이나타운과 월미도, 자유공원 등만 가봤지 그 외에 확장하여 가보지 않은 사람들이 많았다.

차이나타운에 대한 인식이 지배적이었으나 조사와 함께 의견을 들어보면 생각보다 차이나타운 내에 즐길 게 없다는 인식이 강했다. 또한 중구 일대의 문화에 대한 다양한 정보가 없었다. 따라서 균형 있는 인식 강화와 특색을 더욱 살릴 방안이 필요하다.

(1) 인천시 중구에 대한 포스팅 분석

2010년부터 2013년도까지 중구에 대한 블로그 포스팅을 분석한 결과, '근대', '개항', '일제강점기', '이국적인', '역사', '과거', '체험', '역사', '흔적', '추억', '당일치기 코스 여행', '길 걷기', '시간여행' 등의 단어가 지배적이었다. 따라서 인천시 '중구'에 대한 단어를 통해 사람들의 인식을 요약하자면, 시간여행이다. 과거와 현재의 공존을 통해 현재 속에서 과거를 경험하는 것이다.

사람들은 서울과 가깝고 편리한 교통 덕에 당일치기 여행으로 코스를 짜서 방문했으며, 사진기를 들고 근대적인 지역 곳곳을 누비며 즐겁게 학습하고 경험했다. 또한 이곳에서 근대건물과 중구의 토속적인 옛

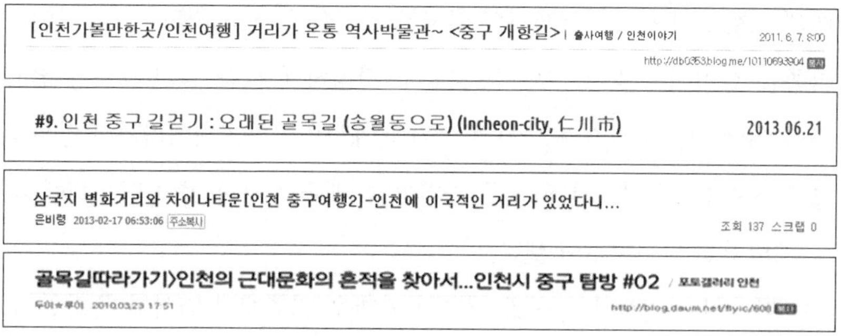

〈그림 3-62〉 인천시 중구 블로그 포스팅

모습에 '추억'과 '흔적', '회상'이라는 단어를 사용하며 향수적인 이미지
가 강했다. 블로그 대부분은 중구를 쇠퇴한 도시로 보기보다 주요 근대
건물이 있는 거리가 잘 정비되어 역사를 소통하고 상처를 보듬는 곳으로
인식했다.

  정리하자면, 블로그 포스팅을 통해 중구에 대한 사람들의 이미지는
과거와 현재의 공존으로서 '중구의 시간여행은 이야기가 있는 회상의 거
리'(거리의 시대를 간접적으로 느끼고 과거 이곳에 거주한 사람들이 방문했을 때는 훼손과 변질되지
않은 모습에 과거 회상에 젖어들었다)로 규정할 수 있다.

(2) 인천시 '중구'에 대한 인식과 스토리텔링을 통한 의미 도출

  타 지역 거주민은 대체로 '중구'라는 도시 자체에 대한 인식이 약했
다. 차이나타운과 월미도에 대해서는 잘 알고 있으나 주변에 존재하는
다양한 문화와 연결된 콘텐츠를 모르는 경우가 많았다. 따라서 주변과
연계된 다양한 콘텐츠를 알릴 필요성을 느꼈다. 사람들은 중구 지역에

대해 개항부터 한국전쟁까지의 역사를 공간을 통해 체험하고, 그 시대의 아픔을 상기시키며, 그 아픔을 보듬고 각성하게 되는 계기로 작용했다. 또한 이국적인 분위기가 도시 곳곳에 존재하며, 파주 헤이리처럼 인위적으로 지어진 게 아니라 역사를 가지고 실제로 지어진 곳이라는 것에 더욱 체험성을 느끼며 소통했다.

따라서 사람들은 중구를 서울과 가까운 지역에서 역사와 문화를 소통할 수 있는 장소로 인식했다. 이에 따라 앞서 말했다시피 중구를 시간 여행을 하는 곳이며, 이곳에서 '이야기가 있는 회상의 거리'를 주체적으로 수용한다는 이미지를 가지고 있었다.

9) 도시 공간 인천시 중구의 콘셉트와 브랜드 커뮤니케이션

인천시 중구의 문화자원은 모두 거리에서 스토리를 담은 채 사람들과 소통하고 있다. 또한 자원들이 거리에 복합적이고 총체적으로 나타나 있다. 인천시 중구는 사건의 연속이 시간의 흐름으로 연결되어 거리 전반에 흔적이 남아 있어 사람들이 거리여행, 시간여행으로 이곳을 인식한다. 따라서 사람들은 이러한 시간의 흐름이 있는 거리에서 저마다 이야기와 과거가 있는 역사적 공간과 문화재, 음식, 축제를 체험한다. 즉 인천시 중구는 모든 문화자원이 한 곳에 귀속되거나 단절되어 있지 않고 역사문화의 거리 등으로 특색화되어 있다. 그러므로 인천시 중구의 콘셉트는 '(시간여행을 할 수 있는) 이야기의 도시'로 잡아 브랜딩하는 것이 적절하다고 보인다.

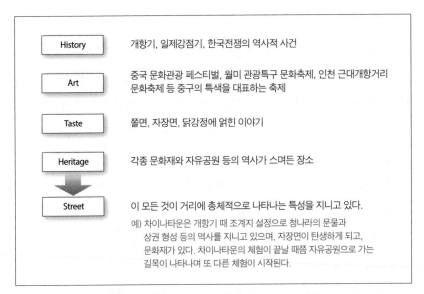

History	개항기, 일제강점기, 한국전쟁의 역사적 사건
Art	중국 문화관광 페스티벌, 월미 관광특구 문화축제, 인천 근대개항거리 문화축제 등 중구의 특색을 대표하는 축제
Taste	쫄면, 자장면, 닭강정에 얽힌 이야기
Heritage	각종 문화재와 자유공원 등의 역사가 스며든 장소
Street	이 모든 것이 거리에 총체적으로 나타나는 특성을 지니고 있다. 예) 차이나타운은 개항기 때 조계지 설정으로 청나라의 문물과 상권 형성 등의 역사를 지니고 있으며, 자장면이 탄생하게 되고, 문화재가 있다. 차이나타운의 체험이 끝날 때쯤 자유공원으로 가는 길목이 나타나며 또 다른 체험이 시작된다.

〈그림 3-63〉 인천시 중구의 브랜드 커뮤니케이션 구성도

이야기가 있는 도시는 시간여행을 내포한다. 인천시 중구의 정체성은 격동기의 역사적 산물인 다양한 문화가 공존해 있다. 그러기에 우리는 이 공간을 '개방과 혼합'의 공간으로 규정지을 수 있다. 여기서 주목해야 할 점은 단지 이국적인 분위기를 풍기는 단순한 의미로서의 개방된 문화가 아닌, 역사와 이야기를 지닌 개방된 문화다. 이 역사는 개항기와 일제강점기 그리고 한국전쟁을 거친 아픔의 역사다. 수탈과 지배로 자주권을 잃은 시대적 상황에서 인천항과 접목해 있는 중구는 개방을 하게 되면서 다른 나라의 손에 의해 변화되어 열린 도시로 나아가게 되었다. 게다가 이 시기는 다른 나라의 조계지가 되면서 외국인의 입지가 넓어져 인천 토박이의 문화가 아닌 혼재된 문화적 특성이 나타났다. 이로 인해 정체성이 혼란스러웠고, 그러한 모습이 지금 중구의 정체성으로 남아 독특한 모습을 보이고 있다. 이러한 다양한 문화의 혼재와 특징적인 열린 도시의 모습은

인천시 중구를 창조도시로 만들 수 있는 근거가 되기도 한다.

그러나 문제점은 한때 시가지가 형성되어 번잡하고 인구가 집중되었던 인천시 중구가 구도심이 되면서 쇠퇴의 이미지로 자리 잡았다는 것이다. 악취가 풍길 것만 같은 거리 모습에 주민마저 자신의 지역에 대한 무관심으로 정체성을 잃게 만들었고, 타 지역 사람이 관광할 수 있게 끌어들일 수 없었다. 이를 극복하고자 문화를 보존하고 거리를 만드는 등 정비사업이 시행되었지만, 아직 많은 사람에게 뚜렷하게 인식되지 못하고 있다. 이러한 문제점 중 하나로 거주민조차 자신들의 지역에 대한 열정이 없다는 문제점이 있다. 타 지역에 비해 토박이가 별로 없어 전체적으로 추진력이 약하다는 문제점이 있다. 무엇보다 거주민에게 인천시 중구가 지닌 콘텐츠에 대한 관심과 스스로 알리고자 하는 주체성이 필요하다.

이에 따라 주민에게 다양한 정책과 시행사업에 적극적으로 참여할 기회를 주고, 인천아트플랫폼을 통해 문화를 향유하게 하고, 다양한 교육프로그램에 참여할 수 있는 지지가 필요하다. 그렇게 되면 주민이 자신들의 도시에 대한 자긍심을 갖고 점차 완성된 도시로 나아갈 수 있을 것이다. 즉, 살기 좋고 주민 스스로 사랑하는 도시가 되어야 많은 사람에게 알릴 수 있다. 따라서 주민 참여형 프로그램과 도시 살리기 브랜딩을 함께 진행해야 한다.

〈그림 3-64〉 인천시 중구의
브랜드 커뮤니케이션 전략

결론적으로 이야기의 거리를 단순히 하나의 포괄적인 의미로만 정의하는 것이 아니다. '이야기의 거리'라는 콘셉트로 중구의 여행코스에 이야기를 입혀주는 것이다. 즉 Street 요소에 특성화거리처

럼 거리에 이름을 붙이고, 더 나아가 스토리를 거리 코스에 연결 짓는 것
이다. 예를 들면 사람들은 차이나타운 방문 시 한 곳만 방문하지 않고 자
유공원 → 차이나타운 → 아트플랫폼 → 중구청 이런 식으로 연결 지어
방문한다. 따라서 단편적인 체험이 아닌, 시간의 흐름의 연속선상으로 이
어져 체험한다. 이 체험에는 역사와의 소통이 들어 있다. 다양한 이야기
와 거주민의 기억이 공존한다. 이를 활용하여 이야기를 만들고 그 이야기
를 거리 곳곳에 조성하여 하나의 이미지를 조성하는 것이다. 이 이야기가
자유공원부터 중구청까지 골목마다 스토리를 연상시킬 수 있는 것을 조
성하여 끊임없이 각인시키는 게 중요하다.

　또한 사람들이 인천 중구의 콘텐츠를 통해 아픔을 간직하고 있는 우
리의 역사를 지워버리고 싶어 하는 게 아니라 약을 발라주고 상처를 아
물게 하여 새살을 돋게 하는 것이 필요하다. 따라서 역사와 소통하며 아

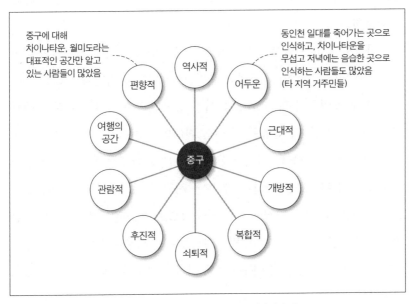

〈그림 3-65〉 현재의 인천시 중구 이미지 속성

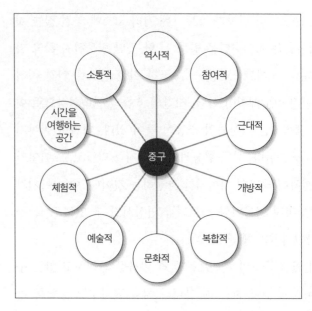

〈그림 3-66〉
도시브랜딩 후 인천시
중구의 이미지 속성

품을 간접적으로나마 기억하고 보듬어주며 각성하는 태도의 인식을 굳
혀줘야 한다.

인천시 중구는 역사가 물들어 있는 장소임과 동시에 거주민의 이야
기가 축적되어온 곳이다. 근대화의 건물양식 등 타 지역과는 다른 풍경
이 곳곳에 스며들어 있는 환경을 가진 중구민은 여기서 경험하고 축적
해온 이야기가 좀 더 특별할 것이다. 거리의 발전이라는 명목으로 개발
하는 것이 아닌, 그들의 기억과 흔적을 그대로 남겨두고 역사문화의 거
리처럼 그대로의 모습을 살린 채 많은 사람이 더욱 소통하고 방문하게
끔 조성하는 것이다. 이러한 예로 중구청으로 가는 길목에 특색 있는 간
판을 내건 건물들이 있다. 이처럼 사람들이 인식부여를 하고 오래 기억
되며, 거주민이 자신들의 이미지를 부여하고 주체적으로 활용할 수 있게
나아가야 한다.

7.
도시 공간과 스토리텔링: 목포시 남촌 이야기
일제의 핍박과 민중의 상처가 공존하는 마을, 목포시 '남촌'

1) 들어가는 말

목포가 도시 공간으로서 자리매김한 역사는 비교적 짧다. 조선 말기까지도 무안현에 딸린 작은 포구에 지나지 않았으나, 부산·인천·원산에 이어 1897년 개항된 이래 일제강점기를 통해 식민지 거점 도시로 이용되면서 급속히 성장하여 오늘과 같은 틀을 이루게 되었다. 개항 이후 목포는 일본과 더불어 서구의 기술과 문화를 받아들이는 항구로 탈바꿈했고, 다른 한편으론 일제의 집중적인 수탈 통로로 활용되었다. 그것은 목포가 호남의 곡창지대인 영산강 하구에 위치해 물자의 집산과 수출에 용이했기 때문이다. 목포가 개항된 이후 제일 처음 조성된 시가지는 일인(日人/日本人) 거류지다. 이들 일인의 거류지는 주로 현재의 목포 유달동과 만호동 쪽에 위치해 있었고, 이 공간이 유달산 남쪽에 위치한다고 하여 '남촌'이라 불렸다. 반면 조선인은 당시 거주하기에 적합한 땅이 절대적으로 부족하여 유달산 북쪽의 무덤자리에 조선인 마을을 형성하게 되었는데, 이곳은 현재 목포시 쌍교지구(남교동과 북교동)에 해당하는 공간으로, 당시 일인 거주지였던 '남촌'과 대비되어 '북촌'이라 불렀다.

일본인의 생활권인 남촌과 조선인의 생활권인 북촌은 목포가 근대도시의 모습을 갖춰가면서 대조적인 모습을 보였다. 남촌에는 일본인이 거주하는 데 필요한 전기와 상하수도 등의 기반시설이 북촌에 비해 잘 갖춰져 있는 편이었다. 길도 반듯하게 구획되고 포장되었으며, 가로등도 설치되어 있었다. 이처럼 도시의 인프라가 잘 갖춰진 남촌에는 일본인이 점점 모여들었고 이들을 위한 경찰서, 법원, 목포부청, 소방서, 상업회의소 등의 각종 공공기관이 들어서 있었다. 또한 유동인구가 늘어나면서 이들을 겨냥한 상점과 숙박시설, 음식점 등도 함께 생겨났다. 또한 남촌은 바다를 끼고 있는 지역인 만큼 동쪽 해안을 중심으로 인근 지역의 물자가 모여들어 유통 상가가 형성되면서 북촌과는 차별화된 '식민도시 공간'의 면모를 갖추기 시작했다. 소설가 박화성은 〈추석전야〉에서 이러한 당시 목포의 모습을 다음과 같이 묘사하면서 일본인 거주지역인 남촌과 조선인 거주지역인 북촌을 대비했다.

목포의 낮은 참 보기에 애처롭다. 남쪽으로 늘비한 일인의 기와집이오. 중앙으로는 초가에 부자들의 옛 기와집이 섞여 있고 동북으로는 수림 중에 서양인의 집과 남녀학교와 예배당이 솟아 있는 외에 몇 개의 집을 내놓고는 땅에 붙은 초가집이다. 다시 건너편 유달산 밑을 보자 집은 돌 틈에 구멍만 빠히 뚫어진 돼지 막 같은 초막들이 산을 덮어 완전한 빈민굴이다. 그러나 차별이 심한 이 도회를 안고 있는 자연의 풍경은 극히 아름답다.(박화성의 〈추석전야〉 중에서)

박화성의 시선에서 보듯, 일제강점기 목포시의 근대 공간은 두 얼굴의 상반된 이미지를 보여주고 있었다. 이 글은 바로 이러한 두 얼굴의 공간적 기억 중 일본인에 의해 조성된 '남촌'의 공간적 기억을 대상으로 하고 있다. 그러나 이 글에서 다루고자 하는 '남촌'이라는 지역이 목포시의 행정동으로 확연히 구분되어 있지는 않기에 여기에서는 당시 '남촌'이라 불리던 공간의 대부분에 해당하는 현재의 유달동(온금동을 포함)과 만호동을 공간적 대상으로 삼고자 한다. 이 글은 이들 지역이 어떻게 역사적 기억을 기반으로 오늘날의 도시 서사를 형성하고 있는지 그 과정을 살펴보는 데 목적이 있다. 이를 위해 여기에서는 일제강점기 생활상을 추론할 수 있는 목포시 '남촌'의 근대적 흔적과 거주자의 공간적 기억을 논증의 자료로서 살펴보고자 한다.

2) 원도심의 유래를 찾아서

이 글의 분석대상인 남촌은 목포시 행정동을 기준으로 보면, 유달동과 만호동이 이에 해당한다. 목포의 상징인 유달산의 동남쪽 아래에 위치한 유달동은 광복 이후 일제 청산과 관련하여 왜색이 농후한 단위 구역 명칭을 개정하면서 지금의 유달동으로 명명되었다. 유달산과 함께 목포의 대표적인 동으로 알려져 있으며, 1997년 1월 1일 목포시 행정동 분합에 따라 유달동과 인접한 서산동 지역을 통합하여 유달동이 되었으며, 현재는 2006년 8월 7일 행정동 통합으로 충무동과 합하여 오늘날의 유달동이 되었다.

면적 (km²)	행정조직			세대수	인구	비고
	법정동	통	반		계	
12.50	15	28	109	3,039	5,306	2017년 7월 말 기준

(출처: 목포시청 홈페이지)

유달동은 목포 개항과 함께 일제강점기부터 조성된 동으로 일본식 고택의 자취가 남아 있고, 바닷가 주변과 고지대의 노후한 주택 등 주거 형태가 다양한 것처럼 주민도 중산층과 일일노동자, 도서 농민, 바다에 생업을 둔 어선원 등 다양한 계층으로 구성되어 있다. 목포 개항 당시 중심지였던 관계로 동시대와 관련된 문화유적인 목포문화원 건축물(국가사적 제289호), 오포대(지방문화재 자료 제138호), 이훈동 집 정원(지방문화재 자료 제165호), 구 동양척식회사 목포지점(기념물 174호) 등과 국도 1, 2호선 도로 기점, 현대 여류 문학을 선봉에서 이끈 소영 박화성 선생의 문학기념관 등 각종 문화유적이 산재한 유서 깊은 지역이다. 유달동은 면적이 12.5km²로 목포에서 가장 큰 행정동이지만, 동별 인구를 보면 유달동의 거주민 수는 7,522명으로 목포에서 15번째로 적고, 경제적으로도 취약한 편이다.

또 다른 남촌지역인 만호동은 목포의 태동을 알리는 목포진영의 소재지로, 조선조 세종 때 군사조직의 하나인 목포 만호진이 설치되어 수군만호가 머물던 곳으로 '목포진', '만호진'으로 불려오다가 일제강점기에는 '목포대'라고 불렀으며, 광복 후 행정조직 개편에 따라 만호진의 이름을 따서 '만호동'이라고 했다. 만호동은 수군 목포진(만호진)이 있었던 지역으로 군사적으로 요충지였다. 목포진을 중심으로 한 지금의 만호동은 1909년에 매립으로 조성되었다. 일제강점기에는 목포진이 속해 있는

〈표 3-29〉 목포시 만호동의 행정현황

〈표 3-29〉 목포시 만호동의 행정현황

면적 (km²)	행정조직			세대수	인구	비고
	법정동	통	반		계	
0.94	30	14	62	2,134	3,594	2017년 7월 말 기준

(출처: 목포시청 홈페이지)

동해안통 7정목을 목포대라 불렀으며, 1948년 4월 1일 일본 명칭을 고치면서 동명 변경에 따라 '만호동'이라 칭하게 되었다.

이 글이 목포의 구도심인 '남촌(유달동과 만호동)'을 분석대상으로 선정한 것은 이 지역이 목포시의 태동부터 오늘날에 이르기까지 다양한 역사의 기억들을 온전히 담고 있어 목포시의 시대적 변화상을 읽기에 가장 적절한 장소라고 판단되었기 때문이다. 다시 말해, 도시 공간 '남촌'은 1897년 개항 이후 지금까지 많은 변화를 겪은 곳으로 개항 이후 조선인의 거주지 '북촌'과 대비되어 일본인이 조성한 근대도시의 모습을 갖췄고, 광복 이후부터 1970년대 초까지는 목포의 정치와 호남지역 상권의 중심지로서 가장 번화한 지역이었다. 하지만 1970년대 오일쇼크 이후 상권의 쇠락과 불경기, 그리고 조선내화 이전 등의 악재로 도시 거주민이 대거 이주하게 되면서 지금은 간판만 걸려 있는 빈 상점과 폐허가 된 집들이 곳곳에 산재해 있는 쇠락한 도시의 전형적인 모습을 보여주고 있다. 따라서 이 도시 공간은 도시의 역사적 기억을 기반으로 서사를 분석하고자 한 이 글의 목적에 가장 부합하는 지역이라 할 수 있다.

3) 일제강점기 근대 역사의 질곡이 남아 있는 기억의 장소 '남촌'

1897년 개항과 함께 일제강점기에 들어서면서 유달동과 만호동은 일제가 식민지 조선을 수탈하기에 수월한 항구에 일본인을 거주시킴에 따라 제일 먼저 목포의 중심지로 떠올랐다. 바다를 끼고 위치한 유달동과 만호동은 이후 '남촌'이라 불리며 일본인의 조계지를 형성하게 된다. 목포는 조선을 점령하고자 한 일본인에 의해 강압적으로 식민도시가 된 타 지역과 달리 나름대로 자주성을 담보하면서 근대화를 추진하겠다는 대한제국의 필요에 따라 개항된 곳이었다. 개항 이후 목포항의 무역은 저개발형 통상구조와 취약한 생산기반으로 인해 미곡수출, 서양산 면포 수입이 주로 이뤄졌고, 일제에게 무역에서의 주도적 역할을 빼앗기면서 대한제국을 급격히 세계자본주의로 종속시키는 한 축으로 작용하게 되었지만, 일제강점기 당시 목포는 '6대 도시'로 성장하게 되었다. 물론 이러한 비약적인 성장의 이면에는 '조선인의 희생'이라는 한이 담겨 있었다. 일본인의 주된 거주지였던 '남촌'은 당시 유달산 자락으로 쫓겨나 자리 잡은 조선인과 더불어 긴 세월이 지난 현재까지도 여전히 일제강점기의 흔적이 외형만 일부 변형된 채 남아 있는, 우리 근대 역사의 질곡이 남아 있는 기억의 장소다. 다음에서는 도시 공간 '남촌'의 장소적 의미를 구성하는 기억의 흔적들을 간략하게 정리하고자 한다.

(1) 도시 공간의 결절점, 목포 오거리 일대

오늘날의 목포 오거리 일대는 일제강점기 당시 일본인 마을과 조선인 마을의 접경지대로서, 사람들의 왕래가 활발하여 자연스럽게 예술과 문화의 중심지로 성장한 도시 공간의 결절점(node)이다.[18] 목포역에서 남쪽으로 가면 목포문화원을 지나 선창으로 가는 길과 기업은행으로 가는 길, 유달산으로 올라가는 길, 그리고 창평동 우체국으로 가는 길 등 다섯 갈래의 길이 나 있는데, 이곳을 '오거리'라고 한다. 개항 이후 오거리 주변에는 상해식당, 목포악기점,

목포무진회사, 대복사 여관, 천연당 사진관, 목포일보, 평화관 등의 건물이 즐비하게 들어섰다. 당시 오거리는 조선인 마을과 일본인 마을을 이어주는 거리로, 두 마을의 문화적 차이를 극명하게 담고 있는 두 얼굴의 거리였다. 이런 공간적 이중성은 문화적 이중성으로 이어지면서 1930년대 대중문화를 지배했던 신파극에도 담겼다. 당

〈그림 3-67〉 목포 오거리 일대 전경

---

18) 케빈 린치(K. Lynch 1960, 182 이하)에 따르면, 결절점은 "접합과 집중의 성격이 초점이며 중요한 접합점으로 교통이 시작되거나 끝나며, 통로가 교차하거나 바뀌는 점"을 말한다. 사람들이 모이는 광장처럼 용도나 물리적 특징이 집중되기도 한다. 또한 방향에 대한 결정이 내려지는 곳으로 사람들이 주의를 기울이며, 근처에 시각적 명료성이 강한 요소들이 존재한다. 여행자들은 도시에 도착했음을 처음 느끼는 곳이 교통수단이 멈추는 곳이라 말한다.

시 대중의 일반적 정서는 무조건적인 굴종도 아니고, 저항의 실천도 아닌 모순적 이중성이라는 정서를 낳았다. 즉 일제에 대한 저항의식을 가지고 있지만, 일제의 탄압에 눌려 어쩔 수 없이 체제에 순응할 수밖에 없는 모순된 현실이 이러한 정서의 기저를 이뤘다. 이처럼 이율배반적 정서에서 오는 상실감, 무력감, 죄의식 등이 신파적 비극의 정서로 표출되며 당시 식민지 대중의 중심 정서로 자리 잡게 되었다.

일제강점기 식민지 치하에서 창조된 신파문화의 중심지이면서 근대성과 식민성이 공존하는 문화공간(최성환 2016, 24)인 목포 오거리 일대에는 1926년에 조선인이 건립한 최초의 근대식 극장인 목포극장(현 목포 로데오광장 메가박스)이 세워졌고, 이어 1927년 평화관이라는 활동극장이 자리 잡았다. 목포극장은 목조 2층 183평에 정원 510명 크기로, 평화관은 목조 2층 86평에 정원 353명 크기로 세워지면서 지역 문화예술의 중심 지역이 되었다. 당시 목포극장은 조선인이 주로 이용했으며, 평화관은 일본인이 많이 찾았다고 하는데, 특히 목포극장은 위치상 일본인 거주지에서 조선인 거주지로 이어지는 교통로 중심에 자리하면서 문화예술 분야에서 조선인의 자부심을 상징하는 공간이 되었다. 목포 오거리가 근대문화예술의 산실로 여겨지는 것은 이외에도 1927년에 국내 최초의 종합예술 서커스단인 동춘연예단이 목포 오거리 일대를 배경으로 결성되어서이기도 하다. 이들은 1930년대 말부터 1960년대까지 황금전성기를 맞이하며 한국 대중예술계의 터전을 닦아

〈그림 3-68〉 목포극장 전경

왔다. 서양음악이 밀려오기 전 김해송이 이끈 K.P.K 악단과 조선악극단, 라미라가극단, 반도가극단, 태평양가극단 등이 함께 참여하여 전국을 누비기도 했으며, 코미디언 남철, 백금녀, 남성남 등 한 시대를 풍미한 스타들도 동춘에서 한솥밥을 먹었다. 이들은 곡예뿐만 아니라 마당놀이와 창극을 공연하기도 했는데, 이들의 활동이 의미가 있는 것은 단지 지역 문화의 활성화에 머물러 있기보다는 일제강점기 억눌려 있던 우리 민족혼이 독립한다는 상징적 의미도 깃들어 있었다. 또한 당대 문화를 공유하는 대표적 공간인 다방도 이 거리에 집중되어 있었다.

(2) 고하도

목포의 대반동과 마주보고 있는 고하도는 섬의 지형이 용의 형상을 하고 있다 하여 '용머리', 병풍처럼 펼쳐 있다 하여 '병풍바위', '병풍도'라고 불린다. 이곳은 일제에 의해 육지면의 시험재배에 성공한 곳이기도 하다. 고하도 육지면은 1904년 목포 주재 일본 영사에 의해 처음 재배되었다.[19] 따라서 그 당시 목포의 면화는 국내 생산량의 30~40%를 차지했으며, 생산된 면화는 주로 방직공장을 거쳐 일본으로 실려 나가며 수

---

19) 육지면 시험재배에 성공했음을 기념하기 위해 일제는 고하도에 1904년 비석을 세우는데, 이것이 육지면 발상지 비다. 고하도의 육지면 발상지 비는 선착장 남서쪽 언덕에 위치해 있다. 중추원 참의를 지낸 정병조가 쓴 비문 내용의 일부를 소개하면 다음과 같다. "명치 37년 목포 주재 일본 영사가 거류민으로 하여금 미국 육지면을 고하도에 처음 파종하였다. 이듬해 조선 유지들이 면화재배협회를 창설하여 목포, 자방포, 영산포, 나주, 광주, 군산 등 각지에 파종하여 좋은 성적을 거두었다. 명치 39년 통감부와 한국정부는 면업을 두루 권장하였다. (중략) 목포는 확실히 육지면 재배를 시작한 땅이요, 百貨가 집한 곳이라 후에 산업이 육성하여 서민이 부자가 되어 사람에게 널리 미쳐서 해외에까지 차고 넘침이 끝이 없을 것이다."

〈그림 3-69〉 육지면 발상지 비

탈을 겪어왔다. 동시에 목포항에 삼백(목화, 소금, 쌀)의 물동량이 급증하면서 전국 3대 항, 6대 도시로 명성을 떨치게 된다. 목포에는 1906년 한국면화주식회사가 설립되고 1913년 천평면업주식회사(현재 목포합동염업사 자리)가 들어섰다. 1918년에는 면화공장을 합병하여 조면기 200대를 갖춘 조선면화주식회사가 설립된다.

(3) 사쿠라마치 유곽(금화동)

사쿠라마치(桜町)는 지금의 금화동으로 과거 일인의 거류지였다. 목포가 개항한 이후 일본인의 유입이 늘어나면서 1913년 지금의 금화동에 유곽이 생겨났다. 이곳이 바로 앵정(桜町), 사쿠라마치다. 금화동 뒷산에는 벚나무가 무성하여 사쿠라마치로 불렸다. 당시 이곳에는 일본인의 노래와 웃음소리가 끊이지 않았다. 일본인이 운영한 유곽으로 현해루, 삼교루, 만직지루, 주길정 등이 있었고, 조선인이 운영한 유곽으로는 일출정, 명월루, 영춘정 등이 있었다. 일본인이 떠난 후 유곽은 한국전쟁

〈그림 3-70〉 사쿠라마치 전경

이 일어나면서 청진 등에서 배를 타고 온 피난민의 대피소가 되었다. 지금도 그때 지어진 유곽 건물들이 금화동 12-5호를 비롯한 서너 채가 남아 있다. 금화동 12-5호 유곽의 경우 'ㅁ'자 형태의 대청마루가 나오고 내부 마당 안에는 우물이 있었다고 한다. 이 우물은 가로, 세로 각각 4m 정도인 나무 난간과 함께 유리벽으로 막아놓았다고 한다. 일인을 위한 유곽 거리인 사쿠라마치 유곽은 일제의 식민정책으로 고통을 겪은 조선인의 치욕과 원한의 흔적이 남아 있는 기억의 공간일 것이다.

(4) 삼길야 여관 인력거

삼길야 여관(三吉野 旅館)의 주인 가사이가 1911년 목포에 인력거를 처음 들여왔다. 삼길야 여관에서 손님을 끌기 위해 인력거로 부두와 여관 사이의 손님맞이나 그 밖의 서비스를 목적으로 운행했다. 삼길야 여관은 총독을 비롯한 고관들이 묵던 일류 여관에 속했다. 그때 당시 요금은 최저 10전에서 최고 50전까지였다. 하루 종일 빌리는 경우는 2전이었다고 한다. 그리고 야간에는 2할 할증, 우천 시에는 3~5할까지 할증이 붙었다고 한다. 인력거는 자동차가 운행하기 시작한 1920년 말 전까지 성행했는데, 이듬해에는 10대를 구입해 입정조(笠井組)를 설립하기까지 했다. 1913년 12월에 팔아넘겼고, 이름도 도축조(都築組)로 바

〈그림 3-71〉 삼길야 여관 인력거

꿰었다. 그와 동시에 20대를 증차하고 지점을 앵정(사쿠라마치)에 두었으며, 1917년에는 역전에도 지점을 두었다고 한다.

(5) 목포의 적산가옥과 일본인의 흔적들

유달동 내 일인 거류지는 한인 거주지와 달리 격자형 도로로 잘 구획되었으며, 정리가 잘된 기반시설이 갖춰져 있었다. 그 당시 일본인의 적산가옥이 일인 거류지 내에 위치해 지금까지 남아 있는데, 우리 문화와 이질적이기는 하나 근대 역사 측면에서 보존 가치가 있다.

① 구 일본인 교회(대의동2가)

〈그림 3-72〉 구 일본인 교회

일본인 교회는 목포근대역사관 앞 나상수 가옥 맞은편에 위치해 있다. '목포기독'이라고 새겨진 이 건물은 일본인이 지은 일본인 교회다. 일본에서 파송된 일본인 목사가 일본인 신자들을 위해 설교하던 곳이다.

② 이삼훈 가옥(중앙동3가)

일본식 목조가옥으로 대문 옆에 한자로 적힌 주소만 있을 뿐 문패

도, 간판도 없다. 일제강점기의
전형적인 일본식 2층 주택으로,
1층은 상가, 2층은 주인의 살림
집이었을 것으로 짐작된다. 기
와로 마감한 이중 지붕과 현관
위에 얹은 작은 박공지붕이 이
채롭다.

〈그림 3-73〉 이삼훈 가옥

③ 나상수 가옥, 현 '행복이 가득한 집' 카페(중앙동3가)

이 가옥은 1920년에 지어
졌으며 당시 건축 자재, 농약
등 무역업을 하던 일본 상인의
집이었다. 건물은 좌측 한쪽만
2층으로 올려져 있고, 팔각지붕
에 전형적인 일본식 목조가옥
이다. 벽체는 1층의 경우 회반

〈그림 3-74〉 나상수 가옥, 현 '행복이 가득한 집' 카페

죽으로 마감되어 있으며, 2층은 가로비늘 판벽으로 되어 있다. 지금은 골
조는 그대로 살리고 내부를 새롭게 리모델링하여 카페로 운영하고 있다.

④ 이훈동 정원(유달동)

1930년대에 일본인 우치다니 만페이(內谷萬平)가 조성한 일본식 정원
으로, 1950년대 이훈동이 매입했다. 저택 내부는 한국식 거실과 서양식

〈그림 3-75〉 이훈동 정원

응접실로 개조되었지만, 외형은 일본식을 그대로 유지하고 있다. 일본식 정원의 특징은 사라지고 백제양식의 별서 정원으로 가꿔져 있다. 개인 정원으로는 호남지방에서 가장 큰 규모다. 나무의 종류는 한국 야생종, 일본 원산종, 중국 원산종으로 다양하며 113여 종에 이른다. 이 밖에 일본식 석등의 기본형인 춘일형, 원주형, 직부형, 설견형 석등과 오중탑, 칠층탑이 있고 일본식 다원정의 필수 요소인 연못분수도 배치되어 있다.

⑤ 목포국립심상소학교 강당, 현 '유달초등학교'(유달동 8번지)

〈그림 3-76〉 목포국립심상소학교 강당,
현 유달초등학교

개항 후 일본인이 목포에 모여들기 시작하여 일본인 마을을 형성해가고 있었다. 그러던 중 자녀들의 교육을 위해 교육기관 설립이 요구되었다. 1898년 일본인 거주 지역에 일본인을 위한 목포심상소학교가 동본원사 주도하에 개교했다. 처음에는 5~6명의 학생을 모아 소학교 과정의 교육을 시작했다. 그러다가 고등반 학생을 받기 시작하여 보통과(普通科)와 고등과(高等科)로 나뉘게 되었다. 이곳에서는 중학교에 진학하지 못하여 사회에 나가는 사람들을 양성하거나 기술을 가르쳤다. 당시 학업을 이어나갈 학생들은 시험을 치르고 목포중학교에 입학했다. 반면, 바로 취업에 나갈 학생들은 목포 심상소학교의 고등과에서 2년 정도 기술을 배웠다고 한다. 1901년 일본 인 가구 수는 250호에 달했으며 학생 수는 점점 늘어나기 시작했다. 당 시 목포심상소학교에는 조선인이 입학할 수 없었다. 현재 유달초등학교 로 학교명이 바뀐 목포심상소학교는 등록문화재 제30호로 지정되어 있 으며, 그 당시 건물은 대부분 사라지고 강당만 남아 있다. 콘크리트로 지 은 직사각형 모양이며, 2층은 폭이 좁은 아치형 창문으로 장식되어 있다. 현재 남아 있는 강당 건물은 과학관으로 사용되고 있다. 유달초등학교 교무실 앞 복도에는 영광 불갑산의 토종호랑이가 전시되어 있는데, 1908 년 조선인 농부가 잡은 것을 일본인이 200원(논 50마지기에 해당)에 사들여 시 마쓰제작소에서 박제한 것이라고 한다.

⑥ 일본 영사관, 현 '목포근대역사관 1관'(대의동2가)

일인 거류지 중 당시 1급 택지는 유달산 남동쪽 기슭의 비매립지였는데, 이곳에 일본 영사관이 자리 잡았다. 일본 영 사관에서 창가 쪽을 바라보면 구 일본인 조계지가 한눈에 내 려다보인다. 일본 영사관 건물

〈그림 3-77〉 일본 영사관, 현 목포근대역사관 1관

은 목포 최초의 서양식 건물이면서 가장 높은 건물이었다. 건물의 외형 은 장방형의 2층 구조에 붉은 벽돌과 흰색 벽돌을 사용했고. 좌우 대칭으

로 안정감을 보이고 있다. '大板'이라 새겨진 벽돌은 이 건물을 건립하기 위해 일본에서 직접 가져온 것이다. 건물 뒤에는 방공호로 사용된 동굴이 있고, 그 위로 올라가면 천황을 모신 사당 같은 건물이 있다. 현재 목포근대역사관 1관으로 사용되고 있는 이곳은 박화성의 작품 중 역작으로 꼽히는 〈하수도공사〉의 첫 장면에서 노동자들이 밀린 석 달 치 임금을 받기 위해 파업을 선언한 곳으로 묘사된 곳이기도 하다.

⑦ 제2수원지(玉の池, 龍淵), 제2수원예비지

〈그림 3-78〉 유달산 제2수원지

목포 제일여자고등학교 뒤편 유달산 자락에 위치한 제2수원지는 당시 일본인 거주지 구역에 중요한 급수원이었다. 1910년 축조하여 1912년 12월부터 급수를 실시했다. 지금은 폐쇄되어 흔적만 남아 있다. 일본인은 이 저수지를 '다마노이케(玉の池)'라 부르며 주변에 벚나무를 심어 유원지를 만들어놓았다고 한다. 유역 면적은 0.1km²이고, 저수량은 3.697m³이었다. 일제는 이 자리를 신사의 신축지로 사용하고자 저수지와 여과지, 배수지 등 주요 시설을 전부 파괴했다. 그러다가 광복 이후인 1955년에 예비지를 복구했다. 이후 수원지를 '용연(龍淵)'이라고 불렀는데, 이름의 기원은 알 수 없다. 이 수원지는 1984년까지 이용되었으나, 인명사고가 자주 일어나 함평대동제 준공을 이유로 폐쇄되었다.

⑧ 히빠리 골목

일제강점기 목포에는 '히
빠리마치'라는 하급 유곽도 있
었다. 지금의 항동시장 일대에
있던 사창가 골목이다. 민중약
국과 만호쌀가게에서 해운모텔
인근까지 길게 이어진 골목에
해당한다. '히빠리(引っ張り)'라

〈그림 3-79〉 히빠리 골목, 현 목포항동시장

는 말은 '잡아당김'이라는 뜻의 일본어로 과거 지나가는 손님의 옷소매
를 끌면서 호객행위를 했던 곳이다. 지금도 '히빠리마치', '히빠리 골목'
이라 부른다. 해방 이후 사쿠라마치에서 일하던 여성들도 이곳으로 옮겨
와 1970년대 초까지 성매매업소들이 성행했다고 한다. 이후 성매매업소
가 삼학도로 집단 이주하고 부두 정비사업으로 철거되었다. 하지만 이곳
에는 아직도 신안군 보건소가 위치해 있는데, 이는 당시 성매매 여성들
의 질병을 관리하던 흔적이라 할 수 있다. 지금은 사창가의 흔적을 거의
찾아볼 수 없지만, 한 창녀의 한 많은 실제 이야기를 아름답고 구슬프게
그려낸 송기원 씨의 작품 〈늙은 창녀의 노래〉 속에 그때의 기억을 담고
있다. 꽃다운 나이에 도시에 올라온 여성들은 방직공장에 들어가거나 히
빠리 골목을 찾았다. 그녀들은 어둑한 밤이 되면 하룻밤 묵어갈 뱃놈을
맞이하며 목포의 설움과 닮은 눈물 맺힌 한을 토해냈을 것이다.

⑨ 동양척식주식회사, 현 '목포근대역사관 2관'(중앙동2가)

1920년에 설립된 동양척식주식회사(이 글에서는 간단히 '동척'으로 부르고자 한다)는 일본 금융시장에서 조달되는 자금을 원천으로 식민지 사회의 경제 수탈을 관장한 회사다. 원래 동척이 설립된 목적은 일본 농민의 이민사업과 한국에서의 토지경영에 있었다. 그러나 당시 목포에 위치한 동척은 만호동의 상당한 지역을 소유하고 있었으며, 전남 각지에 소재한 17곳의 농장을 관리했다. 당시 목포의 동척이 동척지점 가운데 가장 많은 소작료를 거뒀다고 한다. 따라서 목포의 동척 건물은 일제강점기 조선인 수탈의 상징이자, 우리 민족의 질곡의 역사를 강변하는 기호적 공간이라 하겠다. 목포의 동척 건물은 르네상스 양식의 장방형 건물로 지어졌는데, 정면 입구에 일본을 상징하는 태양문양을 새겨놓았고 좌측 상단부에는 벚꽃문양을 새겨놓았다. 이 건물은 또한 1980년 5월 목포시민군이 핍박을 받던 장소로도 잘 알려져 있다. 1999년에 전라남도 기념물 제174호로 지정되었다.

〈그림 3-80〉 동양척식주식회사, 현 목포근대역사관 2관

⑩ 동본원사/진종 대곡파 동본원사(무안동2가)

목포 오거리에 위치하는
동본원사 건물은 일본 불교 사
찰에서 교회 그리고 정치공간
까지 다양하게 이용되어왔다.
목포에서는 동본원사를 시작으
로 일본 불교가 전파되었는데,
불교의 전파는 일본 정부의 지

〈그림 3-81〉 동본원사, 현 오거리문화센터

원하에 적극적인 포교활동이 가능했다고 한다. 동본원사는 1930년대 석
조 건물로 추정되며, 장방형의 단층 건물로 전형적인 일본식 건축양식을
띠고 있다. 일본식 기와를 사용한 팔작지붕이며, 포치 부분은 단을 낮게
처리한 원형의 장식 지붕을 설치했다. 창호 위아래로는 돌출된 수평 띠
를 건물 전체에 둘렀다. 1957년에는 '중앙교회'로 사용되어 절간에 십자
가가 걸린 이색 건물이 되었다. 동본원사는 불교 전파뿐만 아니라 영사
로부터 목포심상고등소학교 설립 허가를 받는 등 교육에도 힘을 쏟았다.

⑪ 미창창고

제1차 세계대전 전후 일본경제에 일대 위기가 닥치자 조선총독부에
서 산미증산계획을 수립하여 일본의 식량난을 해결하고자 했다. 이에 일
본으로 쌀을 원활하게 수출하기 위해 1930년에 조선미곡창고주식회사를
설립했다. 조선미곡창고주식회사는 조선의 미곡을 수출하기 위해 미곡
의 보관, 위탁판매, 운송, 화재보험대리 등이 주요 업무였다. 1931년 목

〈그림 3-82〉 미창창고

포지점이 설립되었으며, 전시하 주요 물자의 저장배급기관으로 그 역할이 확장되었다. 미곡창고주식회사의 창고인 미창창고는 지금도 목포 만호동 골목 뒤에 남아 있어 당시의 흔적을 보여주고 있다. 현재 합동건재사에서 목재 보관용도로 사용하고 있다.

⑫ 마루보시조선운수주식회사(상락동1가)

〈그림 3-83〉 마루보시조선운수주식회사

목포에서 운송업 및 창고업이 본격화된 것은 철도가 부설되고 난 이후의 일이다. 개항 후 일본의 운송회사들이 본격적으로 진출하며 통감부의 철도관리국은 철도화물운송취급 인승인 및 화물운임할려제도를 제정하여 운송업을 통제하기 시작했다. 이러한 상황에서 1930년에는 조선운수주식회사가 창립되었다. 당시 목포에는 1940년에 조선운수주식회사 출장소가 지어졌는데, 조적조 2층으로 당시 주변에는 200여 평 규모의 창고가 6~8개 정도 있었다고 한다. 이곳에서는 물자운송 및 하역을 취급했다. 출장소의 위치는 상락동1가 (구)대한통운 건물 자리였는데, 지금은 간판이 '김영자 화실'로 되어 있지만 비어 있는 상태다.

(6) 목포 만호진

목포의 문화유적은 모두 일본과 관련되어 있다 해도 과언이 아니다. 옛 문헌에 '목포'라는 지명이 최초로 등장하며 목포의 역사적 출발을 알리는 '만호진' 또한 왜적의 침입을 막기 위한 유적이었다. 목포 만호진은 일제강점기의 흔적은 아니지만, 일제강점기 이전에도 목포가 일본과 연관이 깊었다는 것을 알 수 있게 해주는 문화유적으로서 가치가 있다. 목포에 만호진을 설치한 시기는 1439년(세종 21년) 4월이다. 이곳의 통솔 책임자가 '만호'라는 관직에 임명되어 만호진이라 부르게 되었다. 현재까지도 이곳은 '만호진'이 위치해 있던 곳이라 하여 '만호동'이라 불린다. 『조선왕조실록』의 기록에는 "이 일대가 왜적이 드나드는 요해지이므로 병선을 설치하고 만호를 임명하여 보내라"고 적혀 있다. 당시 목포는 지리상으로 영산강 하구를 끼고 바다로 연결되는 군사적 요충지로서 중요성이 부각되었다. 목포 만호진은 1702년에 발생한 큰 화재로 모두 소실

〈그림 3-84〉 무안현 목포진 지도(1872년 제작)　　〈그림 3-85〉 목포진 유적비

되어 변천 상황을 알 수 없다. 성의 둘레는 400m 정도이고 성벽의 높이가 2m 내외였던 것으로 추정된다. 사방에 출구가 나 있었으며 내부에 객사와 관아 건물을 비롯해 성 안에 감옥과 우물이 있었을 것이다. 서남해안지역의 길목이자 변방인 목포 만호진은 군사제도가 근대식으로 개편된 을미개혁기인 1895년 7월 15일 폐지되었다. 그 후 목포는 1897년 10월 1일 개항이 되면서 근대도시로 새롭게 탄생한다. 대략 현재 위치는 목포시 만호동 일대일 것으로 추측한다. 그러나 현재 목포 만호진의 흔적은 거의 남아 있지 않고 민가의 담장이나 축대에서 당시의 돌을 확인할 수 있다. 또한 '목포진유적비'라 새겨진 비석을 세워 이 일대가 만호진이 있었던 지역이라는 것을 상징적으로 보여주고 있다.

(7) 오포대

〈그림 3-86〉 오포대

'오포'는 일제강점기에 정오의 시각을 알리기 위해 사용된 신호용 포로, 1909년 4월에 설치되었다. 당시 목포부청 직원이 포구에 신문지 등을 넣고 화약에 불을 붙이면 굉음과 함께 상공에 신문지 등이 흩어졌다. 유달산 오포대는 지방문화재 자료 제138호로 지정되었다. 오포가 설치된 시기에 목포에서는 점심때면 여기저기서 "오포 텄다. 밥 먹으러 가자"하는 노동자들의 소리와 "오포 텄어. 밥 줘"하는 아이들의 소리가 들렸으며, 시간을 알려면 "오포 텄냐?"라는 식으로 물어보기도 했다. 나중에 오포가 사이렌 소리에 그 기능을 넘기고 나서도 여전히 '오포 분다'라는 표현을 사용했다고 한다. 오포대는 전쟁 도구를 생활 도구로 이용했다는 점에서 일제강점기의 강압적인 사회상을 엿볼 수 있다.

(8) 호남은행(상락동1가)

1920년에 건립된 호남은행은 개항 후 목포에 남아 있는 유일한 금융계 건축물로 2002년에 등록문화재 29호로 지정되었다. 현준호가 중심이 되어 세운 민간은행이다. 1928년 일본이 신은행령을 발표한 이후, 호

〈그림 3-87〉 호남은행, 현 목포문화원

남은행이 일본인 직원을 채용하지 않았다는 이유로 독자적으로 운영하던 호남은행을 동일은행과 통합했다. 그 후 1942년 조흥은행을 설립하여 순수한 민족계 은행으로 그 계보를 이었다. 호남은행은 순수 민족자본을 육성하기 위해 설립된 은행으로, 일제강점기 근대화의 자주적인 모습을 보여주는 상징적 건물이다. 현재는 목포문화원으로 사용되고 있다. 건물은 조적조 2층 건물로 단순한 장방형이다. 외벽은 붉은색 타일이 붙어 있고, 외벽 아래쪽은 석조로 마감되어 있다. 호남은행 건물의 앞길은 지금도 버스가 다닐 정도로 넓게 조성되어 있는데 과거 죽동, 남교동, 북교동 등지에 살던 조선인이 이 길을 통해 선창으로 일하러 갔다고 한다.

(9) 갑자옥 모자점

〈그림 3-88〉 갑자옥 모자점 앞 거리 전경

갑자옥은 갑자년인 1924년에 문을 열었다. 첫 주인은 이택훈의 외종숙이었다. 일제가 항구를 정책적으로 개발하면서 목포로 사람과 돈이 몰리자 호남전 지역은 물론 제주와 경상도에서도 사람들이 몰려들었다.

섬 지역은 물론 호남 내륙 각지를 연결하는 첫 배가 매일 6시에 목포를 떠났는데, 그 배를 타고 모자 좌판을 벌일 목포 주변의 지역 상인들이 갑자옥 모자점을 찾아왔다. 현재 갑자옥 건물은 1965년 화재로 소실된 일본식 2층 목조건물을 부수고 지은 3층 콘크리트 건물이다. 본정통 가게는 죄다 일본인이 운영했지만, 갑자옥이 유일하게 조선인이 운영했다는 점에서 역사적 의의가 있다.

4) 목포의 정취가 느껴지는 따뜻한 바닷가 마을 '다순구미'

도시 공간 '남촌' 지역에는 '다순구미'라는 옛 이름을 지닌 온금동이 있다. 온금동은 오늘날 행정동으로는 유달동에 속하는 지역으로, '따뜻할 온(溫)' 자에 '비단 금(錦)' 자를 쓴다. 비단처럼 햇빛이 아름답게 비치는 따뜻한 동네라는 뜻일 것이다. 이 명칭은 예전 이름 '다순구미'의 한

자 이름으로 추론되는데, '다
순'은 '따숩다'라는 뜻이고 '구
미'는 바닷가나 강가의 곳이 후
미지게 깊숙이 들어간 곳을 뜻
하기 때문이다. 그러나 '따뜻
한 바닷가 마을'이라는 뜻의 온
금동에 대한 기억은 이름처럼

〈그림 3-89〉 온금동 전경

아름답지 않다. 남촌이 조성되기 전부터 이곳은 목포 앞바다에서 고기
를 잡던 가난한 조선인 어부들의 마을이었다. 물고기가 잡히지 않는 '조
금(小潮, 작은 밀물)'에 생겨난 아이들이 뛰놀아 '조금새끼' 마을로 불리기도
했다. 아이들의 생일이 같고 아버지의 제삿날이 같은 이곳 사람들의 특
징은 지난한 뱃사람들의 삶의 일면을 보여주는 듯하다. 남촌의 끝자락에
위치한 온금동은 일인 거주지와 달리 자연발생적인 주거공간으로서 기
반시설도 없이 매우 조밀한 토지 이용 패턴을 보였다. 당시 공동거류지
내에는 조선인이 살 수 없었으므로 대부분 조선인은 좁은 지대에 많은
세대가 밀집한 형태로 살아갔다. 이처럼 온금동은 일제강점기 윤락촌이
었던 서산동과 경계를 이루며 '식민지 도시', '이중도시'인 목포의 뼈아픈
현실을 느낄 수 있는 곳이 되었다.

　오늘날 온금동에 남아 있는 일제강점기의 대표적인 흔적으로는 목
포 선창의 원형으로서 바닷가 조선인의 삶의 공간이던 '째보선창'과 해
방 이후 우리나라 산업화에 기여한 '조선내화'의 공장터를 언급할 수 있
겠다. 일제강점기 이들의 공존은 온금동의 장소성에 독특한 의미를 부여
했는데, 이는 '평화로운 어촌마을과 근대산업시설이 동거하는 혼종적 이
미지'의 공간이라는 것이었다. 지금은 매립되어 그 모양을 알 수 없지만,

'째보선창'은 과거 물이 두 갈래로 쫙 갈라져 들어와 만들어진 나루터로, 일제강점기에 제방을 'ㄷ'자 모양으로 쌓아 바닷가 안벽이 언청이처럼 안쪽으로 쏙 들어온 모양이 되었다고 하여 이렇게 불렸다. 지금은 매립되어 그 모양을 알 수 없지만, 『목포의 땅이름』(2003)에 따르면 째보선창은 1914년경에 조성된 것으로 여겨지는데, 『근대도시 목포의 역사 공간 문화』(2004)에서는 〈每日申報〉(1912. 8. 2) 기사를 인용해 "온금동 어항(漁港)의 개착도 주요 산업의 하나였다. 1912년에는 온금동 움푹 들어간 부분에 있는 간석지 전부를 매축하여 해벽공사를 한 다음 그 중앙에 폭 30칸, 깊이 15칸, 연장 70칸을 개착하여 어항의 출입과 정박을 편하게 하고 개착한 대거(大渠)의 좌우로 도로를 종횡으로 내고, 택지 만여 평을 일용잡화 및 기타 필수품점 자리로 채우기 위해 차가(借家)를 세웠다. 공비는 약 6만 원에 달했다고 한다"고 언급한 것으로 보아 1912년에 조성된 것으로 추측된다.[20]

조선내화화학공업주식회사(이후 '조선내화'로 약칭함) 공장터는 온금동의 시간이 멈춰져 있음을 느끼게 하는 공간이다. 지금은 공장건물과 굴뚝

〈그림 3-90〉 근대 목포시 전경

〈그림 3-91〉 조선내화 전경

---

20) http://blog.daum.net/choigoya322/18284967 참고.

만 먼지를 잔뜩 뒤집어쓴 채 덩그러니 방치되어 을씨년스런 냉기마저 돌지만, 1938년 7월 일본인 사토 등에 의해 설립되었을 당시에는 일제의 전쟁 수행을 위한 식민지 경제 침탈의 일환으로 운영된 군수산업의 기반시설이었다. 이후 광복과 함께 미군정의 관재처로 넘어가 관리되다가 1947년 5월 당시 목포 지역의 재력가였던 손용기 대표 등이 불하받아 '조선내화화학공업주식회사'로 개칭하며 새롭게 출발했다. 한국전쟁으로 시설의 80%가 파괴된 후 1953년 7월, 조선내화의 경영에 참여한 이훈동(2009년의 명예회장)이 인수하면서 전라남도를 대표하는 기업으로 발전했다.[21] 조선내화는 1970년에 포항 1, 2공장을 건설하고 1986년에는 광양공장도 세웠으며, 이후 국내외 20여 개의 공장을 거느린 이 분야 최고 기업이 되었지만, 조선내화의 뿌리인 온금동의 내화공장은 쇠퇴를 거듭하더니 1990년대 중반에 아예 문을 닫아버렸다. 조선내화의 폐쇄는 이후 온금동을 '시간이 멈춰버린 공간'으로 인식하는 데 크게 기여하게 된다.

해방 이후 온금동에는 한국전쟁으로 이북 지방에서 고향을 떠나 목포로 피난 온 사람들이 모여들었다. 이러한 과정에서 목포시는 수용능력의 한계를 초과하여 많은 피난민의 거처를 수용하는 대책으로 서산동·온금동 마루고개에 임시 천막과 임시 토막집을 지어 생활할 수 있도록 했는데, 지금도 온금동과 서산동에는 부서진 담벼락과 지붕의 빽빽한 집들이 실핏줄 같은 좁고 구불구불한 골목길을 만들며 지난 시간을 이야기하고 있다.

---

21) http://blog.naver.com/PostView.nhn?blogId=dufduff&logNo=90073645632 참고.

5) 온금동, 기억의 공간과 이야기

(1) 조금새끼

　　과거 온금동에는 '조금새끼'라는 말이 있었다. 사리(밀물이 가장 높을 시기) 때 바다로 나간 선원들이 조금(밀물과 썰물의 높이 차이가 가장 작은 시기) 때 항구로 돌아온다. 이때가 선원들에게는 아이를 가지는 물때이기도 했다고 한다. 그래서 이 동네에는 생일이 같은 아이들이 많았는데, 이 아이들을 조금 때 낳은 새끼라 하여 '조금새끼'라고 불렀다. 이러한 온금동의 조금새끼를 주제로 한 김선태 시인의 〈조금새끼〉라는 한 편의 시도 전해진다.

　　가난한 선원들이 모여 사는 목포 온금동에는 조금새끼라는 말이 있지요. 조금 물때에 밴 새끼라는 뜻이지요. 조금은 바닷물이 조금밖에 나지 않아 선원들이 출어를 포기하는 때이지요. 모처럼 집에 돌아와 쉬면서 할 일이 무엇이겠는지요? 그래서 조금은 집집마다 애를 갖는 물때이기도 하지요. 그렇게 해서 뱃속에 들어선 녀석들이 열 달 후 밖으로 나오니 다들 조금새끼가 아니고 무엇입니까? 이 한꺼번에 태어난 녀석들은 훗날 아비의 업을 이어 풍랑과 싸우다 다시 한꺼번에 바다에 묻힙니다. 태어나서 죽을 때까지 함께인 셈이지요. 하여, 지금도 이 언덕배기 달동네에는 생일도 함께 쇠고 제사도 함께 지내는 집이 많습니다. 그런데 조금새끼 조금새끼 하고 발음하면 웃음이 나오다가도 금세 눈물이 나는 건 왜일까요? 도대체 이 꾀죄죄하고 소금기 묻은 말이 자꾸만 서럽도록 아름다워지는 건 왜일까요? 아무래도 그건 예나 지금이나 이 한 마디 속에 온금동 사람들의 삶과 운명이 죄다 들어있기 때문이 아니겠는지요.(김선태 시 〈조금새끼〉)

(2) 조도 출신 어민들

온금동에는 조도·노화도·암태도 등지에서 일자리를 찾아 뭍으로 나온 사람들이 모여 살았다. 해방 이후 서산동에는 주로 목포 앞 섬 지방에서 이주해온 사람들이 많이 거주했는데, 그중 진도군 조도 출신이 가장 많았다. 육지로 일감을 찾아온 조도 출신 어민들은 안강망 어업 중심지로 부상한 목포에서 선원으로 취업하면서 서산동에 정착하게 되었다. '안강망'이란 일본에서 유입된 것으로, 고기떼의 움직임을 살펴 어망을 띄워놓아 이동하는 고기들을 포획하는 방식이다. 목포 사람들은 이를 '중선배'라고 부르기도 한다. 안강망 어업은 타 지역에서는 자취를 감췄지만 목포에선 오랫동안 성행하고 있었다. 목포의 안강망 어업은 조도 사람 없으면 안 된다는 말이 나올 정도로 조도 어민들과 연관이 깊다고 할 수 있다. 이와 관련하여 서산동에는 조도 출신 어부들이 조도사람들 끼리만 사이좋게 지내고 다른 곳 사람들을 배척하는 부정적인 의미에서 '조도사람'이라는 말이 있었다고 한다.

(3) 온금동, 기억의 공간들

① 째보선창

〈그림 3-92〉 째보선창

옛 문헌을 보면 온금동에는 '등산진'이라는 나루터가 있었던 것으로 표시되어 있다. 사람들은 이 나루터를 '올뫼나루'라고 불렀다고 한다. 목포로 들어오는 배가 제일 처음 닿는 곳이 이곳이고, '유달산 등성이를 넘는 나루'라는 뜻이 담겨 있다. 지금의 조선내화공장 자리는 과거 자그마한 만 형태를 하고 있어 예부터 포구로 사용되어 배들이 드나들었다고 한다. 이곳은 과거에 물이 두 갈래로 쫙 갈라져 들어와 '째보선창'이라 했고, 바닷가 안벽이 언청이처럼 안쪽으로 쏙 들어와 그렇게 불리기도 했다. 그러나 1981년 전국소년체전 때 유달산 일주도로 확장으로 사라지고 말았다.

(4) 째보선창 바닷가 애기바위

애기바위는 한 어부의 아이가 이 바위 근처에서 조개를 줍다가 갑자기 밀려오는 파도에 휩쓸려 떠내려갔는데, 아이의 어머니가 바위에 올라가 며칠째 아이의 이름을 부르며 울부짖자 7일째 되는 날 아이의 시신이 파도에 밀려와 바위 밑에 걸쳐 있었다고 한다. 이때부터 마을 사람들은 이 바위를 '애기바위'로 불렀고, 날이 궂거나 비가 오는 날에는 아기 울음소리가 지금도 들린다는 마음 아픈 이야기가 전한다.

〈그림 3-93〉 애기바위

(5) 목포 여객선터미널

온금동에서 보이는 앞바다는 과거 어선들이 드나들던 곳이다. 째보 선창은 사라졌지만, 지금도 온금동 앞바다에는 배들이 활발히 드나들고 있다. 인근 지역으로 가려면 반드시 목포에 와서 배를 타야 했으므로 '제 1관문'으로서 기능을 하고 있다. 따라서 일제강점기 이후부터 변치 않고 지속되고 있는 사실은 '목포는 항구'라는 것이다. 또한 목포는 일제강점기에 개항이 되면서부터 물산 집산지로서의 기능이 강화되었다. 지금은 육로교통이 발달하여 비중이 많이 줄어들었지만, 여전히 집산지로서 기능은 지속되고 있다. 지금도 목포 여객선터미널에는 인근 섬 지역으로 관광하려는 사람들로 북적이며, 목포 여객선터미널을 중심으로 다양한 물자가 이곳을 거쳐간다.

(6) 조선내화공장

〈그림 3-94〉 조선내화공장

온금동과 서산동 사이에 옛 조선 내화공장 건물이 지금도 그대로 방치되어 있다. 1940년대에 이훈동이 인수한 조선내화화학공장은 제철, 제강, 유리, 시멘트 등의 제품을 생산했다. 철강, 제강에 사용할 벽돌을 주로 생산해 목포시민에게는 벽돌공장으로 기억되고 있다. 과거 모습 그대로 있어 옛 산업화시대의 풍경을 고스란히 간직하고 있다.

(7) 온금동의 샘

〈그림 3-95〉 온금동 샘터

조선내화공장 뒤편 온금동 마을의 중앙에 자리한 '공동 시암'은 1922년에 판 우물이다. 규모는 가로 150cm, 세로 135cm로 완벽한 우물 정(井) 자 모습을 하고 있다. 목포는 일제강점기 도시화되어가는 과정 중에 식수가 부족하고 수질도 좋지 않아 어려움을 겪었다. 당시 주민의 식수문제를 해결하고자 정인호가 자금을 내어 마을에 우물을 만들었다.

(8) 유학정인호시혜불망비, 김영수시혜불망비

온금동의 샘 우측에는 말
태기고개에서 옮겨온 '유학정
인호시혜불망비'가 있다. 이는
새 우물을 파주어 고마운 마음
에 세워둔 기념비다. 동네 안
에는 새 샘(동네 앞에 새로 판 샘), 큰
샘(새 샘 서남쪽에 있는 큰 샘), 짠물
샘(온금동 174번지에 있는 샘) 등이 있

〈그림 3-96〉 유학정인호시혜불망비

다. 온금동에 있는 '공동 시암'은 일제강점기 당시의 사회문제를 엿볼 수
있게 해주는 민속자료로서 가치가 있다. 최근까지도 마을 주민이 우물
에 있는 샘을 사용해왔다고 한다. '정인호시혜불망비' 옆에 자리하고 있
는 '김영수시혜불망비'는 '김영수'라는 사람이 이 마을 주민에게 온정을
베풀어 주민이 건립한 것이다. 비의 전면에는 '전오위장행○장김공영수
시은불망비(前五衛將行○長金公英守施恩不忘碑)'라 새겨져 있고, 뒷면에는 대정
11년(1922)이라는 건립연도와 '동중(洞中)'이라는 말이 새겨져 있다.

(9) 온금동의 다순구미 산신당과 풍습

온금동 뒤편 양지바른 산중턱에 산신당 터가 있다. 산신당 터에는
두 개의 비석이 나란히 서 있는데 하나는 '송옥산축대불망비'이고, 다른
하나는 '특별찬조자방명비'다. 산신당에서는 매년 정월 보름날 동네 제

사를 지내왔다고 한다. 유교식 제차에 따라 '진설-헌작-재배-독축' 순으로 제사를 드렸다고 한다. 이들은 유달산 산신령을 모신다고 하며, 산신당 벽에는 하얀 수염이 난 신선이 호랑이 등에 앉아 있는 그림이 있었고, 풍어를 빌고 출어의 안전을 기원했다고 한다. 1994년에 부활한 산신맞이 굿에서 사용된 축문은 "다순구미 산제당의 신령이신 유달산 신령님께 삼가 고하나이다. …… 술과 고기와 음식을 차려놓고 신령님께 바치오니 …… 외지나 바다에 나간 젊은이들의 건강과 우리 지역에 풍우해가 없는 대풍과 안락하고 행복한 가정이 이루어지게끔 하여 주시옵기 간절히 바라오며 ……"로 이어진다. 온금동 주민은 더 이상 사람들이 바다에 나가 모진 풍랑에 죽지 않길 바라는 염원을 담아 제사를 지냈을 것이다. 온금동에는 선원들이 함께 배를 타고 나가 한꺼번에 바다에 묻히는 일도 많아 제삿날이 같은 집이 많았다고 한다. 또 남자들이 바다로 나가 돌아오지 못해 여자들이 과부가 되는 경우가 많았다고 한다. 그래서 만선 깃발을 달고 배가 들어오면 동네에서는 마을 잔치가 벌어지곤 했다.

또한 온금동의 뱃사람들은 한번 일하러 나가면 한동안 집에 오지 못했고, 다시 오게 되더라도 얼마 있지 않아 배가 들어오면 '시꾸미'(배에서 생활할 때 필요한 용품)를 실어야 해서 쉴 시간이 없었다. 또 그 뒷날엔 배가 들어와 다시 일하러 나가기를 반복했다. 하지만 '사월초파일'(음력 4월 8일)은 어민들이 다 같이 쉬는 날로, 이날은 온금동 주민에게 명절 같은 날이었다고 한다. 따라서 초파일은 뱃사람들에게 신성한 날로 여겨졌다고 한다.

6) 도시 공간 '남촌'의 역사적 변천과 서사구조

도시 공간 '남촌'의 서사를 읽기 위해 선행되어야 할 것은 '남촌'의 장소적 의미를 확인하는 것이다. 왜냐하면 장소는 특정한 규모로 존재하는 물리적 실체와 인간 행위의 결과물이 인지되어 의미를 가지는 공간적 실체를 뜻하기 때문이다. 또한 장소는 인간의 활동이 일어나는 공간적 맥락인 동시에 인간이 경험을 통해 의미를 부여하는 상징적 대상이기도 하다(오장근 2009, 211). 이런 의미에서 장소는 종종 공간과 대비된다. 즉 공간은 추상적 · 물리적 · 기능적 성격을 지니는 반면 장소는 구체적 · 해석적 · 미학적 성격을 지니며, 공간을 이용하는 사람들이 자신들의 경험과 기억, 기대, 꿈을 바탕으로 그 공간에 나름의 의미를 부여하게 되면 그곳은 장소로 인식된다. 인간의 경험을 통해 미지의 공간이 장소로 바뀌고, 낯선 추상공간이 의미로 가득한 구체적 장소가 되면, 무미건조하고 무의미했던 물리적 공간이 친밀한 장소로 다가올 때 장소성이 형성되는 것이다(이무용 2006, 58 참조; 오장근 2009, 211 재인용). 따라서 도시 공간 '남촌'의 장소성은 물리적 공간 '남촌'의 의미 형성과 관련한다. 이는 '남촌'이라는 공간을 역사적으로 살펴봄으로써 어떻게 '남촌'이 장소적 의미와 이미지를 획득하는지를 확인할 수 있기 때문이다. 〈표 3-30〉과 〈표 3-31〉은 도시 공간 '남촌'을 구성하는 행정동으로서 목포시 유달동과 만호동, 그리고 현재 유달동에 속해 있지만 일인 거주지 '남촌'과는 다른 조선인의 삶의 흔적이 남아 있는 온금동의 시대적 흐름에 따른 장소성을 정리한 것이다.

'목포'라는 지명이 최초로 인정받게 된 것은 1439년(세종 21년) 4월 의정부에서 목포가 왜적 침입의 요해처이므로 만호를 파견하고 병선을 주

〈표 3-30〉 유달동과 만호동의 시대별 주요 장소적 특징

시대	시대에 따른 유달동과 만호동의 장소적 특징
1439~1896년	• 1439년(세종 24년) 왜구 침입을 막기 위한 만호진 설치 • 1597년 이순신 장군에 의해 군사거점지로서의 장소성 확보 • 1895년 을미개혁 시기에 폐진되면서 군사거점지의 장소적 의미 상실
1897~1945년 (개항 후~ 해방)	• 1897년 개항 이후 목포는 국제교역항으로서 위치 획득 • 목포유달초등학교, 목포여자고등학교 등 다양한 학교 설립. 목포유달초등학교는 목포심상고등학교로 교명을 개칭하여 일본인만 입학할 수 있는 학교로 전환 • 개항 전후로 고하도와 삼학도는 일본인에 의한 토지 침탈의 대상지가 됨 • 개항 후 일본인에 의한 일인 거류지 형성 • 1908년 일본의 강압에 따라 동양척식주식회사의 설립 허가, 1999년 전라남도 기념물 제174호로 지정 • 국제교역항으로서 근대도시 형성이라는 새로운 장소적 의미 획득
1945년~ 1970년대 이전 (해방 이후~ 1970년대 이전)	• 해방 후 일본 명칭을 개정하고 유달동, 만호동이라는 정식 명칭 사용 • 1947년 11월 전재민 수용을 목적으로 장옥을 짓지만, 1949년 사회악의 근원으로 비난의 대상이 됨 • 1949년 인근의 대의동과 중앙동을 병합시킴 • 한국전쟁 이후 국제교역항으로서의 입지 축소 • 1960년대 항동시장 조성. 해산물상가로서 어류, 해산물, 소금, 농산물 등 유통의 중심으로 성장 • 전라남도 권역의 중심 상권 위치 획득 • 변혁의 공간으로 장소적 의미 획득
1970년대 이후~현재	• 1970년대 오일쇼크에 따른 상권 쇠락과 극심한 불경기로 이주민 증가 • 1997년 1월 행정동 분합에 따라 유달동과 서산동, 금화동 지역을 통합하여 유달동이 형성되고, 영해동과 만호동을 통합하여 만호동이 탄생함 • 2006년 8월 다시 행정동 통합으로 충무동과 합하여 지금의 유달동으로 확대 개편됨 • 목포의 신도심 형성과 육로 교통망의 발달로 인해 구도심으로 전락 • 구도심을 중심으로 한 일제강점기 근대 역사체험 공간으로서 의미 획득

둔토록 건의하여 세종의 재가를 받아냄으로써 목포 만호진이 설치되면서 시작되었다. 이것이 목포시 남촌의 도시 공간이 형성된 시초이자, 개항을 통해 본격적인 도시 공간의 이야기가 형성되기 시작하는 시작점이

〈표 3-31〉 온금동의 시대별 주요 장소적 특징[22]

시대	시대별 주요 특성
1904~1945년 (개항 후~ 해방)	• 1904년 목포 주물공업의 시초가 됨 • 1912년 어항의 출입과 정박을 편하게 하기 위한 간석지 매립. 두 갈래 좁은 만(灣)을 파내고 막아 어항과 상가 형성. 째보선창의 의미 획득 • 택지 1만여 평을 일용잡화 및 기타 필수품점 자리로 채우기 위해 차가(借家) 세움 • 1914년 행정구역 통폐합에 따라 목포부에 편입 • 1922년 공설세탁장 1개소 신설 • 1924년 일본인 자본가에 의한 매립사업 추진 • 1926년 온금동 서당의 설립과 운영 • 일본인의 거주지 명칭인 '정(町)'과는 다르게 조선인 마을에 '동'이라는 명칭을 붙여 차별적인 행정조처의 피해를 입음 • 근대화된 일본인 거주지와 차별화된 조선인 선창가 마을의 의미 형성
1945년~ 1980년대 이전 (해방 이후~ 신도시 형성 이전)	• 1947년 조선내화공장 설립 • 1949년 목포부가 목포시로 개칭됨에 따라 '온금동'이라는 이름 획득 • 1974년 조선내화공장 이전까지 벽돌 등 국내 내화재산업의 중심
1980년대~ 현재 (신도시 형성 이후~현재)	• 조선내화공장의 포항 이전에 따라 쇠락한 공간으로 변모 • 온금동 지역 재개발 착수 • 2018년 온금동지역 재개발 예정

다. 1597년 말, 이순신 장군이 목포 앞바다의 고하도로 진을 옮겨 전선과 군비를 확충했고, 유달산의 노적봉은 이순신 장군이 군량미를 많이 쌓아놓은 것처럼 꾸며 왜구를 물리쳤다는 전설이 있는 등 군사적인 진으로서의 역할을 충분히 담당했다. 이렇게 그전까지는 작은 마을에 지나지

---

22) 〈표 3-31〉은 〈표 3-30〉과 달리 개항 이후부터의 장소적 특징을 정리했는데, 이는 온금동이 개항 이전에는 '다순구미'라는 조그마한 어촌으로서 장소적 특징을 갖고 있지 못했기 때문이다. 이곳이 조선인의 삶을 투영한 장소적 의미를 띠기 시작한 것은 개항 이후 유달동에 일인 거류지가 생기고 나서부터이기에 〈표 3-31〉은 개항 이후의 장소적 특징만 정리하게 되었다.

않았던 남촌이 군사거점지라는 하나의 장소성을 가지게 된다. 하지만 을미개혁기인 1895년 7월 15일 칙령 제141호로 폐진되면서 진지로서의 역할이 없어지게 되었다. 그렇게 변방 또는 만호진이라는 이미지의 목포는 사라지게 되었다. 즉, 군사거점지라는 남촌의 장소성이 사라지게 된 것이다.

만호진 폐진 후 2년 뒤인 1897년 개항 이후 목포는 국제교역항으로서의 위치를 획득하게 되었다. 지속적으로 수출초과현상을 보일 만큼 쉼 없는 교역이 이뤄졌는데, 여기에는 다른 이유가 있었다. 바로 일본이 목포의 남촌 지역을 중심으로 활동했기 때문이다. 목포의 남촌 지역이 일본인의 활동 중심지로 발전함에 따라 숙박시설, 음식점, 유통상가 등이 발달하고 아이들 수가 늘어나면서 교육시설도 발전한다. 이렇게 목포시 남촌은 일제강점기 하에서 근대도시로의 발전이라는 새로운 장소성을 가지게 된다.

1945년 해방 이후 목포는 다른 모습을 보였다. 바로 강제로 점거하고 있던 일본사람들이 일본으로 돌아가게 된 것이다. 이후 1947년에는 전재민(戰災民) 수용을 목적으로 장옥(長屋)을 지었는데, 불과 2년이 지난 1949년에는 사회악의 근원으로 비난의 대상이 되었다. 한국전쟁 중에도 미군 원조 물자 및 추가 무역이 부산과 인천을 통해 진행되면서 목포는 국제교역항으로서 입지가 축소되기 시작했다. 하지만 이러한 상황에도 목포는 한국전쟁 이후 꾸준히 발전하게 된다. 지리상 전라남도 권역의 중심으로 만호동 일대에 상권과 유동인구, 물자가 집중됨에 따라 전라남도의 가장 번화한 곳으로 발전한다. 당시에는 목포의 만호동에 자리만 잡을 수 있다면 돈을 벌 수 있다고 할 정도로 많은 해산물 상가가 형성되었고 어류, 소금, 김, 멸치 등 인접 도시의 물자까지 합쳐지면서 큰 시장을 형성하게 되었다. 심지어 물자의 집산지가 됨에 따라 농산물까지 목포로 모이게 되었다. 이렇게 유동인구를 위한 숙박업, 식당, 약국, 병원 등이 유달동과 만호동을 중심으로 형성된다. 당시 항동시장에는 사창가가 조성되어 있었고, '만호동 깡패'라고 불리는 깡패들도 몰려다녔다. 일본인의 점거로 근대화된 도시는 일본인의 귀향으로 인해 퇴보되는 듯했지만, 이내 다시 전라남도 최고의 번화가로 자리 잡게 된다. 이것이 새롭게 구성되는 변혁 공간으로서의 남촌이다.

하지만 1970년대에 제1차 오일쇼크가 목포에 큰 영향을 미쳐 극심한 불경기를 겪게 되면서 '남촌'은 쇠락기에 접어든다. 설상가상 육로교통망의 발달로 배를 이용하여 운송하는 것보다 인건비, 운송료, 시간 등을 줄일 수 있게 되어 목포의 상권흐름은 크게 위축된다. 더욱이 온금동 일대는 조선내화공장이 포항으로 이전함에 따라 거주자들의 급속한 이주가 진행되고, 새로운 산업시설이 대체되지 않음으로써 도시 공간은 공동화된 전형적인 낙후 공간으로 변질되었다. 그뿐만 아니라 유달동과 만호동 일대도 인구 유입의 동력을 상실함에 따라 과거 상권의 중심지로서 위상을 상실하고 일제강점기 근대 역사체험 공간이라는 구도심의 이미지를 갖게 되었다. 이러한 목포시 '남촌'의 역사적 배경과 기억을 반 다이크(van Dijk 1981, 140 이하)의 서사구조 이론에 기대어 구조화하면 〈그림 3-97〉과 같다.[23]

〈그림 3-97〉의 서사구조도를 통해 확인할 수 있는 목포시 '남촌'의 서사성은 과거 번화했던 목포의 중심지에서 구도심으로 전락한 곳으로,

---

23) 이 논문이 선택한 반 다이크(van Dijk)의 서사모델은 단순히 서사의 구성요소를 확인하는 데 그치지 않고, 이들 사이의 관계와 위계구조를 밝히는 것이 특징이다. 언어학 분야의 서사모델을 도시 공간에 적용한 사례로 오장근(2009)의 논문을 참조할 수 있다.

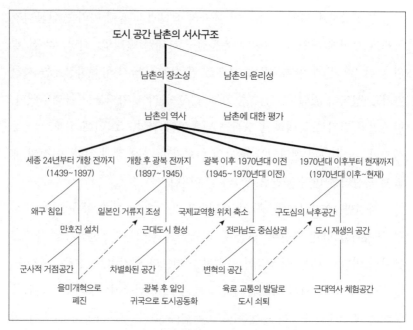

<그림 3-97> 도시 공간 목포시 '남촌'의 서사구조

근대의 모습을 가장 잘 나타내고 있는 대표적인 공간이라는 것이다. 다시 말하면 남촌의 서사구조를 구성하는 중요한 사건 요소들은 만호진 설치로 인한 '군사적인 거점지로서의 공간'과 폐진, 그리고 개항장이 되면서 '근대도시'로의 급격한 성장, '국제교역 난항', '전라도 최고의 번화가', '낙후된 구도심' 등으로 볼 수 있는데, 이들은 끊임없이 반복된 흥망으로 인한 '성쇠의 남촌'이라는 재도약해야 할 '근대 역사체험 공간'으로서의 장소적 의미를 획득하고 있다.

7) 걱정 말아요 '남촌'

사람을 처음 봤을 때 느껴지는 이미지가 있다. '착해 보인다', '고집이 있어 보인다', '내 마음에 쏙 든다' 등 한 사람을 통해 여러 사람이 느끼는 감정은 제각각이다. 첫인상은 종종 그 사람의 이미지 형성에 커다란 영향을 주면서 인간관계에 대한 선입견적인 판단을 하게 한다. 물론 인간관계에서의 이미지뿐만 아니라 어느 영역에서든 첫 번째 인식은 우리에게 강한 기억으로 자리 잡는다. 이는 우리가 처음 접하는 도시에도 적용된다. 낯선 땅에 처음 발을 내딛게 되면, 랜드마크 등 그곳의 이미지를 함축적으로 잘 표현할 수 있는 장소를 찾아가기 마련이다. 대표적으로 여행을 예시로 들 수 있는데, 뛰어난 건물과 화려한 도심을 보면서 현대의 건축 기술에 경의를 표하는 반면 무너져가는 초가집과 구불구불한 골목을 통해 서민의 아픔과 부끄러운 기억까지 체험하게 되면서 그들의 삶을 이해하기도 한다.

이렇듯 사람들의 삶이 녹아든 공간이나 건축물이 주는 첫인상을 통해 도시의 전체적인 이미지가 드러나기도 한다. 한번 인식된 이미지는 쉽게 바뀌지 않고, 더욱이 그것이 상처로 기억되는 장소라면, 추억으로 인식되기까지 많은 노력이 필요하다. 그렇다면 사람들은 목포의 남촌이라는 공간에 대해 어떤 인식을 가지고 있을까?

여기에서는 목포 남촌에 대한 인식을 서로 다른 시각, 즉 목포 남촌에 거주하지 않으면서 여행 등 일정한 목적을 통해 목포를 방문한 사람들의 외부적 시각과 목포 남촌에 거주하는 사람들의 내부적 시각을 구분하여 공간에 대해 형성되는 장소적 이미지를 구분하고자 했다. 먼저 외부에서 생각하는 남촌에 대한 인식은 미디어를 통해 확인하고자 했다.

무엇보다 특정한 시대에 얽매이지 않고 블로그, 뉴스, TV에 나타난 남촌의 모습을 분석함으로써 외부적 시각에서 인식되는 남촌의 일반적 이미지를 관찰하고, 이와 더불어 미디어 속 언어의 문맥상 해석과 분석을 진행함으로써 공간에 대한 현실적 실태를 파악하여 현대사회에 부재한 남촌의 보이지 않는 가치를 도출해보고자 했다. 또한 내부에서 인식하는 남촌의 이미지는 문헌에 실린 주민의 인터뷰를 통해 찾아보고자 했다. 특히 인터뷰를 통해 표출된 언어를 중심적으로 분석하고, 이를 통해 남촌의 현실과 주민의 생각을 도출해보았다.

(1) 시간이 멈춰버린 도시, 산 아래 동네를 걷다

"골목을 따라 걸어간다. 일제강점기에 지어진 집들이 드문드문 눈에 띈다. 이런 집들은 일제강점기 때 지어진 일본식 집이라는 이유 하나만으로 제대로 평가받지 못하고 외면당하고 있다. 역사적 측면은 물론, 우리 민중사적 측면에서도 의미 있는 집들이다. 이 집들에는 일본인뿐만 아니라 그들이 떠난 이후 그 집에서 살았던, 또 지금도 살고 있는 우리의 희로애락이 담긴 삶도 남아 있다. 우리가 이런 집들에 끌리는 것은 단순히 집의 오래된 모습 때문이 아니라, 그 집에 남아 있는 삶의 흔적들과 체취 때문인지도 모르겠다. 도시재개발이 진행되더라도 이런 집들이 선택적으로 보전되어 이 거리의 모습을 조금이라도 남겨 지난 역사를 생각할 수 있는 곳이 되었으면 하는 바람이다."

"우리가 이런 모습에 끌리는 것은 단순히 눈에 보이는 모습 때문이 아니라, 그곳에 담긴 삶의 진한 흔적들과 체취 때문인지도 모르겠다.

〈그림 3-98〉 목포시 남촌의 거리풍경

오늘 목포의 이곳저곳을 걸으며 그것을 다시 확인할 수 있었다. 목포 도시재개발이 진행되더라도 서울의 도시개발처럼 전체적 개발을 통해 남겨두어야 할 것까지 송두리째 없애고, 오랫동안 정답게 살아왔던 사람들을 내쫓는 우를 범하지 않았으면 좋겠다. 부분적·개별적 도시개발을 통해 주변 편의시설 개선, 집의 개량을 통해 삶의 질을 높이며 정겨운 모습과 역사적 모습을 남겨두었으면 하는 바람이다."

[블로거 '거풍'이 바라본 유달동(출처:네이버 포스트 '거풍')]

블로거 거풍은 유달동 골목을 직접 걸으면서 오래된 풍경을 눈여겨 보았다. 그의 기행에 주로 사용된 언어는 명사가 대부분인데 그는 유달동을 '골목', '일제강점기', '집', '일본식 집', '외면', '역사적 측면', '민중사적 측면', '삶'과 '삶의 흔적'으로 나타내고 있다. 특히, '골목'은 그곳에서 서민이 소통한 장소로서 삶의 과정과 흔적을 그대로 나타내는 중요한 단어로 사용되고 있다. 민족의 아픔을 대변하는 '일제강점기'와 '일본식집', 그리고 '희로애락'이라는 명사를 사용한 것으로 보아 아픈 역사를 되돌아보면서 일제강점기 당시 서민이 남겨둔 역사적 흔적을 감성적으로 나타내고 있다. 반복적으로 '집'이라는 단어가 사용되고 있는데, 블로거는 이곳을 단순한 건물로 단정 짓지 않고 있다. '집'은 추억의 되물림 장소이며, 그곳에서 살았던 '삶의 흔적'이 고스란히 남아 있는 곳이다. 그것은 쉽게 지워지지 않으며 인생을 살아가는 시간 속에서 소중한 추억의 한 부분이 될 수 있는 아름다운 흔적이라는 사실을 강조하고 있다. 또한 '오래된'이라는 형용사와 '삶의 흔적', '체취'라는 명사를 통해 오래되어서 냄새나는 부정적인 이미지를 떠올리는 것이 아니라 서민의 체취를 느끼고 그것에 대한 존경을 표현하고 있음을 알 수 있다. 오히려 '도시재개발'이라는 명사를 사용해 현대의 무차별적인 개발방식에 대해 비판하고 있음을 보여준다. 추억이 없는 공간을 세우는 것보다 '정답게' 살아가는 사람들의 생활방식을 더 선호하는 것을 보여준다.

위의 단어를 주된 키워드로 사용한 것으로 보아 블로거는 이러한 낡은 집들과 오래된 골목에서만 느낄 수 있는 민족적 우수성과 서민적 감성을 함께 보존하고 싶어 한다. 현대의 무차별적인 개발보다는 민족의 '삶의 흔적'과 '희로애락'을 느낄 수 있는 장소의 보전을 선택해야만 멈춰버린 시간의 장소의 가치가 더 뚜렷해질 거라고 생각하고 있다.

(2) 둥근 도시

"만호동 풍물패는 2008년 동사무소가 주민센터로 바뀌게 되면서 만들어졌다. 시의 예산을 받아서 만들어진 단체라고 할 수 있다. 회원 대부분은 만호동에서 살고 있는 주민이라 할 수 있고, 만호동의 크기가 그리 크지 않다 보니 동네 친목회로서의 역할을 톡톡히 하고 있다. 만호동의 경우, 대도시 동의 일반적인 크기보다 작지만, 분명히 도시가 가지고 있는 특징을 두 가지 가지고 있다. 상가로 구성된 만호동은 해

〈그림 3-99〉목포시 만호동 풍물패

산물 상가, 재래시장 상가, 식당, 선구점, 염업사, 목공소 등 상인이라
는 공통점을 가지고 있으면서도 다른 여러 직종에 종사하고 있다. 해산
물상가상인위원회, 항동시장상인회가 있는 것처럼 같은 직종의 상인들
끼리는 잘 알고 뭉치면서도 다른 직종에 있는 상인들은 잘 모르는 경우
도 있었다. 그런 점에서 다양한 직종의 사람들이 모여 있는 풍물패가
지역의 단합에 끼치는 영향은 꽤 크다고 할 수 있다. 풍물패가 동의 행
사에 모두 참여하고, 풍물패 회원들로 인해 그의 배우자들, 가족도 단
합시킬 수 있다는 점에서다."

[블로거 '신기루'가 바라본 만호동(출처: 네이버 블로그 '신기루')]

하나의 '동(洞)'을 이루는 중요한 요소는 그 동(洞)의 영역과 경계가
될 수 있지만, 가장 밑바탕이 되어야 할 것은 그곳에 주민이 생활해야 한
다는 것이다. 주민이 살아가지 않는 동네는 전쟁이 남긴 폐허와 똑같은
공간이 되어버린다. 블로거는 만호동을 직접적으로 체험하면서 '주민'을
초점에 두었다. 동(洞)이 있어서 주민이 존재하는 것이 아니라 주민이 있
기에 동(洞)이 존재하며, 그곳이 발전할 수 있었던 원동력이 되었다고 생
각하고 있다.

'동네'는 작은 장소다. 흔히 "○○네 집 젓가락 개수도 안다"라는 말이 있다. 작지만 그만큼 서로 밀접한 관계를 맺고 있다는 사실을 의미한다. 만호동은 그리 크지 않은 공간적 영역을 나타내고 있기에 '단합'하기 좋은 환경을 갖추고 있다. 비록 다른 도심과 비교해서 현대적인 주거 공간에서 부족한 부분을 나타낼지는 몰라도 '단합'을 통해 시골냄새 나는 정겨움을 보여준다. 또한 '상가' 밀집 지역인 그곳에서 삶이 '다양한' 사람이 모여 하나의 문화를 만들어내는 힘은 엄청나다. 이로 인한 풍물패의 만호동 행사 '참여'는 커다란 문화행위를 만들어내고, 서로 '뭉친' 울타리 안에서 소외되지 않고 '단합'을 통해 '가족' 같은 친근함과 소중함을 느낄 수 있다. 블로거는 궁극적으로 만호동 풍물패를 통해 '정(情)'이라는 가치를 찾아내고 있다. 이것은 인위적으로 형성될 수 없는 보이지 않는 가치다. 서로 뭉쳐서 둥그렇게 살아가는 작은 장소 속에서 단합하여 살아갈 수 있는 까닭은 바로 정(情)이 존재하기 때문이다. 현대사회에 필요한 정(情)의 부재가 만호동 풍물패의 모습에 담겨 있다.

결과론적으로 블로거들은 남촌을 직접적으로 체험하면서 현대에서 볼 수 없었던 정(情)과 역사의 모습을 간직하고 보존했으면 좋겠다는 말을 마지막으로 남기고 있다. 유달산 자락 아래 정겨운 동네, 그리고 일제강점기에 지어진 집들이 남아 있는 동네를 찾아 걸으면서 지금의 도시재개발 정책과 속도라면 멀지 않아 다시 볼 수 없는 모습들을 간직하고 보존해야 한다고 인식하고 있다. 도시재개발이 진행되면 정답게 살던 이웃들이 하나둘 떠나기 시작하고, 그곳의 추억도 사라지기 마련이다. 마음이 떠난 동네는 황폐함이 자리 잡게 된다. 현대적 도시 공간이 가지고 있지 않은 '남촌'의 추억은 서민의 따뜻한 마음과 개발되지 않은 허름한 풍경 속에서 살아가는 모습을 나타내고 있다. 허름하다고 구식이 아니다.

단지 삶의 체취가 쌓이고 쌓여 씻어내지 못 했을 뿐이다.

(3) 정체된 오늘

"드문드문 사람 손길이 있은 지 오래인 것 같은 폐가도 보이고, 전반적으로 적막함이 감돈다. 이 같은 정체된 분위기에 탐방객 중 한 도시재생 관련 박사는 새삼스러울 게 없다며 담담해한다. 멈춰 있는 것 같은 모습이 여느 중소도시 옛 도심 분위기와 다를 바 없다는 이유에서다. 목포시청 관광과 담당자 얘기로 2014년 11월 기준 유달동 인구는 6,385명, 만호동은 4,083명이다. 유달동, 만호동은 60대가 청년층일 정도로 고령층이 많다. 부모들은 이곳에, 자녀들은 신도시에 사는 형태다. 경제활동은 어떻게 할까. 신안 섬 주민이 배를 타고 이 일대로 나와 옷도 사고, 어선용품도 사가곤 하는데 그 기회에 돈을 번다는 게 또 다른 관계자의 설명이다."

(출처: 〈한국조경신문〉 2015년 9월 7일자)

"최근 목포시가 시의회에 제출한 자료에 따르면 지난 7월 말 현재 목포 관내 빈집은 총 1,403동으로 집계되었다. 지난해 1,110동에서 올해 들어 벌써 293동(7월 말 기준)이나 증가한 것이다. 동별

〈그림 3-100〉 목포시 유달동 낡은 가옥들

로는 유달동이 414동으로 가장 많고, 목원동(411동), 만호동(112동), 연
동(82동), 용당1동(80동), 죽교동(76동) 등의 순이다."

(출처: 〈광주일보〉 2016년 8월 16일자)

"전라남도건축사협회(회장 박용묵)가 500여만 원을 들여 만호동 관내
저소득 독거노인의 집을 수리했다. 협회는 자녀들의 도움을 기대하기
어렵고, 지붕누수·도배·장판·전기공사·보일러 수리 등 전체적으
로 집수리가 시급한 저소득 독거노인 김정심(69) 씨 집을 수리했다. 만
호동은 매년 전라남도건축사협회에서 실시하는 저소득 주거환경개선
사업 대상자로 긴급 추천했고, 협회의 협조를 얻어 지난 28일부터 6일
간에 걸쳐 집을 수리했다."

(출처: 〈이뉴스투데이〉 2015년 12월 8일자)

〈그림 3-101〉 저소득 주저환경개선사업

하당을 비롯한 목포 신도심 건설은 행정기관의 이동과 함께 그에 따
른 모든 상권의 흐름을 바꾸어놓았다. 아울러 육로교통의 발달은 배를
주요 운송수단으로 이용하면서 사람과 물자가 목포를 반드시 거쳐 가지
않아도 되게끔 만들었다. 또 인터넷과 택배사업이 발달하면서 컴퓨터만

있으면, 전화 한 통만 하면 전국 어디서든 쉽게 해산물을 받아볼 수 있게 해주었다. 전라도 인근의 주민이라 할지라도 반드시 목포에 와서 해산물을 구입해야 할 필요성을 못 느끼게 되었다. 게다가 목포 사람들은 신도심에 새로이 건설된 아파트나 주택으로 이사를 가기 시작했고, 그에 따라 교육기관과 편의시설도 모두 함께 이동했다. 그로 인해 유달동과 만호동에도 다시 한번 변화가 나타나기 시작했다. 항구를 중심으로 움직이던 사람들이 서서히 줄어들기 시작했고, 상권이 조금씩 쇠락해가기 시작했다. 주거 공간을 신도심으로 옮기는 사람들이 서서히 늘어나기 시작했고, 가게 문을 닫거나 신도심으로 가게를 옮기는 사람들도 늘어나기 시작했다. 이로 인해 자연스럽게 빈집이 늘어나고 고령화와 독거노인 문제가 대두되었다.

공교롭게도 남촌의 거리는 어둡고 침체된 분위기다. '폐가'와 '독거노인', '저소득'이라는 명사를 통해 사람의 왕래가 점차 사라지고 있다는 사실이 확연하게 드러나고 있다. '적막한'이라는 형용사를 통해 외롭고, 쓸쓸하고, 멈춰 있다는 느낌을 받을 수 있다. 어느 장소가 '정체된' 곳이라면 사람들은 그곳을 떠올릴 때 긍정적인 이미지로 받아들일 수 있을까? '정체된'과 '멈춰 있는'이라는 단어를 통해 옛 모습에 잠겨 성장한 도심으로 변화하지 못하고 있는 상황을 도출해낼 수 있다. '고령층'이 남촌의 현주소를 말해주고 있다. 젊은이들은 생활환경이 편리한 신도심으로 떠났고, 이곳에 남은 사람들은 추억에 사는 사람뿐이다. 그곳에 함께 남은 것은 삶의 터전인 '집'인데, 이것이 전혀 추억의 되물림 장소가 되지 못하고 해결해야 할 문제로 남겨져 있다. 사람들이 떠난 장소에 침묵이 늘어나고 있는 사실은 당연하다. '오래된'과 '빈집'이 많아진 것을 쉽게 찾아볼 수 있는 것으로 보아 사람들의 발걸음은 찾아보기 어렵다. '손길'이 끊어졌다는 의미는 사람 사는 이야기가 사라져가고 있다는 증거다. 어느 장소가 되었든 간에 자주 찾아가지 않고 기억 속으로만 회상하게 된다면 어느 순간 그 기억조차 왜곡되어버리고 만다.

다행히도 유달동과 만호동에서는 항구를 중심으로 여러 가지 관광지화를 위한 노력이 나타나고 있다. 목포 수협을 북항으로 이전하고, 이 지역에 있는 모든 어선을 북항으로 옮겨서 이곳은 요트마리나항으로서만 기능하도록 관광정책을 펴고 있다. 유달동과 만호동 주민은 이러한 관광정책에 거는 기대가 크다. 항구로서의 기능이 약화되면서 끊겨버린 사람들의 발걸음이 관광지화함으로써 다시 사람들이 이쪽으로 발걸음을 옮기지 않을까 하는 기대를 가지고 있다. 또한 만호동에는 백반식당이 밀집해 있다. 이곳에 있는 먹을거리와 관광도시로서의 목포를 홍보함으로써 사람들이 다시 모여들게 되어 상가가 활성화될 수 있기를 기대한다.

(4) 아낌없이 주는 바다

"육지와 이어졌지만 아직은 한적한 섬입니다. 늘 북적한 항구도시 목포에서 휴식 같은 섬이죠. 물이 빠질 시간입니다. 도시가 성큼 다가와도 일상은 변함이 없습니다. 바다시간 맞춰서 일 나가야죠. 부두에서 모이기로 했습니다. 마을 해변에서 갤 것은 있지만 오늘은 좀 멀리 나가려고 합니다."

"머다로 가것소. 거시기 바다로 돈 벌러 나가제. 굴 캐고 낙지 잡아서 팔기도 하고 자식도 주고 김장때도 써야 혀. 돈을 떠나서 하나씩 올라오면 잡히는 재미에 살어. 그래도 낙지만 잘 잡히고 많이 나오면 힘

〈그림 3-102〉 목포시 남촌의 바다풍경

든지도 물고 재밌어 부러."

"어부로 살려고 고하도에 왔습니다. 자주 도시를 나가도 반찬거리는
여전히 섬 바다에서 나옵니다. 함께 먹는 게 익숙한 섬입니다. 고하도
에 들어온 후 '식구'라는 말이 그렇게 정다울 수 없었죠."

(출처: EBS 〈한국기행〉 "목포는 항구다" 5부 '섬의 기억')

'바다'와 '섬'을 통해 알 수 있듯이 목포는 바다를 중심으로 발전한
도시다. 모든 해양도시가 그렇듯이 바다를 통해 상업이 발달하고 서민의
삶에는 짠 냄새가 배어 있다. 그들의 삶에서 바다는 삶의 터전이었고 공
급지였으며 자연을 넘어 숭배의 대상으로까지 여겨왔다. 바다 사람들의
외적 모습을 보았을 때 까무잡잡한 피부에 험한 말투를 보고 좋지 않게
인식하는 경우가 더러 있는데, 그것은 단지 그들의 겉모습에 바다 바람
과 뜨거운 태양이 남긴 흔적이 남았을 뿐이다. 섬사람들은 행복의 기준
을 물질에 두지 않는다. 바다가 주는 공급에서 '재미'를 느낀다. 이 '재미'
때문에 물질은 최소한의 기준으로 전락해버린다. 순수한 '어부'라는 직
업을 통해 바다에서 공급받고 이웃과 함께 나누면서 사는 것이 그들에게
삶의 낙임을 나타낸다. 어느 시골에서나 정다움을 느낄 수 있지만 섬에
서의 '정(情)'은 더욱 특별한 의미를 가진다. 그들은 대부분 혈연으로 한

마을을 이루면서 살아왔기 때문에 단합하는 습성을 지니고 있다. 그렇기 때문에 외부인이 정착했을 때 별다른 이질감 없이 둥글게 어울릴 수 있는 환경이 조성된다. 위에 나타난 '식구'와 '함께'라는 단어를 보았을 때 어울림의 문화가 오랜 시간 동안 지속되어왔음을 쉽게 찾아볼 수 있다. 섬은 고립된 공간이라고 생각될지도 있지만 '한적한' 장소에서 살아가는 사람들의 모습을 보았을 때, 오히려 자연과 함께 살아가는 사람들을 통해 현대적 도시에서 얻을 수 없는 소통의 모습을 보여주고 있다.

이렇듯 과거나 현재나 바다에서부터 '나온 것'으로 살아온 목포의 이야기를 통해 그들의 삶이 바다에 등을 돌릴 수 없었다는 사실을 알 수 있다. 그들의 삶의 터전은 바다다. 그들의 시작도 바다에서부터 나왔으며 미래도 바다와 함께 살아갈 것이다. 그들이 지속적으로 바다와 밀접했던 사실은 바다가 존재하는 한 계속된다. 이것이 변하지 않는 한 남촌에서 짠 냄새를 없앨 수 없는 근거가 마련되지 않는다. 흔적은 사라지지 않는다.

(5) 그리움—추억 속에 묻힌 사람들

"거의 토백이라 해도 과언이 아니에요. 우리가 왔을 때 살던 분들은 불과 몇 집밖에 없어요. 우리가 왔을 때만 하더라도 양조장이 여가 있었고요. 이 현대노래방 자리가 정미소 자리였고, 사람이 아주 굉장히 많은 번화가였고, 저녁때가 되면 이 위로 시장 다니는 사람이 굉장히 많았어요. 젊은 사람들이 아파트로 다 빠져나가버링께."

[영춘사 세탁소 ○○○ 씨(출처: 항구도시 목포 유달동, 만호동)]

"그 당시 선창 쪽에 사람들이 많이 살고 있었나요?"

"그럼요. 많이 살고 있었지요. 그때는 많이 살았지."

"그 당시는 어떤 사람들이 많았습니까?"

"배에서 일하는 사람이 있고, 지게지고 일하는 사람도 있고, 별별 거 시기가 많았지요. 그때는 심부름 같은 거, 식당 같은 데 심부름도 하고, 또 이발소에서 머리도 감기고. 그때는 밥 먹고 재워주기만 해도 고맙다 고 일을 할 때니까."

[항동여관 ○ ○ ○ 씨(출처: 항구도시 목포 유달동, 만호동)]

목포시 전체적으로는 인구변동이 크게 없지만, 유달동과 만호동은 매년 인구가 줄어들고 있다. 조사지에서 만난 사람들의 말에 따르면, 신 도심이 생기면서 빠져나갈 사람들은 이미 빠져나간 상태이고 남은 사람 들은 자력으로는 다른 곳으로 옮겨갈 여력이 없는 상태라고 한다. 그러 면서도 계속 전출하는 인구가 있는 것은 도시재개발과 관련이 있다. 현 재 목포 만호진이 개발되고 주택보상을 통해 상당수가 이전했거나 이전 을 앞둔 상태이고, 온금동도 재개발이 예정되어 있다. 이런 상태이다 보 니 곳곳에는 노후된 건물이 방치된 상태로 있어 안전상의 위험과 범죄를 우려하는 목소리도 있다.

하지만 이곳에서 오랜 기간 개인사업을 통해 생계를 유지해온 사람 들은 쉽사리 신도심으로 이전할 수 없다. 그다지 영업이 잘 되는 것은 아 니지만 계속해왔던 것이라 유지만 하고 있는 경우가 태반이다. 신도심으 로 빠져나가면서 영업이 안 좋아질 무렵에는 옮기려고 해도 이미 늦었다 는 판단을 하는 사람들이 태반이다. 건물의 공시지가는 매년 떨어지고 있고 지금은 팔고 싶어도 팔리지 않는다고 한다.

'사람'이라는 명사가 짧은 대화 속에서 6회나 반복되어 사용되는 것으로 보아 남촌의 거주민은 사람을 그리워한다는 사실을 알 수 있다. '사람'의 발걸음 결여를 '그때'라는 단어를 통해 추억의 회상을 통해 나타내고 있다. '그때' 그 시절이 남촌 지역이 사람의 왕래가 활발한 중심지였다는 사실을 '번화가'라는 명사에서 유추할 수 있다. 사람이 혼잡했던 골목이 공터와 같이 허전한 공간으로 남겨지게 된다면 그 공허함은 말로 표현할 수 없다. 그 허전함이 지속되어 추억 속에 파묻혀 살게 된다는 것은 어찌 보면 당연한 일일지도 모른다.

사업이 예전만큼 활발하지 않은 지금은 하루에 손님이 한 명도 없을 때도 있다고 한다. 시설이 오래되다 보니 젊은 사람은 거의 오지 않고 나이 많은 사람들이 한번씩 와서 이용하고 있다고 한다. 사업장을 통해 항상 동네 주민 두세 명이 모여서 이런저런 이야기꽃을 피운다고 한다. 그러다 보니 사업자들은 이 일을 그만두지 못한다. 자식들은 이제 나이도 있고 하니 그만두라고 하지만 집에서 아무 일 없이 쉬는 것보다는 이렇게 몸이라도 움직이면서 사람들을 만나서 옛 이야기를 꺼내는 것이 좋기 때문이다.

8) 맺음말: 목포시 '남촌'의 문화적 정체성에 대해

이 글의 연구대상인 목포시 '남촌'은 군산시의 구도심(근대 역사체험 공간)과 매우 유사한 콘텐츠를 가지고 있다. 다수의 일제 적산가옥이 남아 있는 것이 그렇고, 개항 후 일제에 의한 강제 수탈의 기억이 남아 있다는 것, 그리고 일제강점기를 배경으로 한 소설 등이 남아 있다는 점에서 그렇게 인식될 수 있다. 그러나 목포시 '남촌'이 군산의 공간과 구분될 수밖에 없는 것은 이곳이 지닌 역사적 기억이 확연히 다르다는 것은 물론이고, 개항이 군산과는 달리 대한제국의 필요에 의해 주도적으로 진행됨으로써 비록 일본인의 침탈이 이뤄진 공간임에도 목포 오거리 일대와 호남은행, 그리고 온금동 등에 조선인의 자주적이고 저항적인 근대 문화유산이 일정 부분 남아 있어 목포시 '남촌'만의 고유한 서사를 형성하고 있기 때문이라 할 것이다. 무엇보다 목포시 '남촌'은 1439년 '만호진'이 세워진 그 태동부터 해방에 이르기까지 일본의 침탈에 저항하고 민족의 자주성을 수호하고자 노력한 장소적 기억을 고스란히 담고 있기에 군산의 구도심이 '일제강점기 수탈의 아픔이 남아 있는 공간'으로 기억된다면, 목포시 '남촌'은 일본인의 '수탈의 대상이었지만, 동시에 이에 저항하여 민족의 가치를 지키고자 한 두 얼굴의 공간'으로 기억되어야 할 것이다.

목포에서 화려한 도시 경관을 찾고자 한다면, '남촌'을 방문하지 않는 것이 좋다. '남촌'은 이야기가 있는 공간이다. 이곳에서 짠 냄새가 난다고 눈살을 찌푸리게 된다면, 그것은 바다와 함께 동거했던 뱃사람들의 애락과 따뜻한 이야기가 남아 있는 온금동을 체험해보지 못해서일지 모른다. 이곳이 낡고 허름하다고 되돌아간다면, 일제강점기 일본인의 수탈에 저항하고 희생된 조선인의 아픈 이야기를 유달동에서 듣지 못했기 때문일지도 모른다. 혹여 의미 없는 길을 걷는다고 투덜거린다면, 그곳은 어쩌면 신파극과 조선인의 대중문화가 형성된 목포 오거리 일대나 왜구의 침탈을 막아낸 만호동의 공간을 찾아가지 않아서일지도 모른다. 비록 '남촌'의 초입은 '루미나리에 거리'라는 낯선 이름으로 화려한 네온사인의 장식을 입고 있지만, 이마저도 왠지 어울리지 않는 옷을 입은 것처럼

어색해 보이는 이곳이 바로 우리가 간직해야 할 도시 공간 '남촌'의 모습
이다. 남촌은 자주 보아야 아름다운 곳이다.

참고문헌

강내희, 《공간, 육체, 권력》, 문화과학사, 1995.

강태완 역, 《설득이미지》, 커뮤니케이션북스, 2004.

고석규, 《근대도시 목포의 역사 공간 문화》, 서울대학교출판부, 2004.

구동회 외 옮김, 《공간과 장소》, 대윤, 1995.

권영락, "장소감의 환경교육적 의의", 《환경교육》 18권 2호, 2005.

권재경 · 최원수, "도시이미지 유형에 따른 도시브랜드 정체성 형성의 영향요인", 《브랜드디자인학연구》, 통권 23호 제10권 제4호, 2012.

권정화, "지리교육의 역사적 접근과 인문지리학의 시공간 개념 검토", 《지리환경교육》 5, 1997.

김경희, "現代建築에서 나타나는 解體主義的 住居空間의 設計研究: 피터 아이젠만의 개념을 중심으로", 한양대학교 디자인 대학원 석사학위논문, 2003.

김동윤, "도시시학과 호모파블라토르: 융합적 복합성과 인문학적 상상력", 《비평》 15, 2007.

김성도, 《도시 인간학. 도시공간의 통합 기호학적 연구》, 안그라픽스, 2014.

_____, 《구조에서 감성으로》, 고려대학교출판부, 2002.

김성도 · 박상우, "서울의 공간적 의미 작용에 대한 기호학적 시론", 《기호학연구》 19, 2006.

김성도 외, "유럽 5개국에 있어서 한국의 문화브랜드 가치 및 국가이미지 수립을 위한 기호학 기반의 학제적 접근", 한국학술진흥재단 인문기초 중간보고서, 고려대학교 응용문화연구소, 2006.

김수환, "유리 로트만 기호학에 있어서 '공간'의 문제", 《기호학연구》 11, 2002.

김영순, "도시 공간의 기호학. 외시경과 내시경적 관찰", 《공간과 도시의 의미들》, 2004.

김영순 · 백승국, "텍스트로서 공간 '대형마트'의 기호학적 읽기", 《기호학연구》 19, 2006.

김영순 외, 《문화기호학과 공간 스토리텔링》, 북코리아, 2015.

김영순 · 임지혜, "텍스트로서 '춘천'의 공간 스토리텔링 전략 — 여가도시로의 의미화를 중심으로",

《언어과학연구》44, 2008.

김영순 · 정미강, "공간 텍스트로서 '도시'의 스토리텔링 과정 연구", 《텍스트언어학》24, 2008.

김영옥 · 황현산 역, 《보들레르의 작품에 나타난 제2 제정기의 파리(보들레르의 몇 가지 모티브에 관하여 외)》, 길, 2010.

김왕배, 《도시, 공간, 생활세계》, 도서출판 한울, 2000.

김인, 《도시지리학 원론》, 법문사, 1991.

김정은 · 김지나 · 김효진 · 정재우 · 최은정 · 조경진, "설계, 역사: 이태원 경관 읽기", 《한국조경학회 학술발표논문집》, 2010.

김태선, "장소마케팅 전략에 관한 연구 — Tenant 유치 전략을 중심으로", 서울대학교 경영학과 석사논문, 1998.

김태준 편저, 《문학지리. 한국인의 심상 공간》, 논형출판사, 2005.

김학회, "문화소비공간으로서 삼청동의 부상", 한국도시지리학회지 제10권 2호, 2007.

김현미, "인간의 행위와 공간의 관계에 관한 연구", 《지리교육논집》37, 1997.

김현선, "認知地圖(cognitive map)를 利用한 서울市 都心部 이미지 分析에 關한 硏究", 서울대학교 석사학위논문, 1983.

남기범, "도시와 사회조직", 《도시해석》, 서울: 푸른길, 2006.

목포문화원, 《목포의 땅이름》, 목포문화원, 2003.

목포백년회, 《목포개항백년사》, 목포백년회, 1997.

문광립, 《이태원에서 세계를 만나다》, 서울: 중앙Books, 2009.

민인철 · 이난경, 《광주광역시 도시브랜드 이미지 제고 전략》, 광주: 광주발전연구원, 2010.

박소진, "공간적 위계수사와 구별짓기", 한국문화인류학, 2007.

박여성, "사회체계이론과 브랜드 기호학. 문화-커뮤니케이션-경영학(KKM) 시너지 모델을 중심으로", 한국기호학회 2005 춘계 국제 학술대회 자료집, 2005.

──, "베를린-슈프레보겐의 통시기호학", 《기호학연구》22, 2007.

박종천, "한국적 이미지의 인드라망(Indra's net)", 한국영상문화학회 콜로키움 발표자료, 2008.

백승국, "식료품 진열장의 커뮤니케이션 전략 분석", 《기호학연구》13, 2003.

──, 《문화기호학과 문화콘텐츠》, 다할미디어, 2004.

백승국 · 오장근 · 전형연, "지역문화브랜딩 프로세스 모델 연구. 호남지역 문화유산브랜딩에의 적용사례를 중심으로", 《인문콘텐츠》12집, 인문콘텐츠학회, 2008.

서울시정개발연구원, 《이태원 장소마케팅 전략 연구》, 서울시정개발연구원 월드컵지원연구단, 2001.

성인수, "변형과 분해의 논리", 《건축과 환경》8811, 1988.

손세관, "도시미학 이론의 주창자 까밀로 지테", 《국토정보》1995/12, 1995.

손세욱 · 구시온 역,《도시, 건축, 미학》, 태림문화사, 2000.

손영석, "왜곡, 부정적 이미지 주류: 타겟 국가별 홍보전략 수립 필요",《광고정보》45-49. 대흥기획조사보고서, 1998.

송도영,《인류학자 송도영의 서울 읽기》, 서울: 소화, 2004.

──,"종교와 음식을 통한 도시공간의 문화적 네트워크. 이태원 지역 이슬람 음식점들의 사례", 《비교문화연구》13, 서울대학교 비교문화연구소, 2007.

신용철, "도시와 이미지",《도시해석》, 서울: 푸른길, 2006.

심승희 · 한지은, "압구정동, 청담동 지역의 소비문화경관 연구",《한국도시지리학회지》제9권1호, 2006.

안진근 · 김주연, "도시이미지 향상을 위한 공공디자인 정책에 관한 연구", 《한국공간디자인학회논문집》, 통권 12호 제5권 제2호, 2010.

양병이, "한국에서의 생태도시의 비전과 전망", 생태도시 국제포럼, 2004.

염성원, "한국의 국가이미지 연구동향에 관한 연구",《광고학연구》14-3, 한국광고학회, 2003.

오장근, "문화콘텐츠 분석을 위한 인문학적 분석도구: 텍스트-기호학 기반의 문화연구를 위하여", 《언어과학연구》38, 2006 a.

──,"2005 프랑크푸르트 도서전의 문화 텍스트적 의미와 한국의 문화이미지",《독일어문학》33, 2006 b, 185-207.

──,《텍스트학과 문화콘텐츠》, 서울: 한국문화사, 2006 c.

──,"텍스트-기호학적 도시공간 리터러시와 문화브랜딩",《언어과학회》43, 2007.

──,"도시공간 '청계천'의 서사성과 문화정체성. 도시공간 '서울'의 분석을 위한 인문학적 접근", 《기호학연구》25집, 2009.

──,"텍스트언어학 기반의 도시 이미지 분석 연구. 독일 베를린시의 홍보동영상 분석을 예로 하여",《텍스트언어학》28, 2010.

──,"공간 디자인을 향한 인문학의 시선. 광주〈충장로〉를 중심으로",《영상 문화》17, 2011.

──,"이미지의 텍스트성에 대하여. 사진 텍스트 읽기를 예로 하여",《텍스트언어학》36, 2014.

오장근 · 김영순 · 백승국,《텍스트와 문화콘텐츠》, 한국문화사, 2006.

이규목, "한국전통경관 속의 물 — 方池와 溪流: 물과 건축과 도시의 경관",《건축문화》110, 1990.

이규완, "미국, 일본, 스위스, 독일, 프랑스의 국가이미지와 상품이미지의 변화에 관한 연구: 1984년과 2001년의 비교",《광고학연구》, 한국광고학회, 2001.

이무용,《공간의 문화정치학》, 논형, 2005.

──,《지역발전의 새로운 패러다임 장소마케팅 전략》, 논형, 2006.

이상일, "실재론의 지리학적 함의와 공간의 상대적 자율성에 관한 연구",《지리교육논집》24, 1990.

이석환 · 황기원, "장소와 장소성의 다의적 개념에 관한 연구",《국토기획》32(5), 1997.

이진숙 · 오도석, "건축공간 표면요소에 대한 질감과 색채의 영향에 관한 연구", 《한국색채학논문집》 제20권 2호, 2006.

이창우, "생태도시계획의 길", 생태도시 대학생 논문공모 특강, 2004.

이현경 역, 이탈로 칼비노 저, 《보이지 않는 도시들》, 민음사, 2007/2016.

이희연, "대형할인점의 성장과 공간적 확산에 관한 연구", 《지역연구》 16(2), 2000.

임승빈 · 변재상 · 최형석, "도시 이미지 분석 기법에 관한 연구. MDS(Multidimensional Scaling)에 의한 도시 간 이미지 비교", 《한국조경학회지》 32(1), 2004.

임승빈 · 신지훈, "경관 영향평가를 위한 물리적 지표설정에 관한 연구", 《대한건축학회 논문집》 제11권 제10호, 1995.

장일구, "도시의 서사적 공간 형상: 현대소설에 투영된 몇가지 측면", 《현대소설연구》 35, 2007.

전인평, "아랍음악의 이해", 《음악과 문화》 1, 1999.

전종한, "도시 '본정통'의 장소 기억 — 충무로 명동 일대의 사례", 《대한지리학회지》 48(3), 2013.

전춘명, "지속가능한 생태도시 모형 연구: 독일 프라이부르크시를 중심으로", 《한국비교정부학보》 13(2), 2009.

전해은 · 이기춘, "현대소비공간과 소비행동: 동대문 쇼핑몰의 소비문화적 의미분석", 《소비자학연구》 13(2), 2002. 정무용, "도시계획을 위한 조사내용 · 방법", 《도시문제》 23(11), 1988.

정현원 · 나건, "디자인 평가를 위한 감성어휘 연구", 《아시아퍼시픽디자인학회》 4, 2007.

조예지, "도시 마케팅에 활용 가능한 도시 이미지 관리 방안 도출 연구: 안성시를 중심으로", 서울대학교 석사학위논문, 2007.

철학아카데미, 《공간과 도시의 의미들》, 서울: 소명출판, 2004.

최막중 · 김미옥, "장소성의 형성요인과 경제적 가치에 관한 실증분석: 대학로와 로데오거리 사례를 중심으로", 《국토계획》 1132, 2001.

최선영, "댄스클럽의 기업화에 따른 클럽문화의 변화와 지역 차별성의 강화. 홍대, 이태원, 강남지역에 대한 취향문화적 접근", 《지리학논총》 제57호, 2007.

최성환, 《목원동 이야기》, 목포시, 2016.

한광래, 《자연과학(초등학교 교사를 위한)》, 형설출판사, 2011.

황익주, 《처음 만나는 문화인류학》, 일조각, 2006.

홍선희 · 이재환, "현대도시건축의 맥락성(Contextuality)에 대한 연구: Camillo Sitte의 도시이론이 현대도시설계에 끼친 영향을 중심으로", 《대한건축학회 학술발표논문집》 21-2, 2001.

황희연 · 백기영 · 변병설, 《도시생태학과 도시공간구조》, 보성각, 2002.

TBWA KOREA, 《가로수길이 뭔데 난리야?》, 알마, 2007.

Anholt-GMI, *City Brands Index*《GMI》. Brand New Justice, Printince Hall, London, 2005.

Auge, M., *Non-Places. Introduction to an Anthropology of Super-modernity*, London, 1996. (독일어판 M. Bischoff, Orte und Nicht-Orte, Vorüberlegungen zu einer Ethnologie der Einsamkeit: Fischer, 1994).

Barthes, R., "Semiology and Architecture," University of Napoles, May, 1967.

_____, "Semiology and the Urban," in M. Gottdiener. and A. Lagopoulos ed., *The City and the Sign. An Introduction to Urban Semiotics* , 87-98, New York : Columbia University Press. 1986.

Baumgarten, A. G., *Aesthetica*, 2 vols., Frankfurt/Oder, 1750-58; reprinted in 1 volume, Hildesheim & New York: Georg Olms, 1970.

Beatley, T., *Green Urbanism: Learning from European Cities*, Washington D. C.: Island Press, 2000.

Blowers, A., *Planning for a sustainable environment*, London: Earthscan, 1993.

Bordwell, D. and Thompson, K., *Film art: an introduction*. McGraw Hill, 2010.

Brebbia, C.A. et al., *The sustainable city*, WIT Press, 2000.

Brinker, K., *Linguistische Textanalyse. Eine EinfÐhrung in Grundbegriffe und Methoden*. Berlin, 1983/1988.

Burgess, E. W., "The Growth of the City," in The city, Chicago, University of Chicago Press, 1925, pp.47-62.

Burgess, E. W. and Park, R. E., *The Urban Community*, University of Chicago Press, 1926.

Calvino, I., 이현경 옮김, 《보이지 않는 도시들》, 민음사, 2016.

Certeau, M., *The Practice of Everyday Life*, Berkeley, University of California Press. 1984.

Choay, F., *The Modern City: Planning in the Nineteenth Century*, George Braziller. 1969

_____, "Urbanism and Semiology," M. Gottdiener. and A. Lagopoulos ed., *The City and the Sign. An Introduction to Urban Semiotics*, 160-175, New York : Columbia University Press. 1986.

_____, "Les signes de la ville," in *Pour une anthropologie de l'espace*, Paris, Seuil, 2006.

Dondis, D. A., primer of visual literacy, 기문당, 1994.

Downs, R. M. and Stea, D., *Image and Environment. Cognitive Mapping and Spatial Behavior*, Transaction Publishers, 1974.

Eco, U,, "Function and Sign: Semiotics of Architecture," M. Gottdiener. and A. Lagopoulos ed., *The City and the Sign. An Introduction to Urban Semiotics*, 55-

86, New York: Columbia University Press, 1986.

Fischer, F., *Ästhetik oder Wissenschaft des Schönen*, Reutlingen und Leipzig, 1847-1858.

Floch, J.-M.,《기호학 마케팅 커뮤니케이션》(*Semioque, marketing et communication*). (김성도 역). 서울: 나남출판사(원전은 1990년에 출판). 2003.

Fombrun, C. J., *Reputation: Realizing Value from the Corporate Image*. Boston: Harvard Business School Press, 1996.

Gandlsonas, M., "Linguistics in Architecture"(1973), in: Hays, K. M., *Architecture Theory Since 1968*, MIT Press, 1998,

Gérôme, T., "Memory of places and places of memory: for a Halbwachsian socio-ethnography of collective memory," *International Social Science Journal 62*(203-204), 2011.

Girarder, H., T*he Gaia Atlas of Cities-New directions for sustainable urban living*, London: Gaia Books, 1992.

Gordon, D., *Green Cities-Ecologically Sound Approaches to Urban Space*, New York: Black Rose Books, 1990.

Gottdiener, M. and Lagopoulos, A. ed., *The City and the Sign. An Introduction to Urban Semiotics*, 55-86, New York : Columbia University Press. 1986.

Greimas, A. J., *Du sens*, Paris, Seuil, 1970.

_____, *Strukturale Semantik*. Methodologische Untersuchungen. Autori. Übersetzung aus dem Französischen von Jens Ihwe(1966). Braunschweg, 1971.

_____, "For a Topological Semiotics," M. Gottdiener. A. Ph. Lagopoulos ed., *The City and the Sign. An Introduction to Urban Semiotics*, 25-54, New York : Columbia University Press. 1986.

Große, Ernst U., *Text und Kommunikation. Eine linguistische Einführung in die Funktionen der Texte*, Stuttgart, 1976.

Halbwachs, M., *La mémoire collective*, Paris, PUF, 1950.

Häussermann, H. and Haila, A., "The European City. A conceptual framework and normative project," in: Kazepov, Y.(ed.) *Cities of Europe*. Blackwell, Oxford. 2004.

Hays, M. K. 편, 봉일범 역,《1968년 이후의 건축이론》, spacetime, 2013.

Heinemann, W. and Viehweger, D., *Textlinguistik. Ein Einführung*. Niemeyer, Tübingen, 1991/2001.

Holahan, C., *Environmental Psychology*, New York, Random House, 1982.

Hough, M., *City Form and Natural Process*, London: Croom Helm, 1984.

Hung, W., *Monumentality in Early Chienes Art and Artchietcture*, Stanford University Press, Stanford, 1995.

Hutchison, R., *Encyclopedia of Urban Studies*, volume 1-2, London, sage, 2010.

Inoguchi, T., Newman, E., Paoletto, G., *Cities and the Environment: New Approaches for Eco-Societies*, Tokyo: United Nations University Press, 1999.

John Ormsbee Simonds, 안동만 역, 《조경학》, 서울: 보문당, 2005.

Johnston, R. J. et al., 한울편집부 역, 《현대인문지리학사전》, 한울, 1992.

Larsen, S. E., *La rue-espace ouvert*, Odense, Odense University Press/Grenoble, 1997.

Lefebvre, H., *The Production of Space*, Oxford : Blackwell Publishers, 1995.

Lemme, B. H., *Development in Adulthood*, 4. edit., Pearson Education, 2006.

Lotman, Y., *Universe of the Mind: A Semiotic Theory of Culture*.(Translated by Ann Shukman, introduction by Umberto Eco.) London & New York, 1990.

Lynch, K., *The Image of the City*. Cambridge M.A.: MIT Press. 1960.

Morris, D., *Self-Reliant Cities-Energy and the Transformation of Urban America*, San Francisco: Sierra Club Books, 1982.

Mumford, L., *The Culture of Cities*, London, Secker and Warburg, 1938.

_____, *The City in History*. Its Origins, Its Transformations, and its Prospects, Harcourt Brace International, New York, 1986.

Nicholson-Lord, D., *The Greening of the Cities*, London & New York: Routledge & Kegan Paul, 1987.

Norberg-Schulz Ch., *Architecture. Meaning and Place*, Electa Rizzoli, New York, 1986.

Oldenburg, R., *The Great Good Place*, New York, 1991.

Paddison, R., *City Marketing, Image Reconstruction and Urban Regeneration*, Urban Studie, Vol. 30(2), 1993.

Park, R. E. et al., *The city*, University of Chicago Press, 1925.

Platt, R. H., Rowan A. R., and Muick, P. C., *The Ecological City*, Amherst: The University of Massachusetts Press, 1994.

Prince, G., 최상규 역, 《서사학이란 무엇인가. 서사물의 형식과 기능》, 예림기획, 1999[1982].

Posner, R., Kultursemiotik, in: Nünning, A. and Nünning, V. (eds.), *Konzepte der Kulturwissenschaften. Theoretische Grundlagen-Ansätze-Pespektiven*, 39-72, Stuttgart/ Weimar: Metzler, 2003.

Rapaille, C., 김상철 외 역, 《컬처 코드》, 리더스북, 2007.

Register, R., *Eco Cities*, Gabriola Island, New Society Publishers, 2006.

Roseland, M., *Eco-City Dimensions*, Consortium, 1997.

Saskia, S., *Global City,* Princeton University Press, Princeton, 1991.

_____, *Cities In The World Economy*. Pine Forge Press, 1994.

Saussure, F. de., 최승언 역, 일반언어학 강의, 민음사(원전 Cours de linguistique generale는 1916년 출판), 2006.

Scollon, R., and Scollon, S., *Discourses in place. Language in the material world*, Routledge, 2003.

Semprini, A., *Le marketing de la marque*. Paris: EL. 1992.

Sitte, C., *Der Städtebau nach seinen künstlerischen Grundsätzen*, Paperback in German - Reprint der 4. Aufl., Birkhäuser, 1889/1909.

Spirn, A. W., *The Granite Garden-Urban Nature and Human Design*, New York: Basic Books, 1984.

Stacey, R., *Complex Responsive Processes in Organizations. Learning and Knowledge Creation*, London: Routledge, 2001.

Stea, D. and Downs, R. M., "From the outside looking in at the inside looking out," *Environment and Behavior*, 2, 1970.

Stöckl, H., *Die Sprache im Bild - Das Bild in der Sprache. Zur Verknüpfung von Sprache und Bild im massenmedialen Text*. Berlin/New York, Walter de Gruyter, 2004.

Stren, R., White, R. and Whitney, J., *Sustainable Cities-Urbanization and the Environment in International Perspective*, Boulder, Colorado: Westview Press, 1992.

Thompson, G. F. and Steiner, F. R. eds., *Ecological Design and Planning*, New York: John Wiley and Sons, 1997.

Tuan, Y.-F., "Language and the making of place: A narrative-descriptive approach," *Annals of the association of American Geographers*, 1991.

Van Dijk, T., *Textwissenschaft. Eine interdisziplinäre Einführung*. München, 1980.

Weimer, A. M. and Hoyt, H., *Principles of Urban Real Estate*, Ronald Press, 1939.

White, R., *Urban Environmental Management-Environmental Change and Urban Design*, New York: John Wiley and Sons, 1994.

인터넷 웹사이트

송세진의 여행칼럼 〈아파도 아름다운 군산 여행〉 중 일부 내용 인용. http://www.moneys.news
/news/mwView.php?type=1&no=2014071014598062608&outlink=1

http://blog.naver.com/archiplay/100141671442

http://blog.daum.net/choigoya322/18284967

http://blog.naver.com/PostView.nhn?blogId=dufduff&logNo=90073645632

광주시청 홈페이지 http://www.gwangju.go.kr

서울시청 홈페이지 http://www.seoul.go.kr

안동시청 홈페이지 http://www.andong.go.kr

전주시청 홈페이지 http://www.jeonju.go.kr

청계천 홈페이지 http://cheonggye.seoul.go.kr

독일 베를린 시청 홈페이지 http://www.berlin.de

독일 뮌헨 시청 홈페이지 http://www.munchen.de

독일 프랑크푸르트 시청 홈페이지 http://www.frankfurt.de

독일 프라이부르크 시청 홈페이지 http://www.freiburg.de

Tourist Board Video 2009 - visitberlin.de

http://www.citymayors.com/marketing

http://100.daum.net/encyclopedia/view.do?docid=b02g1383b (2014.08.10.)

http://www.eberle.arch.ethz.ch/cms/uploads/files/pruefung/texte/Camillo_Sitte.pdf
(2014.08.15.)

http://terms.naver.com/entry. nhn?docId=1066491&cid=40942&categoryId=31435

찾아보기

ㅊ

ㅋ

오장근

고려대학교 독어독문학과를 졸업하고 독일 뮌스터 대학교에서 언어학(광고텍스트학) 전공으로 박사학위를
수여받았다. 고려대학교 민족문화연구원과 응용문화연구소의 연구교수를 역임했으며, 성산효대학원대학교
효문화학과 교수를 거쳐 현재 국립목포대학교 독일언어문화학과에 재직 중이다. 한국국제문화교류학회
회장, 한국영상문화학회 편집위원장, 한국기호학회 감사를 비롯해 다수의 학회에서 임원으로 봉사하고 있다.
문화기호학과 텍스트학을 기반으로 한 문화연구와 광고 분석에서 학문적 성과를 보이고 있다.
공저로《광고 텍스트 읽기의 즐거움》,《문화콘텐츠학의 탄생》,《축제와 문화콘텐츠》,《텍스트언어학의 이해》,
《기호, 텍스트 그리고 삶》,《문화산업과 문화콘텐츠》등 다수가 있으며, 최근 도시 공간의 서사와 이미지에
관련한 다수의 인문학적 연구 성과를 논문으로 발표하고 있다.